ADRIANO

meu
medo
maior

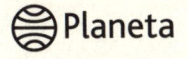

Planeta

Copyright © Adriano Imperador, 2024
Copyright © Ulisses Neto, 2024
Copyright © Editora Planeta do Brasil, 2024
Todos os direitos reservados.

Preparação: Wélida Muniz
Revisão: Carmen T. S. Costa
Projeto gráfico e diagramação: Negrito Produção Editorial
Capa: Fabio Oliveira
Fotos de capa: Sam Robles
Mentoria: Juliana Frank

A Editora Planeta não se responsabiliza pelas opiniões do biografado em relação a fatos e pessoas.

Dados Internacionais de Catalogação na Publicação (CIP)
Angélica Ilacqua CRB-8/7057

Adriano
   Adriano : meu medo maior / Adriano. – São Paulo : Planeta do Brasil, 2024.
   504 p.

ISBN 978-85-422-2879-3

1. Leite, Adriano 1982 – biografia 2. Futebol I. Título

24-4239   CDD 927.96334

Índice para catálogo sistemático:
1. Leite, Adriano 1982 – biografia

MISTO
Papel | Apoiando o manejo florestal responsável
FSC® C019498
www.fsc.org

Ao escolher este livro, você está apoiando o manejo responsável das florestas do mundo

2024
Todos os direitos desta edição reservados à
EDITORA PLANETA DO BRASIL LTDA.
Rua Bela Cintra, 986, 4º andar – Consolação
São Paulo – SP – 01415-002
www.planetadelivros.com.br
atendimento@editoraplaneta.com.br

Sumário

PARTE 1 — 5

1. Trabalhar dá uma sede danada — 7
2. É contigo mesmo — 14
3. Como vim parar aqui — 22
4. Se vacilar, dá ruim — 30
5. Presta atenção, *Adirano* — 36
6. Contando rebite no assoalho — 53
7. Escolhas e renúncias — 65
8. Passageiro da agonia — 97
9. Oportunidade para se queimar — 110
10. Partiu Itália — 125

PARTE 2 — 133

11. Me leva lá na Grota — 135
12. *In bocca al lupo* — 147
13. Favelado no Bernabéu — 155
14. Convite do Fenômeno — 166
15. Cadê meus quinhentos euros? — 177
16. Bala perdida — 185
17. Nego drama — 201
18. Faça a coisa certa — 213
19. Cálice amargo — 232

20. *Nella gioia e nel dolore* — 244
21. *Sarà perché ti amo?* — 257
22. Nas águas do Santo Batismo — 267

PARTE 3 — 289

23. Quem não é visto não é lembrado — 291
24. Champanhe no gargalo — 307
25. Patrimônio importante do clube — 323
26. Não me chame de Imperador — 342
27. Pão, água e cama — 352
28. Tu não vais voltar — 371
29. O Imperador voltou — 388
30. Deixou o Mengão chegar, já era — 405
31. Bom dia, Barra — 421
32. Festa na favela — 430
33. Que Deus perdoe essas pessoas ruins — 440
34. Não me perturba, não — 456
35. Ruptura total — 466
36. Quanto vale entrar pra história? — 479
37. Umbigo enterrado na favela — 492
38. Espelho — 499

Agradecimentos — 501

PARTE 1

1. Trabalhar dá uma sede danada

Você sabe o que é ser uma promessa? Eu sei. Inclusive uma promessa não cumprida. O maior desperdício do futebol: eu.

Gosto dessa palavra, desperdício. Não só por ser musical, mas porque me amarro em desperdiçar a vida. Estou bem assim, em desperdício frenético. Curto essa pecha. Mas nunca amarrei uma mulher a uma árvore, como dizem. Não uso drogas, como tentam provar. Não sou do crime, mas, claro, poderia ter sido. Não curto baladas. Vou sempre ao mesmo lugar, o quiosque do Naná; se quiser me encontrar, dá uma passada lá.

Eu bebo todos os dias sim, e os dias não muitas vezes também. Por que uma pessoa como eu chega ao ponto de beber quase todos os dias? Não gosto de dar satisfação para os outros. Mas aqui vai uma: não é fácil ser uma promessa que ficou em dívida. Ainda mais na minha idade. Me chamam de Imperador. Imagina isso. Um cara que saiu lá da favela para ganhar o apelido de Imperador na Europa. Quem explica, cara? Eu não entendi até hoje.

Muita gente não sacou por que abandonei a glória dos gramados para ficar aqui sentado e bebendo em aparente deriva. Aconteceu porque em algum momento eu quis, e é o tipo de decisão difícil de voltar atrás. Mas não quero falar disso agora. Os meus motivos vão aparecer mais pra frente. Tenho que pegar um avião e ir pra São Paulo. Mais uma gravação de comercial. Vão me pagar o valor do seu apartamento para dizer que o futebol europeu também é importante para a favela.

Pensou que eu não trabalhasse mais, né? Tá errado, irmão. Anota esta: minha deriva e meu desperdício não são como você pensava. Toda semana tem alguma coisa para vender, uma entrevista para gravar, ou um post patrocinado para publicar. Minha assessora me liga e pede pelo amor de Deus para eu não me atrasar. O carro me espera lá embaixo. São dez da manhã de uma segunda-feira, e o voo decola daqui a uma hora e meia.

Porra, por que eu aceitei essa gravação? Não gosto de ter compromisso às segundas, meu dia de descanso. Terça? Não me ligue. Ignoro todo mundo. Quarta é para trabalhar. Quinta é véspera de sexta, mas ainda dá. E depois vem a sexta sexy... O calendário do Didico funciona assim. Entro no carro já pensando na hora de voltar para casa. Se eu desenrolar tudo rápido e do jeito que me pedirem, talvez consiga fazer um bate-volta.

Naná, reforça o estoque de uísque e gelo! Trabalhar dá uma sede danada, e eu vou encostar aí com a minha galera. Meus amigos estão comigo desde a infância. Hermes, Jorginho, Geo e meu primo Rafael. Essa cambada não vale nada, cuidado com eles. Amo esses caras. Eles cuidam de mim, e eu cuido deles.

A gravação em São Paulo sai como o planejado. Peço para a produção me colocar no último voo do dia de volta para casa. Claro que dá tempo, caramba. Cancela o hotel e me arruma um carro pro aeroporto, faz favor. Me despeço da minha assessora. Ela tinha marcado jantar com um pessoal. Vai ter que ficar para a próxima. Já fiz o trabalho e agora quero voltar para o meu canto. Corro para Congonhas como se estivesse no gramado. Lançamento do meio campo, disparo pela lateral direita, domino com a perna esquerda, a matadora, corto pra dentro da área e solto um tiro seco que deixa o goleiro só olhando pro canto. *Golaço do menino Didico.* Comemoro sentado no avião, poltrona 1A. Me espera que estou chegando!

Pousamos no Santos Dumont. Vou direto do aeroporto para o meu quiosque preferido. Quando chego, a caixa de som imediatamente se conecta ao meu celular. Tá entendendo por que eu gosto de fazer as mesmas coisas? Ouço sempre as mesmas músicas. E bebo para ouvir melhor. Uma das minhas favoritas é esta aqui:*

> *O que é, o que é?*
> *Clara e salgada*
> *Cabe em um olho*
> *E pesa uma tonelada*
>
> *Tem sabor de mar*
> *Pode ser discreta*
> *Inquilina da dor*
> *Morada predileta*

Vamos começar a noite com o meu poeta preferido, já que passei o dia na terra dele. A batida dos Racionais nem entrou ainda e os parceiros já começaram a aparecer. Geo, senta aqui do meu lado, cara. Pede um uísque pra nós, irmão.

Já me chamaram de alcoólatra algumas vezes. Não sou médico para saber se é verdade. Provavelmente você também não seja. O que posso te dizer é que gosto, sim, de um *danone*, como falo sempre que estou com o meu irmão alagoano, Aloísio Chulapa. Que presente ter esse cara na minha vida. Quando junta os dois, esquece. Cai até o desemprego na Escócia.

Copo alto, muito gelo, metade de uísque barato e um pouco de guaraná zero. É assim que eu gosto. Sou um homem simples, sem frescuras. Não preciso de muito para ficar feliz. Mas algumas dores, cara, não passam assim tão fácil. É difícil lidar com tudo que enfrentei, e confesso que até hoje não aprendi a superar certas situações. Será que um dia vou aprender?

---

* "Jesus chorou". Intérprete: Racionais MC's. In: *Nada como um dia atrás do outro*. São Paulo: Casa Nostra, 2002.

"Adriano larga milhões e volta para a favela." Lembro dessa manchete como se fosse ontem. Dou risada. Quem te falou que um dia eu saí de dentro da Vila Cruzeiro, cara? Nunquinha. Deixa eu te contar uma coisa. Minha mãe, a pessoa mais importante da minha vida, nasceu em João Pessoa. Com um mês de idade, ela subiu na caçamba de um caminhão, no colo da minha avó, lá na Paraíba. Eram as duas, o meu avô e mais três filhos. A família toda ao lado de outras tantas pessoas. O destino: Rio de Janeiro. E a última parada não era a Barra da Tijuca, não, amigo. Era a Vila Cruzeiro. Zona da Leopoldina.

Quando eles chegaram, a família do meu pai já estava lá há tempos. Podemos dizer que o meu avô por parte de pai, o velho senhor Miro, era praticamente fundador daquela comunidade. O filho dele, Mirim ou Mirinho, meu pai, nascido e criado lá dentro, conquistou reputação. Era respeitado por todos, inclusive pelos bandidos. Minha história naquela favela é quase tão antiga quanto a igreja da Penha. Foi lá que tudo começou, e é para lá que eu volto quando estou feliz, quando estou triste, quando quero ficar perto dos meus, ou quando preciso pensar na vida. Não é uma questão de escolha: é o único caminho que consigo percorrer sem errar. E, cá entre a gente, não estou nem um pouco preocupado com o que acham disso.

Você já me viu jogando futebol? Podemos dizer que eu era um tanque. Dentro da área não tinha jeito. Mãozada na cara do zagueiro, "sai pra lá, merda", empurra lá, deita pra cá, e quando a bola caía na perna esquerda... Esquece. Não tem como. Papai do céu abençoe, mais um gol pro time do Didico. Ninguém me segurava. A minha vida funciona até hoje desse mesmo jeito. Não me controlam. Faço o que quero e tenho que fazer do meu jeito. Não há dinheiro, mulher, empresário, muito menos comentarista de televisão que vai meter o bedelho na minha vida. Pago um preço alto por isso todos os dias.

Desconheço, porém, outra forma de seguir em frente. Quando rompi o tendão de Aquiles jogando pelo Corinthians, minha história mudou para sempre. Minha carreira estava abalada e seria difícil voltar. Outra vez. Ao contrário do que dizem, fiz esforço, sim, para retornar ao futebol. Amigão, eu vejo meus gols no YouTube até hoje. Às vezes, passo horas clicando nos mesmos compilados com os meus lances na Itália e no Brasil. Penso no meu gol favorito quase todos os dias. Tem muita curtida minha no vídeo de melhores momentos da final da Copa América 2004. Argentina, beijo do gordo!

Só que não dava mais, cara. Não fiz o que deveria ter feito na recuperação depois da cirurgia do meu tendão, é verdade. Também cometeram barbeiragem comigo, para complicar o que já não era fácil. Quem não vai querer operar o Imperador, não é verdade? Pegaram um médico que não era especialista no meu problema e deu no que deu. Manco até hoje. Tenho um buraco no calcanhar. Veja bem, não estou colocando a culpa nos outros. Repito, não fiz a minha parte, mas também falharam comigo.

O pior mesmo é que a cabeça não estava mais no lugar que precisava estar. E aí não tem conselho nem recomendação que ajude. Quem passa por isso entende do que estou falando. Dói no corpo e na cabeça. Eu amo futebol, nunca tenha dúvidas. Recebo muitos convites. Mas não gosto mais de pisar em estádio. É uma confusão, muita gente vindo em cima com a mesma conversa. Adoro receber carinho dos fãs, não me entenda mal. Atendo a todos sempre e em qualquer lugar. Você não vai me ver recusando uma foto ou um autógrafo. Mas prefiro ficar em casa mesmo, assistindo pela televisão. Porra, tá na hora de completar essa merda de novo. Com licença. Naná! Cadê aquela garrafa que eu deixei aberta aqui ontem, cara? Não me engana, não. A noite está só começando.

Engraçado, mas meu pai não gostava de me ver bebendo. Me lembro da primeira vez que me pegou com um copo na mão. Eu tinha 14 anos, e a favela estava em festa. Era a estreia do refletor no campo do Ordem e Progresso, e por isso armaram um futebol com churrasco. Tinha gente à beça, aquela alegria tomando conta, típica da várzea, tá ligado? Pagode estralando, mulherada pra lá e pra cá. Eu ainda não era de beber. Mas quando vi a rapaziada toda tomando um negócio, rindo, eu falei "aaaahhhh". Não teve como, peguei um copo de plástico e enchi de cerveja.

Aquela espuma amarga e ralinha descendo pela primeira vez teve um sabor especial. Um mundo novo de "diversão" se abria à minha frente. Minha mãe estava na festa e viu a cena. Ficou quieta, né? Já o meu pai... Puta que pariu. Quando me viu com o copo na mão, atravessou o campo naquele passo apressado de quem não pode perder o ônibus. "Pode parar", ele disparou. Curto e grosso, como de costume. Eu resmunguei: "Ah, pô". Minhas tias e minha mãe sacaram logo o movimento e tentaram apaziguar antes que a situação ficasse pior. "Poxa, Mirim, ele tá com os amiguinhos dele, não vai fazer nada demais, tão ali rindo, brincando, deixa eles, o Adriano também já tá crescendo", disse a minha mãe. Não teve conversa. O velho ficou louco. Arrancou o copo da minha mão e jogou fora na sarjeta mesmo. "Eu não te ensinei isso, xará", ele disse.

O Mirinho era um líder da Vila Cruzeiro. Todo mundo respeitava. E ele dava o exemplo. O pai dele bebia muito. Esse, sim, era alcoólatra. Morreu disso, inclusive. Então, toda vez que via a molecada tomando uma, meu pai não tinha dúvida: lançava copos e garrafas que estavam pela frente no chão. Mas não adiantava, né? Então, a fera mudou de tática. Quando a gente se distraía, ele arrancava a dentadura e colocava no meu copo, ou no dos meninos que estavam comigo. O cara era danado. Que saudades dele...

Todas as lições que aprendi com meu pai foram assim, nos gestos. Não tínhamos conversas profundas. O velho não era de filosofar nem de ficar dando lição de moral. A retidão no dia a dia e o respeito que os outros tinham por ele era o que mais me impressionava. O cara não era santo também. Gostava de uma bagunça quando estava de folga, era mulherengo e aprontava as dele. É, eu tenho a quem puxar. Mas era um tipo carinhoso.

Todas as noites, quando chegava do trabalho, trazia um batom de chocolate ou um quindim para mim e outro para a minha mãe. Meus pais faziam o impossível para que a gente levasse uma vida digna. Éramos três em casa. Vivendo sempre com pouco, mas com muita felicidade. Não posso nem falar muito que já começo a me emocionar, cara. Sou assim, chorão mesmo. E quando lembro do velho, não tem jeito. A emoção bate forte.

O dia que meu pai morreu foi esquisito. Estava na Itália, não quis fazer minha família me esperar cruzar o oceano para chegar no enterro. Quando a minha ficha caiu, o velho já estava embaixo da terra. Não carreguei o caixão do meu pai. Isso mexe comigo até hoje. Muita gente acredita que meus problemas começaram ali. Eu também já falei isso várias vezes. Porra, não é fácil perder o pai assim. Quase vinte anos depois, e ainda não superei a dor. Não entendo direito o porquê, essa é a verdade.

Hoje sou pai também, tenho meus filhos para olhar. Tenho um irmão caçula que trato como cria minha. Tenho minha avó e minha mãe que precisam de mim. Já era para ter virado a página da morte do meu pai, certo? Não digo esquecer, claro. Porque isso nunca acontece. Mas lembrar dele com carinho e saudade, sem deixar que me afete de maneira tão forte, é o que quero dizer.

Talvez por isso eu tenha decidido escrever este livro. Escrever, não, porque eu não sei fazer isso. Repeti de ano três vezes e larguei a escola na sétima série, porra. Mas quero contar a minha história. A única que tenho propriedade para contar. Aqui vão as minhas versões dos fatos. E quem ficar com raiva, morde as costas.

2. É contigo mesmo

Ihhh, olha quem está chegando. Não vem, não, Thiago. O irmão mais velho sou eu, chapa. Não me incomode. Puxa uma cadeira aí. Alguém traz um Toddynho pro garoto, faz favor!

Meu irmão, filho temporão da Dona Rosilda e do Mirinho. Tenho quase o dobro da idade dele, o que significa que o camarada só conhece o passado na Vila Cruzeiro através das histórias que a gente conta. Esse já se criou à base de leite Ninho, não é, Thiago? Eu amo esse menino. Vem cá, garoto. Deixa eu te dar um beijo.

Quando ele nasceu, a vida da família já estava começando a mudar graças ao futebol. O menino estudou até nos Estados Unidos! Quem diria? Apesar de todas as dificuldades, a educação sempre foi um assunto sério em casa. Eu mesmo frequentei escola particular na infância. Meus pais tinham na cabeça que os livros levam a gente a avançar na vida. Todo mundo ama a comunidade, mas ninguém é bobo. Se der pra comer peito de peru e morar perto da praia, muito melhor.

Minha primeira lembrança de vida é a pequena casa em que a gente morava na rua 9 da Vila Cruzeiro. Minha mãe, meu pai e eu. Quer dizer, isso era na parte de cima, porque na favela ninguém tem o luxo de morar sozinho. Tudo é encostado em alguma coisa. Embaixo moravam a mãe do meu pai, um tio, uma tia e os filhos deles. Uma outra tia com outros primos também se mudaram para lá. Era muita gente, cara. Normal para a realidade do lugar. De certa forma, minha família era privilegiada, vamos dizer assim.

Nossa casa tinha uma salinha, cozinha, o quarto dos meus pais e o meu quarto. Tudo muito pequeno e simples. Só que bem ajeitadinho, não era esculachado, não. Os velhos tomavam um cuidado danado com a coisa toda. Era a conquista deles. O meu espaço não tinha muita frescura. Um sofá-cama, onde eu dormia, um ventilador pequeno, que era item obrigatório para suportar o calor, e um radinho velho que se tornou meu grande companheiro.

Quando comecei a jogar bola, no salão e no campo, a vida ficou corrida pra mim. Não existia tempo para estudar. A rotina era mais dura que a de muito adulto. Às sete da manhã, eu já estava despencando pelas vielas do Cruzeiro, pegava antes das oito no Colégio Meira Lima. Saía de lá vazado ao meio-dia e voltava para casa. Almoçava com a minha avó, e nós dois corríamos de novo porque, às duas da tarde, tinha que estar na Urca para treinar.

Parceiro, lembre que antigamente não existia Linha Amarela, né? Então, pra tu ver como era a trajetória... Ali da Penha pra Urca, e da Urca eu tinha um treino às dezenove horas no Grajaú... Depois, todo o caminho de volta para a Penha. Era o dia inteiro de lá para cá, correndo atrás da bola antes mesmo de colocar a chuteira. Eu só chegava em casa de novo por volta das 23h00, 23h30. Aí eu te pergunto: dava tempo para estudar? Por isso que eu repeti a quinta série três vezes. Eu nunca gostei de escola, não. Mas se levei pau desse jeito é porque não estava dando tempo e atenção para os livros.

Quando entrava no meu quarto só queria fazer uma coisa: me esparramar no sofá-cama e ligar o rádio. Eu gostava de um programa que se chamava *Good Times*. Aquilo era lindo, cara. Só música americana romântica. Whitney Houston, Barry White, Lionel Ritchie... Conheço tudinho. Escuto essas joias até hoje. E canto junto, hein! Didico também arranha no inglês. Vou colocar uma aqui para vocês ouvirem, dá licença. Esse teclado é bonito demais, você já ouviu, Thiago? Já ouviu essa semana, eu digo. Canta comigo... "Don't make me cloooooooose one more door. I don't wanna huuuuuurt anymooooooore."

Quando entrava essa música era emoção pura. O meu quarto não tinha televisão, mas tinha show ao vivo toda noite. *Good Times* tocando, e a vizinha da frente já sabia que eu estava em casa. A danada adorava me atiçar. Do outro lado do quarto, tinha uma janela bem pequena que podemos chamar de mágica. Dali eu tinha vista direta para o quarto da casa da frente, onde uma senhora muito da bem avantajada gostava de se mostrar. A trilha sonora rolando e a mulher tirando a roupa bem na minha direção. Ficava peladinha, amigo. Ai ai, ui ui. Eu adorava aquilo, e ela também.

Hoje, eu posso contar isso porque ninguém mais mora lá. Toda noite fazia aquela "apresentação" para o adolescente. Eu é que não ia reclamar, não é mesmo? Hoje em dia, a molecada está se matando no "xis vídeos". Na minha época, era ao vivo, chapa! Mas nunca passou disso. Eu ainda estava descobrindo a vida e não tinha cara de pau de ir lá falar com ela. Até porque na favela não existe segredo. Todo mundo sabe da vida de todo mundo. E eu não estava a fim de arrumar confusão. Mas arrumei, claro.

O jogo era bem armado na Vila Cruzeiro. A molecada toda tinha suas paqueras. E, sendo honesto, não existia exclusividade. A gente pegava qualquer uma, não tinha essa, podia ser casada, noiva ou amasiada, foda-se, a gente não pensava duas vezes não, cara. Não pensava. Tinha um baile funk para as crianças todo fim de semana, e a gente se divertia a pampa por lá. Minha primeira namoradinha foi mais ou menos nessa época. Ela se chamava Lidiane. Nem vale a pena me estender na história porque durou pouco. A triste verdade é que foi um relacionamento de interesses.

Eu já era grandão, ela era pequenininha, parecia um cotoquinho. Eu guardava um latão de 20 litros, aquelas latas grandes de tinta, tá ligado? Então, eu deixava uma dessas atrás do portão da casa da minha avó. A Lidiane aparecia me procurando, e eu já saía com o latão. Ela tinha que subir pra ficar na minha altura e a gente conseguir se beijar. A garota era cotoco, mas era redondinha, porque eu não trabalho com magrela. Nunca trabalhei. Quem gosta de osso é cachorro, não é, Thiago? Pede mais um uísque pra mim, cara. Oh, Naná! Secou de novo aqui, meu parceiro! Completa pra gente, faz o favor.

Pois então, voltando à história da primeira namorada. A verdade é que a gente formava um casal ridículo. Eu já tinha pra lá de um metro e oitenta de altura, e ela batia na minha cintura. Os moleques tiravam o maior barato quando a gente aparecia junto. Ocorre que existia um segredo nessa relação. Que vergonha contar isso, mas vamos lá. Deixa eu dar outro gole antes. Cadê meu isqueiro, porra? Enfim... A família da menina também morava na favela, mas até lá existem camadas sociais. Toda comunidade tem a sua área nobre, a região mais pobre, as famílias que têm um pouco mais de condição, as que não têm absolutamente nada, e por aí vai. E o meu então "sogro" fazia parte da elite da Vila Cruzeiro. Por consequência, meu armário acabou ganhando uma coleção atualizada de camisetas, bermudas e chinelos da Redley. A Lidiane me dava a maior moral.

Toda vez que a gente brigava, a mocinha passava na loja do nosso pedaço e trazia um presente novo para mim. Digamos que as discussões se tornaram cada vez mais frequentes... Até que ela entendeu o que estava acontecendo. E a fonte secou. O que eu posso fazer? Cada um dá seus pulos para aparecer bem na fita. Para de rir, Thiago. Tô falando sério. Não! A história do Van Damme eu não vou contar, não. Porra, eu que bebo e esses caras é que começam com as bobagens... Essa eu já contei mil vezes e passo vergonha em todas. Mas tudo bem. A sorte de vocês é que já foi meia garrafa pra dentro, né? Estou me sentindo energizado para lembrar dessa. Olha o Orion, filho da mãe. Já chega dando risada das minhas patifarias. Tu vacila pra caramba. Tá bom, cara. Vou contar.

Nessa época, eu estudava na escola Monsenhor Rocha, lá na Penha mesmo. Acho que era lá, porque eu também confundo tudo. Enfim, na minha sala tinha essa menina, vamos chamá-la de Melina para evitar constrangimento para os outros. Ela era bem escurinha. Tinha cabelo curto, boca grossa e um olho desenhado que chamava atenção. Mas digamos que não apresentava os atributos necessários para ser qualificada como uma beldade da favela. Só que todo mundo tem seu charme. E a Melina, que era um pouco mais velha, também era noiva, amigão. O que significa que ela já tinha experiência em um setor que eu ainda não tinha. A gente ficava trocando aquelas olhadas no meio da aula. Eu não tinha paciência para ouvir a professora de português. Eram as encaradas da Melina que me interessavam. Até que um dia ela chegou para mim no intervalo e soltou um "pô, e aí?".

Sejamos honestos, todo mundo sabe o que isso significa, né? Só que eu não tinha dinheiro para ir pro motel com a garota. Nem sabia como funcionava o esquema. Portanto, tive que fazer onde? Sim, no quarto de mamãe... A história toda demandou certa engenharia. Meus pais saíam para trabalhar e deixavam as chaves de casa com a minha avó. Tive que, na maior cara de pau, pedir que ela abrisse pra mim porque eu precisava pegar um "caderno" para a minha amiga da escola. Se a velha comprou? Não sei. Creio que não, né? Mas o que importa é que ela abriu a porta e reservou a privacidade necessária para o que estava por vir. Te amo, vó!

Subimos para a minha casa. Um ninho de amor não fica completo sem a música certa, né? Coloquei a minha fita com gravações do *Good Times* no radiozinho, e a trilha sonora encheu o quarto todo. "*And aiiiiiiii. Iaiiiiii. Will always...*" É, meus amigos. Eu tenho bom gosto, já falei pra vocês. Whitney Houston tocando e a negona, com aquele beição grandão, se deitou na cama da Dona Rosilda e fez o que mais tarde eu batizei de "abertura do Van Damme". Porra, não tá lembrado, não? Aquele filme do ator belga. O grande dragão branco.* O cara dava umas voadoras com a perna toda abertona, parecia um compasso. Passava todo dia na *Sessão da Tarde*.

Eu creio que a Melina não perdia uma vez. Porque, meu camarada, a elasticidade da garota era de cinema. Ela só soltou um: "Vem!".

---

* *O grande dragão branco*. Direção: Newt Arnold. EUA: Golan-Globus, 1988. 92 min.

A moça era de poucas palavras. Eu falei: "Caraaaalhoooo! Que porra que eu arrumei, rapaz?". Aquela beterraba grandona na minha frente, e eu ainda sem saber direito o que fazer. Avisei para ela. Era a minha primeira vez. E a Melina queria me ajudar, isso estava claro. Segui as orientações gestuais dela tal como se fosse uma aeromoça antes da decolagem. Tive que dar uma gaitada. Fazer o quê? Tem que ser completo.

Aumentei o volume do rádio, a Whitney sendo minha companheira mais uma vez e escondendo qualquer barulho que pudesse causar desconfiança na minha tia, que morava embaixo. Aí foi isso. Não lembro quanto durou nem o que fizemos depois. Não vou falar que tive um grande desempenho. De zero a cem, acho que minha nota foi cinco e meio. Fiquei nervoso, confesso. Eu ainda não tinha quinhentos gramas de linguiça. Tinha uns 100, 150... Era moleque, né. Na verdade, só queria perder aquele selo constrangedor para um garoto do meu tamanho. E ela também tava a fim de uma tarde diferente, nada demais.

Acontece que na favela tem sempre um fofoqueiro. Tu sabe como é que é, né? Uma parede colada na outra. Vai esconder como? E a Whitney não me salvou da curiosidade alheia.

Uns dias depois, eu estava sentado na calçada em frente à minha casa. Quem eu vejo subindo a rua de queixo pro alto, peito aberto, cheio de atitude? Pois é, o noivo da Melina. Ele chegou perto de mim, eu me levantei. Ele falou: "Coé, rapá!", eu falei: "Que foi?". "Pô, tô sabendo que tu pegou minha mulher", ele disse. Eu mandei um: "Eeeeu peguei tua mulher, rapaz? Quem é tua mulher?". Ele: "É a Melina, rapaz!". Eu: "A Melina é da minha sala de aula, cara. Ué. Quem que falou essa porra pra você?". Ele: "Não... viram você entrar com ela dentro de casa". Eu respondi: "Olha só, como é que eu vou pegar a tua mulher...", mentira, né, "Como é que eu vou comer a tua mulher dentro da minha casa? Minha mãe e meu pai. Tu conhece o meu pai. Meu pai vai aceitar essa porra? Minha tia vai aceitar, todo mundo aqui embaixo? Para pra pensar", eu falei. Ele me olhou confuso. "Mas, então, o que vai acontecer?", eu disse. Ele: "A gente vai se estranhar". Eu: "Ah, é contigo mesmo".

A regra básica de sobrevivência na favela é que a gente não pode arriar. Nunca. Sim, o sujeito era mais velho e maior que eu. Mesmo assim, eu não podia arriar. Porque quando você mostra disposição para o confronto, o seu oponente pensa duas vezes. "Pô, será que eu vou aguentar com esse maluco?", ele não disse. Mas dava pra ler o pensamento no olho do sujeito. Aquele segundo de indecisão que fode o zagueiro.

Ninguém quer voltar para a casa com a pecha de corno, e ainda por cima tendo levado uns sopapos na cara. Logo, o noivo acabou tomando a melhor atitude para ele e para mim. Fingiu que acreditou e depois de murmurar umas reclamações e ameaças vazias, só para manter a honra, meteu o pé. A reputação do Mirinho salvou a minha pele e evitou confusão desnecessária. Acontecia sempre, essa é a verdade. Nunca mais vi o sujeito. Nem ela.

A minha casa era uma espécie de embaixada da favela. Todo mundo sabia onde ficava. Ninguém se atrevia a arrumar treta por lá. Porque meu pai era um cara agregador. Daqueles tipos que gostam de trazer as pessoas para perto, entende? Podemos dizer que era o pai de todos os moleques e meninas do Cruzeiro. Ele sempre queria o pessoal ao seu redor, e essa foi a origem do nosso time de várzea, o Hang. As confraternizações depois dos jogos eram na porta do Mirinho, não falhava nunca. Até ritual o velho criou lá no morro.

Toda virada de ano era organizada por ele. A molecada pintava o rosto de preto com carvão, sabe-se lá o porquê, não lembro mesmo. Mas só de pensar na cena já me dá vontade de rir. Juntava o pessoal todo. Meu pai descia na frente, conduzindo o bloco. E a gente gritava pelas vielas do Cruzeiro: "Queremos vinho! Queremos vinho!". Os vizinhos colocavam na janela garrafas de espumante, daquele tipo mais simples mesmo, e nós íamos recolhendo. A procissão começava na rua 9 e só terminava no campo do Ordem e Progresso. Cada um trazia um pedaço de carne, um saco de carvão e era assim a nossa virada de ano. Futebol, churrasco e uma alegria danada. Você se lembra disso, não é, Geo?

Só de começar a recordar já me bate saudade do Cruzeiro. Vocês sabem, vou repetir várias vezes, Didico é um tipo emotivo. Onde está o resto do pessoal, Orion? Liga para os caras lá, quero todo mundo aqui hoje. Tem pouca gente na nossa mesa. Começo de semana é assim mesmo, o quiosque fica mais vazio. O que eu até prefiro, vou ser sincero. Mas a nossa rapaziada tem que estar na área. E não me venha com desculpa de que está frio. Os parceiros do Thiago já estão encostando aqui também. Colaram umas muchachas lá na outra ponta do quiosque. Essas daí eu já conheço de longe. Nem cavalo aguenta.

3. Como vim parar aqui

Às vezes, fecho os olhos e encosto o queixo no peito como se estivesse pronto para pegar no sono. Faço isso no meio de todo mundo. Sentado no bar. A maioria das pessoas nem percebe. Ou, se percebem, não falam nada. É um lapso. As risadas, os copos batendo na mesa, os garçons equilibrando a próxima rodada da galera. Tudo isso fica longe por um instante. Os pensamentos voam de forma acelerada. Sem nexo algum. *O que está acontecendo com a minha vida? O que eu vou fazer daqui pra frente?* Não tenho a menor ideia. Não sei nem como vim parar aqui. A certeza mais forte que tenho, talvez a única, é a necessidade de respeitar a minha mãe sempre.

Caramba, ainda não liguei para a velha hoje. Faço isso todos os dias. A Dona Rosilda é a minha rainha. Sem a dedicação dela, eu não seria nada. Ouço cobranças há anos para virar "um homem de Deus". E isso pesa em mim. Já fui muitas vezes ao culto da Congregação Cristã acompanhando minha mãe e minha avó. Até me batizaram. Parecia que o caminho estava trilhado para eu virar um atleta de Cristo. O roteiro pelo menos era perfeito: saiu da pobreza, estourou cedo na carreira de jogador, foi pra Europa, virou artilheiro, ganhou títulos com o clube e a Seleção, ficou rico, cheio de mulher em volta, bebeu tudo que podia, fez um monte de merda, foi detonado na imprensa, questionado pelas autoridades, desacreditado pelos torcedores, encontrou Jesus.

Pois é. Se eu fosse menos cabeça dura, dava pra ter feito tudo isso, e no final até ter saído bem com geral. Mas não teria saído bem comigo mesmo. Porque ainda não saí de nada. As pessoas na igreja são maravilhosas. Me respeitam, tratam com dignidade e alegria verdadeira de me ver ali. Só que infelizmente não é a minha. Não por enquanto. Para ser um irmão de verdade, é preciso aceitar a doutrina e seguir os ensinamentos da Bíblia. E eu só consigo seguir o que me dá vontade de fazer agora.

A Dona Rosilda me entende do jeito dela, sei disso. Mas vez ou outra pergunta se eu não quero ir à igreja. "O culto de jovens no sábado à tarde é tão lindo, meu filho. Ali no Recreio. Você precisa ver que coisa maravilhosa. Vamos com a gente?", ela convida. "Hoje não vai dar, mãe. Mas eu vou voltar lá, sim. Manda um abraço pro diácono", eu respondo, cheio de culpa. Preciso honrar a minha mãe. Me esforço muito para conseguir isso. Só que nem sempre as coisas saem da maneira que eu gostaria. Talvez porque a real é que eu tento agradar a todos, mas fazendo as coisas do meu jeito. E aí, meu camarada, fica difícil de dar certo. Eu sei disso.

Abro os olhos. Ergo a cabeça. Porra, cadê a rapaziada? Essa mesa tá vazia ainda? Thiago, liga pro Rafael. Fala para encontrar a gente lá na Olegário. Vocês estão todos mortos, porra. Naná, guarda o meu uísque que a gente vai dar um giro. Não, não… Eu colo aqui de novo daqui a pouco. Que porra de camiseta do Flamengo, cara? Já te dei um monte. Nenhuma? Para com isso…Tá bom, fica tranquilo que eu vou trazer uma pra você então. Depois! Tô te devendo essa. Mas guarda direito essa garrafa aí, hein? E cuidado com a minha conta, cara. Vou conferir tudinho. Bora, rapaziada, vamos. Deixa só eu ligar em casa antes.

Mãe, tudo bem? Desculpa, sei que ficou tarde. Eu estava em São Paulo. Sim, deu tudo certo. Voltei antes até porque terminou rápido. Sim, Thiago está aqui comigo, não se preocupa. Os amigos dele vão encontrar a gente mais tarde. Tá bom, mãe. Amanhã eu vou almoçar com a senhora. Não gastei muito, não. A senhora que controla tudo! Sabe cada centavo que entra e sai, como é que eu vou mentir? Tá bem, a senhora que sabe. Beijo, mãe. A senhora fica com ele. Amém.

Partiu, rapaziada? O quê? Claro que eu vou dirigir. Não bebi nada ainda, amigo. Beijo do gordo! Entra aí e vamos embora logo, caramba. Vocês estão muito devagar pro meu gosto. Vou colocar um som aqui pra ver se agita geral.*

O dinheiro tira um homem da miséria
Mas não pode arrancar de dentro dele a favela
São poucos que entram em campo pra vencer
A alma guarda o que a mente tenta esquecer

Eu sou fã demais dos Racionais, já falei isso? O Mano Brown então... É ídolo, tá maluco. Me convidaram algumas vezes para ir ao programa dele dar entrevista. Mandaram até um disco de vinil bonitão, guardo no meu quarto de tanto que eu gostei. Só não tenho onde tocar. O problema é que dar entrevista é complicado. Tive muita confusão no passado com a imprensa. Muita mentira saindo sobre a minha pessoa, tá entendendo?

Às vezes, eu tô aqui quietinho com a minha galera, tem dia que eu nem saí de casa, e publicam besteira sobre mim. *Olha aqui o tal de Bruna. Eu nem te conheço, minha amigo...* Hoje, bem menos, é verdade. É gozado, né? Quando a gente está jogando, é imprensa o dia todo em cima, convite pra tudo quanto é lugar, amigo pra caramba vindo atrás. E os fotógrafos perseguindo. Quando a gente para, a coisa muda. Ficam só os mais chegados. Os convites diminuem. Finalmente ficamos sozinhos com os nossos problemas. Porque esses não vão embora, amigão. Esses estão ali com a gente todos os dias.

Na verdade, quando você não tem mais que se preocupar com o horário do treino de amanhã, nem com a última vez em que marcou um gol, os problemas acabam ocupando ainda mais espaço. Mas está bom assim, não estou reclamando, não. Até porque não

---

* "Negro drama". Intérprete: Racionais MC's. In: *Nada como um dia atrás do outro*. São Paulo: Casa Nostra, 2002.

me esqueceram. Ainda. Convite para entrevista, por exemplo, chega toda hora. Passei anos sem conversar com a imprensa quando finalmente ficou claro que não dava mais pra eu voltar a jogar. Até que um dia minha assessora me convidou para ir conversar com o Pedro Bial, na Globo.

Porra, não tem como negar que é uma honra participar do programa do cara. Já fazia tempo que eu não falava nada mesmo. E bem ou mal a gente sempre gosta de um holofote, não tem como negar. Pensa o seguinte, desde que eu tenho 17 anos, falam meu nome quase todos os dias. No fim, a gente acaba ficando acostumado com a atenção também. E, de certa forma, até precisa dela. Sei lá eu pra quê. Mas precisa. Não vou mentir porque eu não sou disso, já falei.

Pois bem, quando o Bial me convidou, fiquei com aquela coceirinha, mas demorei para aceitar. Minha assessora, a Renata Battaglia, insistiu que poderia ser uma boa, programa de prestígio, que não faria sensacionalismo como certos tabloides da imprensa carioca. Aqueles que eu não preciso nem falar o nome para não fazer propaganda. A produção do programa já estava insistindo há mais de um ano. Então, eu aceitei. Porra, vou te falar que eu fiquei nervoso, beleza? É sério, caramba. O cara é inteligente, tem audiência, eu não ia lá para passar vergonha.

Por isso, tomei uma decisão drástica. Fiquei uma semana sem colocar uma gota de álcool para dentro. Veja isso. Nem quando eu jogava futebol e estava na reta final para uma decisão eu fazia essas coisas. Mas, para ir no Bial, achei melhor não vacilar. Dentro de campo, eu sei o caminho mais curto, como ficar quietinho e aparecer na hora certa. Com um microfone na frente e um monte de câmera em volta é diferente. Fico tímido, começo a gaguejar, me lembro que só estudei até a sétima série e aí eu travo. Complicado, cara. Me coloca na frente de um zagueiro invocadão, mas não vem com jornalista, não, porra. Os caras já chegam com aquela lista cheia de perguntas, e eu vendo a casquinha de banana em cada linha.

No fim, deu tudo certo lá na TV. O cara foi gente fina comigo, falei o que queria. Abri o coração em relação aos meus problemas e a entrevista rendeu. Recebi um montão de mensagem, cara. Precisa ver... Só não tenho mais aqui pra mostrar porque troco de telefone toda hora. Porra, vocês não fazem ideia o que acontece na vida de um jogador de futebol. Ou, ex, no meu caso. É nego ligando toda hora para oferecer coisa, pedir ajuda e... querer entrevista.

Meus amigos mesmo já sabem que meu número não dura muito, não. Os mais chegados salvam meu telefone com o mês do lado. Já vi em muitos telefones de amigos. "Adriano, setembro 21." "Adriano, janeiro 22." Tem que ser assim, xará. E quem não gostou, morde as costas. Porra, cadê o meu cigarro? Deixei lá no Naná. Vacilação.

Bom era na época do Flamengo, lembra disso, Geo? Eu andava com segurança todo dia porque era muita gente em cima de mim. Não que eu tivesse medo do Rio de Janeiro. Fica tranquilo que aqui é o meu... como é que fala, Thiago? Playground, né? Isso, playground. Só que precisava ficar esperto com a galera vindo em cima o tempo todo, incluindo os repórteres. Hoje eu não preciso mais disso em todos os lugares. Só tenho reforço comigo quando acho necessário.

Enfim, o meu segurança já sabia a rotina. Acabava o jogo, eu ia pro carro e encontrava o isopor preparado com a minha cervejinha e o meu cigarrinho. Era o meu trabalho regenerativo! E o trabalho regenerativo tem que começar cedo, logo depois da partida. Agora não tenho mais essa mordomia. Então preciso lembrar de trazer o meu cigarro, porra. E o danone também, óbvio.

Até imagino que tenha gente pensando: *Ai, mas bebia logo depois do jogo?*. Xará, álcool é parte do futebol assim como a bola, tá me escutando? Não é só na arquibancada que a galera gosta de uma geladinha. Inclusive é assim no mundo todo. Na Europa, a gente começa a beber dentro do vestiário mesmo. Óbvio, quando o time ganha fica tudo mais exaltado. Quando perde, cada um vai tomar a sua em casa. Sempre tem os que não gostam, os que só tomam a primeira e os inimigos do fim. Como certas pessoas cujo nome começa com A e termina com Driano... Só que o álcool está sempre ali.

Quantas vezes você já ouviu dizer que eu passei a beber depois que o meu pai morreu? Mentira, cara. Pode ser que eu tenha perdido a linha depois desse momento pesado na minha família. Isso não tenho como negar. Mas a verdade é que eu sempre bebi. E o futebol me incentivou mais ainda. Não tenha dúvidas disso. O ambiente da bola é assim. Volto a dizer, nem todos fazem parte disso. Alguns conseguem manter uma relação mais distante com o álcool. Outros se entregam como se fosse a bola estufando a rede no velho Maracanã, depois de uma cobrança de falta do Zico. Inevitável. E esse papo todo já me deu sede, caramba. Vamos encostar aqui mesmo, o flanelinha ali é meu chapa. Vai pedir pra tirar uma foto com certeza, mas vai descolar uma vaguinha boa pra gente. E isso, na Olegário, vale ouro.

Fala comigo, meu parceiro. Claro, irmão. Vou encostar aqui contigo e a gente já tira essa foto maneira. Onde tá bom pra gente tomar uma hoje? Cadê as muchachas? Aquele ali da esquina? Ah, então é nesse mesmo que a gente vai. Pede pro teu parceiro do cigarro chegar ali, faz o favor? Preciso abastecer o estoque com ele. E fala pra trazer aquele de bateria com sabor de fruta também. Olha ali, Orion. Gostei daquele cantinho. Se liga no tamanho da morena, papai do céu abençoe. Vamos sentar nessa mesa aqui fora mesmo, rapaziada. Olha o Rafael ali. Ou! Psiiiiu. Pô, tá atrasado, hein, primo? Achei que não ia aparecer mais hoje. Daqui a pouco eu começo a beber de verdade, e quem é que vai dirigir pra mim? Dá um beijo, cara. Saudades de você. Sim, te vi ontem. Mas tô com saudade, caramba. Eu, hein? Quer regular o sentimento dos outros?

Garçom, tudo bem, meu chapa? Traz uma rodada de chope pros chegados, faz favor. O meu você já sabe. Capricha no gelo. Pouco guaraná. Está bem florido aqui hoje, hein? Olha só quanta beldade em volta. Bar lotado. Olha o movimento ali. Tô ganhando esse pessoal. Todo mundo quebrando o pescoço pra cá. Já tô vendo que não vai dar pra ficar muito tempo nesse bar, não. Se liga na função que está se formando para vir tirar foto. Lá vem a primeira.

Oi, querida. Claro, vamos tirar uma selfie, sim. Mas não me explana, não, por favor. Se não vai ser isso a noite toda por aqui. Claro, tiro com a sua prima também. Eita, lá vem o outro com a camisa do Mengão. Não vai ter como. Salve, irmão. Obrigado. O que é isso, bondade sua. Imperador nada, amiga. Pra você é Adriano mesmo, sem cerimônias. É, Thiago. Já vai acelerando teu chope aí. Eu gosto da atenção também, já falei.

Acontece que agora estou mais preocupado em tomar uma em paz e contar as minhas histórias. E aqui não vai dar certo isso, não é, Geo? Sim, tu falou pra gente ficar lá no Naná mesmo, eu sei. Mas eu queria dar um giro. Estava com vontade de ver o movimento. Como dizia o meu avô, vontade é coisa que dá e passa. Porra, olha a confusão ali, cara. O que está acontecendo? Meu irmão, vão arrebentar esse cara. Que gritaria! O cara tá correndo em direção à farmácia, olha ali, Geo. Puta merda, tem três seguranças atrás dele. Não gosto de ver essas coisas, tá maluco. Claro que não vou me meter, não sei o que o cara fez também. Deve ter levado o celular de alguma mesa. Tá errado, óbvio. Mas vai saber a história do sujeito também. Pegaram ele, caramba. Olha a voadora que o segurança deu, jogou o sujeito longe.

Poxa, cara, tá ficando feio aqui. Todo mundo filmando. Oi? Claro, querida, vamos tirar uma foto, sim. Dá aqui o guardanapo que eu assino pro teu sobrinho, mas espera aí. Olha o cara sendo cercado pela multidão... Isso tá saindo do controle, não? Vamos nessa, rapaziada. Esse movimento todo já tá me deixando injuriado. Garçom, traz a conta, por favor. Tira a foto aqui rapidinho, amigo. Junta todo mundo porque eu estou indo embora. Não, Rafael. Vem com a gente, mas deixa que eu dirijo. Tô bem ainda, pô. Tô falando. Não consegui beber nada, caramba. Por isso que eu falo que não curto balada. Tem dia que é melhor ficar em casa mesmo.

Vai pra rua, é sempre isso. Gente vindo tirar foto toda hora, e eu não sou de recusar. Até aí tudo bem. O problema são essas confusões que começam a me tirar do sério. Você viu que estavam dando umas porradas no cara? Não acho que se resolvam as coisas desse jeito... Vamos pro Naná logo. Essa Barra da Tijuca está virando um lugar muito perigoso, caramba. E violência não é comigo.

4. Se vacilar, dá ruim

Pega aquela mesa ali no fundo. Assim a gente fica perto do mar. Vou colocar uma música. Um pagodinho do Xande de Pilares, esse todo mundo gosta. "A vida é para quem sabe viver!"*

Tô com sede, caramba. Naná! Onde está a minha garrafa, cara? Chega mais. Senta comigo que eu vou te contar a minha história. Esses caras já conhecem tudinho. Ninguém aguenta mais. Que tem que trabalhar o quê, cara? Eu sei que você também está de saco cheio de ouvir ladainha de bêbado, bicho. Mas eu não estou bêbado, então é diferente. Só estou querendo abrir o meu coração, caramba. Não faço isso todo dia. Aproveita a oportunidade. Isso… Coloca um chorinho aqui pra me incentivar a contar todos os detalhes. A história fica mais bonita desse jeito.

Eu não consigo ver confusão na rua. Gente apanhando, gritaria, pega ladrão, essas coisas me tiram do sério. Infelizmente, acontecia com muita frequência no Cruzeiro. Essa era a parte ruim de morar lá. Ou, uma das partes ruins. Porque eu não vou mentir pra vocês. Tinha muito problema também. Na favela, todo mundo se conhece. Muita gente se ajuda. E dá para levar uma vida feliz, sim. A minha infância foi incrível, mesmo com pouco. A violência, porém, está ali o tempo todo, xará. E se vacilar, dá ruim. Mesmo que você não tenha nada a ver com a história. Essa lição eu aprendi muito cedo.

---

* "Clareou". Intérprete: Xande de Pilares e Grupo Revelação. In: *Encontro de gerações*, volume 1. Belo Horizonte: Akatu, 2021.

Porra, eu não tinha nem 7 anos quando vi a morte na minha frente pela primeira vez. Pesado, cara. Não gosto de ficar lembrando, mas vou contar mesmo assim.

Eu estava sentado numa escada do lado de casa. Estava de boa depois de ter brincado com o meu grande amigo da época, o Hermes. O pau quebrava entre a gente na disputa pelas bolinhas de gude. Eu estava ali sozinho quando um homem desceu correndo no pinote. Eu olhei aquilo vidrado. Atrás dele veio outro sujeito com uma arma na mão. Não deu tempo de fazer nada. Nem de reagir. Nem de pensar. O primeiro homem tropeçou e caiu encostado bem no muro da minha casa. O cara que estava perseguindo ele diminuiu o passo.

Irmão, eu nunca tinha visto tanto pânico na minha frente antes. O sujeito no chão estava apavorado. Eu também. Ninguém falou nada. O cara da arma se aproximou devagar encarando o outro que estava caído. E puxou o gatilho. Táááá! Aquele estampido seco. Na minha frente. Duas vezes. Táááá! Fiquei paralisado. Nem pisquei. Tudo parado enquanto o sangue começava a escorrer na calçada. Na frente da minha casa. Ficou aquele silêncio por alguns segundos. O homem com a arma encarando o morto. Eu encarando a cena sem me mexer. Do nada, eu escutei um berro alto. Apavorado. ADRIA-NOOOO!!! Era a minha mãe. A Dona Rosilda saiu gritando de dentro de casa. Meu pai veio atrás.

A movimentação assustou o sujeito que tinha atirado. Ele saiu correndo, subiu o morro para escapar da confusão. Eu não conseguia me mexer. Fiquei em choque. Minha mãe me agarrou pelo braço e me puxou para dentro de casa. Passamos na frente do morto, cara. Um homem tinha sido assassinado na minha frente. Eu nem sabia ler direito, caramba. Cada coisa que a gente passa na vida. Meu pai ficou do lado de fora. Os vizinhos começaram a aparecer. Todo mundo querendo saber o que tinha acontecido. Mas logo cada um foi para o seu canto. Vida que segue.

Por isso que eu repito. Se vacilar, dá ruim. Essa lição eu aprendi cedo. Quer dizer, acho que nem precisei aprender. Já veio no meu sangue. Carrego no meu DNA, é assim que fala, né, Thiago? Você também tem esse aprendizado no seu DNA. Quando você nasceu, eu já estava crescendo no Flamengo, a vida da família estava mais perto da Barra da Tijuca. Não importa. Porque a história toda da nossa família começou no morro, bem antes da gente nascer.

O pai da minha mãe, o seu Luiz, era mestre de obras. Imagina só, o cara era de João Pessoa e trabalhou na construção de Brasília. Ele estava levantando apartamento no Distrito Federal até que voltou à Paraíba para matar a saudade da família. Foi nessa viagem que ele conheceu a minha avó. Você tem que ouvir a Dona Vanda contando essa história. É de chorar de rir.

O meu avô voltou para se casar. Levou um pé na bunda da noiva no meio do caminho e não queria viajar sozinho de novo para Brasília. Naquela época, a cidade era um canteiro de obras. E em canteiro de obras não tem mulher, meu amigo. O sujeito sabia que se saísse da Paraíba solteiro ia roer osso por muito tempo. A mãe dele matou no peito e resolveu tudo em questão de minutos. Foi na casa da vizinha, onde morava uma menina que ela já conhecia bem, e perguntou: "Você quer se casar com o meu filho?". Essa menina era a minha avó.

Coitada, era pobrezinha, não tinha nem pai nem mãe, vivia com os irmãos. Apesar disso, era muito "trabalhadeira", como ela mesma diz. As duas desenrolaram a questão. Meu avô aceitou e voltou para Brasília casado. Foi lá onde nasceram os meus primeiros três tios por parte de mãe. A família toda morava num barraco, os dois trabalhavam o dia inteiro. Mesmo assim, não conseguiam ganhar o suficiente na nova capital do país. Aquela situação frágil acabou com eles decidindo voltar para a Paraíba, quando a minha mãe já estava na barriga da Dona Vanda. A minha mãe, Dona Rosilda, nasceu, e eles sentiram que era hora de tentar a sorte em outro lugar: no Rio de Janeiro.

O seu Luiz tinha uma irmã, a Noza, que fez esse trajeto uns anos antes. E assim subiu todo mundo num caminhão em direção à

Cidade Maravilhosa. Chegaram uns dias depois da viagem castigada no caminhão. Foram direto para a Vila Cruzeiro, onde morava a Noza. Ela arrumou um cantinho para a família ficar, nos fundos de uma casa. A Vila Cruzeiro, claro, era bem diferente do que é hoje. Mas já era favela. E das grandes.

Meus avós se viraram como puderam. Seu Luiz procurando serviço em obra, e a Dona Vanda fazendo o que aparecia. Trabalhou nas lojas Marisa, depois foi servente em colégio, mas, antes, ela fez o que hoje chamam de empreendedorismo, é assim que fala, né, Thiago? Empreendedora, né? O negócio próprio da Dona Vanda era bem simples. Ela acordava às três da manhã e levava as filhas mais velhas, incluindo a minha mãe, que já tinham idade para carregar algum peso, até o Mercado de Madureira. As mulheres da casa compravam maçã, banana, umas verduras. O que o dinheiro alcançasse e estivesse com boa qualidade. Minha avó arrumava a mercadoria em sacos, que as meninas levavam para casa, equilibrando na cabeça.

De volta à Vila Cruzeiro, elas arrumavam tudo num carrinho de mão que meu avô tinha conseguido. De lá, a Dona Vanda empurrava a sua quitanda ambulante até Olaria, onde tinha gente com um pouco mais de condição. Enquanto as filhas mais velhas cuidavam dos mais novos, a minha avó vendia os produtos para as donas de casa do bairro vizinho. Todo santo dia elas faziam essa procissão. Muita luta, cara. Muita luta.

E quem já viu a minha avó pode imaginar o esforço. Dizem que quando a gente envelhece o corpo encolhe. Pode até ser, mas a Dona Vanda tem estrutura de criança desde que eu a conheço. A velha é muito menor que o coração dela, acredita em mim. Para de rir, Thiago. Tô falando sério. Olha o tamanhinho da vó. Perna fina, braço comprido. Até a voz dela é fraca. Agora, mexe com ela pra você ver.

A Dona Vanda conta que nessa época a Vila Cruzeiro já tinha o campo de futebol, que era de barro, e a associação de moradores. Os camelôs ainda não estavam lá. E já tinha maconha também. Só que o pessoal era mais discreto naquela época. Quando passava família trabalhadora, como a nossa, os doidões cruzavam os punhos nas costas para esconder o beque. Sinal de respeito, tá entendendo?

A polícia começava a dar as suas incertas. Os tiroteios aconteciam com frequência. Loucura isso, né? Faz tempo que o Cruzeiro é perigoso. Quer dizer, perigoso para quem não sabe chegar, é claro. Pensa que, no fim das contas, a Dona Vanda e o seu Luiz criaram oito filhos ali. Sete mulheres e um homem. Todos aprendendo a comprar fruta e verdura em Madureira. E como levantar uma casa, porque o meu avô também ensinou muito para os filhos.

Naquele tempo, eles não tinham água em casa lá no Cruzeiro, vai vendo o sacrifício da família. Minha mãe e a irmã dela, a tia Meire, eram as responsáveis por ir à rua Aimoré, que antigamente o pessoal chamava de rua da feira, abastecer a família na bica que ficava por ali. As duas carregavam aqueles latões de tinta de vinte litros e voltavam com eles cheios, equilibrando na cabeça. A prática do Mercado de Madureira ajudava nessas horas. Ou vice-versa. E é nessa que o Mirinho, meu pai, entra na história. Já disse que o coroa era mulherengo. Desde moleque, é claro.

O Mirinho era conhecido no pedaço como sujeito boa praça, galanteador e amigo de todo mundo. Era cria do Cruzeiro. O Mirinho ficava esperto em quem ele queria namorar. Primeiro ele estava de olho na minha tia mais velha, a Rosi. Dava em cima dela o tempo todo, sem ser correspondido. Então, ele mudou o alvo. Foi para cima da minha tia Meire. E, por incrível que pareça, quem se dava bem nessa era a minha mãe. Porque a Meire também fazia jogo duro. O meu pai ficava de olho quando elas chegavam na bica. Toda vez que as duas irmãs apareciam, ele colava junto para galantear a irmã mais velha. Como ela não dava bola, o sujeito ficava fazendo graça com a caçula. Chamava a minha mãe de namoradinha e carregava o latão de água para ela quase que o caminho todo.

Resumindo a história, depois de levar um fora da Rosi, e de a Meire não dar mole, o Mirinho entendeu que teria que atuar na matinê mesmo. Sobrou para a coitada da minha mãe, que caiu no conto do galã de 18 anos, cinco a mais que ela.

Os dois começaram a namorar, e a Dona Rosilda ficou grávida desse bezerrote aqui. Ela tinha só 16 anos. Início dos anos 1980, na favela, uma menina ainda. Óbvio que ela não fazia nem ideia do que estava acontecendo. Isso eu já ouvi da minha mãe várias vezes. Hoje ela até conta um pouco mais tranquila. Quase dando risada. Mas eu sei que no fundo ela sente um arrependimento forte. Porque quando a gravidez avançou, e ela ainda não entendia a situação, eu comecei a dar uns chutes na barriga dela. Normal, né? Todo neném dá seus chutes quando está dentro da mãe. Mas se quiser usar isso pra dizer que eu já sabia que seria jogador de futebol, fica à vontade, tá bom?

Enfim, a menina assustada com aquilo não sabia o que fazer. Dona Rosilda conta que começou a dar socos na barriga para tentar que aqueles movimentos parassem. Não funcionou. Então ela ia até uma janela basculante da casa dela e ficava se dobrando, apertando a barriga para ver se dava um jeito na movimentação toda dentro do corpo. Uma das irmãs viu e perguntou: "O que você está fazendo, garota?". Minha mãe explicou a história e ouviu da minha tia: "Tua menstruação tá descendo direitinho?". Bem, nessa hora, a jovem Dona Rosilda entendeu que não se tratava de lombriga. Coisa mais complicada. Era o Adrianinho que estava a caminho.

A notícia foi recebida com alegria e surpresa pelo Mirinho. Ele não vacilou. "Vamos nos casar logo, então." Juntou a família toda e as obras começaram na laje da casa da mãe do meu pai, na rua 9. Todo mundo ajudou. Meu avô era mestre de obras e coordenava tudo. Minha mãe batia o cimento, ficava com as mãos cheias de bolhas. Eu tenho uma tia que coloca um azulejo liso, igual homem. Até melhor, pra ser honesto. E essa função ficou com ela. A outra faz um arremate maravilhoso. E, assim, depois das festas de fim de ano de 1981, o novo lar do Mirinho com a Rosilda estava pronto. Agora era só esperar a chegada do primeiro filho.

5. Presta atenção, *Adirano*

Diz a verdade, Rafael. Quem é o favorito da nossa família? Ah, não fica assim não, cara. Todo mundo te ama também. Aproveita e completa o copo do teu primo aqui, vai. Porra, tenho que pedir isso pra vocês toda hora, hein? Não tô gostando. Nem vem com essa de "coé, Brutão?". Sou Brutão mesmo, porra. Vocês ficam aí de conversinha. Nem enchem o meu copo nem ouvem a minha história, caralho. Presta atenção, cara. Eita, fala baixo. Se liga nas duas ali. Estão vindo na nossa direção. Até que enfim vamos ter companhia. Chegaram cedo, para ser sincero. A balada deve estar fraca. Umas gatas assim não costumam aparecer por aqui a essa hora. Se ajeita aí, Geo.

Boa noite, senhoritas! Claro, por favor. Vai ser uma honra ter as duas sentadas aqui com a gente. O amigo de vocês também, claro. Todos são bem-vindos. Vem para cá, loira. Senta aqui do meu lado. Não se preocupe, Brutão é um apelido que esses malucos colocaram em mim há muitos anos. Com você não vai ter brutalidade, não. Qual é o seu nome? E o seu? Muito prazer, Adriano. Imperador não, para com isso, colega. Não, não precisa me chamar de Brutão, não. Pode me chamar de Didico, se quiser. Didico eu gosto.

Amiga, quer tomar o quê? Isso. Pede uma vodca com energético. Você também, querida? E o amigo? Ótimo. Deixa que o meu primo favorito vai servir vocês. Agiliza pra elas, Rafael, faz favor. Adorei o seu perfume, amor. Como se chama? Ih, não entendi nadinha. Eu não falo francês, não. Tem alguma coisa italiana em você? Italiano eu falo. É sério, pô. Olha a camiseta daquele magrinho ali. O meu irmão, Thiago. Ver-sa-ce! Não tô tirando onda, não, caramba. É italiano, pô. Tá certo... mais tarde eu te dou uma aula, *principessa*.

Agora eu estou contando para esses caras sobre a minha infância. Vocês duas gostam de história? Essa é muito boa. Tu cresceu onde, garota? Na Penha? Mentira! Eu também, caramba. É disso mesmo que eu tô falando agora. Pega a visão... 17 de fevereiro de 1982 foi um dia especial no Cruzeiro. Quem subiu o morro até a rua 9 ouviu a gritaria de felicidade que tomou conta da família Leite Ribeiro. Nascia o primeiro neto da Dona Vanda. O primeiro sobrinho da Rosi e suas irmãs. O primogênito do casal Mirinho e Rosilda. Foi uma alegria danada. Minhas tias Rosalva e Dedeia brigavam para decidir quem daria banho em mim. Elas chegavam até a tirar a minha mãe da cama para poder dormir do meu lado, olha isso, cara! Muito amor, não é? Quer dizer, pelo menos essa é a história que me contaram.

A julgar pelo tratamento que eu recebi na infância, só posso acreditar nessa versão. Eu não precisei jogar bola para virar o queridinho da casa. Era um tal de tia me carregando no colo, vovó fazendo comidinha, pai beijando na boca. Tu lembra, né, Geo? Meu pai tinha essa mania de me beijar na boca desde que eu era pequeno, não é? A bitoca virou marca dele. E fez isso até morrer. Às vezes, ele vinha de bagunça. Empurrava a dentadura pra fora com a língua. Velho sacana. A dentadura eu não beijava, não! Mas adorava esses gestos de carinho que todos tinham por mim. Não dei trabalho para os meus pais.

A bem da verdade, se for perguntar para a Dona Rosilda, dor de cabeça mesmo eu só criei quando era muito pequeno. A bronquite me pegava feio, cara. Coitada, minha mãe trabalhava o dia inteiro em uma fábrica de costura. Chegava morta em casa. E de madrugada tinha que descer o morro até o Hospital Getúlio Vargas comigo no colo, para fazer inalação. Ficávamos horas ali até que eu voltasse a respirar melhor. Minha mãe cochilava na cadeira de plástico duro, eu ficava com aquela máscara cuspindo ar gelado na minha cara.

Um monte de outras mães e outros filhos com problema de respiração em volta. Aquele barulho contínuo dos tubos de oxigênio. Foram várias madrugadas assim. Fora isso, tive uma infância dos sonhos. Logo a bronquite passou e pude desbravar as ruas do Cruzeiro com os meus primeiros amigos.

Um dos mais chegados era o Hermes, já falei desse cara. Anos mais tarde, virei até padrinho do filho dele. Era com o Hermes que eu fazia as trutinhas na hora de jogar bola de gude. A gente rapava geral! Nunca perdemos para ninguém. Eu andava com uma sacola de supermercado cheia de bolinha que a gente ganhava dos outros garotos. O Hermes também.

Os moleques vinham com um montão de bola de gude e a gente já piscava. No olhar, os dois sabiam o que era pra fazer. Aí jogava um pro outro, tá ligado? Não conseguiam ganhar da gente. O problema era quando tinha mais nego pra jogar contra. Quando chegavam de galera, a gente virava adversário. Aí dava ruim... Tinha vezes que ele me pelava todo. Tinha vezes também que eu rapava ele. E os moleques começavam a sacanear: "Piuíí, tic-tac".

Depois veio a época de empinar pipa. Parceiro, eu era bom pra caramba. Ihhhh, tá rindo de quê, Geo? Era melhor do que você, com certeza. Tá bom, não vou mentir porque eu não sou disso... Não era muito bom, não. Mas era viciado. Dava a vida por aquele negócio. Pra ser sincero, todo moleque de favela era alucinado por pipa naquela época. O céu ficava colorido de papel de seda. Era linha cortante voando por cima de todas as casas. Hoje em dia, ainda tem alguns guerreiros, mas já não é mais como antigamente. Agora a molecada só quer saber de celular e videogame, né? Com a minha galera era diferente.

Primeiro, a gente procurava o melhor lugar para subir a pipa. Na laje da casa dos meus pais não dava porque tinha uma antena espinha de peixe que atrapalhava. Um pouco mais pra cima, encostada, porque na favela tudo é encostado, tinha a laje do vizinho. Essa era perfeita. Lisinha e sem nada para atrapalhar. Eles tinham um pouquinho mais de situação. A antena da casa era daquele tipo redondo, parabólica que fala né, Thiago? Isso, parabólica. E a deles ficava instalada no chão. Só tinha uma questão: não construíram muro de proteção.

Estávamos em um dos pontos mais altos do Cruzeiro. Daquela laje dava para ver a favela inteira. Se você caísse ali, tchau, acabou. Para os corajosos, havia um prêmio adicional. Nessa casa que a gente pulava, atrás tinha um pé de manga que estava sempre carregado, cara. Ficávamos a tarde toda soltando pipa ali. Quando a fome batia, a gente catucava a mangueira. A vizinha às vezes ficava puta, mas como ela conhecia meu pai, não brigava muito, não. Só falava mais alto quando a nossa correria na laje incomodava de verdade. Imagina, um monte de moleque gritando, correndo atrás de pipa e pulando na árvore para pegar manga. Uma hora enchia o saco, com certeza. Mas ela só reclamava um pouquinho. No geral deixava a gente em paz.

Quem sofreu foi a Dona Chica, vizinha da minha avó. Fui pular na laje dela correndo atrás de uma pipa que tinha acabado de ser cortada e arrebentei a caixa d'água da mulher. Foi um baita constrangimento para a Dona Vanda, mas a vovó segurou o rojão. Que adrenalina que dá cortar uma pipa, cara. Só quem brinca disso entende. Vou te falar que é quase como fazer um gol. Você sente o adversário vindo e procura o melhor caminho. Quem tem o controle da parada sabe "driblar" a linha rival usando o vento. Quando chega a hora certa, você começa a dar linha. E aí entra o movimento para cortar o mané que está do outro lado. Quando dá aquele puxão, é como se a gente acertasse um chute. A pipa cortada vai caindo em parafuso e sai todo mundo correndo para tentar resgatar.

Eu, que sempre fui grande, levava vantagem. Pulava mais alto que todo mundo. Gritar "tá na mão!" e sair correndo com a pipa recém-aparada é bom demais. A gente caprichava no cerol, não tinha como. Usava tudo: cola, vidro, pó de ferro. Ficava tão cortante que um dia eu fui parar no hospital. Eu ainda era moleque, tinha uns 6 ou 7 anos, e vacilei na linha. Talhei a mão todinha de cerol.

Me levaram para o Getúlio Vargas. Minha mãe teve que ir direto do trabalho me resgatar no pronto-socorro.

Chorei pra caramba, cara. Quando colocava o álcool ali para desinfetar, santo Pai. Não vou esquecer a dor nunca. Mas como era bacana. Me diverti a pampa, sem sacanagem. Quando não tinha pipa, tinha futebol. Isso minha mãe sempre fala. Na favela, quando a gente tem o luxo de ganhar um presente, pode ter certeza de que vai ser uma bola, e eu ficava com a minha desde os 2 anos. Chutava para tudo quanto é lado. As vielas do Cruzeiro eram o nosso campo. Tenta dominar uma bola descendo o morro, xará. Se você consegue ali, quando chega no campo profissional vira moleza.

Era a tarde toda juntando moleque onde dava para jogar futebol. E aos finais de semana ainda tinham os jogos de várzea no campo do Cruzeiro. O couro comia feio entre os mais velhos. Vou te dizer que a gente aprende o que é pressão mesmo no campo de várzea. Eu via meu pai jogando e queria entrar. Até minha mãe jogava também. Só que eu ainda não tinha tamanho. O que me restava era brincar com as outras crianças. A gente fazia o nosso jogo do lado de fora enquanto os adultos bebiam e assavam carne entre uma partida e outra. Era uma festa danada. Dia de jogo na favela é sempre uma ocasião especial.

Pena que essa liberdade toda durou pouco. Vagabundo adora falar da minha vida, mas ninguém olha os sacrifícios que a gente faz para virar jogador de futebol. Com 7 anos, acabou. Não tinha mais bolinha de gude, pipa na laje, fim de semana na várzea nem aventuras nas vielas do Cruzeiro. Pelo menos, não todo dia. A minha rotina mudou muito. Lembro bem, cara, foi justo no meu aniversário de 7 anos que começou o papo de jogar no Flamengo. E não foi por causa de nenhum olheiro, não. Até porque não seria nessa idade que os caras me encontrariam batendo bola. Muito menos no meio da Vila Cruzeiro, arrancando o tampão do dedo de tanto jogar futebol na rua.

A responsável pelo que estava por vir, adivinhem só, foi a Dona Rosilda, claro. Sempre ela me colocando no trilho certo, mesmo sem ter a menor ideia do que estava fazendo. Mãe, te amo pra caramba. Vamos ligar pra ela, Thiago? Faz uma chamada de vídeo com a coroa aí, cara. Que bêbado, nada. Estou zerado ainda. Naná! Traz mais uma garrafa pra geral aqui, faz favor. Quem está indo de cerveja? Porra, então pede lá você, cara, que merda é essa? Tô aqui pra te servir agora? Tô de sacanagem contigo, meu parceiro. Vem cá, me dá um abraço.

Thiago, a gente liga amanhã, então. Deixa a mãe dormir em paz. Tudo bem com vocês, queridas? Querem mais alguma coisa? Pra esses caras eu não dou moleza, não, mas para vocês eu apresento toda a minha gentileza. Posso continuar a história? Se estiver chato me avisa que eu paro. Mas se não gostou também, já sabe, né? Morde as costas! Brincadeira, anjo. Não leva a mal, não.

Me lembro como se fosse hoje. E olha que a minha memória é uma piada de mau gosto. Eu ainda nem sabia escrever direito. Acordei e dei graças a Deus que não tinha aula. Era fim de semana. Aquele calorão estralando na favela. O ventiladorzinho do meu quarto berrava, mas não dava conta. Abri os olhos já pensando em chamar o Hermes para correr atrás de pipa. Queria tentar cortar pelo menos umas duas antes de começar o futebol no campo do Cruzeiro. Me levantei ainda esfregando o rosto quando percebi que a minha mãe estava passando um café para a vovó. As duas cochichavam enquanto meu pai se arrumava para descer.

Sábado não tinha trabalho de office-boy para ele. A função do coroa quando estava de folga era organizar a pelada do morro, e isso ele fazia como ninguém. Logo cedo, já tinha gente indo chamar o meu pai em casa. O Mirinho não perdia tempo para deixar o time de várzea dele, o Hang, no jeito para enfrentar o adversário do dia. Fui para a cozinha cheio de fome enquanto meu pai se despedia das duas. Me deu um selinho com gosto de café e disse: "Te vejo lá embaixo, xará. Não se atrase!". Meu pai me chamava de xará, desde que eu era pequeno.

O velho saiu vazado carregando umas chuteiras na bolsinha gasta com o escudo do Flamengo. A porta de alumínio nem tinha batido ainda quando minha mãe virou para a vovó. Ficou com aquele olhão arregalado dela. O papo era sério. Ela disparou: "Mamãe, eu vou lá no Flamengo pra saber se eu consigo botar o Adriano na escolinha de futebol". O quê? Minha mãe está doida? Quase cuspi o gole de água gelada que eu tinha acabado de dar. Dona Vanda olhou para ela. Respondeu com a serenidade de quem já cruzou o Brasil em caçamba de caminhão. "Vai, minha filha. Se você acha que é bom, vai, sim." Minha mãe respondeu: "Ele gosta tanto de bola. Tem que ser jogador no melhor time".

O Rubro-Negro fazia parte da família há muito tempo. Bem antes de pisarmos na Gávea pela primeira vez. O seu Luiz, pai da minha mãe, era fanático por futebol. E, óbvio, torcedor alucinado do maior do Brasil, com todo o respeito aos outros clubes. A Dona Rosilda conta que o ritual era sempre o mesmo, desde a infância dela. O vovô se sentava numa cadeira de balanço no meio da sala. A casa deles ficava ao lado do campo do Cruzeiro. Era ali na parte de baixo da favela. Quando o Flamengo pisava no Maracanã, minha avó já deixava a cervejinha no jeito pra ele. O velho encostava o ouvido no rádio. Era exigido silêncio absoluto em casa. Ninguém podia abrir a boca. Se minha mãe ou as irmãs fizessem qualquer barulho que distraísse o pai delas, o couro comia.

Em dia de vitória do Mengão, a alegria era geral. Se perdesse, era melhor evitar contato visual com o seu Luiz. Não podia nem olhar para ele que o cara já saía xingando todo mundo. E assim a cultura rubro-negra foi passando de geração em geração lá em casa. Mesmo com esse amor todo pelo time, nossa família não frequentava o Maracanã. A correria era bruta. Não sobrava dinheiro. Tudo bem que naquela época ainda existia a famosa "geral", onde a entrada não era tão cara assim. Só que até para isso faltava no nosso orçamento. As prioridades eram outras. Mengão só pelo rádio ou na TV durante a minha infância.

O que nos leva ao primeiro problema enfrentado pela Dona Rosilda e a Dona Vanda naquela manhã de sábado. "Onde fica o

Flamengo, mamãe?", ela disse. "Não sei, não, filha. Vamos perguntar para o seu Arlindo, na birosca ali embaixo. Ele deve saber." As duas se despediram de mim e saíram em direção à famosa Lagoa Rodrigo de Freitas, mesmo sem ainda saber disso. "Não fala nada para o seu pai. Se ele perguntar, diz que a gente está na casa da Rosi", minha mãe me instruiu. Confesso que eu não tinha entendido nada daquela história. O Flamengo era algo muito distante para mim naquela época. Claro, eu também já torcia. Tinha camiseta, sacolinha, bola. Mas aquilo era coisa de televisão. Eu nem sabia que um moleque como eu poderia jogar no time do Zico. Que porra é essa?

Virei o meu copo de café com leite e fui correr atrás do Hermes. Esse papo de Flamengo estava esquisito demais para mim. Enquanto isso, mamãe e vovó tomavam o primeiro transporte. Saltaram na Leopoldina. Perguntaram de novo para um cobrador que esperava no ponto: "Como faço para chegar no Flamengo, moço?". "Que Flamengo? No clube? É lá na Gávea", ouviram. "Pega o 460 e pede para o motorista deixar vocês ali. Ele passa na porta."

Pois é. Se eu falar que caí de gaiato nessa história, não seria correto. Foi pior que isso. Minha mãe não tinha a menor ideia de como funcionava o esquema. Ela sequer sabia onde ficava a sede do Mengão. Nem entendia que para jogar na escolinha precisava se tornar sócio de um clube na zona sul, região da cidade que a gente não frequentava. Vai vendo. Mas quando está escrito, amigo, ninguém segura. Papai do céu abençoa. Outro dia mesmo ouvi minha mãe contando essa história para uma equipe de TV que veio gravar em casa. Ela entrando no Flamengo com a minha avó pela primeira vez. As duas sentiram uma alegria imensa de estar ali. Estavam pisando no clube que aprenderam a amar. Ficaram tão deslumbradas que nem se intimidaram com o fato de estar em um lugar de bacana. Pensa comigo. Quem da favela frequentava a Gávea como sócio? Se tinha, eram poucos. Pode ter certeza. Elas não pensaram nisso. Minha mãe sentia que aquele era o caminho para alcançar coisas maiores na vida. Eu era o instrumento dela.

As duas pediram informação para quem passava pela entrada da Gávea. Até que chegaram na secretaria com a singela pergunta: "Como faço para o meu filho jogar no Flamengo? Ele tem 7 anos". A resposta do tipo que atendia o público naquele dia não foi das mais animadoras. "Então, pra você inscrever o menino aqui, vai ter que pagar. Primeiro tem que ser sócia do clube, e pra ser sócia do clube, tem que pagar a mensalidade. Depois tem o custo da escolinha." O panfleto com a propaganda do Clube de Regatas do Flamengo estava na casa da minha mãe até outro dia, acredita? Tinha umas fotos lá da sede social, e os preços escritos à mão pelo homem que deu as informações para elas: 17 cruzados novos era a mensalidade de sócio. Além disso, tinha que pagar mais uma taxa para a escolinha de futebol. "Eu vou dar um jeito, mas vou botar o Adriano aqui, mamãe." Foi o que a Dona Rosilda disse para a minha avó ali mesmo na Gávea. Ela estava tão decidida que já aproveitou para ver os preços dos uniformes na loja do clube. Coitada, como se tivesse dinheiro para comprar alguma coisa. Sonhar não custa nada, né? E eu soltando pipa com o Hermes na laje da vizinha sem ter ideia do que estava por vir. Que loucura.

O resto do dia seguiu normalmente até que elas voltaram para casa. Minha mãe não falou mais nada, e eu fiquei quieto. Tinha até esquecido o que ela e a minha avó saíram para fazer. Estava mais preocupado mesmo em recuperar as duas pipas que eu tinha perdido antes do jogo do Hang. O Hermes me atrapalhou pra caramba. E pipa é igual linha de impedimento. Se alguém da defesa ficar de vacilação, o adversário passa por trás com tudo. Quando você se dá conta, já era. Gol dos caras.

Dona Rosilda preparou o jantar quietinha. Meu pai nem desconfiava. Estava pensando em outros assuntos, em especial a falta de gols que o Hang enfrentava na época. A várzea também é cruel, xará. Quando a mesa já estava posta, minha mãe puxou o assunto: "Miro, fui lá na Gávea hoje. Chegamos agora há pouco, fomos eu e minha mãe". Meu pai subiu o olho desconfiado. Não falou nada. Eu dei um gole no copo com água. Observei os dois só esperando onde aquilo iria dar. "Eu fui saber como inscrever o Adriano na escolinha. Custa 17 cruzeiros a sociedade."

Meu pai soltou o garfo na hora. Apoiou as duas mãos na mesa e inclinou o corpo em direção à minha mãe. Esses 17 cruzeiros soaram como o preço de uma cobertura no Leblon para ele. E perceba que a minha mãe ainda não tinha falado da taxa adicional. "Jereco! Tu tá maluca, Jereco?", ele disparou. Sim, meu pai tratava a gente em casa com uns apelidos meio doidos. Minha mãe era Jereco. Eu era o xará. "A gente ganha um salário-mínimo, Jereco. Nós não vamos ter condições de pagar isso aí pro Adriano fazer escolinha, não."

Meu pai subiu o tom. Eu pensei em argumentar que não tinha nada a ver com aquilo. A ideia era dela. O único futebol que me interessava era o do time da rua 9. O clima ficou pesado. Achei mais prudente seguir quieto. Dei outro gole no copo com água. Me afundei na cadeira para diminuir minha presença naquela discussão. E segui olhando de um para o outro como quem acompanha uma partida de tênis. "Mas Miro, olha só...", minha mãe tentou argumentar. Meu pai interrompeu na hora. "Você ganha salário-mínimo, Jereco. Eu ganho salário-mínimo. E as nossas contas? Comida dentro de casa? Não vai dar pra gente pagar isso, não. Não tem como."

Minha mãe tem a fala mansa. Ela dá ordens e pede coisas da maneira mais ingênua possível. A voz é doce. O rosto sempre sorridente. Um desavisado pode olhar para ela e pensar: pobre coitada. Ledo engano. Quem conhece a Dona Rosilda sabe que aquele jeito meigo dela é só fachada. Quando coloca uma coisa na cabeça, esquece. Vai sair da maneira que ela quer. Custe o que custar. "Miro, mas as minhas irmãs vão me dar uma força. Elas já disseram que cada uma vai contribuir todo mês para pagar essa sociedade."

Meu pai não era tonto. Afinal, ele conhecia a família há muitos anos. A Dona Rosilda tem duas irmãs mais velhas. O que as duas ganhavam juntas mal dava um salário inteiro. O meu tio estava desempregado. As irmãs caçulas ainda não trabalhavam. Enfim, aquela conta não fechava. Meu pai franziu a testa. E quando estava pronto para contra-argumentar que zero mais zero não é igual a um, minha mãe insistiu. "As minhas irmãs falaram que ajudam. Ô, Miro, elas vão dar um jeito. Vamos colocar o Adriano lá, sim."

Meu pai estava desconfiado. Esfregava o rosto sabendo que a arapuca estava armada. Ainda tentou apelar para a razão mais uma vez, agora já sem muita convicção. "Eu acho que nós não vamos conseguir, Jereco", ele disse. "Vamos sim, eu vou fazer serão também. Vai dar certo", ela respondeu com aquele sorriso de quem sabe que a batalha está ganha. Mirinho totalmente entregue não teve outra alternativa. Concedeu a derrota. "Então tá. Se as meninas vão te ajudar, então tudo bem."

A peleja estava encerrada. A partir daquele momento Adriano Leite Ribeiro era o mais novo atleta rubro-negro. Atleta amador, evidentemente. Me levantei da mesa da mesma maneira que me sentei. Calado. Fui para o meu quarto pensando no que tudo aquilo significava. Jogador do Flamengo! O que é essa escolinha? De onde a minha mãe tirou que eu sei jogar futebol? Tudo bem, eu bato bola em qualquer canto. Corro com a molecada. Assisto o time do meu pai todo final de semana. Também entro na várzea quando deixam. Faço meus golzinhos. Mas jogar no time do Zico? Não fazia o menor sentido. Estava confuso. Pelo menos eu teria a chance de conhecer algo fora do Cruzeiro. Aquilo por si só já me interessava. Porque aos 7 anos de existência, o meu universo ainda estava resumido à Penha e cercanias. Ainda não conhecia praticamente nada do Rio de Janeiro. A zona sul não fazia parte da minha realidade, a não ser pela novela que passava a noite.

A favela seguia em silêncio. Adormecida. Eu já estava sentado na minha cama. Não tinha dormido nada. Minha barriga doía. Minhas mãos suavam. O Tripinha estava enrolado em si mesmo bem no meu pé. Ainda não tinha falado nele? Como assim, cara? Acho que nenhum de vocês aqui conheceu. Esse cachorro ficou pouco tempo em casa com a gente. Era um vira-lata. Ele foi o grande amor da minha vida. O Tripinha me seguia pra cima e pra baixo. Todo dia de manhã, ele acompanhava a gente no caminho até a casa da vovó, quando minha mãe saía pra trabalhar. Até carta de amor eu escrevi para o safado, acredita? Não sei bem se dá para chamar de carta. Estava mais para um conjunto de garranchos de quem ainda aprendia a escrever. Que eu me lembre foi a única carta de amor que escrevi na vida.

Naquela madrugada, lá estava ele outra vez. Me esperando. Ouvi meu pai ficar pronto para sair. O Mirinho deixava a nossa casa antes de todo mundo acordar. O Tripinha me olhava com a cabeça baixa. Nós dois parados no escuro. Às cinco da manhã, ouvi o despertador da minha mãe tocar. Ela apareceu por trás do lençol verde que servia como porta do quarto dela. "Já está acordado, meu filho?", ela disse ainda com os olhos apertados pelo sono. "Vamos que hoje o dia é importante. Presta atenção", ela continuou.

Eu iria conhecer a Gávea pela primeira vez. A logística era simples, porém trabalhosa. A partir de agora, uma nova parada do outro lado da cidade estaria incluída em nossa rotina. Minha mãe, eu e o Tripinha descíamos a rua 9 em direção à casa da minha avó todas as manhãs. Lá de cima, já dava para ver a Dona Vanda esperando a gente na porta. As duas não desperdiçavam tempo. Minha mãe entregava a posse de seu filho único e corria para não perder a condução. Ela não se atrasava para o serviço.

Naquele dia, porém, Dona Rosilda deu o recado. "Obedeça a sua avó. Ela vai te buscar na escola e depois do almoço vocês vão para o Flamengo." A orientação nem precisava ser dada. Eu tinha passado a noite toda pensando no que ia acontecer. Era chegar na escola, aguentar as aulas do dia como fosse possível, almoçar na correria e me apresentar na Gávea no começo da tarde. "Tá bom, mãe", eu disse obediente. Ela me deu um beijo demorado na testa. "Aproveita, meu filho", foi a última orientação que eu recebi.

Vi a minha mãe seguindo apressada. Minha garganta travou. Então, era isso. Agora estava comigo. Vamos ver no que vai dar. Minha avó me puxou pelo braço. Tripinha, o fiel escudeiro, entrou atrás. Tomamos café juntos. Em silêncio. Nos dias normais, a Dona Vanda me deixava dormir mais um pouco antes de irmos para a escola. Aquele não era um dia normal. Engoli o café e fiquei ali sentado com o cachorro de um lado e a minha avó do outro. Sentia como se um bilão estivesse entalado na minha garganta. Tu não sabe o que é bilão, princesa? Tu sabe, né, Thiago? Também não? Eu falo para vocês que essa molecada é só videogame e celular.

Bilão é uma bola de gude grandona, cara. Tem muito jogo que nem deixam você usar esse tipo. Só se o adversário for jogar com ela também. Entendeu? Pois é. Eu estava com um bilão na garganta. Olhava o relógio e a hora não passava. Quando finalmente deu sete e meia da manhã, vovó e eu descemos para o colégio. "Presta atenção, *Adirano*." Minha avó não consegue falar meu nome até hoje. Sempre me chamou de *Adirano*. Tudo bem. Ela pode tudo. E para falar a verdade, eu até gosto. Dou risada pra caramba. "Presta atenção, *Adirano*. Se concentra na aula. Não fica enrolando para sair. Quando acabar, a gente tem que comer rápido e ir para o Flamengo", ela disse. "Eu já sei, vó. Meio-dia em ponto eu vou estar aqui na porta de novo." E foi isso que aconteceu.

Quando o sinal tocou, eu saí vazado da sala sem nem dar tchau para a professora. Dona Vanda já estava no portão. Subimos correndo. Eu engoli um prato de arroz com feijão enquanto ela preparava o lanche para a nossa jornada. Era algo bem simples, o que dava para comprar naquela época: pão com um pouco de açúcar no meio.

Saímos de casa e pegamos a primeira condução. Trem lotado. A minha avó me apertava contra o corpo para que eu não acabasse pisoteado. Era muita gente, cara. A minha cabeça encostada na barriga dela. Saltamos na Leopoldina. Aquilo para mim já era uma aventura. Mal sabia que seria a minha rotina por quase uma década a partir daquele dia. "Olha o 460 parado ali no ponto, *Adirano*. Corre, menino", minha avó gritou enquanto me puxava pelo braço. Entramos no ônibus. Escorreguei por baixo da catraca enquanto minha avó pedia para o cobrador liberar a passagem dela. Nada feito. A minha viagem seria na conta do estado. A dela, não. Vovó pagou como pôde e seguimos em direção ao Flamengo.

Eu poderia falar muitas coisas bonitas para vocês sobre a primeira vez que entrei na Gávea. Aquilo parecia outro mundo. Tudo limpo. Arrumado. Os sons eram diferentes do que eu estava acostumado. Tinha música invadindo o salão. Uma moça lustrava o chão com uma máquina estranha. Até o cheiro era novo pra mim. Perfumado. Mas se eu ficar descrevendo em detalhes, estarei mentindo. Merda, tu me conhece desde pequenininho, fala ai, Rafael. O que tu acha que eu fiz quando cheguei lá? Óbvio. Meu irmão, eu abaixei a cabeça e fui seguindo. Minha avó me levou para o lugar onde o treinador estava. A dor de barriga apertou forte. Fiquei ainda mais nervoso na hora que eu vi o time. A garganta travou de vez.

Como eu posso explicar para vocês... Não é que eles eram diferentes. Eu é que não era igual a ninguém. Todo mundo com cara de riquinho. Dando risada à toa. Correndo na maior alegria como se fossem amigos desde a maternidade. Mulheres vestidas de branco na arquibancada. Mães emperiquitadas empurrando uns carrinhos que eu nunca tinha visto antes. Eu era o estranho naquele lugar. Isso ficou claro desde o primeiro minuto. Me apresentei para o treinador. Ele explicou que eu ainda precisava fazer um teste para poder provar que tinha nível para jogar na escolinha. Sem problemas. Vamos nessa.

Porra, jogar futebol era o que eu fazia desde que aprendi a andar. E eu chutava bola descendo o morro, xará. Naquele campo perfeito não seria nenhum problema para mim. O sujeito distribuiu os coletes. Organizou os times. E começou o meu teste. Deixa eu explicar uma coisa para vocês. Lá no Cruzeiro, eu não jogava só com moleque de 7 anos, não. Eu jogava na várzea. Claro, nem sempre me deixavam entrar em campo. Se fosse jogo de campeonato, nem pensar. Mas vira e mexe faltava alguém. E o filho do Mirinho era o substituto número um. Na rua, era ainda pior. Porque aí não tinha regra nenhuma mesmo. Joga quem estiver passando ali na hora.

Agora adicione o fato de que eu já saí grande da barriga da minha mãe. Isso tudo significa que automaticamente eu era o mais grosso de todos os outros meninos na Gávea.

Não tinha futebol arte. Era briga pela bola mesmo. A primeira trombada que eu dei em um deles causou comoção imediata. Eu de dentro do jogo ouvi a mãe do moleque reclamando: "Treinador, o que é isso?". O homem do apito olhou para mim com aquela cara de "segura a tua onda aí, fera". Só que eu não conhecia outra forma de jogar bola. Eu não fazia por maldade, não. Meu estilo sempre foi esse. Força física, trombada, mão na cara e bola na rede. Porra, na favela é assim, xará. Se não dançar conforme a música, os caras te jantam.

O técnico nunca me falou nada, mas creio que ele sabia muito bem disso. E com certeza enxergou uma oportunidade de ter um "estilo" diferente em sua equipe. Quando o rachão acabou, ele veio até mim. "Tá aprovado, garoto. Pode voltar amanhã." Olhei para ele com a respiração ainda ofegante. Quase abri um sorriso. "Aqui tem treino todo dia. No fim de semana, a gente joga contra os outros clubes. Tu acha que consegue?" Eu não falei nada. Só balancei a cabeça dizendo que sim. "Onde está a sua mãe? Deixa eu falar com ela." Apontei em direção da Dona Vanda. "Vovó, podemos contar com o Adriano no time? Precisa vir todo dia para poder jogar." É claro que eu iria todos os dias, disse a minha avó. A minha mãe se comprometeu a fazer hora extra inclusive no fim de semana para que o filho dela pudesse ter essa chance. E assim começou a minha história no Flamengo.

Viajar da Penha para a Gávea era a parte fácil porque todo o resto era muito difícil. Mas mesmo assim era bastante complicado. Pagar a passagem, por exemplo, era um problema. Enorme. Se a gente somasse as sete viagens de ida e volta por semana, gastaríamos o mesmo que a mensalidade do clube. Só com ônibus. Dona Vanda tinha que dar um jeito naquilo. E deu.

O meu avô já tinha carteira de idoso, por isso não pagava passagem. Só que ele não me levaria na Gávea. Chance zero. A missão era da esposa dele. Foi então que a vovó teve a ideia. Naquele tempo, a carteira de idoso não tinha foto, só os dados de quem recebia o benefício. Então ela matou no peito e decidiu: "Vou passar com essa carteirinha". Todo dia, era a mesma coisa. Vovó e eu entrando pela porta da frente.

    A minha mãe começou a ficar preocupada. Com razão. Uma hora alguém perceberia que a minha avó estava dando o golpe. Mas a velha é caruda, amigo. Já te falei. Certo dia, nós dois subimos no ônibus. Aquela correria de sempre para não chegar atrasado. Minha avó esticou o braço e mostrou a carteirinha para o motorista. Na mesma hora o sujeito virou para ela: "Opa, deixa eu ver isso aqui". Minha perna ficou bamba. O golpe da Dona Vanda tinha sido descoberto. Eu já estava imaginando o que ia acontecer. Se o motorista realmente encrencasse, nós dois iríamos parar na delegacia. Fraude. Como eu vou ajudar a minha avó? Minha nossa senhora. Papai do céu nos socorra.

    Olhei para cima e minha avó seguia imponente. A velha nem se abalou. Cara de paisagem mesmo. "Qual é o problema?", ela perguntou. O motorista replicou: "Está escrito Luiz aqui na carteirinha. A senhora se chama Luiz?". Vovó seguiu firme, xará. Ela foi na lata. "O senhor não sabe. Mas quando eu nasci, a enfermeira se confundiu e me registrou como Luiz. Mas meu nome é Luiza."

    Para de rir, Geo. Tô falando pra tu, porra. Vocês não se aguentam, não é? Eu estava lá, merda. A vovó meteu essa na maior cara de pau. E nem esperou o motorista falar mais nada. Já foi entrando no ônibus e ainda se sentou no assento reservado comigo no colo. A mentira foi tão grande que o motorista não pensou nem em contestar. Fechou a porta e seguiu viagem. Melhor para todo mundo. Não brinque com a Dona Vanda, cara.

    Eu olhei para a cara dela. Vovó cochichou no meu ouvido: "Fica tranquilo que esse daí eu conheço. Na pior das hipóteses, ele manda a gente descer. Mas agora já foi". Estou falando para vocês. Não tem ninguém no mundo igual a ela. Dona Vanda aguentou muito do meu lado, viu?

O que foi, princesa? Balada? Não, querida. Eu tô aqui contando a minha história, caramba. Balada não tem como, não. Quer tomar mais uma? Deixa que eu pego para você. Vou ao banheiro e na volta eu já resolvo. Tua amiga tá bem? Quer algo, amor? Então tá bom. Naná! A garrafa ali está furada, hein? Verifica isso para mim, por gentileza. Opa, tudo bem, amigão? Claro, vamos tirar uma foto, sim. Meu tio Leu? Tu conhece ele mesmo? Porra, que alegria. Com certeza, pode deixar que eu vou mandar o teu abraço. Liga a câmera aí que eu gravo, sim.

Fala, Andrezinho, tudo bem? Aqui é o Adriano. Teu pai está me falando aqui que você também está na escolinha do Flamengo. Arrebenta aí, xará. Quero ver ser campeão com essa camisa. Abração, moleque. Sem problemas, amigo. Tamo junto. Obrigado você. Deus abençoe. Até que enfim esse quiosque ficou movimentado, Naná! Vou aumentar o volume aqui. Tem que animar essa galera.

6. Contando rebite no assoalho

Essa batida é pesada. O moleque é craque da música.* Presta atenção nessa parte, gata.

> *Ah, eu fiz o jogo virar*
> *Ah, tô em outro patamar*
> *Ouro no meu pescoço 'tá brilhando*
> *Lacoste é a marca da quadrilha*
> *Poze do Rodo em serviço não brinca*
> *O Pitbull leva a vida na risca*
> *E nada foi fácil*
> *Tudo foi muito difícil pra mim*
> *Agradeço a Deus*
> *Por me tornar mais um* MC
> *Cria de favela que bota o bagulho doido*

Eu também gosto de ouro no pescoço, verdade. Esse medalhão aqui eu comprei porque a imagem é muito importante para mim. Ele é grande mesmo, ainda mais com o cordão. Do tamanho que a igreja da Penha merece. Sim, pô. Tu tá ligada. Cresceu sendo abençoada por ela, né? A igreja da Penha por cima de todos nós. Não tem

---

* "Eu fiz o jogo virar". Intérpretes: MC Poze do Rodo, Galdino, Ajaxx. *In*: *Eu fiz o jogo virar*. Rio de Janeiro: Mainstreet Records, 2021.

jeito, todo mundo que nasce na favela já está na correria. Correria abençoada.

Porra, vou te contar que até a galera da favela duvidava que eu poderia fazer alguma coisa grande, acredita? Papo reto. Claro, a maioria apoiava. Torcia mesmo. Mas tem muito invejosinho também. Vou te falar que, nessa época da escolinha, vagabundo já crescia o olho. Teve um dia, mais um como todos os outros, eu estava descendo com a vovó em direção à Gávea. Porra, entramos no ônibus, e o motorista era lá do Cruzeiro também. Conhecido nosso. Cumprimentou minha avó, que nem precisou mostrar a carteirinha. Eu estava com o uniforme para não pagar a passagem.

O ônibus parou na Gávea, e a gente saltou para entrar pela porta da frente do clube. Aquele salão bonito que tem no Flamengo. O sujeito já tinha visto a gente fazer isso muitas outras vezes antes. Eu ainda não tinha percebido, mas com certeza o cara estava de olho grande. Como assim dois moradores do Cruzeiro frequentam um clube de bacana todos os dias? E ainda entram pela porta da frente! Ele já sabia que eu estava jogando lá, mas ficou incomodado do mesmo jeito. Quando eu pisei na calçada, só ouvi o motorista gritando de dentro do ônibus. "Mas é ruim de ser jogador. Já viu favelado virar alguma coisa na vida?" Eu ouvi. Minha avó ouviu. O ônibus inteiro ouviu. Ninguém reagiu. O sujeito fechou a porta e acelerou.

Porra, que merda era aquela? Por que o cara estava me agredindo à toa? Uma criança e uma idosa. Eu não entendi. Minha avó, se entendeu, não falou nada. Nós dois seguimos o nosso caminho e fizemos a única coisa que a minha família sabe fazer: abaixar a cabeça e trabalhar. Nisso nós sempre fomos muito bons. Tem que ter sangue-frio, xará. Se perder a cabeça, não chega a lugar nenhum. Essa lição eu também aprendi desde cedo.

Vão te testar todos os dias da sua vida. Não importa a posição em que você esteja. De nada vale a sua história. Ninguém quer saber da sua correria. Tudo isso só é importante para você e para os seus. Eu falo porque vivo essa situação até hoje. Ah, tudo bem, não sou mais jogador. E daí? Tem manchete minha vira e mexe no jornal, e é sempre coisa ruim. Parece que eu só faço merda o tempo todo, né? Mas as coisas boas nunca saem na imprensa. Porra, eu não preciso ficar falando. Tem muita gente que eu ajudo até hoje. Quantas vezes eu fiz a preza para os camaradas... Eu não quero saber da fita de ninguém. Julgar os outros é fácil. Tem que olhar para o passado das pessoas.

Eu sempre tive família. Todo mundo teve essa sorte? Tu sabe como é lá na comunidade, xará? Quem tem estrutura, casa organizada, gente olhando por você? Tive meu pai, que Deus abençoe, mas que hoje não está mais com a gente, só que ele sempre foi o meu guia. O cara me ensinou a ser homem. A ter respeito pelas pessoas. Tu nunca vai ver ninguém falando que eu fui estrela, destratei os outros, ou que fui arrogante. Nunca. Minha mãe não me criou assim. Vovó também me deu muito exemplo na vida. Foram anos ao lado dela todos os dias. Pegando trem lotado, ônibus e ouvindo desaforo. Anos!

Porra, me lembro das manchetes: "Adriano falta ao treino". "Adriano chega atrasado". Vai olhar o que vovó e eu fazíamos quando eu era moleque. Isso ninguém lembra, não é? Pois eu te conto. Mesmo tendo que pegar até três conduções, eu nunca chegava atrasado. Pelo contrário, várias vezes, a Dona Vanda e eu ficávamos sentados em frente ao portão fechado porque tínhamos chegado cedo demais. E quando começava o treino, ela ia para a beira do campo carregando a sacolinha cheia de pipoca. O nosso lanche era esse.

Os riquinhos comendo misto quente, tomando bebida colorida. O meu lanche pós-treino era milho estourado, amigão. É, às vezes não dava nem para o pão com açúcar. Tu lembra disso, né, Rafael? Vovó estourando pipoca. Ela gritava para todo mundo ouvir, "*Adirano, vem comer pipoca!*". Puta merda... Na favela não tem perdão. Começaram a me chamar de pipoca. No clube, era pior ainda. Eu via o olhar das mães. As risadinhas dos colegas. E tu acha que isso me abalava? De jeito nenhum. Foco na missão. Eu não servi ao exército, mas recebi treinamento de guerra desde cedo. As aulas eram administradas no Cruzeiro e na Gávea. O bom de ser criança é que a gente não fica pensando muito no julgamento dos outros.

Consegui meu espaço na escolinha rubro-negra e fui pegando gosto pela coisa. O que importava era a bola. O que interessava eram as orientações do treinador. E a vovó gritando da arquibancada: "Solta a bola para o *Adirano*! Corre, *Adirano*". É... tinha isso também. Dona Vanda berrava mais na minha orelha do que o José Mourinho. Como disse antes: vovó pode tudo.

Aos poucos, fui me acostumando àquele ambiente novo. Era corrido, não vou negar. Eu praticamente não via mais a minha mãe. Ela estava sempre no trabalho. Meu pai também nunca estava em casa. O serviço dele era puxado. Só que eu gostava da escolinha do Flamengo. Valia muito a pena. E eu demonstrava isso nos treinos.

Entrava para jogar como se estivesse no campo do Cruzeiro. Não tinha perninha mole nem falta de vontade. Raça o tempo todo. Quando a bola estava comigo, ninguém tirava. Aos trancos e barrancos, eu seguia em frente. Existiam muitos motivos para aquela dedicação. O primeiro deles era a minha paixão pela bola. Não era um sacrifício estar ali; era um presente. Só que esse presente custava caro para a realidade da minha família, e essa lição eu já tinha entendido. Por isso eu não estava de brincadeira. De onde eu venho, as pessoas aprendem a ter noção da realidade bem cedo na vida.

Fiz algumas amizades na escolinha e me lembro do dia que ouvi uma conversa que me chamou atenção. Os moleques estavam começando a aquecer, alguns nem tinham vestido o colete ainda. Um loirinho que eu não me lembro o nome puxou assunto comigo. "Tu gosta de salão, Adriano?", ele perguntou. "Se tem bola rolando, eu curto, claro", respondi. "Fica esperto, então, que o time está abrindo vaga. Meu pai me falou que eles vão chamar uns garotos aqui da escolinha."

Aquela era uma informação importante. O lugar onde eu estava era bom. Mas se desse para subir... Melhor ainda! O jogo de quadra é muito bonito. Rápido como briga de rua. Não tem onde se esconder. Se você não fizer a sua parte, o time inteiro toma. E tem cada drible que... minha nossa! Quem tem talento de verdade aparece logo. Fiquei com aquela história na cabeça.

Eu ainda não tinha visto os treinos do time de salão, mas já sabia que seria algo importante para mim. O único problema é que não dava para pedir para a minha mãe pagar mais uma taxa no clube. Para aquilo funcionar, ela não dormiria mais. Teria que virar o dia no emprego. De segunda a domingo. Sem chance. No fim, esqueci a história e voltei para o aquecimento. Uma coisa de cada vez.

No dia seguinte, quando o treino acabou, fui direto para a arquibancada encontrar a minha avó. Ela me passou uma garrafinha com água e o saquinho de pipoca. Eu sentia um pouco de vergonha da simplicidade da minha comida, não vou mentir para vocês, porque não sou disso. Ficava constrangido vendo a molecada com salgadinho, lata de refrigerante, chocolate. E o meu lanche caseiro era o mais simples possível. Feito com muito amor pela Dona Vanda, veja bem! Eu não estou desdenhando dela. Jamais. Era o que ela podia fazer, e eu estava muito feliz com aquilo. Mas eu escondia o saquinho dentro da mochila e comia ali meio tímido para não chamar atenção. Porque criança é igual em todos os lugares.

Na favela o apelido já tinha pegado, não teve jeito, e eu não queria começar uma carreira com o nome "Pipoca" escrito atrás da minha camisa, tá entendendo? A vovó percebia e não falava nada. Ela entendia a minha situação também. Naquele dia, porém, ela tinha algo para conversar. "*Adirano*, seu treinador veio falar comigo durante o treino." Olhei para ela enquanto lambia o dedo engordurado pela pipoca. "Falar o quê, vó?" E aí ela continuou: "Ele quer que você faça um teste no time de salão hoje à noite. Pediu para a gente ficar no clube que ele vai te inscrever na lista deles".

Puta merda! Como assim? Aquela era uma excelente notícia. Talvez não para a Dona Rosilda, é verdade. Haja hora extra... "Não sei, vó. Como a minha mãe vai pagar mais um treino?" A vovó disse para eu não me preocupar por enquanto. Primeiro, tinha que fazer o teste e ser aprovado. Depois a gente resolveria o resto. "Dá-se um jeito, meu filho." Devorei o pacote de pipoca. Enchi a garrafinha de água outra vez no bebedouro perto do vestiário. Estava pronto para o novo desafio.

Era o segundo teste que eu faria na Gávea em poucos meses. Se o primeiro deu certo, não teria por que o segundo dar errado, não é mesmo? Didico estava confiante. Orgulhosamente digo para vocês que fui aprovado com louvor naquela prova. Agora eu era atleta, amador, claro, do time de futebol de salão do Flamengo. Saí da quadra, e a Dona Vanda estava com um sorriso que não cabia no corpo franzino dela. "Ele falou pra tu voltar amanhã, não foi?", foi a primeira coisa que ela disse. "Sim, vó. Tô aprovado!", eu respondi. "Deixa eu falar com o homem, então, para entender direitinho como funciona."

De longe, vi minha avó procurando o treinador. Enquanto os dois conversavam, percebi que o meu teste tinha sido melhor que o imaginado. Dona Vanda cruzava as mãos no peito em sinal de agradecimento. Aquilo só poderia indicar algo muito bom. Ela apertou a mão do técnico e veio correndo na minha direção, como se também estivesse fazendo um teste naquela noite. "*Adirano*, o técnico gostou muito de você. Falou que aqui eles também treinam todos os dias da semana. É sempre à noite. Não precisa pagar nada, meu filho! Que benção!" O quê? De graça! Agora, sim, eu estava evoluindo de verdade.

Dei um abraço na minha avó. Ela beijou a minha cabeça como se fosse um pica-pau. Um beijo atrás do outro. "Vamos embora! Olha, são quase dez da noite. A sua mãe já chegou do serviço. Ela deve estar preocupada porque a gente não está lá." Naquela época, não existia telefone celular, né, parceiro? Ou seja, nós estávamos fazendo hora extra sem que ninguém em casa soubesse o que estava acontecendo.

"Aonde vocês foram, mamãe? Eu estava tão aflita aqui esperando vocês. Aconteceu alguma coisa? Já é quase meia-noite!" Minha mãe não esperou nem a porta fechar atrás da gente. Dava para ver que ela e o meu pai estavam preocupados mesmo. Vovó começou a explicar a história toda enquanto eu deixava as minhas coisas no quarto. Minha mãe urrava com a notícia. Meu pai olhava para mim com um sorrisinho de canto. Não precisava falar nada. "Fui eu que fiz", era o que se lia no rosto dele. "E não vai mais pagar escolinha, Rosilda. Agora só precisa manter a mensalidade do clube." Era pouca a diferença no fim das contas, mas ajudava bastante. O futebol começava a render seus primeiros frutos em casa.

A coisa começou a ficar séria no time de salão. A competição era forte. Minha avó e eu seguíamos a nossa peregrinação de segunda a sábado. Minha mãe vinha com a gente aos domingos, quando a equipe tinha os jogos de campeonato, ou os amistosos contra outros clubes do Rio de Janeiro. Comecei a crescer de uma forma que chamava atenção. Espichei mesmo! Todo mundo ali tinha mais ou menos 10 anos, mas eu parecia que tinha uns 15.

E é claro que achavam que eu era gato. Sabe como é, no futebol tinha muito. O moleque falsificava o documento para perder uns anos de idade. Alguns faziam isso porque não conseguiam as oportunidades com que sonhavam. Outros porque começavam tarde. E sempre tinham aqueles espertos que queriam levar vantagem em cima dos menores. De qualquer modo, nenhum desses era o meu caso. Talvez a pipoca da vovó tivesse alguma vitamina secreta do crescimento. O fato é que eu estava me destacando fisicamente. E sempre soube usar isso a meu favor.

O treinamento de guerra oferecido pelo campo de várzea do Cruzeiro era implacável. As lições jamais serão esquecidas. O meu nome estava começando a ficar conhecido no meio do futsal infantil carioca. O Flamengo colecionava vitórias: era uma atrás da outra. Eu comemorava os resultados com água da torneira e pipoca. Sempre ao lado da minha mãe e da minha avó.

Um dos diretores do clube percebeu que nossa condição financeira não era a mesma do resto do time. E quando eu jogava bem, o que ocorria em todas as partidas, modéstia à merda, ele me chamava no canto do ginásio, escondido dos outros jogadores. "Toma aqui, Adriano. Compra um lanche para você e a sua família. Tá jogando muito, garoto!", dizia o sujeito enquanto escorregava algumas notas na minha caneleira. Porra, aquilo ajudava demais, cara. A gente contava moeda em casa. Qualquer troco era importante.

Em pouco tempo, eu assumi a posição de estrela do time. Até que apareceu um moleque para estragar a minha alegria. Marlon era o nome dele. Quer dizer, não lembro bem o nome dele. Mas vamos chamá-lo assim. Porra, que moleque folgado. Esse, sim, tinha pinta de gato. Chegou cheio de atitude. Marrento mesmo. Parecia que tinha batido bola com o Romário no Barcelona antes de chegar na nossa quadra. E o pior é que o filho da mãe era bom. Deitou no teste. "Mais um reforço para o nosso time", anunciou o treinador.

É óbvio que todo mundo quer vencer. Então, quanto mais qualidade na equipe, melhor. A questão é que para alguém novo entrar, alguém antigo precisa sair. Só jogam cinco, parceiro. Aos poucos, o tal de Marlon foi mostrando seu futebol. O mascaradinho era pivô como eu. Aquilo estava me incomodando. Não falei nada. O jeito era responder dentro de quadra. Até que, um belo dia, o nosso técnico começou a distribuir os coletes. Marlon titular. Eu no banco.

Puta merda, aquilo me doeu como se tivessem xingado a minha mãe. Fiquei tão desnorteado que nem com os reservas eu me sentei. Fui assistir à partida perto da minha avó. Era treino mesmo, o técnico poderia me chamar de onde fosse que eu estaria pronto para entrar. Mas ele não me chamou. Pior de tudo foi ver o tal de Marlon saindo de quadra aplaudido por todos. Tinha dado ruim para mim, isso estava claro. E como se eu não tivesse me dado conta da situação, o fulano ainda veio na minha cara, na frente da minha avó, e mandou essa: "Eu vou tomar a tua posição". Filho da mãe! Que falta de respeito era aquela? Sujeito atrevido.

Porra, só de lembrar meu sangue começa a ferver. E tomou a posição mesmo. Mas precisou fazer até macumba para isso. Tá duvidando de quê, garota? É verdade! Pergunta pra minha avó. Tô falando sério ou não, Rafael? Tu é meu primo, cara. Conta pra elas. Fizeram macumba ou não? Esse moleque que chegou no time era bom, mas não era melhor que eu. E no começo ele ficou muito tempo no banco. Até que eu caí doente. Porra, peguei sarampo. Acredita?

Fiquei mal por bastante tempo, quase perdi a vista. Eu não conseguia abrir o olho. O médico disse que eu poderia ficar cego. Escuta isso! Ficou todo mundo desesperado lá em casa. Ninguém sabia direito o que fazer. Eu tive que parar de ir para o clube durante um tempo. Minha avó cuidava de mim. A minha mãe faltou vários dias no serviço. Eu não melhorava por nada. Até que a minha tia Rosi disse que daria um jeito na coisa toda.

Naquela época, ela fazia parte da Curimba em um terreiro de Umbanda lá na Penha. Tu não sabia disso não, Thiago? Pô, a tia tocava atabaque que você não acredita. Rápido para caramba. É hipnotizante. Agora não toca mais porque entrou para a igreja. Mas antes você tinha que ver. Eu lá na cama ardendo de febre quando escuto a tia entrando em casa: "Rosilda, fizeram trabalho para o Adriano morrer", ela disse. Minha mãe deu um berro e correu pro meu quarto. Ouvi aquilo e fiquei quieto.

Minha mãe se abaixou e colocou a mão na minha testa. Porra, eu estava assustado pra caramba. Então era isso? Eu ia morrer por causa de macumba? "Fica tranquila, a gente vai resolver", a tia Rosi garantiu. Não me pergunte o que ela fez no terreiro. Não tenho como te dizer. Mas eu estou aqui contando a história para vocês. Então, significa que deu certo. E com as duas vistas perfeitas. Ou, quase perfeitas, porque eu tô vendo essa garrafa meio embaralhada.

Naná! Que porra tá acontecendo aqui, cara? Me traz uma garrafa normal, caramba. E cheia! Brincadeira, rapaziada. Mas é o que eu falo para vocês. A vida não é mole, não. Então, não dá pra confiar né, cara. Ainda mais no meio do futebol. Não tem jeito. A mãe e o pai sempre vão ficar com inveja do menino que está se destacando. Sempre foi assim e sempre vai ser.

Algumas semanas depois, já recuperado do sarampo, eu voltei para a Gávea. Agora a minha realidade era esquentar o banco. O Flamengo continuava vencendo, e eu assistia a tudo de um lugar privilegiado: do lado de fora. Dinheirinho de parabéns vindo da diretoria? Esquece. Todo mundo só falava do tal de Marlon. Eu que lambesse as unhas com o gordura da pipoca. E sem reclamar. Ficou tão ruim para o meu lado que até a vovó começou a ficar abatida. Porra, tô falando sério! Conta para eles, Thiago. Aquele bico que ela faz quando não está gostando da situação. Tô falando a verdade, ou não? A velha fecha a cara, meu amigo.

Ahhhhh, até tu quer sentar para ouvir a história, né, Naná? Agora que eu estou me dando mal. Tô de olho em você, parceiro. Não pense que eu vou esquecer essa tua trairagem, não. Brincadeira, meu chegado. Dá um abraço aqui, Naná. Senta aí que tem muita coisa ainda pela frente. Que tem que servir mesa o quê, cara? Nunca ouviu falar em self-service? Deixa a rapaziada se virar aí no teu quiosque, caramba! Vou continuar aqui, cara. Se quiser ficar, fica.

Então, princesa, como eu ia dizendo, o moleque me colocou no banco e não tinha cristo que mudasse a cabeça do treinador. A coisa ainda piorou em um treinamento, acredita? Porra, o filho da mãe do treinador acertou um chute bem na minha boca. Puta merda, foi um negócio horrível. Sangue para todos os lados. Minha avó gritando da arquibancada, "*Adirano*, vem aqui, meu filho. *Adirano*!". Me levaram para a enfermaria do clube. Arrumaram um curativo. Foi um acidente, claro. Mas o estrago estava feito.

Os dias passavam, e eu seguia no banco de reservas. Ainda tinha que ouvir as outras mães desdenhando a Dona Vanda. "A senhora está triste. Não fica assim, vovó. O Marlon é melhor que o Adriano mesmo. Por isso que ele está jogando." A velha fazia como eu: engolia seco, não falava nada. A volta para casa, que já era longa, ficou interminável. Parecia que estávamos indo para um enterro. Em São Paulo. De ônibus. Os dois calados, minha avó e eu. Ela com bico quase batendo na nuca do motorista. Eu de cabeça baixa, contando os rebites no assoalho. Cada um com o seu bilão na garganta. Que troço horrível, cara.

A salvação veio de onde menos se esperava. Chegamos para treinar como em todos os dias. O técnico juntou a molecada. Deu as instruções de aquecimento e foi falar com os pais na arquibancada. Percebi que ele juntou todos ali e ficou conversando por um tempo. Depois disso, seguimos com o trabalho do dia. Uma hora e meia mais tarde, me sentei ao lado da minha avó para fazer a "refeição" pós-treino de costume.

Entre um milho e outro, ouvi o que ela tinha conversado com o treinador. "*Adirano*, vai ter uma peneira para o time de campo." Mordi um grão seco que quase arrancou o meu dente. "Sim, e daí?", respondi. "E daí que o treinador disse que os meninos do salão podem participar. Se você quiser, ele coloca o seu nome lá também." Porra, mais um teste na minha vida. "Vó, eu não estou jogando nem no time de salão. O que eu vou fazer no campo?", desdenhei. "No campo tem onze vagas de titular, menino." Era uma lógica um tanto quanto torta. Fazia sentido. "Tá, vamos fazer então", concordei.

Teste para jogar no campo é como dia de vestibular, não que eu tenha feito prova de universidade. Estudar nunca foi a minha. Mas já vi muitas vezes na televisão aquela molecada chegando cedo. Olhares tensos. Caras amarradas. Ninguém se olha direito. Todos são adversários. As vagas são poucas. E se ficar nervoso, esquece. Tá fora. A única e grande diferença é que no vestibular a prova é igual para todo mundo. Quem estudou mais leva. Na peneira não funciona assim.

Os coletes são divididos e você de cara já precisa de sorte para cair em um time bom. Mas também não pode ser bom demais, porque se tiver muito craque junto fica difícil para os outros aparecerem. A partida em si não é nada normal. Todos querem se mostrar. Esquece esse papo de jogo coletivo. Nego não solta a bola por nada. Só que uma hora ela chega. E quando a oportunidade vem, você tem que mostrar que sabe o que está fazendo. Se tudo der certo, a bola chegar redonda, se tu dominar com tranquilidade, reagir como o esperado, finalizar direitinho, quem sabe até fazer um gol, ainda falta alguma coisa.

Parece mentira, mas nem sempre o treinador está de olho na jogada. Os caras ficam conversando, olhando a movimentação de outros jogadores, se desviando do assédio dos pais... é uma confusão, cara. Os universitários que me perdoem, mas eu acho que é mais fácil passar no vestibular de medicina do que ser aprovado em uma peneira do Flamengo. Papo reto mesmo. Mas, como eu disse, faculdade não é a minha. Então me perdoem se eu estiver falando bobagem.

Deus olhou por mim naquele dia. Passei na peneira do Mengão, e agora eu jogava em dois times! No salão e no campo. A rua 9 teve mais um dia de alegria quando voltamos para casa com a notícia. O único problema era a distância. O time de campo da minha categoria não treinava na Gávea. Nossa sede era na Urca. Mais uma parada no itinerário maluco que Dona Vanda e eu fazíamos diariamente. Tudo certo. Vamos nessa. Se o transporte público do Rio de Janeiro tivesse programa de milhagem, vovó e eu teríamos o cartão mais pica de todos.

7. Escolhas e renúncias

No futebol, assim como em todos os esportes, o primeiro passo para ser levado a sério é conseguir a carteirinha da federação. Daquele momento em diante você passa a existir, por assim dizer, para o universo organizado da bola. Eu já era federado no salão. Agora eu estava federado também no campo. Pode parecer pouca coisa, considerando que no final das contas é um monte de criança junta. Eu ainda tinha 12 anos nessa época. Na prática, a diferença é enorme. Porque o moleque federado já começa a ser visto e tratado como um profissional em diversas questões. Não tem mais palhaçadinha no vestiário, não.

Todo mundo no grupo está sonhando com algo maior. Perder é uma tragédia. Ficar no banco de reservas é horrível. Ouvir pais e mães berrando nos alambrados cria pressão em todo mundo. O ambiente muda mesmo. Até dinheiro a gente começa a ganhar. No meu caso, ele ia direto para as mãos da minha mãe. Era pouco, meio salário-mínimo, mas já fazia bastante diferença no final do mês. A rotina era de adulto. As escolhas e renúncias começaram. Tive que decidir entre o campo e o salão. Já não dava mais para conciliar os dois. O jogo é muito diferente, ainda que os fundamentos de um possam fazer a diferença na prática do outro. Nem se trata bem de uma escolha. O campo se impõe. A proporção é outra em todos os sentidos.

A emoção de calçar a chuteira é diferente. Imagine então a de fazer um gol? Todo mundo sonha com estádio lotado, Copa do Mundo, fama e sucesso. Dinheiro também, claro. E quem proporciona isso é o gramado. Deixei o futsal. Um beijo, Marlon! Boa sorte por aí, chapa. Me convidaram para jogar em um outro clube da cidade. O itinerário ficou mais complexo. A parte da manhã era no colégio Meira Lima. Minha mãe não precisava mais pagar escolinha nem mensalidade de clube. Com a ajuda de custo que eu recebia, ela bancava a escola particular. Talvez não tenha sido um grande investimento, como o tempo acabou mostrando. Não pelo colégio. Mas porque os livros e eu nunca tivemos intimidade.

Para ser sincero, eu não tinha muitas relações íntimas nessa época. Sempre fui tímido. Até mesmo com os parentes. Vovó e eu passávamos horas juntos da Penha para a Urca. Da Urca para o Grajaú. Do Grajaú para a Penha. E eu ficava calado a maior parte do tempo. Eu tinha a minha rapaziada no Cruzeiro, claro. Esses são os meus amigos até hoje. No Meira Lima, também andava com a minha turma. Já crescia o olho nas meninas. Nunca perdi tempo com isso, né, parceiro. Só que fui criado de uma forma diferente. Tínhamos relações carinhosas entre os parentes. Um cuidando do outro. Mas sem conversas profundas.

No futebol é ainda mais complicado. Tem sempre a competição no meio das pessoas. É um ambiente duro. Muita gente invejosa. Quando um começa a se destacar, os olhos grandes aparecem. Tudo que eu tenho em relação a dinheiro eu conquistei por causa da bola. Mas se vacilar, amigão... Falsidade que não termina. Não tem como. É difícil confiar nas pessoas. Por isso, o melhor é abaixar a cabeça e fazer a sua parte.

Até que eu conheci um garoto no Flamengo que acabou se tornando meu grande companheiro na adolescência. O nome dele era Wilson. O moleque era bom de bola. Zagueiro. Grande. Era maior que eu na época. Fortão. Cabelo liso. Tinha pinta de riquinho também, como os outros moleques do salão lá na Gávea. Mas esse era diferente. Não me olhava de canto. Tratava com respeito, sempre puxava assunto. Queria saber o que acontecia comigo. Me contava as coisas dele também. Acabamos ficando muito próximos.

Pensando agora, acho que o Wilson foi meu único amigo nessa fase. Começamos juntos na Gávea e passamos para o campo na Urca. Foram muitos anos de amizade até que os caminhos se distanciaram. Do nada, eu não estava mais com o Wilson. Fui saber, anos depois, que ele não tinha conseguido avançar da base para o profissional. O cara tinha uma condição melhor e acabou seguindo outro caminho, foi viver nos Estados Unidos. A última vez que nos encontramos, eu já estava morando na Itália.

Que surpresa boa receber a visita do meu amigão! Ele chegou lá com a esposa. Tinha casado com uma americana. Não queria mais voltar para o Brasil. "Meu pai até hoje insiste para eu assumir as empresas da família, acredita?", ele me contou. "Entendo ele. É a história de vocês. O legado dele também. Será que não vale a pena, cara?", eu ponderei. Não quis me meter na vida do Wilson porque não sou disso. Só pensei que se eu construí uma carreira no futebol, em grande parte foi por conta da relação do meu pai e da minha mãe com a bola. Por isso me parecia uma coisa bonita o pai dele querer que o filho tomasse conta das empresas. "Não dá para mim, Adriano. Tenho que seguir o meu caminho. Estou nos Estados Unidos, minha esposa é de lá também", ele explicou. Está certo. Cada um sabe o que é melhor para si.

Eu conheci os pais do Wilson, foram pessoas especiais na minha vida. A parte que me cabia, porém, era escutar o amigo. E dar risada das nossas histórias de moleque. O que a gente fez de merda juntos não está escrito. Ficamos tão próximos durante a época da base que um dia o Wilson me convidou para ir à casa dele. Eu nunca vou esquecer a primeira vez que cheguei lá. Uma nova realidade, completamente diferente da minha, se abriu naquele momento.

A família do Wilson morava em uma casa em São Conrado. Era digna de novela das oito. Linda. Mansão mesmo. Eu nunca tinha pisado em nada parecido. Entrei todo tímido, olhando para baixo. O Wilson me apresentou para a família dele. "O Adriano joga comigo no Flamengo. Ele pode jantar com a gente hoje?", ele perguntou para a mãe. Pela reação da coroa, e o tamanho da cozinha, deu para perceber que um prato a mais não faria a menor diferença.

Foi na casa do Wilson que eu vi um micro-ondas na minha frente pela primeira vez. A geladeira deles era maior que o guarda-roupa dos meus pais e o meu. Juntos. Subimos as escadas para o quarto dele, e o meu coração disparou. O moleque tinha computador! Videogame! Uma televisão só para ele, cara. Aquilo era loucura, nunca tinha imaginado tanta coisa em um quarto.

O espaço onde eu dormia na rua 9 tinha um radinho velho e um ventilador que fazia mais barulho que o motor do ônibus 460. Nunca fui à Disneylândia, mas tenho certeza de que o quarto do meu amigo não ficava devendo nada para parque de diversões nenhum do mundo. Era a minha primeira experiência fora do Cruzeiro. Eu nunca vou me esquecer. Claro, já frequentava a Gávea. Tinha os treinos na Urca e no Grajaú. Mas nada se comparava a estar na casa de pessoas que tinham uma situação daquelas. Eu fiquei quieto, na minha.

No Cruzeiro, não tinha secadora de roupa, mas tinha educação. Mamãe me ensinou muito bem a me comportar, dentro dos limites dela. Na hora do jantar, o meu constrangimento ficou claro para todos. Aquela mesa grandona, cheia de comida. O cheiro era um absurdo, cara. Quanta coisa bonita na minha frente. "Pega o que você quiser, Adriano. Quer que eu monte o seu prato?", a mãe do Wilson perguntou. Eu balancei a cabeça aceitando.

Tudo que você possa imaginar, xará. A coroa não economizou. Ainda sobrou muito nas bandejas. Antes da segunda garfada, eu me vi em apuros. Não sei se foi a casquinha de limão no suco de abacaxi. Talvez tenha sido a pimenta-do-reino na carne assada. Ou a amêndoa crocante no purê de batata. Eu sei que eu me engasguei, cara. Travei a boca com as duas mãos. Segurei a tosse. Pensei que seria uma falta de educação absurda da minha parte fazer aquilo na mesa. Todo mundo jantando... Veio um novo soluço. Eu já estava ficando sem ar.

Foi tão feio que a irmã do Wilson se tocou no que estava acontecendo. "Adriano, o que foi? Tu quer tossir, pode tossir, não tem problema, não!", ela disse. Minha nossa. Nessa hora eu queria entrar embaixo da mesa. Desaparecer naquele tapete macio e só subir de novo em cima da minha cama no Cruzeiro. Minha primeira vez na casa do meu amigo e eu já estava fazendo o cara passar vergonha. Tossi baixo. O mínimo possível. Limpei a garganta com aquele suco geladinho. Pedi desculpas olhando para a família. Ninguém se importou muito. Todos seguiram o jantar como se nada tivesse acontecido.

Porra, eu não sabia se podia tossir à mesa ou não. Pelo visto, não tinha tanto problema assim. "Onde você mora, Adriano?", o pai do Wilson me perguntou. "Na Vila Cruzeiro, fica lá na Penha", respondi. "O senhor conhece?", perguntei. "Conheço a Penha, claro. Está do outro lado da cidade, não é?" O coroa já estava sacando o meu drama de locomoção. "Sim, eu pego trem e ônibus para poder treinar", completei. "Caramba. Você faz tudo isso sozinho?", a mãe do Wilson entrou na conversa. "Não, a minha avó me acompanha desde que eu tinha 7 anos. Mas agora já estou querendo dar um descanso para ela." A mesa inteira riu.

O jantar seguiu com todos conversando. A família do Wilson queria saber mais sobre mim. Também me contaram sobre a vida deles. E quando já estava ficando tarde para voltar para a Penha, os pais do Wilson falaram: "Se quiser, você pode passar o fim de semana aqui em casa. A gente liga para a sua mãe. Qual o telefone?". Imagina isso, cara... Eu dormindo numa mansão de novela daquelas. Sendo tratado como convidado! E ainda por cima com a companhia do meu amigo Wilson. A gente poderia falar de futebol o fim de semana todo. Aquilo estava parecendo um sonho para mim. Aceitei na hora. Passei o telefone da vizinha para os pais do Wilson e eles se acertaram com a minha mãe.

Na hora de dormir, o Wilson puxou uma cama que ficava embaixo da dele. Nunca tinha visto aquilo. Não era um beliche, como nos alojamentos de futebol. Era uma cama que ficava escondida. Eu não estava acreditando naquilo tudo. Na manhã seguinte, aquela fartura toda de novo. Eu sempre fui meio tímido com coisas assim, entendeu? Então eu ficava na minha. Falava o mínimo possível. Aí eles vinham: "Tu quer o quê, cara? Pode pegar lá na geladeira". E eu só olhando tudo aquilo.

Fomos para o jogo do nosso time de carro. A mãe do meu amigo levou e buscou a gente. Voltamos para a casa deles e brincamos o resto do dia. Conversamos sobre como tinha sido a partida. Tiramos sarro dos moleques adversários que tinham chegado no clube como se fossem o Real Madrid. Eles acabaram levando uma surra da gente. Pulamos na piscina antes do jantar. Jogamos pingue-pongue depois da sobremesa. E assistimos filmes na TV do quarto do Wilson até pegar no sono.

Rapaz, que vida era aquela? Eu não acreditava em tudo que estava acontecendo. Até o lençol na casa do meu amigo era mais macio e perfumado. Parecia um sonho. E com coisa boa a gente se acostuma rápido, né? Não levou muito tempo para eu me sentir à vontade.

Passei temporadas inteiras em São Conrado. Era como uma colônia de férias. Nós íamos para o shopping juntos. Passeávamos de carro. Eu comecei a fazer parte até das viagens de família. Tudo era muito bom, uma experiência nova pra mim. Eu tinha deixado a favela para conhecer outro lugar. Ficava na mesma cidade. Mas pareciam países diferentes, sem exagero nenhum. Eu sentia falta do Cruzeiro, não vou mentir para vocês porque eu não sou disso. Pensava na minha família e nos meus amigos. Mas raciocina comigo. Porra, em vez de comer coxinha, eu quero massa no almoço, não é não? Tá de brincadeira! Meus amigos eu vejo na Penha todo dia, pô.

Eu fui lá pra me divertir com o Wilson. Vou ficar ali dentro da favela? Escutando tiro. Ah, tá bom! Todos gostam de um pouco de mordomia, não vamos ser hipócritas, tá certo? Quando eu voltava para casa, sempre tinham os engraçadinhos que vinham na minha porta. "Coé, Adriano. Virou playboy?", meus amigos do morro diziam. "Nããão, playboy nada, mas…" Eu preferia São Conrado. Minha mãe também adorava. Porque me tirava da comunidade. E os moleques ficavam putos: "Ué, abandonou *nóiz*, mano?". Eu falava: "Não, não abandonei vocês não, mas pô, coé, quem não queria? Vai falar que se fosse vocês, vocês iam querer ficar aqui comendo pedra?".

A amizade com o Wilson foi se consolidando. Fazíamos tudo juntos. Até escola de inglês os pais dele começaram a pagar para mim. É incrível como sobra tempo na nossa vida quando não precisamos cruzar a cidade para fazer as coisas. Essa realidade eu também não conhecia. A gente treinava durante a semana, conversava sobre a vida, sobre futebol e o futuro. Víamos o Cristo Redentor ao nosso lado e imaginávamos como seria chegar ao profissional do Flamengo. Papai do céu abençoe nossa caminhada.

A mãe do Wilson levava a gente de carro para as aulas de inglês. Me adotaram como filho deles. Uma pena que eu nunca fui muito interessado em estudar. O Wilson repetia: "Aprende outra língua, cara. É importante. Nem que seja só para entender as músicas que você ouve, caramba", ele brincava. Já falei para vocês. A escola me dava alergia, cara. Acabei aprendendo outra língua mais tarde, o italiano. E só deu certo porque foi na prática mesmo. Morando por lá, não teve como.

Você não acredita em mim, né, querida? Eu vou cantar uma música para você. Chega mais perto aqui que tu tá muito longe. Esse teu perfume francês está demais, e eu quero aproveitar. Hum... No pescoço tá melhor ainda, hein? Deixa eu sentir de pertinho... Nem cavalo aguenta! Didico sex lover, não recomendo! Vou colocar uma música mais tarde para provar que eu falo italiano. Pode deixar, amor.

Porra, que saudade de dançar coladinho com as gatinhas da zona sul. O Wilson e eu éramos bons nisso. A gente chegava nas festas e já caía para cima das garotas. Às vezes, sobrava alguma coisinha pra gente. Quando rolava uma folga dos treinos e da escola, íamos logo cedo para a praia. Ficávamos ali olhando o movimento.

Cada princesinha que eu vou te contar. "Olha aquela de biquíni azul, Adriano", o Wilson apontou. "Essa é da minha sala, cara. Tenho certeza que ela vai na matinê lá na Gávea hoje à tarde", ele disse. "Porra, aqui tem matinê também, cara? Eu sempre ia em uma lá no Cruzeiro. Era o baile da molecada", eu respondi. "Claro que tem, pô. Todo mundo do meu colégio vai pra lá. As gatinhas batem cartão. É o melhor rolé da cidade", ele explicou. "E tu só me fala agora, parceiro? Que vacilação!"

Me levantei da areia. Dei um gole no meu mate. "Que horas a gente vai, cara? Eu quero conhecer essa porra aí!", intimei o Wilson. Ele respondeu: "Pô, demorou. Eu vou pedir para o meu pai. Acho que não vai ter problema, não". O Wilson se levantou também. A gatinha de biquíni azul estava indo para a água mergulhar com uma amiga. Nós dois nos olhamos. Não tinha outra coisa a ser feita naquela hora. "Bora dar um mergulho?", o Wilson sugeriu. "Já é!", respondi correndo em direção à água.

"Pai, a gente quer ir na matinê lá na Gávea hoje à tarde. Tudo bem?", foi a primeira coisa que o Wilson falou assim que voltamos para a casa dele. A negociação foi simples. O pai dele só quis saber onde era. Pediu para que a gente não voltasse depois da meia-noite. E deu um dinheiro que era suficiente para pagar a entrada e ainda tomar uns refrigerantes lá dentro.

Enquanto nos arrumávamos para a balada, o Wilson levantou um problema em que eu ainda não tinha pensado. "Pô, como a gente vai para lá? Chegar na matinê com a mãe de motorista não tem a menor condição", ele disse. Fazia sentido. Confesso que as caronas da mãe dele para os jogos ou para a escola de inglês eram uma parte importante do meu dia. O tipo de luxo que eu ainda não tinha experimentado na vida. Nem sonhado com isso! Mas para chegar na matinê a gente precisava de algo diferente. Eu já conseguia visualizar aquela pista de dança cheia de loirinha perfumada. Quem quer se dar bem não pode errar nessas horas. Todo mundo vai ficar de olho na fila.

"Verdade, irmão. Por que a gente não vai de ônibus?", eu disse. "Pode ser, mas eu tenho uma ideia melhor", o Wilson nem terminou a frase e foi até a porta. "Mãe!", ele gritou. Sem resposta. "Pai!", o meu amigo insistiu. Silêncio. A irmã dele apareceu no quarto. "Para de gritar, garoto. Eles saíram faz tempo. Foram encontrar a tia Maitê", ela disse. O Wilson abriu um sorriso. "Adriano, chega aí. Vamos lá na garagem." Segui as ordens do meu chapa. Descemos as escadas e encontramos o bilhete premiado na nossa frente. Implorando para que a gente não perdesse a oportunidade.

Prata. Recém-encerada. Brilhante. As rodas de liga leve eram tão lindas e reluzentes quanto o troféu da Champions League. No porta-malas, letras milimetricamente alinhadas anunciavam: p-a-s-s-a-t. Tu se lembra dessa época do Passat alemão, né, Geo? Porra, era o carro que todo mundo admirava. Nego quebrava o pescoço quando via um desse na rua. E o pai do Wilson era o feliz proprietário de um modelo recém-importado da Europa. "Entra aí, Adriano." Segui a ordem abrindo a porta do passageiro.

O cheiro do couro novo estufou o meu peito. A imponência do banco da frente me deixou uns dez centímetros mais alto. A gente tinha que ir para a matinê naquele carro. "Porra, tu sabe dirigir, mané?", eu perguntei. "Claro que sei. Já peguei o carro do meu pai antes", o Wilson respondeu esfregando o volante. Àquela altura, a gente se conhecia bem o suficiente para eu saber que ele não estava sendo cem por cento sincero. "Fala a verdade, cara. Tu tá sozinho nessa. Eu nunca dirigi porra nenhuma", eu retruquei. "Relaxa, irmão. Já corri muito de kart também. É parecido, pô!", ele garantiu.

Pode ser parecido no sentido de ter quatro rodas e um motor. Mas qualquer maluco sabe que as semelhanças acabam aí. "E esse aqui é só colocar no D e acelerar. Tá fácil, mané!", ele explicou. Nem eu, nem o Wilson tínhamos carteira de motorista. Éramos moleques ainda, caramba. Eu só fui tirar a cnh depois de ter feito gol no profissional do Flamengo. Vai vendo a confusão... "Porra, demorou então. Imagina a gente chegando de Passat alemão, cara. Cheio de princesa na porta. Quero ver quem vai marcar mais gols lá dentro!", eu disse. "Porra, vamos nessa. A gente só tem que voltar antes dos meus pais.

Mas quando eles saem assim, é porque vão demorar." O Wilson subiu para procurar a chave do carro. A decisão estava tomada.

Chegamos na matinê com estilo. Passamos na porta duas vezes. Devagarzinho. Som alto. Vidro abaixado. Cotovelo para fora. O pescoço virado. Medi cada uma das cocotinhas que estavam na fila. Aquilo era um harém, e eu estava me sentindo o Eddy Murphy. Eu era o Príncipe em Nova York, amigão. O carro realmente parecia fácil de dirigir. O Wilson não fez merda nenhuma no caminho. Achamos uma vaga ali perto. Meu amigo deu um troco para o flanelinha. "Pode deixar que eu tomo conta do possante, patrãozinho. Esse é dos bonitos", o sujeito falou pra gente. Estava dando tudo certo.

Entramos na matinê sem grandes problemas. Eu fiquei emocionado, mano. Imagina, um favelado na balada da zona sul. Eu nem entendia direito o que estava acontecendo. Vi aquela fumaça toda e uns raios verdes que riscavam o lugar inteiro. Tentei pegar com a mão, tu acredita? "O que você tá fazendo, cara?", o Wilson me perguntou. "Que porra é essa? Nunca vi. Não consigo pegar", respondi. "Pô, Adriano. Isso aí é laser, cara. Tu vai pegar a luz como?", ele me explicou. Nós dois caímos na gargalhada.

Reparei que várias gatinhas estavam com um copo na mão que parecia suco de laranja, ou alguma coisa assim. Elas ficavam com aquele canudinho branco na boca, olhando debaixo para cima para quem passava. Porra, as meninas também escolhem, né, parceiro? Não ache que elas estão ali de bobeira. "Que porra é essa que elas estão tomando, Wilson?", perguntei. "É um coquetel. Se chama *Sex on the Beach*. Nunca tomou, não?"

Eu praticamente não bebia naquela época. Claro, já tinha experimentado cerveja. Os churrascos no campo do Cruzeiro sempre eram regados. Todo mundo com um copinho na mão. Meu pai não bebia e não gostava que os moleques se envolvessem naquilo. Mas não tinha jeito. Além da cerveja, eu já tinha visto outros destilados, pinga e coisas assim que também tem muito na comunidade. Eu não provava. "Nunca experimentei, não, cara. O que tem nisso?", perguntei. "Ah, tem um pouco de suco, pêssego e vodca. É gostoso. Vamos pegar lá pra gente."

Não me lembro quantos copos bebemos naquela tarde. Com certeza não foram muitos porque não tínhamos tanto dinheiro assim na mão. Os pais do Wilson controlavam bem. O problema é que a gente não estava acostumado a beber nada. Então, mesmo que tenham sido só dois, talvez três, acabou sendo o suficiente para a gente sair de lá bem diferente do que entrou. "Porra, tu tá bem para dirigir, cara? Eu tô me sentindo meio alegre, não vou mentir pra tu", eu falei. "Porra, vou te falar que eu tô sentindo essa vodca também", o Wilson disse. Caímos na gargalhada. "Fica tranquilo, eu vou na boa. Não estou bêbado", ele garantiu.

Chegamos na vaga e qual foi a surpresa... O carro estava lá inteirinho! O mesmo flanelinha estava sentado no capô, conversando com uma garota ainda por cima. Até ele estava se dando bem com o Passat alemão. "Boa noite, pequeno príncipe. Aqui está a sua propriedade intacta!", ele disse enquanto abria a porta do motorista para o Wilson. Agradecemos o sujeito e demos os últimos dois reais que tinham sobrado no bolso para ele.

O Wilson ligou o rádio. Colocou um CD do Exaltasamba que eu tinha dado para ele uns dias atrás. Eu também levava cultura para aquela casa de São Conrado, meu parceiro. Tá pensando o quê? Nossa amizade era verdadeira porque tínhamos uma via de mão dupla, e o meu amigo acabou ficando apaixonado por pagode também. Era uma daquelas noites quentes no Rio. Olhamos no relógio e ainda eram nove e meia. "Vamos dar uma volta, tá cedo ainda...", eu propus. "Demorou. Meus pais não chegaram em casa, com certeza", ele concordou.

Passamos devagarinho na porta dos bares do caminho para ver o movimento. Chegamos na praia. Entramos na avenida Atlântica, que estava cheia. O Rio de Janeiro não tem igual no mundo. Que lugar especial, cara. Já viajei muito nesta vida. Falo com tranquilidade, não existe nenhuma cidade melhor que essa. Tem seus problemas, não vou mentir pra você. Mas a sensação de liberdade que se tem por aqui é imbatível. E ainda por cima com o cenário mais espetacular que qualquer artista jamais poderia sonhar. Obrigado, meu papai do céu.

A brisa do mar entrando no Passat alemão fez com que o Wilson e eu ficássemos ainda mais empolgados. Subi o som. A voz do Chrigor saindo limpinha dos alto falantes importados. Nós dois berrando no carro juntos. *"EU ME APAIXONEI PELA PESSOA ERRAAAAADAAAA."* Que poesia, amigão! Entramos no Aterro do Flamengo em puro êxtase. Era um momento muito alegre das nossas vidas. Em breve estaríamos jogando profissionalmente no maior time do mundo.

Imagina, cara? O Maracanã lotado! A torcida mais bonita do planeta comemorando um gol da nossa equipe. A vida ainda melhoraria muito para a gente. E eu nem conseguia entender como era possível ficar melhor que aquilo. Porra, eu quero subir para o profissional. O Wilson também. Imagina, levantar um troféu com o meu amigo do lado? Vamos ser os reis do Rio de Janeiro. Ser campeão é especial. Ser campeão com o Flamengo é outro nível. Esquece.

Me virei para puxar esse papo com o Wilson quando percebi que ele tinha entrado um pouco rápido demais na curva. É… a empolgação tinha tomado conta daquele motorista principiante. Que além de não ter experiência com direção e ser inabilitado, ainda tinha tomado um coquetel na balada. Era óbvio que em algum momento daria merda. Só nós dois não víamos isso.

O Passat alemão tinha aquela bunda comprida. E quando o Wilson entrou na curva do Aterro acelerando, não deu outra. O carro jogou de traseira. Ele se apavorou. Eu agarrei a alça no teto do carro que carinhosamente chamamos de "puta que pariu". O nome não é à toa. O Wilson se embaralhou todo com o volante. A merda era iminente. Meu amigo meteu o pé no freio, o que acabou complicando ainda mais as coisas. O cheiro de borracha queimada começou a subir. O barulho do carro derrapando ficou estridente. Até o Chrigor se assustou.

O CD deve ter pulado porque a música parou. Um poste com uma placa começou a crescer bem na nossa frente. Eu me apertei no banco. A gente ia bater, não tinha mais jeito. Em um reflexo de último instante, o Wilson conseguiu puxar o carro para dentro outra vez. O movimento foi suficiente para evitar uma pancada de frente. Mas não a batida. Bang! Ouvimos a porrada. O Wilson parou o carro. Ele estava agarrado ao volante. Eu ainda estava segurando o puta que o pariu. "Caralho, maluco! Tu tá bem?", eu disse. "Porra, meu pai vai me matar", foi a primeira reação dele. "Liga essa merda de pisca aí. Vamos ver o que aconteceu."

Descemos juntos para inspecionar o tamanho da cagada. Um taxista que vinha atrás, e tinha visto a cena toda de camarote, parou para falar com a gente. "Está tudo bem aí, molecada?", ele perguntou. "Sim, foi só uma pancadinha de leve", o Wilson respondeu. "De leve não foi, não", o taxista retrucou dando uma risada sádica que é típica da minha cidade. "Olha só, dá uma olhada no pneu. Se não estragou a roda, se estiver tudo direitinho, é melhor vocês caírem fora logo", ele continuou. "Eu acabei de passar por uma blitz perto do aeroporto. Se os canas passarem aqui, vão querer arrumar um jeito de tomar grana de vocês", o homem alertou antes de acelerar. "Valeu!", gritamos para ele. "Porra, só pegou na porta traseira", o Wilson reparou. "Sim, isso é funilaria. O carro vai rodar de boa. Vamos nessa, cara", eu disse.

Entramos no Passat alemão. O carro, de fato, não tinha sofrido um grande estrago. Só que não dava para esconder um amassado daqueles na porta. "E agora, como é que tu vai falar pro teu pai, cara?" O Wilson estava concentrado na direção. Não tinha mais Exaltasamba no último volume. A maresia havia passado. Até a brisa do Sex on the Beach ficou para trás.

"O que aconteceu?", foi a primeira reação da mãe do Wilson. Os pais do meu amigo chegaram em casa pouco depois da gente. Descemos as escadas para encontrá-los na garagem. Eu só queria que eles vissem logo o tamanho da nossa burrice. Queria tirar aquilo da frente, pedir desculpas e prometer que não se repetiria. Os dois nos encararam com calma, para a minha surpresa. Sabe como é, né?

Na comunidade, a gente está acostumado a tomar uns cascudos quando faz merda. Até vassourada a Dona Rosilda já me deu quando eu fiz por merecer.

Eu sei que hoje em dia isso não é mais aceitável. Naquela época, porém, era a maneira mais comum de educar os filhos. E vou te falar que até sinto saudades dos puxões de orelha que eu levava da minha mãe. Se ela aguentasse comigo até hoje, é bem provável que algumas das minhas decisões erradas nunca acontecessem. As palavras dela orientam a minha vida. Mas nada supera aquela tensão de tomar um cascudo na cabeça, sejamos sinceros. Meu pai nunca encostou a mão em mim, isso é verdade. Mas a minha mãe não economizava, xará.

Na casa do Wilson era diferente. Os pais dele falavam baixo e as broncas vinham em forma de discurso. "Vocês estão bem? Alguém se machucou?", disse o pai dele olhando para nós dois. O coroa parecia que não estava nem aí com o Passat alemão, cara. Loucura, né? Eles só foram olhar para o tamanho do estrago no carro depois que contamos o que tinha acontecido. Umas três vezes seguidas. A mãe do Wilson ficou bem chateada com aquilo tudo e deu uma baita dura na gente. Não teve histeria. A coça foi nas palavras.

Ela estava de-cep-ci-o-na-da. Insistiu que a gente teve sorte por não terminar a noite com um problema muito maior. O que poderíamos argumentar? A mulher estava certa. Abaixamos a cabeça como o meu vira-lata, o Tripinha, costumava fazer quando eu o pegava revirando o lixo. Rabinho entre as pernas. Orelha caída. Foi assim que subimos para o quarto do Wilson para descansar. "Da próxima vez, é para ir de táxi", falou o pai do meu amigo enquanto fechávamos a porta.

Foi mais ou menos nessa época que a minha transformação física começou para valer. Eu espichei ainda mais. Do nada. Fiquei enorme. Não, querida. Ainda não tinha esse bração todo, não. Eu fiquei alto, mas era magrinho. Vem cá, deixa eu te enroscar pelo pescoço, loirão. Tá gostando, né? Se estiver muito pesado no seu ombro você me fala, hein? Nem cavalo aguenta!

Porra, acredita que ter esse tamanho todo quase me derrubou no futebol? Verdade, cara. Eu sou todo destrambelhado desde pequeno, não tenho como negar. E conforme eu fui ganhando altura, fiquei mais desengonçado ainda. Isso aparecia em campo também. Eu era lateral-esquerdo, lembra, Rafael? Quase fui dispensado do Flamengo porque não existia lateral do meu tamanho. Mas papai do céu abençoou. Se olhar bem, foram muitas as vezes em que eu estive praticamente fora do futebol. Não importa o sacrifício que a gente faça. Acordar cedo, pegar trem lotado, chegar no treino todo dia na hora certa, se dedicar mais que todo mundo. Fazer gol com frequência. Entender as instruções do treinador. Orientar os companheiros. Tudo isso é só uma parte do processo. Tem um monte de garoto que se entrega da mesma forma. Vários têm um talento enorme, ainda por cima. Só que se não tiver sorte, amigão, esquece. Sorte e a benção de Deus também, é claro. Sem Ele a gente não consegue fazer nada. E eu tive a sorte de ter Deus olhando por mim o tempo todo.

Cara, o que eu passei de humilhação no futebol não está escrito. Me chamam de Imperador e tudo fica mais bonito. Parece até que foi fácil. Só que teve um tempo em que o meu sonho era chegar no banco de reservas. Vai vendo. Imagina tu sair da Penha para disputar um jogo em Niterói no domingo. Longe pra caramba. Horas e horas de ônibus para ir e para voltar. Pois é, eu fazia isso. Minha mãe me acompanhava também, mesmo sendo o único dia de folga dela na época.

Cara, teve uma dessas partidas que a gente acordou cedo. Descemos o Cruzeiro para pegar a condução. Só que a gente morava no Rio de Janeiro, né, parceiro. Não era em Genebra. Nem sempre o trem aparecia na hora certa. O ônibus também falhava o tempo todo. Como é que tu calcula o tempo para chegar no compromisso desse jeito? Fala para mim. Não calcula. Sai cedo para caramba e vai na sorte. Essa época do juvenil era complicada, o treinador não era meu fã, vamos dizer assim.

O cara não me dava muita chance. Eu estava grande para a minha posição, na época eu jogava de lateral. O sujeito fez o que todo treinador faz quando um jogador não é adequado para a função dele: procurou uma nova posição para mim. Ocorre que, como eu disse, o cara não ia muito com a minha cara. E a minha nova posição era fora do time titular. Eu ficava no banco em quase todos os jogos. Mas não fazia cara feia. Seguia treinando firme. Eu cumpria todos os compromissos do mesmo jeito e esperava a minha vez. Porra, eu era molecão. Não tinha essa de reclamar de nada. Nem para a minha mãe eu abria a boca. Mas era barra pesada.

Nesse dia de jogo em Niterói, o ônibus não apareceu. Merda, e agora? Não tinha o que fazer. Nossa família não tinha carro. Ir de táxi era impossível. Só restava esperar. Dona Rosilda e eu ficamos ali. Sem falar nada. Em silêncio. Eu já sabia que daria merda. Olhava para o relógio e fazia contas. *Se chegar em trinta minutos ainda vai dar tempo*, eu pensava. *Merda, se o busão aparecer em quinze, eu consigo*. Nem sinal dele. *Em cinco minutos, se não tiver muito sinal vermelho no caminho, rola*. Porra nenhuma.

O ônibus apareceu quase uma hora depois que a gente estava no ponto. Chegamos no estádio, e eu saí correndo com a minha bolsinha desesperado. O time estava no vestiário. O professor já tinha terminado a conversa. Quando saquei minha chuteira, os caras começaram a roda para rezar o Pai-Nosso. Eles gritaram "amém" e eu não tinha terminado de colocar a camisa para dentro do calção ainda. O treinador veio na minha direção. "Tá fazendo o que aqui, Adriano?", ele disparou. "Desculpa, professor. O ônibus atrasou", tentei justificar. Não teve nem conversa. "Que porra de ônibus, cara? Tu tem que ser profissional. Que merda é essa de chegar na hora do jogo?", o fulano começou a berrar.

Ele ficou tão vermelho de raiva que eu até me assustei. A jugular dele parecia um canudo verde. Pulsava enquanto o sujeito descontava todos os problemas dele na minha orelha. "Tu quer foder a minha equipe? Pode cair fora agora. Se quiser tu fica para ver da arquibancada.

Porque eu não te quero nem no banco hoje." Pois é. Não deu nem tempo de explicar que eu tinha saído de casa mais de três horas antes. Infelizmente, o meu pai não era dono da viação. A gente não controlava a hora que o ônibus chegava. Fazer o quê? Eu nunca fui de discutir com treinador.

Quando estou puto fica evidente para todo mundo. Mas também não xingo nem fico batendo boca. E naquele momento não tinha outra coisa a se fazer. Peguei minhas coisas e caí fora. Cheguei na arquibancada com a minha bolsa e fui me sentar ao lado da minha mãe. Ela me olhou espantada. "Adriano, por que você veio?", ela disse. "Ah, o treinador falou que eu não vou ficar nem no banco porque eu cheguei atrasado."

Eu vi o rosto da minha mãe murchando na mesma hora, xará. Toda aquela correria para nada. E para piorar a situação, o pai de um jogador que estava do lado ainda se sentiu no direito de vir dar lição de moral. "Também, você sabe que o jogo é às dez horas e você vem chegar agora?" Cara, aquilo me tirou do sério. Agora quem tinha a jugular parecendo um canudo daqueles para tomar açaí era eu. Antes que eu pudesse falar qualquer coisa, a Dona Rosilda se levantou. Indignada, irmão. "Ué, mas ele chegou, e o time está lá dentro do vestiário. O time ainda nem saiu. Ainda nem estão arrumados, entendeu? Então tem alguma coisa errada", minha mãe falou para o cara sem alterar o tom de voz.

Ele ficou olhando. Ela continuou. "E outra, você fala isso porque vocês têm carro, aí vocês podem chegar aqui e sair a hora que quiser. Vocês sabem o que nós passamos para vir até aqui? Pegamos três conduções pra chegar em Niterói. Vocês não sabem, né, vocês têm carro, aí é fácil falar." O pai do meu colega virou para o lado. Ficou quietinho. O que ele poderia dizer? Era verdade. Três conduções para ir. Três conduções para voltar. Em um domingo de manhã. Claro que não dava para controlar o tempo.

Ficamos ali sentados vendo o jogo. Porra, foi um dia horrível, cara. Eu estava com a garganta travada mais uma vez. Minha mãe nem piscava. Ela também não acreditava naquela humilhação toda. No caminho de volta, ela chorou. Virei para o lado e vi o rosto todo molhado; os olhos estavam vermelhos. O que eu poderia dizer? Não falei nada. Nem ela. Seguimos calados até chegar em casa. A situação no time só piorou dali para a frente. Agora nem no banco eu ficava mais. E, para completar, o treinador ainda fazia o possível para deixar claro que não me queria ali.

Não é que ele me dava o colete dos reservas. Nem direito a isso eu tinha. Quando começavam os treinos no campo, o fulano me posicionava de cone. É, cone mesmo. Tipo aquele de trânsito. A gente usa muito no futebol para treinar movimentação, troca de bola e por aí vai. E eu tinha que ficar parado fazendo a "função" de cone, para os meias fazerem a volta em mim antes de dar o passe para os atacantes. Foda, não é? Porra, claro que tinha cone de sobra no time, querida. O treinador fazia isso para me humilhar mesmo.

Tu nunca viu o filme lá do capitão Nascimento? Era a mesma coisa. O filho da puta estava gritando "pede para sair". Só não estava dando tapa na minha cara. O jeito dele era mais sutil. Doía igual. Mas é para ser cone? Beleza, eu vou ser cone. Era assim que eu pensava. Não tinha como desistir, cara. Eu não contei isso para ninguém na época. Eu não queria reclamar para a minha mãe porque tinha medo de ela me tirar do futebol. Eu sabia a dureza que tinha sido o começo de tudo. E do sacrifício que ela fazia me acompanhando em todos os jogos que podia ir. Como é que eu ia chegar em casa e chorar no colo dela "mamãe, o treinador está me humilhando…"? Porra nenhuma. Se vira, cara.

E eu seguia no time. Treinava a semana inteira. Fazia o papel de cone quando mandavam. No final da semana, quando saíam os relacionados para o jogo, o meu nome aparecia. Só que, tipo assim, dava para ver que eu não ficaria nem no banco de reservas. O meu nome aparecia na categoria chamada "sobreaviso". Eu tinha que cruzar a cidade para ficar na arquibancada. Se acontecesse algo com o titular, se o reserva também acabasse fora, só aí sobraria uma vaga para o trouxa de "sobreaviso".

Claro que não sobrava porra nenhuma. Mas eu ia mesmo assim. Ficava na arquibancada com a minha mãe de um lado e a minha bolsa pronta do outro. "Meu filho, não tem problema, não", ela me dizia. Eu engolia seco. Assistíamos às partidas até o fim. Quando os jogos acabavam, a gente se reunia com os outros meninos e os pais deles. Ficava todo mundo ali conversando sobre o resultado enquanto a molecada fazia o lanche.

Numa dessas vezes, a mãe de um colega meu se aproximou para bater um papo com a minha mãe. Eu estava do lado e ouvi tudo. De boca fechada, como de costume. "Rosilda, você tem que dar algumas coisas pro treinador, tem que dar presente pro treinador", ela disse. Minha mãe arregalou os olhos. "Como é que é, amiga?", ela rebateu. "Pro Adriano ficar pelo menos no banco, tem que dar um presente, tem que tá agradando o treinador." Minha mãe quando fica nervosa se estica toda e fala firme. Mas nunca altera o tom de voz. "Olha, se depender de eu agradar alguém pro meu filho ser alguma coisa, porque eu tenho que agradar treinador, então ele não vai ser nada", ela respondeu.

A mãe do meu colega estava tentando ajudar. Aparentemente ela não entendia qual era a nossa realidade. "Eu não tenho condições, eu não tenho dinheiro pra dar nada a treinador, então ele não vai ser nada." Aquela constatação me deixou apavorado. Não vou mentir para vocês. Quer dizer que, além de tudo, a minha mãe ainda teria que pagar arrego pros caras? Eu nunca tinha visto isso. Ficou aquele constrangimento.

A mulher nem falava mais. E a minha mãe continuou soltando os cachorros. "E do mesmo jeito, se for da vontade de Deus ele ser jogador de futebol, ele vai ser aqui, vai ser no São Cristóvão, no Olaria, em qualquer lugar. Não tem só o Flamengo, não. Se for da vontade de Deus, ele vai ser jogador em qualquer clube, né? Sem a gente dar presente nenhum, porque se depender disso, então ele não vai ser nada. Eu não tenho dinheiro pra... não tenho dinheiro, não tenho condições de dar presente a treinador." Viramos as costas e fomos embora antes que o climão ficasse ainda pior.

Eu estava fodido, xará. Essa que era a realidade. Nem por isso deixei o meu moral ficar abalado. Continuei pegando o ônibus todos os dias depois da escola. Não faltei a um treino. Eu era o cone mais dedicado do time rubro-negro. Ficava nas arquibancadas nos dias de jogos em "sobreaviso". Sem reclamar.

O problema é que, de tempos em tempos, os jogadores da base são dispensados. Normalmente acontece no final do ano. Puta merda. É muito pior que paredão do Big Brother. Ali é o teu sonho de vida a caminho do ralo. A dedicação de anos indo para a puta que pariu, sem que você saiba o que fazer depois. Porque voltar para a escola, esquece. Quem não estudou direito desde pequeno não vai começar adolescente.

Então, quando tem dia de corte no time, fica todo mundo com o calção na mão. Eu tinha mais ou menos uns 15 anos quando não rodei por um triz. Os caras separavam os meninos em duas fileiras, a da esquerda e a da direita. O professor vinha com a prancheta na mão e começava a gritar os nomes. "Fulano de tal, direita. Ciclano, esquerda." Assim como na escola, eu sempre era o primeiro a ser chamado por causa da ordem alfabética. "Adriano Leite Ribeiro, vai pra esquerda."

Cheguei sozinho naquela fila. Ainda não sabia se era a da dispensa ou não. A reação do próximo a chegar atrás de mim entregou o que todos ali imaginavam. Só eu que ainda queria manter um pingo de esperança. Quando já tinham uns dez colegas na minha fila, o destino parecia selado. *Que merda, onde eu vou jogar?* Era o que passava na minha cabeça. Porra, voltar para casa e contar para minha mãe que eu fui dispensado. Como é que eu vou fazer uma coisa dessas? Depois de tudo que ela passou. E contar para a minha avó, cara? Imagina, quantos anos da vida dela indo comigo para cima e para baixo. E para nada. Que sensação horrível. Não desejo isso para ninguém.

O treinador continuava lendo os nomes, um por um, quando um anjo apareceu na minha frente. O anjo tinha a pele escura, estatura mediana e pesava uns 120 quilos. Ele atendia pelo nome de Carlinhos. Se lembra que eu falei em sorte? E que sem ela você pode se chamar Arthur Antunes Coimbra que não vai dar em porra nenhuma? Pois é.

Naquele dia, eu tive a sorte do papai do céu estar de plantão olhando por mim. E Ele enviou o Carlinhos, que era treinador das categorias de base do Flamengo e me conhecia desde que eu pisei na Gávea pela primeira vez. Também era pai de um amigo meu da época no salão. Por isso, sem exagero algum, podemos dizer que o Carlinhos conhecia tudo sobre mim, no que diz respeito ao futebol, claro. Não é o mesmo Carlinhos que foi treinador do principal, não confunda. É outro. Mas também muito importante pro time. E fundamental na minha história.

O cara assistiu a centenas de treinos de que eu participei. Ele veio chegando devagar e me viu na coluna da degola. Foi bem nesse momento que o nosso treinador disparou, com um sorrisinho cínico enquanto olhava para mim. "Molecada que está na esquerda. Muito obrigado pelos serviços prestados ao Clube de Regatas do Flamengo. Porém nossa parceria termina aqui. Boa sorte no resto da carreira de vocês. Quer dizer, para quem ainda quiser ter uma carreira."

Aquelas palavras foram como um facão. Passaram degolando todo mundo ali. Uns choravam. Outros davam risada de nervoso. Eu abaixei a cabeça e me virei em direção ao portão quando escutei o Carlinhos. "Perae, o que o nome do Adriano está fazendo nessa lista?", ele disse. O treinador da nossa equipe respondeu, curto e grosso: "Tá dispensado. Não tem espaço para ele no time, infelizmente". O Carlinhos gritou de longe. "Adriano! Volta aqui." Eu só cumpri a ordem. Quando cheguei perto, ouvi a discussão. "Não, não vou deixar o Adriano ir embora, não, eu vou ficar com ele!", disse o anjo. O meu treinador deu risada. "Cuida que o filho é teu, então." E assim meu destino estava definido.

Porra, irmão. Se o pneu do carro do Carlinhos tivesse furado naquele dia, vai saber o que seria da minha vida hoje. Se ele tivesse sentido uma dor de barriga bem na hora da degola e estivesse no banheiro, o Imperador talvez nunca tivesse existido. Mas papai do céu abençoou. Como é que explica uma coisa dessas? O Carlinhos veio conversar comigo e chamou a minha mãe uns dias depois. Ele explicou que sabia da minha luta e que via muito potencial em mim. Mas precisava achar a posição certa. Realmente, não dava para um moleque daquele tamanho jogar de lateral.

A sugestão é que eu fosse para a zaga. Porra, com certeza. Eu poderia muito bem ser um Júnior Baiano. Zagueiro raiz. Grandão. Ninguém tirava com a cara dele. O sujeito dava porrada pra caramba, como eram os meus jogos na favela. E ainda metia gol. Eu não tinha a elegância do Juan, seria sonhar alto demais. O negão jogava de terno. Mas era artilheiro também. Com gol eu poderia sonhar, com certeza. Eu adorava meter uns golzinhos desde a época do salão. Se era para jogar na defesa, eu estava pronto. Bora tentar.

Vixi, é mesmo! Já tinha me esquecido da música. Quem cortou o som aí, Geo? Porra, traz a caixa mais para cá, cara. Vamos cantar! Quero ver quem conhece essa. Naná! O copo da moça está vazio aqui, amigão. Olha só, eu tô fazendo o seu serviço. Vou querer desconto. Eu tenho que economizar, meu chapa. Tu conhece o karaokê do Naná, minha linda? Não tem microfone. É no gogó mesmo. Quem cantar mais alto ganha. E eu vou começar colocando uma música para te mostrar a qualidade do meu italiano. Vai ser música romântica, claro. Esse teu perfume me inspirou. Deixa eu sentir mais um pouquinho aqui no seu pescoço. Isso, vem devagarinho. Hum… Atrás da orelha está uma delícia. Não recomendo! Até arrepiou, né, querida? Se eu fizer esse vozeirão grosso no seu ouvido, então… Presta atenção aqui, amiga, ela ficou toda arrepiadinha. Olha o braço dela! Eu sei o que estou fazendo. Escuta essa música, então. Aí você vai ficar maluca. Garantido. Não falha nunca, pô. Não… Não quis dizer isso. Não é que eu uso a mesma tática com todas, não. Só com as especiais. Perae, deixa eu aumentar o volume. O teclado no começo da música já é bonito. Olha para mim. Aqui vai em italiano para você.

È iniziato tutto per un tuo capriccio
*Io non mi fidavo, era solo sesso**

Gostou ou não? Estou falando... Não tem como resistir. Essa música é linda. Ouvi pela primeira vez lá na Itália. Eu tinha acabado de chegar. Minha vida mudou da noite para o dia. Subi para o profissional. Estava começando na Seleção Brasileira. A torcida do Flamengo ainda me olhava desconfiada. E do nada meu empresário me ligou: "Vai para casa fazer a mala, cara. Tu vai para a Itália". O quê? Como assim? Eu nem sabia direito o que era Itália. Conhecia a Inter e o Milan, claro. Eram clubes muito distantes da minha realidade. Agora imagina o moleque perdidão chegando da Vila Cruzeiro para morar numa cidade como Milão. Minha cabeça não estava acompanhando aquilo tudo.

Logo fui emprestado para o Parma e acabou que uma namoradinha lá do Brasil foi ficar comigo. Claro, pô. Eu precisava de companhia. Sim, você está certa, querida. Era uma namorada especial. Essa música romântica me lembrou dela. A filha da mãe acabou comigo. Tenho o coração partido até hoje... O nome dela é melhor nem falar. Vamos chamar a garota de Luana. Mas não quero falar disso agora. Vamos ouvir a música. Tu não gostou, Rafael? Porra, quer dançar coladinho comigo? Eu estou com a querida aqui. Olha o refrão. Vou cantar pra você, amiga. Vem na minha.

E scusa se ti amo e se ci conosciamo
Da due mesi o poco più

O que ele disse? Claro que eu traduzo para você. "Desculpa se te amo. E se nos conhecemos só faz dois meses e pouco." É... o cara é

---

* "Imbranato". Intérprete: Tiziano Ferro. *In*: *Rosso relativo*. Itália: Kaneepa Studio, 2001.

emocionado como eu. Não perdemos tempo. Essa é uma das minhas músicas favoritas. O nome dela é "Imbranato". Significa "trapalhão", em português. Coincidência, não é? Tu não se lembra dessa música? A tua amiga lembra que eu sei. Isso, pô. Era uma novela. Ficou famosa aqui no Brasil na época. Não vou lembrar o nome, não. Eu já morava fora quando passou, mas às vezes assistia em casa lá na Itália também. Lógico, pô. A gente vai jogar na Europa e aproveita o que tem por lá. Só que a saudade de casa não vai embora. Comia arroz com feijão. Assistia à televisão brasileira. A única diferença é que eu passava frio e não tinha a minha galera inteira por perto. Por isso que eu sempre levava o pessoal para a Itália. Amigo, parente, vizinho, lembra disso, Rafael? O meu primo estava por lá o tempo todo e organizava a chegada de quem vinha do Rio.

Uma das primeiras visitas que eu tive na Itália foi da Luana, aquela filha da mãe. Oi? Não quero falar dela, querida. Essa menina me machucou, sabia? Tem coisas que é melhor deixar guardado e não ficar lembrando. O que eu posso te dizer é que eu sou desse jeito até hoje por causa dela. Esse jeito ciumento, cara. É disso que eu estou falando. Não consigo ter namorada, relacionamento longo. Tudo me irrita. Foi por causa da Luana. Eu gostava dela pra caramba. E até hoje eu tenho trauma dessa porra que eu tomei, desse totó desgraçado. Eu fico meio escaldado com toda mulher que eu arrumo. Por causa desse trauma que eu tive.

Porra, já falei demais para vocês, tá vendo. Você tá rindo da desgraça dos outros, Geo? Vai, me chama de chifrudo, cara. Eu sei que tu quer fazer piada comigo. Porra, e daí que faz tanto tempo. Mais de vinte anos mesmo. Só que eu ainda fico cabreiro por causa do que aconteceu. Eu fiquei com trauma, cara. Eu penso que toda mulher que tá comigo tá olhando pra outro cara, que quer dar mole pra outro, aí eu arrumo confusão rapidinho. Eu tenho essa marca. Isso é ruim pra caramba, você mesmo tá perto da pessoa, mas não se sente bem assim... Não é bem, perto da pessoa, você se sente incomodado, sabe? De repente ela pode estar dando mole pra outro, o caralho, tal, eu tenho esse trauma até hoje. Não curou. Tá, vai pra merda, então. Vou desenrolar para vocês já que eu comecei mesmo. Jogou na roda agora conta, como diria um amigo meu.

O papo é longo, hein! Quem está com o copo vazio que complete porque é uma história de amor com final triste. Vou até acender um cigarro. Passa o isqueiro para cá, Thiago. Uma tragada forte antes de começar porque vou acabar chorando. Isso, querida. Se eu me emocionar muito você me abraça aqui. Posso colocar a mão na sua cintura, com todo o respeito? Obrigado, amor. Se eu estiver incomodando você me avisa, não precisa ficar preocupada.

A confusão toda começou em um pagode lá na Penha, foi onde eu conheci a Luana. Eu tinha quase 17 anos, e ela mais ou menos isso também. Uma morena linda. Era quase da minha altura. Tinha o tamanho ideal. Toda redondinha, porque eu já falei pra vocês, quem trabalha com osso é cachorro. O cabelo era liso às vezes. Tinha dias que ela aparecia com ele todo encaracolado. Eu gostava dos dois jeitos. O sorriso daquela menina me derrubava. O jeito que ela falava comigo me deixava maluco. Ficava me olhando um tempão sem dizer nada. Mas quando dizia, era certeiro. Passava a mão atrás da minha orelha, bem suave. Só com as pontas dos dedos.

Porra, cara. Fiquei apaixonado mesmo. Olha só, já me arrepiei todinho só de lembrar da danada. Ela morava em Bangu, um pouco longe de casa. Mas esse não era o maior problema. A gente dava um jeito de se encontrar todo fim de semana. Eu já não ia mais tanto na casa do Wilson. Voltei para a realidade. Agora tudo que eu fazia era pensando na hora de ver a Luana. Eu nunca tinha sentido aquilo antes, cara. Eu ia para os treinos e para os jogos pensando na garota. Saía vazado assim que acabava tudo para não perder tempo. Eu só queria encontrar a minha namorada.

E dava para sentir que ela também não queria sair do meu lado. Apresentei logo para todo mundo lá em casa. Parceiro, não tem como esconder, né? Na favela não existe privacidade. Mas foi bacana porque a Luana era linda e educada. Não demorou para que a minha mãe e o meu pai se encantassem por ela também. A garota era sucesso. Até as minhas tias, que eram ciumentas comigo desde que eu era bebê, tratavam ela bem. O nosso namoro aconteceu de forma natural. A gente se via toda hora, ficávamos juntos sempre que dava. E parecia que estava tudo no melhor momento possível.

Até que ela começou a me contar que as coisas não estavam legais na casa dela. A Luana tinha uma irmã que era deficiente. Eu nunca entendi bem qual era o problema, mas ela me explicou que a família toda se revezava nos cuidados da menina. Era complicado porque todos tinham que trabalhar. Faltava dinheiro na casa dela. Então vocês já podem imaginar a confusão que estava acontecendo. Como se não bastasse, ela também tinha um irmão que era bandido. O cara era meio barra pesada lá na quebrada deles.

Os canas estavam aparecendo com uma frequência acima do comum na casa da Luana. Então ela não estava aguentando mais, sabe? Pensa, uma menina de, sei lá, 15 ou 16 anos na época. Óbvio que ela estava querendo começar a curtir com as amigas, com o namoradinho e por aí vai. Só que a realidade dela em Bangu era o irmão arrumando problema, polícia invadindo a casa dela e a irmã doente. Eu via nos olhos da Luana que estava tudo muito pesado. A garota chegava triste para ficar comigo, tá entendendo? E eu não queria que ela ficasse daquele jeito.

Quando a gente estava junto tinha que ser especial. Pode parecer loucura o que eu vou contar agora. Eu ainda estava na escola e treinando na base do Flamengo. Minha vida continuava a mesma. As propriedades sob meu domínio se resumiam a um quartinho na casa dos meus pais na rua 9 da Vila Cruzeiro. Eu já recebia um troco jogando futebol. Mas era troco mesmo. Minha mãe ficava com quase tudo. Ela separava um pouquinho para eu comprar algumas coisas, tipo uma roupa aqui, outra ali.

Também me lembro que nessa época comprei meu primeiro celular, um Ericsson tijolão, tá lembrado, Rafael? Aquele que a galera achava sensacional na época. Tinha a antena pra fora e uma abinha que protegia o teclado. A gente abria na hora de ligar. Era bem feio, na verdade. Mas eu adorava. Apesar de ainda não ter uma vida estabelecida, e depender em grande parte do trabalho da minha mãe, eu achei que poderia oferecer uma solução para a Luana.

Não tava legal deixar a minha namorada daquele jeito, levando dura da polícia em casa e ainda vendo a família em pé de guerra por causa da irmã doente. A gente gostava de ficar sentado na porta da minha casa, namorando. E um dia, enquanto estávamos ali trocando uns pegas, eu falei: "Olha, o que eu posso fazer por você?" A Luana me olhou sem dizer nada. Ficou pensando. Ela me encarava como se estivesse tomando coragem para pedir algo importante. Do nada ela soltou: "A gente poderia dar um jeito de morar juntos". Porra, morar juntos? Baita ideia. Fazia todo sentido.

Só que eu era menor de idade ainda. Só existia uma maneira de juntar os trapos com a garota, que àquela altura já tinha virado o grande amor da minha vida, *da due mesi o poco più*... "Tu quer vir morar aqui no Cruzeiro?", perguntei. A Luana nem respondeu. Só me abraçou e esfregou a mão na minha nuca da maneira mais suave que eu já tinha sentido na vida. Porra, parceiro. Meu olho está até enchendo de lágrima. Desculpa, querida. Eu sou assim mesmo. Choro a pampa. Tu acha bonito? Não sei se eu gosto muito, para ser sincero. Mas não tem jeito. Não consigo controlar. Me passa o guardanapo, Geo. Pode dar risada, seu safado. Eu só vou enxugar a testa. O quê? Não vou secar lágrima, cara.

Enfim, para ela poder morar com a gente, eu precisava da autorização da Dona Rosilda, não tinha outro jeito. Essa foi uma conversa mais fácil até do que o imaginado. Troquei ideia com a minha mãe, e ela já logo aceitou. Só pediu para eu falar com o meu pai também. O Mirinho não seria problema. Com ele o papo durou dois minutos. "Xará, faz o que tu achar melhor para a tua vida. A garota é boazinha. Só fica ligeiro porque vocês dois ainda são muito novos. Sua mãe e eu tivemos filho cedo, foi uma benção. Mas o preço disso é alto. Então, toma tenência." Pensando agora, eu até que tive sorte. Acabei não acertando a costela da Luana, se é que vocês me entendem.

Ela se mudou lá para casa no dia seguinte. Voltou para Bangu, pegou as coisas, avisou para os pais e começamos a dividir o meu quartinho na rua 9. Tinha a questão de que ela morava numa área comandada por uma facção rival. A região dela é Terceiro. A minha é Comando. Enfim, ficamos de bico calado e com a moral do Mirim na Vila Cruzeiro acabaram passando um pano. Nós íamos juntos para a escola. Eu ainda estava na sétima série, o que era uma certa aberração. Eu tinha idade para estar terminando o Ensino Médio.

Só que a minha rotina de jogador era ir da Penha para a Urca, da Urca para o Grajaú e de lá para casa outra vez. Foi mais ou menos nessa época que inauguraram a Linha Amarela, o que ajudou muito. Tinha dia que eu voltava para casa depois da meia-noite. Estudar era algo impossível. Não criei o hábito. A vida me tirou esse luxo quando eu era pequeno. Não seria na adolescência, lutando para virar jogador profissional, que eu me concentraria nos livros. Apesar disso, eu ainda aparecia nas aulas.

Eu estudava na escola Monsenhor Rocha, na Penha. A Luana chegou a frequentar comigo, quando se mudou para o Cruzeiro. Estava uma situação esquisita para mim. Já tinha a minha namorada em casa. No Flamengo, eu seguia trocando de posição. Não deu certo para mim na zaga. Tentei a volância. Estava estranho também. O Carlinhos me pedia paciência. Eu não tinha outro plano a não ser tentar a carreira de jogador até o último minuto possível. A rotina de horas intermináveis no ônibus era muito cansativa.

Às vezes, minha mãe ia até a avenida Brasil para me encontrar no ponto. Subíamos juntos para casa. Era a maneira dela demonstrar que estava comigo o máximo que pudesse. Porra, minha mãe é especial demais. Já te falei isso, querida? A pressão no futebol é forte muito antes de a gente pisar no estádio. Se não tiver a família do lado dando força, o sujeito entra em parafuso. E mesmo com todo o apoio do mundo, a gente fica meio fora da casinha, essa é a verdade. A nossa realidade é muito diferente da das outras pessoas.

Eu segurava a minha onda. Fazia o que tinha que fazer. A minha cabeça parecia uma panela de pressão. Não parava de apitar um minuto sequer. Se eu não fizesse alguma coisa, haveria um acidente. A panela ia explodir. E tu já viu acidente de panela de pressão, não é, minha linda? Coisa horrível. Acontecia direto lá no Cruzeiro. Pois foi nessa época que eu senti algo de errado com a minha panela de pressão. Estava apitando diferente. Ia dar merda se eu não fizesse alguma coisa.

Eu estava sentado na minha carteira assistindo a uma aula que eu não lembro bem qual era. Matemática? Não, eu gostava de matemática. Provavelmente era aula de português. Essa eu nunca me dei bem, como vocês devem ter percebido. De qualquer forma, o que interessa é que eu não conseguia mais me concentrar. Eu pensava em todos os outros assuntos possíveis, menos na aula. Trocavam os professores durante o dia, e era a mesma coisa. Nenhum deles conseguia prender a minha atenção.

Até que me deu um estalo. A Luana estava na carteira do meu lado, deitada no meu ombro. A professora dava explicações na lousa. Alguns colegas falavam sem parar atrás de mim. Eu estava quieto. Nada daquilo fazia sentido. Olhei para o relógio no meu celular. Porra, ainda não tinha dado nem dez horas. Puta merda. Eu sabia que não ia aguentar até o fim. Olhei para a porta da sala. Olhei para a professora. Parecia que ela estava falando russo. E em câmera lenta ainda por cima. Eu não entendia porra nenhuma do que ela estava tratando. Tinham umas crianças na minha frente desenhando na mesa. Puta merda. Começou a me dar uma sensação estranha. Parecia que estava formigando tudo dentro de mim.

Sem nem pensar direito eu me levantei. Do nada. A coitada da Luana quase caiu da cadeira. Quando me viu em pé, ela disse "Adriano, tu vai pra onde?". Eu falei: "Vou embora, não tô aguentando mais". Aí a professora: "Que que foi, Adriano?". E eu: "Não tenho nada contra a senhora não, tia, é que eu não tô tendo mais paciência pra isso aqui, não". Ela: "Poxa, não faça isso, pensa no teu futuro". Eu falei: "Pô, obrigado". Peguei minhas coisas, fui em direção à porta, ela veio atrás. A professora se importava comigo. Falou um monte de coisa sobre como era importante estudar. Disse que eu não poderia desistir. "E se não der certo no futebol?" Eu escutava, claro. Mas não ouvia. A minha decisão já estava tomada.

Caminhei pisando duro até chegar no portão da escola. Agradeci mais uma vez os conselhos da professora e por ela realmente estar preocupada. Pedi licença porque queria voltar para casa. O porteiro me encarou: "Não pode sair, não". Eu falei: "Tss... Quê? Como é que é, que eu não posso sair? Isso aqui é uma prisão, rapaz?". O sujeito era menor que eu. Não fiz menção de partir para briga nem nada do tipo porque eu não sou disso. Mas não dá para negar que o meu tamanho intimida as pessoas. "Abre isso daí, rapaz, que eu quero ir embora. Que lei é essa que não pode sair da escola, pô?" O cara não retrucou. Ele abriu e eu fui embora.

Larguei a escola e nunca mais estudei. Se foi por causa do futebol? Poxa, querida, não teria como colocar a culpa na bola, não. Foi realmente que eu perdi a vontade de estudar, entendeu? Sabendo o risco, né, que se de repente eu não desse certo no futebol, Deus me livre e guarde, eu seria o quê? Entendeu? Mas é... eu tomei essa decisão porque eu quis mesmo, não foi por causa do futebol. O chato foi ter que explicar em casa.

Minha mãe chegou depois de mim naquele dia. Eu já estava preparando o discurso. A Luana ficou lá no cantinho dela e não abriu a boca. Assim que a Dona Rosilda entrou, eu já fui para cima. Falei: "Ah, mãe, não me leva a mal, não. Mas eu desisti da escola". Os olhos dela começaram a se arregalar. "Como assim, Adriano?", ela retrucou. "Não tenho mais paciência para aquilo. E também eu preciso me concentrar em uma coisa só. Meu objetivo é ser jogador. Se eu conseguir subir mais uma categoria, vai ter treino de manhã também. Não tá dando mais para mim, mãe."

Ela me olhou firme, pensando bem no que diria. Qualquer um que olhasse para a minha situação acabaria concordando. Porra, eu tava na sétima série. Já tinha quase 17 anos. Tudo bem que as coisas não estavam perfeitas na minha carreira. Eu ainda precisava encontrar a posição ideal dentro de campo. Mas o Carlinhos estava me ajudando. Eu me dedicava nos treinos. E o que ele falava, eu entendia. Na sala de aula não era assim. Aquele não era o meu ambiente. Eu olhava para o livro e embaralhava tudo na minha frente. O lance era confiar no futebol. E se não rolasse, eu daria um jeito. Quem está acostumado a correr atrás sempre se vira.

"Ahh, teu pai não vai gostar muito disso, não", minha mãe respondeu. Eu falei: "Ah, mãe, eu já tô grande, mas eu não tô conseguindo mais estudar, não tenho mais cabeça pra estudar". Ela: "Então tá bom, mas aí tem que falar pro teu pai, tu sabe?". Eu falei: "Claro, pô, tem que falar pra ele. Não tem como não falar". Quando o coroa chegou, eu já estava tão convicto que nem perdi tempo. Sabia que o meu pai não ficaria nada satisfeito com a situação, porque ele conhece o futebol. Meu pai tinha o próprio time, porra. Com quantos craques ele conviveu? Uns caras que eram muito mais talentosos que a gente. Mas que só jogavam bola no final de semana porque não tinham conseguido chegar no profissional. E aí a opção era bater laje dos outros, entregar documentos, vender coisas na rua... Isso para quem tinha sorte e seguia na batalha.

A outra opção era mais lucrativa, porém muito mais arriscada e sem final feliz, para dizer o mínimo. O meu pai não queria que eu seguisse nenhum desses dois caminhos. Ele chegou em casa e logo percebeu que tinha um clima estranho no ar. Eu falei pra ele numa só. "Pai, eu saí da escola. Não vou voltar mais lá. A partir de amanhã, só vou para os treinos mesmo." Puta merda! Meu pai não gostou nada do meu tom. Colocou a mochila dele no chão. Pegou um copo com água. Ficou calado. Minha mãe estava sentada na mesa e olhava para mim. A Luana ficou no quarto quietinha. Acho que não queria que sobrasse para ela também.

Meu pai virou para mim e disse: "Pô, xará, eu não te ensinei isso, não. Pô, se tu não der certo...". Eu já cortei o coroa na hora. "Pai, mas eu não tô conseguindo mais. O que vai adiantar ir pra escola? Ou, pior, mentir até pro senhor e falar que tô indo pra escola e não ir, ficar por aí? Então eu tô falando a verdade, né?" Foi o suficiente. Todo mundo naquela sala sabia que eu tinha razão. Se não tivesse, era melhor acreditar em mim. Não existia outra alternativa. Eu já era grande mesmo, de idade e de altura. Maior que os dois. Eles sabiam que não teriam muito mais tempo para me controlar.

Eu ainda morava na casa dos dois. Respeitava a minha família como sempre respeitei. Só que àquela altura eu já estava acostumado a tomar decisões importantes. E uma delas era não perder mais tempo na escola. "Então tá, xará", meu pai sempre me chamava de xará, "Então tá, xará, é contigo mesmo. Se você acha que é isso aí que tu quer fazer... Mas por mim, eu não deixaria." Eu falei: "Então tá bom, pai, mas eu tomei essa decisão". Foi isso. No dia seguinte, acordei um pouco mais tarde e fui direto para o treino no Flamengo.

Não posso nem dizer que foi um dia diferente, que a rotina mudou, ou algo do tipo. Para mim foi natural. Não senti falta de nada na escola. O Carlinhos, meu treinador, chegou com uma ideia que eu ainda não tinha cogitado. Ele queria que eu fosse para o ataque. Porra, quem não quer ser atacante? É a função mais glamurosa da porra toda. Eu só obedeci às ordens dele. Fui para a frente e, rapaz, não é que eu levava jeito para a coisa?

Comecei a me sentir mais confortável em campo. Eu era bom de passar por cima dos caras. Agora eu não precisava mais correr para trás. Não tinha que parar ninguém. Eu só precisava correr em uma direção. Era mãozada para tudo quanto é lado. Correria mesmo. Driblava todo mundo. E se alguém tentasse me impedir, eu passava por cima. Chamei atenção nos primeiros jogos em que entrei como atacante. Os resultados apareceram. Fiz muitos gols. Eu adorava aquela sensação. Caralho, estava dando certo! Até que um dia me chamaram para a Seleção Brasileira, irmão.

8. Passageiro da agonia

Todas as vezes que vesti a camisa do Brasil foram especiais para mim. Meu gol preferido na carreira foi com a amarelinha. Elas não se lembram, Geo. Tu tinha quantos anos em 2004, minha linda? Porra, tu nem andava direito ainda... Coloca no YouTube então, e depois você me conta, gata. "Brasil e Argentina 2004 gol do Adriano."* Quando eu comecei a jogar de centroavante, um mundo novo se abriu para mim. Outra vez. Tanto que acabaram me chamando para o Mundial Sub-17 na Nova Zelândia. Porra, representar o Brasil lá do outro lado do planeta? Tô dentro! Fui titular na final e batemos campeões nos pênaltis.

Voltei para o Rio de Janeiro com o meu primeiro troféu da Seleção. A chegada no aeroporto foi aquela confusão. Tinha muita gente do Cruzeiro me esperando. A galera até fretou um ônibus para levar a função toda. Desembarquei com uma recepção bonita dos meus amigos, vizinhos e parentes. Foi algo muito forte. Comecei a me sentir importante. Teve desfile na caçamba do carro dos bombeiros quando eu cheguei em casa. Todo mundo gritando meu nome. Estouraram rojões no campo da favela. O foguetório parecia festa de Ano-Novo. Tu era neném ainda, Thiago. Usava fralda e os caramba.

---

* Brasil x Argentina - Copa América 2004 - gol de Adriano. 2016 Vídeo (1min14s). Publicado pelo canal Sem Firulas. Disponível em: https://www.youtube.com/watch?v=zpcVfJze_O0. Acesso em: 11 jun. 2024.

Foi naquele momento que eu senti que poderia ter uma carreira grande no futebol.

Porque, até então, a minha luta era para encontrar uma posição em campo. Nem isso eu tinha definido até pouco tempo antes. Agora, jogando na frente, parecia que eu tinha encontrado a minha vocação, mas ainda faltava muito para me tornar atleta profissional. A verdade é que ser campeão nas categorias de base é lindo, mas não garante nada. Tu ainda vai ter que ralar muito o cu na ostra para virar profissional. E quando conseguir alcançar esse nível, a briga é para se manter entre os melhores. Aí talvez dê para sonhar com um time grande.

Chegar na Seleção principal, então... É o sonho de todos que estão ali. O caminho é muito longo, parceiro. O título com a Sub-17 me ajudou a entender que, embora a glória no futebol parecesse algo distante, eu poderia ao menos desejar aquilo. Resumindo, ampliou a minha visão. O troféu não me garantia nada. Eu teria que acordar cedo e pegar um monte de condução na manhã seguinte para ir treinar. Igualzinho a todos os dias nos últimos dez anos. A única diferença é que agora eu já era grande o suficiente para poder ir sozinho. Minha avó não precisava mais me acompanhar. E tu acha que ela deixou de ir? Nem um dia sequer. A vovó tava lá sempre.

Eu não tinha mais que ir à escola também. Isso já me deixava um bom tempo em casa todos os dias. Eu aproveitava para ficar mais com a Luana. Também podia descansar e encontrar os parceiros do Cruzeiro. Até pipa eu voltei a soltar, acredita? Claro, não como na infância. Não dava para passar o dia inteiro tentando cortar os outros em cima da laje. Mas pelo menos eu conseguia brincar um pouco com os meus amigos. Aos fins de semana, eu ainda tinha os jogos para disputar. Ou com o Flamengo, ou com o Hang, o time de várzea do meu pai.

Eu evitava ficar até tarde na rua para poder enfrentar a maratona da melhor maneira possível. Até que, em uma sexta-feira, a Luana veio com um papo diferente. "Amor, eu quero ver meus pais. Faz tempo que eu não vou em casa", ela disse. Porra, eu entendia, claro. Ela iria para Bangu passar a noite com a família. Ver como a irmã estava, conversar com a mãe, tudo certo. "Faz como você quiser, princesa. Eu tenho jogo amanhã. Vou descer para tomar uma cervejinha com os moleques, mas já volto pra casa", respondi. "Não vou demorar muito por lá também. Amanhã eu apareço antes do almoço", ela disse. Tudo certo, como a Luana achasse melhor.

Meus amigos bateram na porta de casa pouco depois de eu ter chegado do treino. Geral estava a caminho do Olimpo. Também não é da tua época, né, gata? Porra, o Olimpo era A balada da zona norte, minha querida. Todo mundo descia pra lá no fim de semana. Só tinha show bom. Revelação, Jorge Aragão... era um espetáculo atrás do outro. Rolava baile também, faziam festa, ficava lotado sempre. E, claro, só tinha gente da Penha por lá. A galera de outras partes da zona norte também frequentava. O que eu quero dizer é que a maioria das pessoas que estava lá dentro era da região e se conhecia. Por algum motivo que eu não vou entender nunca, a Luana não se tocou disso.

Pois bem. Eu desci para tomar uma gelada. Tu tava comigo nesse dia, Geo? Já não me lembro mais. O som da favela estava alto. As pessoas começaram a relaxar depois de uma semana puxada para todos. Meu Ericsson vibrou no bolso. "Alô", atendi meio assustado. "Coé, Adriano", um amigo soltou do outro lado. "Fala, irmão", eu respondi, sem ter ideia do que estava por vir. "Aí, mano, tamo no Olimpo. Tua mulher tá com outro aqui. Tá praticamente na nossa frente." Eu falei: "Pô, tá ficando maluco, mano? Qual foi a parada?".

Sei lá, no começo eu achei que os moleques estavam querendo tirar uma com a minha cara. Eu não quis ir com a galera no rolé, agora estavam fazendo pegadinha comigo. "Porra, irmão! É quente isso? Com certas coisas não se brinca", insisti. "Melhor você vir aqui pra você ver." Não é que eu fui? Caralho, que coisa horrorosa... Entrei no Olimpo. Porra, o sangue já estava fervendo, irmão. A garota morava comigo. Me disse que ia ver a mãe e a irmã e voltaria no dia seguinte de manhã. Provavelmente ia almoçar com a minha família enquanto eu trabalhava. Não era possível uma coisa daquelas.

Meus amigos também não iam brincar com uma parada dessas, né? Ou iam? Eu não sabia no que acreditar. Por isso cheguei voado no Olimpo. Estava lotado, como sempre. Não demorou muito para encontrar os meus parceiros, que entregaram a fita toda. Cheguei perto do bar, e lá estava a minha namorada. Enroscada no pescoço de outro cara. Puta merda. O que eu poderia fazer? Fiquei parado olhando. Estava a uma distância como daqui até a outra ponta da mesa, gata. Isso, daqui no Thiago. Tem o quê? Uns dois metros, né? Era isso. Fiquei perto deles até ela se tocar.

Não disse uma palavra. Enquanto ela beijava o sujeito, meu sangue borbulhava. A única decisão que consegui tomar era que eu não ia bater no cara. Eu tinha jogo no dia seguinte. Não dava para arrumar confusão na balada na véspera. Pensei também que o sujeito não estava errado, porra. Ele não me conhecia. Eu não lembrava dele de nenhum lugar. Quem estava errada era ela. Que cagada… Fiquei esperando ela me olhar. Quando a Luana desgrudou do fulano e se virou para pegar a cerveja, deu de cara comigo. Parado ali. De braços cruzados. Nós dois nos encaramos. Balancei a cabeça, reprovando aquela baixaria toda. Virei as costas e fui embora.

Como eu vou descrever pra você o que eu senti, garota? É uma coisa horrorosa. Eu não tenho como te explicar isso, não. Eu só vi a Luana abraçada com um malandro lá, beijando. Virei as costas e fui embora. Ela veio atrás, óbvio. Começou a berrar quando me olhou, eu virei as costas e ralei. Confusão feia da porra. Não desejo isso pra ninguém. Eu estava muito triste mesmo. Quando chegamos em casa, já saí falando para todo mundo. Contei para a minha mãe e para o meu pai. Minhas tias ficaram sabendo.

Porra, já te disse que na favela não tem segredo. A Luana ficou toda sem graça. O tempo fechou para ela. Estava claro que a garota não poderia mais continuar morando ali. Eu falei: "Luana, arruma as tuas coisas e cai fora. Não quero saber mais de você. Isso que tu fez comigo não vai sarar nunca". Ela nem respondeu. Pegou as coisas dela, colocou numa mochila e meteu pé. Sim, voltou para Bangu.

Eu gostava muito dessa menina, mesmo com a situação toda eu voltei a falar com ela um tempo depois. Ela pedia perdão, dizia que me amava, queria voltar. Eu prometia pensar no assunto. A gente se pegou mais algumas vezes, mas eu não tinha mais como confiar nela. Ficou marcado. Foi feio mesmo. Tanto que eu tô falando para vocês. Até hoje esse totó me incomoda.

Quando eu fui para a Itália, ainda cheguei a mandar uma passagem para ela ir me visitar. Porra, ficar sozinho o tempo todo é foda. Num país que tu não conhece direito é pior. Quando chega no inverno... Ela acabou indo para a Itália, ficou uns dias lá com a gente. Depois foi embora e eu nunca mais tive notícias dessa filha da mãe. Nem quero ter.

Tudo na minha vida aconteceu muito rápido. Não tive tempo para planejar nada. Fui seguindo o ritmo dos acontecimentos, podemos dizer assim. Como é que é, Thiago? Passageiro da agonia? Pode ser isso. Tu tá poeta, hein? Depois me explica melhor o que significa. Enfim, tomei decisões, claro. Já contei várias para vocês. A maioria delas foi relacionada a seguir em frente. Agora, calcular o próximo passo, definir objetivos, essas coisas assim mais elaboradas, eu não tive o luxo de fazer na minha vida, não.

Por regra, as oportunidades vieram de supetão. Porra, tu sabe como eu cheguei no profissional? Os moleques aqui conhecem essa com certeza, porque a maioria estava lá, me acompanhando na época. Rafael, conta para elas aqui como foi! Tu é meu primo e sabe bem como fiquei em choque com a notícia. Melhor ainda, deixa que eu conto. Tu era molequinho também. Nem lembra direito. Lembra? As gatinhas estão curiosas que eu tô percebendo. Teu copo tá cheio ainda, linda. Tu bebe devagar, hein? Troca o gelo pelo menos, porque isso aí tá parecendo um aquário.

Naná! Que coincidência... Apareceu na hora certa. A moça precisa de um copo novo, por gentileza. Com bastante gelo, igual ao meu. Traz um paninho pra gente enxugar a mesa também, faz favor. Tá tudo esculachado aqui. Não gosto disso. Caramba, que porção bonita, meu amigo. Eu sou muito bem tratado nesse lugar. Por isso que eu volto sempre, não é, meu parceiro? Claro, deixa aqui com a gente que a rapaziada vai devorar. Quem não gosta de porquinho, cara? Com essa maresia ainda por cima. Barulho do mar no fundo. Avenida vazia na nossa frente. Essa é a Barra da Tijuca que eu adoro.

As meninas estão com fome? Tô perguntando para você, Geo. Ri agora, mano. Tu vacila pra caramba! Brincadeira, rapaziada. Aê, quem quer brincar de cs Composto? Estão prontos? Vamos agitar aí, caramba. Eu fico falando aqui sem parar. Vocês são a plateia perfeita, tenho que reconhecer. Dão risada, choram comigo. A querida está toda perfumada. Posso dar uma cafungadinha aqui, amor? Nem cavalo aguenta!

Tu já brincou de cs Composto, gata? Eu falo uma palavra. Aí você tem que soltar outra que seja correspondente, mas não pode começar nem com a letra c, nem com a s, e também não pode ser palavra composta. Entendeu? Quem errar tem que tomar um gole de birita. Beleza?

Que nada… Eu tô inteiro ainda. Fico contando história aqui e estou bebendo pouco. Não fiquei nem tonto até agora. Quer dizer, esse teu perfume me tirou um pouco do equilíbrio, não vou negar. Isso, chega mais perto, gata. Tá bom. Eu vou contar como subi para o profissional porque a história é boa. O Rafael tá muito entretido com essa Coca-Cola dele aí. Porra, tu não fala nada, cara. Tô aqui pedindo para você contar a história. Não! Agora, eu vou seguir. Vai pra merda! Não tenho paciência, querida. Você me desculpe, tá certo?

Enfim, eu comecei a jogar no profissional de repente. O Juan conta essa história toda hora. Sempre me emociono quando ouço, porque é verdade. Dou risada pra caramba. Eu ainda estava no juvenil do Flamengo. Tinha acabado de me separar da Luana. Foco total no futebol outra vez. Chega de palhaçada. Vencer o Mundial Sub-17 com a Seleção me deu moral, e eu precisava aproveitar.

Cheguei para treinar numa segunda-feira, como todas as outras, quando nosso técnico veio com a notícia. O Carpegiani, que na época era o treinador do time principal, tinha pedido para o juvenil ir treinar com os atletas dele. Os caras tinham jogado no domingo. E normalmente, no dia seguinte, quem entrou em campo fica no treino regenerativo. Quem ficou no banco de reservas vai para o coletivo contra a equipe da base.

Naquele dia, o Carpegiani tinha pedido para subir o juvenil. Ele queria pegar mais leve com os profissionais para não desgastar os caras. Por isso, evitou o time de juniores, que era mais preparado e chegava mais pegado nas disputas. Pensa o seguinte, quando você está na base, o teu sonho é subir para o profissional. A gente fica olhando o estacionamento dos caras. Todos chegando de carrão, o que simboliza o sucesso na carreira. Tu sonha em jogar no Maracanã lotado. Ouvir a galera gritando o teu nome. Os repórteres te procurando. Tudo isso emociona a molecada.

Então quando aparece a oportunidade de jogar contra os caras que a gente se inspira, porra, ninguém perde tempo. Todo mundo entra em campo querendo mostrar alguma coisa diferente. Os moleques juniores sobem cheios de gás. O pau quebra no coletivo. Por isso o treinador chamou o juvenil. A gente chegava com a mesma vontade, mas ainda não tinha experiência suficiente para desafiar os caras.

Como é, querida? Sim, juvenil é abaixo do júnior. A molecada é um pouco mais nova também. Eu não cheguei a ser júnior. Fui jogar contra os profissionais ainda como juvenil. Eles conseguiam "ler" tudo o que a gente ia fazer com uns dez passes de antecedência. Normal. É assim em todos os times. O que os caras não contavam é que naquela equipe juvenil tinha um tanque de guerra com um canhão fulminante. O menino Didico estava pronto para mostrar algo diferente.

Cheguei para o treino com a certeza de que não poderia desperdiçar aquela chance. Sabe quando você pisa no lugar com a sensação de que vai ser o seu dia? Que se não vacilar, vai dar tudo certo. Eu estava nessa posição. Olhava para o lado, e os meus colegas também tinham a mesma pegada. Acreditar, todos acreditam. A diferença é conseguir manter a calma na hora que o treinador apita. Parece simples, né? Afinal, eu jogava bola no Flamengo desde os 7 anos. Fui preparado para isso.

E o emocional fica onde? A cabeça também é importante, parceiro. Se não souber se controlar, faz merda. Também precisa de sorte e da ajuda do papai do céu. Esses coletivos são uma espécie de peneira. Nem sempre a bola vai chegar redonda. Quando chegar, vai vir um sujeito que joga na Série A do Campeonato Brasileiro, por um dos maiores times do mundo, mordendo o teu calcanhar. E você não tem nem idade para dirigir ainda. O meu segredo para superar tudo isso era a canhota.

Porra, quando cai na perna certa, não tem como me segurar. Começa o coletivo. Aquela correria desgraçada. Os reservas do profissional querendo mostrar serviço para o treinador. Os caras estavam cheios de gás porque não tinham jogado. Ninguém quer ser banco. Todo mundo tem certeza absoluta de que é melhor que o titular, que está mais preparado que o companheiro e que pode fazer a diferença em campo para ajudar o time a ser campeão. Todos.

Você não vai ouvir um jogador dizendo: "O fulano de tal é melhor que eu mesmo, e tenho que ficar no banco". Não. Pode ter certeza de que até o reserva do Zico achou, em algum momento, que ele deveria estar em campo. A diferença é como o jogador lida com a situação. Alguns só reclamam do treinador, outros chegam no treino como se fosse final de Copa Libertadores. E o Flamengo está cheio desses.

Do outro lado, o meu, estão os moleques que também têm a certeza de que são bons o suficiente para estar no profissional. Quando você vai chegando nos últimos anos da base, é tudo ou nada. Ou veste logo a camisa de um time grande e abre as portas da carreira, ou acaba batendo lata nas outras divisões ao redor do país. Não vai ter carro importado. Salário, se pagarem em dia, que na maioria das vezes não pagam, vai ser igual ao de um trabalhador comum. Sendo que, no caso, o jogador como eu se preparou mais de dez anos só para tentar entrar na carreira.

Compare a situação com as outras profissões. Sejamos sinceros, é cruel para caramba. E ainda existem aqueles que simplesmente não conseguem vaga nenhuma. São rejeitados em todos os lugares e acabam desistindo. Depois de todo o esforço, precisam arrumar outra coisa para fazer da vida. Na maioria das vezes, sem estudo, nem família com recursos para ajudar.

Quando a oportunidade chega, você não pode vacilar de jeito nenhum. Tudo isso e mais um pouco passa na sua cabeça em dias como esse. Todas as vezes que o cobrador do ônibus me deixou passar por baixo da catraca para eu economizar o dinheiro da passagem no caminho da Gávea. Todas as vezes que ele falou não, também. Cada milho de pipoca que a minha avó estourou. Todas as vezes que ela levou pastel para os treinos e distribuiu para os outros moleques do meu time... As mães se juntavam para contar moeda e pagar os ingredientes que a Dona Vanda precisava para cozinhar.

Todos os fins de semana que a minha mãe trabalhou para bancar a nossa sociedade no Flamengo. As humilhações que sofri dos treinadores. Os olhares tortos das mães e pais nas arquibancadas para o moleque que não morava na zona sul. Todas as pessoas que me ajudaram. Que me deram uma chance. Que apostaram em mim. Que entenderam que eu era um moleque bacana, embora fosse tímido e de poucas palavras. É foda, parceiro. Quando comecei a me movimentar em campo, era essa mochila que estava nas minhas costas. Levinha.

Trotei pelo meio de campo. Procurei espaço. Porra, eu tinha que marcar um gol, cara. Eu não ia perder essa oportunidade. Até que a bola finalmente chegou no meu pé. O Ronaldão já veio mordendo na hora. Me livrei dele. Na cobertura estava ninguém menos que o Juan. Dei logo uma braçada e virei o corpo. Porra. Ali estava o caminho para a felicidade. O gol enorme na minha frente. Caaaa-raaalhooooo. Sem sacanagem, me lembro exatamente da sensação até hoje.

Na minha cabeça só veio um pensamento: "CHUTA". Fechei os olhos. A bola estava onde deveria estar. Na canhota fatal. Fiz o movimento impulsionado por tudo que eu já tinha enfrentado na vida e por tudo que ainda queria fazer. Meu irmão, o tiro saiu seco. *Páááffff*. O pombo sem asa disparou. Todo mundo parou para olhar. Era o meu momento. Arregalei os olhos como a minha mãe faz quando está nervosa.

Porra, ela não estava nesse dia. Que pena. Mas tanto a vida dela quanto a minha e a de toda família estava a apenas alguns milésimos de segundos de uma nova realidade. Puta merda. Meu destino definido em um chute. A bola não entrou no gol. Caraaaalhoooo. Foi melhor do que isso, acredita? Porra, tô falando. Futebol é gol, claro. Mas os acontecimentos extraordinários também entram para a história, mesmo que não tenham cumprido o objetivo máximo do jogo.

Quantas vezes você viu o "gol que o Pelé não fez"? Aquele chute do meio campo é mais famoso que a maioria dos mais de mil gols que ele marcou. E, no meu caso, foi parecido. Porque a bola explodiu no travessão, chapa. Taiinnnnnnnnn. Foi o barulho dela arrebentando o poste. A batida foi tão forte que a bola subiu e voltou no meio de campo. É sério, cara. Todo mundo que estava lá ficou em choque com o lance. Foi tão absurdo que acabou sendo mais bonito que um gol.

Se a bola tivesse entrado, com certeza o pessoal ia aplaudir. Quando acabasse o jogo, a gente ia comentar a "pedrada" que eu dei. O moleque do juvenil que chuta forte e fez um golaço. Mas isso acontece com alguma frequência. Não seria tão assustador assim. Agora, um moleque de 17 anos que passa pelo Ronaldão, dá uma mãozada no Juan, e dispara um foguete que explode na trave e volta no meio de campo? Porra, virou lenda no grupo. O Carpegiani só olhou para a comissão dele e soltou um: "É esse mesmo".

É obra de Deus, ou não? Como vai explicar uma coisa dessas? Não explica. Se for pensar, vai ver que não tem lógica, a não ser a vontade do papai do céu. Sempre fui abençoado na minha vida. A minha família é muito religiosa desde que eu era pequeno. Ainda não consigo seguir os ensinamentos da Bíblia. Mas quero me tornar um homem de Deus. Acredito que na hora certa vai acontecer. Porque as intervenções dele na minha vida são constantes.

Pouco antes de isso tudo acontecer, minha mãe teve uma espécie de revelação sobre o meu futuro como atleta. Cada um acredita se quiser, mas o jeito que ela conta é forte o suficiente para você não duvidar. Na época ela ainda frequentava a Igreja Batista. Mas foi convidada para assistir a um culto na Congregação Cristã na Vila Cruzeiro. Minha mãe chegou para a visita e se sentou no corredor. O homem que estava bem na frente dela era conhecido como irmão Nida. Hoje, ele até virou amigo da família.

Minha mãe frequentava outra doutrina e não tinha tantos conhecidos naquela casa de oração. Ele foi um dos primeiros. Eu estava com a Seleção Sub-17 e ainda não tinha ganhado fama. A carreira era só uma promessa. Na hora da palavra, o irmão virou para a minha mãe e falou o seguinte: "Deus manda dizer pra uma família que entrou aqui hoje e que tem um filho atleta. Deus manda dizer que vai tirar ele daqui. Vai ser destaque, manchete de jornais e o mundo todo vai saber quem ele é. Isso é pra honra e glória do Senhor".

Silêncio absoluto no culto. Alguns se entreolharam. Minha mãe suspeitou que era com ela. Olhou para uma das minhas tias, que virou o pescoço de volta. Será? O irmão prosseguiu: "Deus vai fazer isso na vida dele. Deus vai mudar o teu cativeiro, vai te tirar daqui. E é por esta semana, vai ter uma grande vitória". Minha mãe ouviu aquilo e não sabia direito se era para ela ou não.

As irmãs dela, que também estavam no culto, ficaram com aquilo na cabeça. "Rosilda, o único atleta que tem aqui que eu saiba é o Adriano. Acho que a palavra é para você." A gente nunca vai saber ao certo. Mas o fato é que, depois disso, aconteceu tudo que eu acabei de contar. Fui campeão na Nova Zelândia. Depois mandei um pombo sem asa com efeito bumerangue no coletivo do juvenil contra o profissional do Flamengo. O caminho estava ficando cada vez mais firme, tá ligado?

Poucos dias mais tarde, eu estava empinando pipa com a molecada do Cruzeiro quando o meu Ericsson vibrou de novo. E dessa vez não se tratava de adultério. Era algo bom de verdade. A notícia que chegava era que eu tinha sido convocado para subir para o profissional naquele começo de temporada. Puta merda. Eu soltando pipa no Cruzeiro, ainda menor de idade, e estava sendo chamado para jogar pelo Flamengo. Entre os profissionais, cara. Meus amigos fizeram a maior bagunça. Foi aquela alegria toda na favela. Eu era o cria rumo ao Maracanã representando os sonhos da galera. E os meus também, óbvio.

Foi tão rápido. Quer dizer, rápido mesmo não foi porque eu já estava na caminhada há mais de uma década. Já tinha passado por muita coisa. Mas quando finalmente aconteceu, não sei se eu estava preparado. Parece que veio meio que do nada. Embora a gente saiba que não foi assim. Aquela ligação era mais um ponto de virada na minha vida. Agora eu precisava inclusive de um empresário para poder me ajudar. Eu teria que negociar o meu primeiro contrato profissional. A grana começaria a pingar. Eu estava prestes a mudar de cativeiro, como disse o irmão. Para honra e glória do Senhor.

É bem nesse momento que a coisa começa a ficar séria de verdade. Quando entra dinheiro na parada, tudo muda. Até a forma como as pessoas te cumprimentam, ou como olham nos seus olhos. Nunca me senti bem com isso, e desde pequeno deixei para a minha mãe cuidar dessa parte do cascalho. O que eu precisava fazer no momento, porém, era escolher o meu representante.

Porra, é muito delicado isso. No fim, você tem que eleger alguém para cuidar dos seus interesses por você. E esse alguém tem que ser de confiança porque ele não apenas vai falar no seu nome como também vai definir o quanto você, e ele, vão ganhar nas transações.

O futebol está cheio de cobra criada, amigão. Se vacilar leva totó o tempo inteiro.

O título com a Sub-17 também ampliou a minha visão nesse sentido. Muita gente começou a me procurar na época oferecendo acordo, contrato, mundos e fundos. Alguns eu despachei logo, porque estava na cara que não daria certo. O que vem de "esquemeiro" com conversinha furada não está escrito, amigão. Tem que ficar escaldado desde moleque. Outros, a gente ouve e pensa bem no que está sendo oferecido.

9. Oportunidade para se queimar

Mais ou menos nessa época, apareceu outra negociação. Porra, jogador precisa de chuteira, né, mano? E todo mundo queria estar calçado com o que o Fenômeno usava. Fiquei muito feliz quando a Nike me procurou. Tão feliz que nem pedi dinheiro para os caras. Quem cuidava dessa parte na minha vida era o Flavinho. Falei para ele: "Irmão, eu preciso sair do Cruzeiro. Não aguento mais ter que pegar tanta condução. Também quero dar uma vida mais tranquila pros meus coroas. Tem como descolar um lugar bacana pra eu morar com a minha família, em vez de me pagar com grana?".

O meu camarada respondeu: "Tem certeza?". Eu retruquei: "É, pô. Eu vou ficar com dinheiro pra quê? Eu prefiro tirar minha família de lá, não é não? Poxa Flavinho, tem como você me alugar um apartamento, que aí pelo menos eu vou para um lugar mais tranquilo, né?". Ele: "Não, pô, boa ideia". Uns dias depois, recebi a chave da nossa nova moradia. O contrato de material esportivo cobria o aluguel.

Não era de frente para o mar, mas era um luxo que a minha família não conhecia. O apartamento na Barra da Tijuca mudou a nossa rotina. Agora ninguém mais precisava pegar três conduções para tocar a vida. Foi um dia especial. Minha mãe começou a preparar a mudança. Meu pai, que já era sorridente por natureza, não escondia mais a dentadura. Pegamos nossas coisas e fomos em direção ao lugar que o Flavinho encontrou pra gente ficar.

Pô, eu estava empolgadão, né, cara. Tô saindo agora, tô indo pra Barra! Mas, na verdade, a gente nunca foi apegado a nada material.

Sério mesmo. Até hoje quando eu troco de casa, eu nunca fico dando tchau, olhando para trás, lembrando do que passou, entendeu? Não tenho muita relação nem sentimento com os lugares onde eu fiquei ou deixei de ficar. Graças a Deus, nunca fui assim. Só com o Cruzeiro mesmo.

O que me interessa são as pessoas. Mas também não vou negar que eu entendi muito bem a nova realidade. Estávamos perto da praia, irmão. Que alegria aquilo! O Thiago ainda era neném. Mudamos os quatro para o apartamento novo, e ele era o nosso céu. Quer dizer, nosso e da família inteira. Você não imagina quando minhas tias foram pra lá pela primeira vez. Tu tá lembrado, Rafael? Caramba! Foi uma farra danada, conta pras garotas aqui.

Não saíam da nossa casa. Todo fim de semana estavam lá. Todo fim de semana, não estou exagerando. Mas era bom. Eu ficava feliz que a casa estava sempre cheia. Quem menos aproveitava era eu. Comecei a ser convocado para o time principal com alguma frequência. Isso significava passar vários dias na concentração. Como ainda era muito novo, às vezes eu não estava na lista para os jogos. Faltava resolver quem seria meu procurador.

Antes de assinar o meu primeiro contrato profissional com o Flamengo, eu precisei ouvir muita ladainha. No final, fiquei entre dois representantes que tinham grande reputação no futebol. Eles me abordaram de maneiras diferentes. Primeiro, veio falar comigo o Reinaldo Pitta. O cara era muito famoso no Rio de Janeiro. Empresário ligado a nomes importantes. Trabalhava com vários ídolos do futebol. Tive que escutar quando ele me procurou. Aquilo era um sinal de prestígio para mim.

O Reinaldo veio com uma proposta de encher os olhos. Antes mesmo de discutir o quanto ele achava que eu poderia ganhar no Flamengo e aonde eu poderia chegar com a minha carreira, o cara disse o seguinte: "Adriano, se tu assinar comigo hoje, amanhã já vai ter uma casa com carro na garagem na tua mão. Bora?". Porra, velho. Aquilo me balançou.

Pouco depois apareceu o Gilmar Rinaldi. Além de ser um empresário conhecido, ele também teve uma carreira de sucesso no futebol. O cara ganhou o tetra com a Seleção. Fez nome no São Paulo e no Flamengo. E ainda era envolvido com a cartolagem na Gávea. O papo com ele foi diferente. "Adriano, você já decidiu quem vai ser o seu representante?", ele perguntou. Expliquei que ainda estava pensando no assunto. "Pensa rápido, porque agora você precisa assinar um contrato pra valer com o Flamengo. Tem muita gente de olho em você", ele falou.

Eu não sabia na época. Anos mais tarde, quando eu já tinha casca do futebol, fui entender o quanto o título do Mundial Sub-17 foi importante pra mim. A conquista mudou a minha maneira de encarar a carreira. Entendi que seria possível fazer coisas grandes. O que eu não tinha entendido era que alguns gigantes do futebol estavam de olho na competição, e que o meu nome realmente chamou atenção.

Entre esses clubes, eu acredito, estava a Inter de Milão. Aquela chuva de contatos e ofertas não era à toa. Até proposta de casa e carro eu já tinha. Minha família e eu ainda não tínhamos instrução suficiente para entender o movimento. A sorte é que eu não me deixei seduzir por fama nem por grana. O meu objetivo era comprar uma casa para os meus pais. Queria que eles se mudassem da favela porque eu conhecia a violência e todas as dificuldades que marcam a vida de quem está lá, embora seja um lugar feito por pessoas incríveis e que me ajudaram muito.

Prestei bastante atenção ao que o Gilmar falou. Queria aprender o que ele tinha para me ensinar sobre negociação. Ele continuou: "Se você assinar comigo, eu não vou te dar nada. Tudo que você conseguir vai ser fruto do seu trabalho. Você não vai precisar que ninguém te dê nada. Vai comprar o que quiser com o seu dinheiro".

Porra, aquilo pegou em mim, sabia? Pedi um tempo para pensar. Disse que precisava conversar com a minha mãe. "Claro, fala com ela. Eu quero me apresentar também. Vai para casa e pensa. Só não fica enrolando porque você precisa de um representante logo, seja quem for", ele disse antes de ir embora.

Peguei as minhas conduções e voltei para casa. Esperei minha mãe chegar e contei o que estava acontecendo. Ela, como de costume, me ouviu de olhos arregalados. "Filho, você é quem sabe. Eu não conheço muito dessa parte", ela disse. Pensei bem em tudo que tinha ouvido nos últimos dias. Na verdade, a minha decisão já estava tomada. Eu queria conversar em casa apenas para ter certeza de que estava no caminho certo. "Ah, mãe. Vamos ficar com o Gilmar. É o que o meu coração está pedindo", eu falei. Ela me olhou. Balançou a cabeça concordando com a minha decisão. Pegou nas minhas mãos. Eu segui: "Porque também aceitar coisa desses caras, vai saber...".

A gente não tinha maldade, né? Veja bem, não estou acusando ninguém de nada. O que quero dizer é que eu não entendia o futebol profissional. Não sabia como as transações funcionavam, o que eu já tinha ouvido e presenciado era que muita gente se dava mal por cair na conversa dos outros.

Eu só não queria correr riscos, e a única opção em que eu não ficaria devendo nada financeiramente era a última que eu ouvi. Se desse errado, iria cada um para o seu canto e vida que segue. Ninguém me cobraria por ter antecipado dinheiro. Por isso, preferimos ficar com o Gilmar, entendeu? Trato feito. Assinei contrato com o Flamengo. Agora eu tinha uma renda considerável. Quinze mil reais pingando na conta do Didico todo mês.

Assim começou a minha nova rotina. Tu já ouviu aquela frase "é hora de separar os homens dos meninos"? Se fala muito no futebol. Eu imagino que a origem dela seja algum treinador dando tchau para os atletas da base. Puta merda, como é difícil virar profissional. Para colocar em palavras claras, acaba a ingenuidade. Começa a malícia. No profissional, você aprende o que é maldade. E que se não ficar ligeiro, vai ser engolido por todo mundo. A base é um cursinho. Mas nada se compara aos vestiários profissionais. Uma universidade completa. A hora que a gente vai vendo as coisas, vai pegando mais experiência. A sacanagem nas atitudes.

A minha sorte é que eu sempre fui quieto. A timidez acabou virando uma aliada quando cheguei nessa fase. Eu peguei os caras mais velhos, mais cascudos, no vestiário. Elegi aqueles com quem eu me identificava e prestei atenção. Tinha muita coisa rolando que eu não entendia. Muita fofoca, chacrinha, esquema, não sei o quê, jogador falando isso, falando aquilo. Todos são competitivos e odeiam a competição ao mesmo tempo. Faz sentido? Nunca gostam de ver alguém crescendo que pode ameaçar a vaga de outro, né? Essa é a verdade.

Então eu comecei a ficar mais calado ainda. Nunca fui de falar muito quando eu jogava. Sou mais de sacanear, brincar, por isso que todo mundo gosta de mim pra caralho. Eu gosto de observar mais e aprender, sacou? Quando subi para o profissional, me comportei assim. Eu aprendi muita coisa, muita maldade, muita traição. Tem nego que bota o companheiro no banco, aqueles que têm uma relação mais próxima com a comissão técnica e falam: "Não convoca ele hoje, não".

A gente vai aprendendo no decorrer da carreira. Eu sei bem porque já aconteceu o contrário. Nego estava de treinador e perguntava pra mim o que fazer com os outros. Então, se eu fosse um cara maldoso, como na época muitos eram, poderia falar: "Ah, manda ele embora". Antigamente faziam isso. Pode acreditar.

Eu não era assim. Sempre fiquei na minha. Quando subi para o profissional, abaixei a cabeça e fiz a minha parte. Talvez por isso as oportunidades tenham aparecido tão rápido na minha vida. Foi tudo de uma hora pra outra. Não tive tempo de processar nada. Eu estava morando na Barra, ganhava o suficiente pra aposentar os meus pais. E era só o começo.

Sem perceber, eu estava no banco de reservas no início da temporada de 2000. Irmão, deixa eu te contar uma coisa. O Flamengo é um clube único no planeta. A paixão que a gente sente da torcida é incrível. O Mengão é o próprio Rio de Janeiro. Não dá para entender um sem o outro. E assim como a Cidade Maravilhosa, o Flamengo encanta, mas também pode ser cruel.

Quando as coisas não estão indo bem, o bicho pega. Eu era apenas um moleque recém-chegado do juvenil. Os repórteres comentavam no rádio e na TV que eu tinha sido formado no futebol de salão da Gávea. A torcida me olhava desconfiada. Porra, os caras queriam contratações de craques. Todos gostam da base, mas, na hora do vamos ver, são os mais rodados que seguram o rojão. Entendo o lado da torcida também. Minha família é rubro-negra desde sempre, e a cornetagem começava na minha casa, xará.

Trocaram o treinador. Estavam todos ansiosos para ver o que aconteceria com o clube. A situação não era das melhores naquele início de temporada. E mesmo um cara calado, tímido e que procurava não se meter no problema dos outros, como eu sempre fui, não consegue passar batido naquela movimentação toda. Os bastidores fervem quando o time não está ganhando. Minha estreia aconteceu nesse clima.

A torcida pressionava, a diretoria prometia trazer nomes de peso para as disputas mais importantes do ano. E assim o Mengão entrou em campo naquele Torneio Rio-São Paulo. O Paulo César Carpegiani, treinador que me subiu depois do tiro de canhão no treino, me chamou para conversar. "Olha só, garoto. Talvez eu te dê uma oportunidade amanhã. Fica preparado porque pode ser que você entre em campo."

Caralho! Minha barriga ficou gelada só de ouvir aquilo. O jogo em questão era um clássico no Maracanã contra o Botafogo. Porra, liguei em casa e contei para todo mundo. Foi aquela alegria. Chamei meus amigos do Cruzeiro. Todos desejaram sorte, e eu sabia que a comunidade estaria em festa no dia seguinte. Fui dormir sonhando com o que seria meu primeiro jogo pelo time profissional do Flamengo. Estava emocionado, mas ao mesmo tempo queria ficar calmo.

As horas se arrastaram na concentração. Fui para o Maracanã entorpecido por aquilo tudo. Só queria que o jogo começasse logo. O clássico era no meio de semana, ainda no começo da temporada e em um torneio menos importante. As arquibancadas estavam quase vazias. Não me importei. Os poucos torcedores faziam barulho suficiente para me deixar arrepiado.

O Mengão saiu na frente. Que alegria! Além da vitória, aquele gol também ajudaria o treinador a me colocar em campo. Mas o Botafogo empatou logo. Fizemos mais um e fomos para o intervalo na frente. A peleja não era das mais bonitas. Tenho que ser sincero. O clássico estava duro. A torcida, mesmo com o time vencendo, reclamava muito. Me lembro de ver o clima de tensão naquele jogo, algo com que eu ainda não estava acostumado. O pessoal na arquibancada xinga mesmo. Com raiva. E aquilo afeta a gente, não tem como negar.

Claro que depois com os anos a gente se acostuma e deixa essas coisas de lado, se concentra só no jogo. Mas leva tempo para chegar nesse nível. Voltamos para o segundo tempo, e eu ainda estava no banco. Gol do Botafogo. Puta merda. Dois a dois no placar. Para a minha sorte, o time deles teve um jogador expulso. Com um homem a mais, o Flamengo precisava do gol para acalmar os ânimos. E foi assim que o chamado aconteceu. "Adriano, bora!" Ouvi o grito.

Era a minha vez de brilhar. Senti a pressão, não vou negar. Entrei no lugar do Fábio Baiano. Como é que eu posso explicar para vocês a sensação? Foi difícil, cara. O jogo estava pegado, e eu entrei nervoso. Quase não encostei na bola. Quando me dei conta do que estava acontecendo, o juiz apitou o fim da partida. Empate no Maracanã. Porra, se lembra daquela história que eu contei da minha colega de sala que tirou meu cabaço? Pois aquela noite foi muito parecida. Tudo rápido. Eu não sabia o que estava fazendo. Acabou sem nem ter começado direito. Meu desempenho, de zero a cem, foi nota cinco. Que bom que era apenas a primeira vez de muitas.

O Flamengo não estava numa situação confortável. O time ainda não tinha vencido nenhum jogo naquele torneio. A torcida pedia a volta do Carlinhos como treinador, que tinha saído pouco antes de eu subir para o profissional. Não é o Carlinhos que me salvou da degola. Esse é o famoso, que todo flamenguista conhece. Embarcamos para Congonhas com a sensação de que o rojão poderia estourar a qualquer momento. O bom do futebol é que a chance para dar a volta por cima não costuma demorar. Tem jogo dia sim e dia não. Empatamos com o Botafogo na quarta, e no domingo enfrentaríamos o São Paulo no Morumbi. Outro estádio gigante que me daria muitas alegrias no futuro, algo com que eu não poderia nem sonhar àquela altura.

Fiquei no banco de reservas. Amigão, não tinha dado nem dez minutos de jogo e já estava dois a zero para os caras. Puta merda. Eu naquela expectativa de entrar mais uma vez e conseguir alguns minutinhos em campo. Fomos para o intervalo perdendo por dois a um, eu sabia que o professor ia me chamar. Ele já tinha dado toda a pinta. Era uma grande oportunidade... para eu me queimar! Porra, se perdêssemos o jogo, seríamos eliminados. A torcida ia explodir de raiva, e vai saber se o treinador seguiria no cargo. Provavelmente não.

Mas, como tudo na minha vida, papai do céu abençoou. Entrei com a responsabilidade de fazer gol. É isso que se espera do atacante. Foda-se quantos anos ele tem. Vestiu a camisa do Mengão, tem que representar. Não importa se o time está em crise ou não. Se pipocar, vai ser trucidado pela torcida. Espinafrado pela imprensa. Taxado de arregão pela própria diretoria. É mole? Nem um pouco.

Mas quem jogou várzea tá acostumado com pressão. Quem correu atrás do ônibus para não ficar a pé no caminho de volta para casa sabe se comportar nessas horas. Entrei em campo respirando fundo. Meus companheiros também estavam determinados. Ninguém tinha ido até ali para perder. Sim, a temporada estava só começando e já vivíamos no clima de tudo ou nada. Não fosse assim, o treinador não teria colocado um moleque de 17 anos em campo contra um dos maiores clubes do Brasil, vamos ser sinceros. Os caras tinham Raí e Evair do outro lado. Só isso. Que sorte a minha!

Não estou brincando, chapa. Precisei de trinta segundos. Sério mesmo. Porra, minha linda. Estou te falando. Tu não era nem nascida ainda? Claro que era! Tudo bem, mas não tinha idade para ver televisão. Coloca na internet que tem lá. Digita "primeiro gol Adriano Imperador Flamengo".* Lançamento do Rodrigo Mendes do meio de campo. Eu caí pela direita voando. O Edmilson nem me viu passar. Quando ele chegou, cortei para dentro com um toque. Beijo do gordo. Ele ficou para trás sem nem entender o que estava acontecendo.

A bola tinha caído na esquerda matadora. Sente a minha perna aqui, querida, com todo o respeito. Tá vendo como ela é especial? Tô falando mentira, Geo? Conta pra elas! Essas meninas não viram nada, cara. Essa daqui é fulminante. Caiu na perna esquerda, esqueça tudo. Limpei com mais um toque e disparei o canhão... PUUUUFFFF. Tiro seco, rasteiro, no contrapé do Rogério Ceni. O goleirão nem se mexeu. Só virou o pescoço e viu o tento de empate. Gol do Didico! O primeiro com a camisa profissional do Flamengo.

Caraca, irmão. Olha aqui, fico todo arrepiado só de lembrar. Se liga, amiga, para você ver como não estou mentindo. Saí correndo sem nem pensar em nada. Foi uma festa em campo. Aquele gol mudou o jogo. O São Paulo ficou em choque, e a gente atropelou. Viramos o placar e no final ainda dei uma assistência. Se não me engano terminou cinco a dois. O meu cartão de visita estava dado. A imprensa veio conversar comigo ainda no gramado, todo mundo querendo falar com o menino de 17 anos do Flamengo. Campeão Sub-17, a promessa da Gávea. Parece até conto de fadas, não é?

Completei 18 anos pouco tempo depois. Comprei meu primeiro carro para comemorar. Não era um possante. Mas foi a minha primeira grande aquisição. Um golzinho daqueles redondos. Meu empresário me deu o banco de couro de presente. Fiquei amarradão.

---

* Adriano 1º gol pelo Flamengo. 2023. Vídeo (39s). Publicado pelo canal Pátria das Chuteiras. Disponível em: https://www.youtube.com/watch?v=7gCGQOj32Yg. Acesso em: 11 jun. 2024.

A família toda andava nele. Usava para ir aos treinos, que agora eram perto de casa. E também para dar um rolé quando o time não estava jogando. Para quem estava acostumado a andar de ônibus e trem todos os dias, da Penha para a zona sul, aquilo era um sonho.

O problema naquele ano era que o Flamengo vivia em crise. O clube contratou vários jogadores e montou uma equipe galáctica. Batemos campeões no Carioca, mas a cobrança não diminuía. Pelo contrário. O vestiário era cheio de cara cascudo, só tinha craque. Gamarra, Petkovic, Edílson, Alex e Denílson. Os caras eram estrelas do futebol. O Carlinhos acabou voltando para ser o treinador, e com aquele tanto de jogador cascudo com contratos milionários era óbvio que eu ia ficar no banco. Não teve jeito.

Engoli seco e fiquei quieto. Fazer o quê? Tive minhas oportunidades e não desapontei. Marquei vários gols e meu nome foi ficando conhecido. Só que o time não deu liga. Ganhava uma, perdia duas, empatava outra, e a torcida cada vez mais impaciente. O Campeonato Brasileiro foi uma tragédia. Bem lembrado, Geo! Foi isso mesmo. Naquele ano, era Copa João Havelange. Mudaram o nome por briga entre os clubes, né? Foi algo assim…

Enfim, nem com tantos medalhões a gente conseguia alguma coisa. Nossa posição era na metade de baixo da tabela, amigão. Coisa horrível. Aquele clima de tensão o tempo todo. Ninguém se olhava direito. Imprensa metendo o pau todo dia. A torcida cobrando sem parar. E eu fiquei quietinho na minha. Com 18 anos, a conta não poderia cair no meu colo. Quando estávamos caminhando para o final da primeira fase do campeonato, sem muitas chances de classificação, recebemos o Sport em casa.

O Maracanã parecia uma praça de guerra. Tinha rolado uma polêmica durante a semana por causa de um churrasco que o grupo organizou. Algum x9 mandou fax para os jornais contando tudo e, claro, a imprensa caiu matando. Time que perde não pode fazer festa, é o que dizem. E a gente estava perdendo. Muito. Não importava se a ideia era unir a equipe, tentar criar alguma liga, ou só aliviar a pressão no meio de tanta coisa ruim. Ninguém tinha paciência para nada.

Depois que vazou a notícia, foi aquela confusão. Até o presidente apareceu para dar palestra. Para piorar a situação, o Sport era a sensação do campeonato. Os caras estavam jogando demais. Não tinham supercontratações, mas a equipe estava entrosada. Entraram no Maracanã como se estivessem chegando para tomar sol na praia de Boa Viagem. Puta merda. Eu estava no banco mais uma vez. Vendo tudo de camarote.

Começou a partida, e lá veio o sofrimento. Até que nos saímos bem, fizemos gol, mas tomamos o empate. Fomos para o intervalo com a torcida vaiando pra caramba. A pressão só aumentava. O Carlinhos me chamou para entrar no jogo. No meio daquele caldeirão, o pau comendo, eu fui pro campo, e a situação piorou. Pênalti para os caras. Levamos a virada. Tudo sempre pode piorar.

Dois jogadores foram expulsos do nosso lado. Com nove em campo é que a coisa não se acalmaria. Eu não me abalei. Fiz o que tinha que fazer. Fui pra cima. Dei trombada pra caramba. Driblei quem apareceu na frente. Levei todo mundo. Meti bola na trave e tudo. O Petkovic lançando uma atrás da outra na área que nem louco, mas nem assim conseguimos empatar. E tome vaia na saída de campo.

Nem uma semana depois, cheguei para treinar e ouvi um burburinho no vestiário. O Emerson Leão tinha sido anunciado como treinador da Seleção Brasileira. Não era uma surpresa, porque ele comandava aquele timaço do Sport que tinha acabado de ganhar da gente no Maracanã. Ainda faltava um ano e meio para a Copa do Mundo no Japão e na Coreia. O elenco do Flamengo era tão forte que, mesmo na draga que a gente estava, muitos jogadores sonhavam em ter uma chance na Seleção para o Mundial de 2002.

Eu não era titular no meu time, minha situação era mais para outro Mundial, o de 2001, com a Seleção Sub-20. O time principal era um sonho meu e da minha família, claro. Mas, com 18 anos, eu sabia que precisava ter paciência e fazer muita coisa no clube ainda.

Sonhar em defender a tetracampeã era algo um pouco distante. Segui meu caminho nos treinamentos. A coisa continuava ruim para o Flamengo.

Quando acabavam os treinos, eu voltava para casa e tirava aquela soneca vespertina. Porra, treinar cansa pra caramba. A gente precisa descansar. E eu só fui descobrir esse luxo depois que virei profissional. Porque na base é que não dava para dormir. Correndo de lá pra cá, pegando ônibus e trem todo dia para ir e para voltar, faz como? Me lembro que eu estava no meu quarto, roncando a pampa, quando a minha mãe entrou berrando: "Meu filho!".

Porra, me acordou do nada. Eu sou grosso mesmo. O meu jeito de falar até assusta. Mas não tem o que fazer, sou assim e não pretendo mudar. "O que foi, mãe?", respondi, torto e pesado. Não tinha gostado nada de ser acordado. "Você foi convocado para a Seleção!", ela respondeu. "Ah, para de brincadeira, poxa. Eu tô dormindo aqui em paz e a senhora vem com essas coisas", falei. Achei que ela estava de piada comigo. Sério mesmo.

Eu nem imaginava uma situação daquelas. Ser convocado para a Seleção Brasileira na minha idade? Isso daí é para o Ronaldo Fenômeno, caramba. "É verdade. Acabou de aparecer na televisão. O Leão anunciou a lista agorinha." Me levantei. Cocei os olhos. Não tinha nem calçado a sandália ainda quando o meu celular começou a tocar. E não parou mais. Foi o resto da tarde recebendo ligação, cara. A minha mãe não estava mentindo. Eu era a grande novidade daquela lista anunciada pelo novo treinador da Seleção. Porra, eu nem podia acreditar naquilo. Deus faz cada coisa na minha vida... Só tenho a agradecer. De verdade mesmo. Porque é impossível de acreditar.

Me apresentei em São Paulo para aquele jogo. Eu estava chegando ao paraíso. Dividi vestiário com algumas lendas do nosso futebol. Roque Júnior, Cafu, Rivaldo e Romário, cara. Imagina isso. Tinha muito nego brabo no time. Logo que nos concentramos, o Leão veio conversar comigo. Afinal, eu era o "mascote" daquela convocação. "Garoto, sabe por que eu te convoquei?", ele perguntou.

O Leão não era de ficar falando muito, não. O papo dele era reto. "Não sei, professor. Mas agradeço a oportunidade", eu disse. "Porque eu vi coragem em você. Aquele jogo no Maracanã foi pedreira e você não se acovardou!", ele completou antes de virar as costas e ir cuidar do que tinha para fazer. Com toda a modéstia, o treinador estava certo. Eu não me escondia em campo e nunca fiquei com medo de pressão, mesmo quando era moleque. Isso daí é coisa do Cruzeiro, pode ter certeza. O proceder da favela é outro, e de lá não costuma sair gente covarde. Pode perguntar para qualquer um.

Só que, assim como no meu clube, a situação não estava das melhores para a Seleção Brasileira. Eu não quero ser chato, mas creio que tenha sido por isso que a oportunidade apareceu para mim naquele momento. O Romário se machucou durante o treino da véspera de jogo no Pacaembu. Foi cortado. Me lembro que era feriado e a torcida que foi ao Morumbi para assistir à Seleção contra a Colômbia ganhou umas bandeirinhas do Brasil em comemoração.

Aí, posso falar? Que ideia de merda, viu. O jogo foi difícil, cara. O ataque não estava funcionando sem o Baixinho lá na frente. E tome vaia da torcida mais uma vez. Puta que o pariu. Eu já estava ficando até acostumado com aquilo, caramba. Em 2000, era o que eu mais ouvia: torcedor xingando e reclamando. Entrei no segundo tempo no lugar do França, que era jogador do São Paulo, o time da casa. Tome vaia durante a substituição. A torcida estava tão irritada que em certo momento todo mundo começou a jogar as bandeirinhas de plástico no gramado. Coisa horrível, cara. Imagina sei lá quantas mil pessoas, umas 80 mil? Todas arremessando as bandeirinhas no campo. Em pleno Dia da República. Pesado.

Eu, como vocês já devem imaginar a essa altura, não me abalei. Claro, ninguém quer jogar nessas condições. A gente espera apoio do torcedor sempre. Mas o que podemos fazer? Eu ia pra cima e buscava oportunidade. Nada dava certo. Até que na última bola do jogo sobrou um escanteio pra gente. Todo mundo foi pra área. Eu com quase um metro e noventa pensei: *É agora*. O Juninho foi para a cobrança. Não, Geo. O Paulista. Acho que o Pernambucano estava nesse jogo também. Mas quem cobrou foi o Juninho Paulista, do Vasco. Quer dizer, os dois estavam no Vasco, né? Acho que sim. Ah, olha você aí na internet, irmão. Porra. Tu que é vascaíno. O que importa é que o Juninho, o Paulista, foi pra cobrança e meteu a bola no primeiro pau. O Roque Júnior testou um balaço e a bola entrou. Vencemos por 1 a 0 no finalzinho. Minha história na Seleção principal começou com vitória. Isso é o que interessava.

Voltei para casa e encontrei uma situação pior que a que tinha deixado uns dias antes. O Flamengo perdeu mais uns jogos e estávamos eliminados da fase final do Campeonato Brasileiro. Que situação, amigo. Ainda restavam algumas partidas para cumprir tabela antes das férias. Não tem nada pior que isso. Quer dizer, até tem. Eu vinha entrando como titular, mas o Zagallo, que tinha assumido o time, me colocou de novo no banco. Me lembro de ter ido para o Maracanã naquele final triste de temporada e tudo era muito ruim no nosso vestiário. A arquibancada vazia era a cereja do clima no clube. O time investiu pra caramba e não deu certo. Ninguém sabia direito como seria o ano seguinte. A única certeza é que passariam o rodo em geral. Eu, como era moleque, tinha expectativa de ficar, claro.

Naquela época, quando acabava o jogo, a gente encontrava os familiares do lado de fora e voltávamos juntos para casa. O problema é que tinha muito torcedor com acesso a essa área também. E a galera não perdoava, irmão. Foda-se se você era moleque em um time de estrelas. Todo mundo levava chumbo igual. E sobrava pra mim também. Me lembro de ver minha mãe e mais alguns parentes me esperando depois da partida. Cumprimentei a coroa quando um fulano se aproximou de mim.

Porra, irmão. Eu nunca tinha ouvido tanta barbaridade na minha cara. O sujeito se achou no direito de vir cobrar de mim. Me xingou de todos os nomes possíveis. E ainda terminou o descarrego dele me amaldiçoando, acredita? Não tenho como esquecer uma coisa dessas. Na frente da minha família, cara. "Você não vai ser nada, Adriano, você é um merda!" O sujeito meteu essa. Fiquei em choque. Não respondi.

Minha mãe me puxou pelo braço. "Adriano, não fale nada, meu filho, fica quietinho, não fale nada, fica quietinho…", ela sussurrou no meu ouvido. Cumpri as ordens. Abaixei a cabeça. Meu tio apareceu com o carro e gritou: "Entra aí, Adriano". E assim voltamos para o nosso apartamento. Porra, que final de ano triste para a equipe. Eu sabia que a minha carreira estava no começo, que teria que lidar com essas situações. Não adiantava ficar batendo boca com torcedor na porta do estádio. Eu ainda não tinha ideia. Mas a minha sorte estava aprontando outra das grandes.

10. Partiu Itália

A temporada de 2001 estava só começando. Não tinha chegado nem o Carnaval ainda. Fui convocado para disputar o Sul-Americano Sub-20 com a Seleção. Baita orgulho! Joguei muito naquele torneio. Marquei vários gols, inclusive na final. Batemos campeões. Os repórteres me perguntavam sobre uma possível transferência para a Itália.

Meu irmão, eu não preciso explicar pra vocês o que era o Flamengo naquela época. Vocês sabem muito bem. Era aquela confusão toda. Salários atrasados. Reportagem metendo o pau todos os dias. Torcedor ameaçando os jogadores. Foda. Meu procurador me avisou que estava conversando com alguns clubes, um deles era a Inter. Parecia que as negociações caminhavam bem. O Flamengo precisava de dinheiro para resolver as pendências.

Eu fiquei na minha, tinha que me concentrar no que estava fazendo, que era representar o nosso país. É claro que a possibilidade de ir para a Europa me parecia surreal. Ainda mais na Inter, onde estava o melhor do mundo, o Ronaldo Fenômeno. Cheguei no Rio depois da conquista com a Seleção Sub-20 no meio daquela confusão toda. Mais uma vez. Que novidade.

Falavam em me mandar para um time pequeno da Europa, emprestado, o que me preocupava. "Fica tranquilo, vamos fazer um bom negócio", o meu procurador me acalmava. Bom, se eu tinha contratado o cara, era porque eu confiava nele. Segui minha vida.

O Flamengo, mesmo quando tudo parece jogar contra, consegue se impor em campo. E isso aconteceu no começo do ano. Loucura, né?

Aquela histeria toda e o time deu liga. É que também leva tempo para as coisas se acertarem, e o que tinha sido iniciado no ano anterior passou a dar resultado na temporada seguinte. Batemos campeões do Rio mais uma vez. A festa do tri carioca consecutivo em cima do Vasco foi bonita. Não participei tanto quanto gostaria em campo, mas é do futebol. O time estava jogando bem. Ainda vencemos mais um título, que garantiu vaga na Copa Libertadores. Fazia tempo que o Flamengo não disputava a competição que o Zico, meu maior ídolo, tinha ganhado antes de eu nascer. Tudo isso deu uma aliviada nas cobranças. A torcida estava bem mais satisfeita.

Eu estava na casa do Beto, que era um dos meus parceiros daquele grupo, num dia comum. A gente sempre ia para os treinos juntos. O Beto estava jogando muito naquela época. Eu gostava dele. Nos dávamos bem. Estávamos ali na resenha quando meu celular tocou. Era o Gilmar, meu representante. "Adriano, onde você está?", ele perguntou. Respondi sem entender aquela chamada do nada. Eu não sabia direito, mas o Gilmar tinha ido até a Itália para resolver a minha venda para a Inter.

O Flamengo decidiu que queria trazer o Vampeta, que estava jogando no Paris Saint Germain. Parte do passe dele pertencia aos italianos e, por isso, acabei entrando no meio do negócio. "Cara, vai para casa fazer as suas malas. Você vai jogar na Inter de Milão!", o Gilmar me surpreendeu. Como é que é isso? Fechou mesmo? Porra, eu nem podia acreditar. Estreia como profissional com 17 anos. Convocado para a Seleção com 18. Vendido para o time do Ronaldo com 19. Caracas! Que roteiro é esse, papai do céu?

Me despedi do Beto e saí vazado para casa. E começou a choradeira toda. Papai, mamãe, vovó, todo mundo me beijando. Uma alegria danada quando contei a novidade. Eu não sabia muito sobre Milão a não ser que os maiores clubes da Itália ficavam lá. Porra, será que está frio? O que eu coloco na mala? Ninguém sabia direito lá em casa. "Tu vai viajar quando, *Adirano*?", a minha avó perguntou.

Porra, é mesmo. Eu não sabia a data da viagem ainda. O Gilmar tinha dito que o negócio estava fechado e que eu tinha que arrumar as minhas malas. Mas não falou nada sobre o dia, né? Liguei para ele de volta. "Gilmar, é pra eu viajar quando?", perguntei, ainda meio tonto com aquilo tudo. "Como assim, garoto?", ele disse do outro lado da linha. "Eu não te falei pra ir fazer as malas? A gente vai embarcar hoje", ele retrucou. "Hoje? Hoje mesmo?", eu não podia acreditar. "Hoje, claro. Daqui a pouco o carro vai passar na tua casa para te levar pro Galeão. Acelera o passo aí", ele respondeu.

Eu só joguei umas roupas nas malas. Beijei meus pais e fiquei esperando. O meu procurador ainda conversou com a minha mãe para explicar tudo que estava acontecendo. E ela, toda emocionada, não conseguia esconder o que sentia. "Rosilda, a Inter contratou o Adriano. Ele vai ficar na Itália mesmo", ele disse. Minha mãe ouvia tudo, não falava nada. "Fica tranquila que ele vai se dar bem. No começo, vamos colocá-lo em um hotel. Depois a gente arruma uma casa para ele morar e vocês todos vão poder visitá-lo quando quiserem", o Gilmar falou.

Quando os dois se despediram, virei para a minha mãe e fiz uma promessa: "Mãe, pode deixar que o primeiro dinheiro que eu ganhar lá na Itália vai ser para comprar uma casa para a senhora e pro meu pai". Até aquele dia, a gente morava no apartamento alugado pela patrocinadora de chuteira. Eu não queria deixar a minha família naquela situação, porque a gente nunca sabe o que vai acontecer. Eu tinha que pelo menos garantir um teto para todo mundo.

A resposta da coroa me enche de lágrima até hoje. "Louvado seja Deus. Essa foi a vitória e o cativeiro que Deus falou que ia virar, né?" Encostei a cabeça no ombro da minha mãe. Ela me abraçou forte. Senti que algo grande ia acontecer. "Já pode começar a procurar uma casa, mãe. Vou pedir para o Gilmar ajudar a senhora", eu falei.

Cruzei o oceano naquela noite sem ter ideia do que me esperava. Eu não era titular no Flamengo. Como seria na Inter? Porra, eu ia conhecer o Ronaldo! Eu não falo nem português direito. Vou conseguir conversar em italiano? *Mamma mia*. A coisa estava complicada. Que frio na barriga, cara.

Deixar a família para trás não é fácil. Minha avó, minha mãe, meu pai e meu irmão caçula. Isso sem falar nas tias, tios, amigos, agregados, conhecidos do Cruzeiro. Porra, era muita gente que tinha acompanhado aquela caminhada. Muitos jogadores, a maioria para ser sincero, experimentam a sensação de sair de casa para se aventurar no futebol bem cedo. Na base tem moleque que veio de Alagoas, de São Paulo, de Minas, do Rio Grande do Sul. E eles deixam a família com 15 anos, às vezes até menos.

Eu tive a sorte de ser cria do clube de coração na minha cidade. Por mais que tivesse que enfrentar aquela maratona para ir e para voltar, eu dormia na minha cama todas as noites. Com a minha mãe e o meu pai no quarto ao lado. Agora era diferente. Agora era comigo, pra valer. Sozinho. Puta merda, eu estava com medo, não tenho como negar. Medo até de como os meus pais sentiriam a minha ausência. Tanto que eu insisti para a minha mãe ver logo uma casa para comprar.

Eu mal tinha chegado na Itália quando ela me ligou contando a novidade: "Filho, já visitei não sei quantas casas. Todas aqui na Barra". Perguntei se tinha achado alguma de que gostasse. "Olha, de todas que eu vi, tem uma que eu me apaixonei assim que entrei com a mamãe", ela contou. "A casa é muito linda. Mais do que eu tinha sonhado pra gente. Em nome do Senhor Jesus Cristo. Você entra, e já tem uma piscina grande. O jardim com estacionamento fica do lado. Cabe muito carro, filho. E no fundo está o sobrado", ela seguiu contando.

Eu já estava entendendo aonde ela ia chegar: a casa estava escolhida. "Adoramos mesmo. Ela é linda. Mas eu acho que nós não temos o dinheiro. Não vai dar pra comprar essa casa", ela terminou. Sendo bem sincero, se ela tivesse dito que a casa custava 500 milhões de dólares, 1 bilhão de dólares, ou o que fosse, eu daria um jeito de pagar.

Óbvio que eu não ganhava isso tudo, né, Thiago? Para de palhaçada que tu sabe muito bem, cara. Estou exagerando. Mas tu conhece o jeito que a mãe fala da casa até hoje. Sim, querida. A minha família ainda mora lá. Minha mãe e a minha avó. O Thiago também fica lá direto. Eu mesmo vou sempre. Ali é o centro da nossa família. O que acontecia no apartamento, quando eu virei profissional, segue no mesmo ritmo até hoje. Só que é nessa casa onde a minha mãe mora. Ela está sempre cheia com as minhas tias; a família toda aproveita, graças a Deus. A gente faz festa lá toda hora.

É uma alegria grande, porque a minha mãe é muito orgulhosa daquele presente que eu dei pra ela. Quer dizer, eu, não; foi papai do céu que me abençoou. Amém. Mas eu perguntei no telefonema: "Tá, mãe. Já entendi. Mas quanto custa a casa?". Ela falou com a voz meio tremendo, meio envergonhada. Realmente era uma grana e tanto naquela época. Até hoje é bastante, na verdade. "Setecentos mil reais, meu filho."

Foi uma alegria ouvir aquilo. Alguém pode dizer que foi coincidência; outro pode falar em conspiração do universo... minha mãe com certeza acredita que foi obra de Deus. "Mãe, é esse dinheiro que eu vou ganhar da Inter por ter assinado com eles. Exatamente esse valor. Vai dar pra comprar a casa, sim", eu disse. "Nosso Deus é maravilhoso!", ela respondeu do outro lado da linha. Ficamos os dois rindo e chorando ao mesmo tempo de alegria.

Nunca vamos nos esquecer da nossa casinha na rua 9 da Vila Cruzeiro. Ela está lá até hoje. Tem outros moradores, mas o sentimento permanece o mesmo. A casa na Barra da Tijuca foi uma conquista importante no sentido de presentear o esforço coletivo para que eu tivesse uma carreira no futebol. Todos da família ajudaram em algum momento. Sem eles, eu não seria nada.

Minha mãe e as irmãs dela pegavam tripa de porco seca da casa da vizinha para poder melhorar um pouquinho o que iam comer no almoço. Faziam isso quando eram crianças. Quando não tinha essa ajuda, era macarrão com água e farinha pra dentro. Sem molho, xará. Era tudo tão humilde que elas sentiam vergonha até dos outros moradores do Cruzeiro. Foi assim que ela e as irmãs cresceram, enquanto a minha avó e o meu avô batalhavam nas ruas do Rio.

Mesmo assim elas decidiram que eu merecia o melhor. Me inscreveram no clube do Flamengo. Deram um jeito para pagar as mensalidades quando não tinham nem dinheiro para comer direito. Meu pai me transmitiu o amor pelo futebol. Do jeito dele, me deu lições de vida e de comportamento que sigo até hoje. Não cresço o olho no que é dos outros. Faço a minha parte sempre. E vivo como acho que tenho que viver. Tudo isso eu aprendi em casa. Repito: sem a minha família, eu não seria nada. E foi com esse amor no coração e sentimento de gratidão por todos que me ajudaram que passei o cheque, por assim dizer, inteirinho para a minha mãe comprar aquela casa. Me orgulho disso e sei que ela também.

Caracas! Já está amanhecendo. O céu está claro, cara. Porra, falei pra caramba, hein? Olha a amiga ali. Tá até pescando já. Ou! Psiu! Acorda aí, amor. Cadê o Naná? Puta merda, chega de falação, né? Tá todo mundo cansado. Vocês não aguentam nada. Só vou fumar um cigarro aqui olhando esse céu laranja. Vamos embora. Olha o trânsito começando a pegar. Daqui a pouco vai estar tudo travado.

O Rio de Janeiro é um espetáculo, fala a verdade. Temos que dar um mergulho, Geo. Faz tempo que eu não entro no mar. Caralho, não tem lugar melhor no mundo, não. Por isso que eu nem gosto de viajar. Vou querer mais o que da vida, cara? Aqui tem o quiosque de que eu gosto, as pessoas que eu amo e uma vista dessa ainda por cima. Tá maluco. É até covardia com o sujeito.

Cadê o isqueiro, Rafael? Sim, tu dirige pra mim, por favor? Naná! Olha aí, cara. Sobrou um dedinho nessa garrafa. Guarda que daqui a pouco eu volto. Sim, eu pago na volta. Fecha a conta que eu acerto mais tarde. Thiago, teus amigos não apareceram, né? Ah, não. Balada não tem como. Deixa os caras lá. Vamos pra minha casa tomar a saideira? Tá a fim, querida? Cabe todo mundo no carro, sim. Claro, traz a tua amiga também. Se não couber a gente dá um jeito. E também é aqui pertinho. Não se incomode. Vamos nessa, Geo. O sofá já está te esperando lá, safado. Partiu, rapaziada? Bora que eu ainda quero tomar mais uma antes de dormir.

PARTE 2

11. Me leva lá na Grota

Bom dia. Caramba, já está todo mundo acordado. Vocês não dormem, não? Eu apaguei no cantinho ali mesmo. Fiquei encostado na porta de vidro da varanda. Peguei umas almofadas e deitei no chão. E eu não tô acostumado a dormir no chão, não? Novidade... A menina ali começou a fazer um macarrão às cinco horas da manhã, cara. Veja isso. Eu parei de beber e me deu fome.

Quer dizer, parei de beber é modo de falar, né. Mas eu não coloco nada pra dentro de comida enquanto estou no danone. Por esse motivo. Dá um sono danado. O macarrão da garota tava bom demais. E me deu vontade de deitar. Verdade que eu também estava pernoitado. Aí já viu. O outro apagou na cadeira. Não quis nem saber. O Bruno começou a passar mal. Tu não viu, não? Puta merda. Esse licor que vocês compraram é uma delícia, mas também é um veneno. Ele ficou virando essa merda. Perdeu todas no dominó. Tomou uma atrás da outra. Levantou do nada e foi direto pro jardim.

Quem estava na sala só ouviu as golfadas. Azar da nega dele que teve que cuidar. A Thamyris carregou o mano lá pra cima. Deixei meu quarto pros dois. Acabei ficando aqui embaixo. As outras suítes também estavam ocupadas. Uma com o Moisés e a patroa. O Hermes, a Raquel e a pequenininha deles no outro quarto. Subiram logo cedo. Como vocês estão no quarto lá embaixo, eu fiquei sem opção. Não se incomode, por favor. Faço questão. Estou sozinho mesmo, deixo os ambientes reservados para quem vai dormir de conchinha.

Senta aqui comigo. Vamos tomar o café da manhã dos campeões. Já aprendeu a receita? Eu te falo de novo. Enche o copo de gelo. Isso, meu garoto. Bota um cadinho mais, cara, não se acanhe. Vai, agora serve uma dose caprichada desse uísque aí mesmo. É, o do rótulo vermelho. Não me venha com essas coisas caras, não, que eu não gosto. Óbvio que já tomei, irmão. Uísque da garrafa verde, japonês, escocês, até aquele famosão lá, como é que chama mesmo? Que vem na bolsinha de veludo. Isso, Royal Salute. Claro, caramba. Mas não é o que eu gosto. Para mim tem que ser esse daí, baratinho. Só não bebo falsificado porque dá uma dor de cabeça do cacete.

Quando eu vou lá na Grota eu sempre levo a minha garrafa, por garantia. Não sou bobo. Vixe, claro que tem paraguaio na comunidade. E não é só lá, não, viu. Até desse mais simples os caras falsificam em tudo quanto é canto. Imagina se eu inventar de tomar os mais caros. Tô fodido. Faltou o guaraná, cara. Pega uma latinha pra gente, com todo o respeito. Isso, tem que ser zero, por favor. Perfeito. Agora é só completar o copo.

Porra, tu tá pegando a mão já. Aprendeu rapidinho. Vamos dar um jeito nessa mesa aqui pra gente sentar. Tu limpa o cinzeiro, fazendo o favor? Tem garrafa vazia pra caramba. Ô, Felipe, tu bebeu ontem, hein, cara? Olha quanta long neck aqui, minha nossa. Tua nega cozinhando na madrugada enquanto tu enchia a cara, né, safado? Pior foi a hora que eu descobri que o macarrão dela é *batizado*. Tu não viu, não?

Porra, ela tava cozinhando, e eu parei na frente do fogão. Me veio uma energia, cara. Para de onda, mano. Não era o fogo, óbvio. Foi uma parada diferente. Respeita. Não sei nem como te explicar. Uma sensação que eu tenho de vez em quando. Acontece desde que eu era pequeno. Perguntei pra ela: tu é curimbeira, não é não? Estou mentindo, Letícia? Te juro, cara. E o que tu me respondeu, Letícia? Conta pra ele. Isso mesmo, tô te falando.

Ela entrou na umbanda só tem um ano, mas eu senti, cara. Senti mesmo. Imagina, amor. Eu não tenho problema com a fé de ninguém, não. Eu não comi o teu macarrão inteirinho? Estou todo emacumbado hoje. Brincadeira, querida. Ô, Felipe, fala para ela não me levar a mal. Eu estou sacaneando. É o meu jeito. Mas que ela é curimbeira, isso ela é. Acertei mesmo. Meu instinto não falha, cara. Esse negócio de sacar a energia da pessoa vem de longe comigo. Por isso que eu não fico chamando qualquer um pra perto de mim. Aqui mesmo, nesta casa de Búzios, é raro eu trazer os amigos. Eu venho pra cá poucas vezes. Uma vez por ano no máximo.

Eu estava em São Paulo antes de vir pra cá. Tinha uns compromissos por lá. Passei a semana toda na cidade. Coisa de trabalho, como é que fala, da vida na internet, na nuvem, essas coisas... Isso, metaverso! Foi a minha assessora que me veio com essa, mas eu estou gostando. Enfim, tive uma porrada de reunião em São Paulo. Depois gravei uns vídeos. Quando acabou, eu já estava me coçando inteiro. É porque quando estou na função de trabalho assim eu não costumo beber. Gosto de ficar com a cabeça limpa, e eu estava mesmo. Fiz o que me pediram lá, deu tudo certo. Mas também quando acabou eu tinha que relaxar.

Porra, chamei o avião e já vim direto. Desci em Cabo Frio e mandei trazer meu carro no dia seguinte. Aqui não dá para ficar a pé. A casa é no alto desse morro, sem carro, a gente não faz nada. Mas a vista compensa, tô mentindo? Vem aqui, deixa eu te mostrar. Aproveito e já te conto a história da casa. Reparou na cor? Exatamente, rosa, igual à casa da minha mãe na Barra. Você vai entender o porquê.

Ali embaixo é a praia da Ferradura. Mais tarde a gente passa por lá. Sim, a piscina de frente pra essa praia, com a borda infinita ainda, fica coisa de cinema. Bonito demais mesmo. Minha mãe é apaixonada. A casa é dela, né? Foi ela que escolheu. É o xodó da Dona Rosilda. Você tem que ver a minha mãe falando dessa casa de Búzios. E pensar que ela mesma não queria comprar...

Foi o seguinte, depois que voltei da Itália, eu trouxe a minha mudança para o Brasil. E enquanto estava nesse processo de vir o container, eu recebi uma ligação de um corretor de imóveis, o mesmo que vendeu a casa da Barra da Tijuca pra minha mãe. Aquela que a gente comprou com o dinheiro que a Inter me pagou quando eu assinei com eles pela primeira vez.

Então, esse corretor me ligou e disse: "Adriano, tua mãe tá querendo uma casa na praia. Subi com ela para Búzios para mostrar algumas que estão à venda". Nessa época, eu ainda estava com a Joana. Inclusive, quando o corretor me ligou, ela estava do meu lado. Ele continuou: "Tem uma casa que parece coisa de Hollywood, Adriano. No alto do morro, tem vista pra praia da Ferradura na frente e pro Pontal da Lagoinha atrás", eu fui ouvindo aquilo tudo e já sabia onde ia dar. "A casa é de um gringo, o cara perdeu tudo com a crise dos bancos e está queimando o que tem de propriedade. É mosca branca, você não pode deixar passar."

Tu sabe que papo de corretor é sempre igual, né? Até dos que a gente confia. Mas ele me mandou umas fotos da casa e, porra, a Joana nem acreditou. Liguei para a minha mãe para perguntar o que ela queria fazer. Já comecei dizendo que tinha recebido as fotos e que tinha achado linda. "Meu filho, essa casa é muito bonita mesmo. Você nem imagina. Quando eu entrei e vi o mar, a piscina de frente para a praia, aquela vista toda na varanda, eu fiquei apaixonada. Mas não é pra mim, não."

Eu fechei a cara no outro lado da linha. "Como assim, mãe? A senhora não falou que queria uma casinha em Búzios, que todo mundo fala de Búzios, que a senhora queria ter um lugarzinho pra passar o fim de semana?" Ela ouviu e retrucou: "Sim, meu filho, eu não estou falando mal da casa. Mas ela é muito cara. Não é pra mim, não. Eu vi uma mais baratinha, não tem a mesma vista, mas já serve pra gente".

O quê? Serve pra gente? Negativo. Pra gente só serve o melhor. Eu não passei por tudo isso pra ficar com pouco, fala a verdade. Não tô querendo me exibir nem ficar ostentando, que eu não sou disso. Não fui criado assim. Muito pelo contrário. Mas é que a gente também merece coisa boa, tô errado? E, no fim, a casa estava num preço que dava pra gente pagar.

A Joana arrancou o telefone da minha mão e começou a falar: "Dona Rosilda, a senhora merece, sim. Merece até mais. O que é isso? Compra essa casa. É a que a senhora gostou e a gente está vendo aqui nas fotos que ela é maravilhosa". Pronto, assunto encerrado. Acertei com o corretor, a minha mãe cuidou da papelada, fez a compra e foi isso. O ex-dono ainda deixou uma porção de coisas aqui na casa. E o que ele não deixou a minha mãe trouxe. Vamos sentar ali na sala de novo pra tomar o nosso café?

Essa mesa de jantar era da casa da Barra. Minha mãe trouxe porque a base de mármore é no formato de um golfinho, tá vendo? Bonito, né? Minha mãe achou que o *golfinho* virado pro mar ia combinar. Quando a minha mudança chegou da Itália, ela ficou com a mesa de Milão na casa dela e subiu essa pra Búzios. Mas é isso. A gente não vem sempre pra cá, não. Mas quando vem, é uma festa danada. A família toda, como você já sabe.

No final do ano, a gente fica no Rio. Porque tem muito parente que trabalha, faz plantão, e a gente gosta que esteja todo mundo junto no Natal e no Ano-Novo. As viagens ficam pros feriados. Tu não está tomando nada não, cara? Café? Porra, já são quase nove horas da manhã, parceiro. Não está mais na hora de tomar café, não. Vem comigo. Vamos tirar as crianças da rua.

Aí, Felipe! A tua nega comendo macarrão com molho vermelho a essa hora da manhã, o famoso *sobrodonté*, e o amigo aqui querendo tomar café. Tá de sacanagem. Eu sei, querida, tu gosta de comer comida de manhã. Tá certa. Faz o que você quiser. Eu tô aqui no meu danone e quero companhia, caramba. Traz duas cervejas pra vocês, então, Felipe, com todo o respeito... energético? Nem pensar! Não tomo essas coisas há muito tempo. Nem com uísque. Só o cheiro já me embrulha o estômago. Puta merda. Nunca contei pra vocês porque eu só bebo uísque com guaraná? Caracas, essa foi pesada.

Quer dizer, no fim deu tudo certo, mas eu passei um aperto danado. Por pouco eu não fui parar no hospital. Minha mãe ficou apavorada. Queria até chamar ambulância, tadinha. Não era pra tanto. Eu só estava com uma tremedeira no corpo todo que durou umas doze horas. Puta merda, cara. Eu era perturbadinho da cabeça. Era mesmo. Sempre fui. Quer que eu conte a história inteira? Não sei se vocês merecem. Senta todo mundo aqui então. Tá certo, vou contar pra ver se anima a casa. Vocês estão muito tristes. Quando o Hermes descer, a gente puxa um dominó também. Enquanto isso, eu conto pra vocês sobre o dia em que eu parei de tomar energético. Pra sempre.

Vocês estão ligados que o Ronaldo é um grande amigo. Meu irmão mesmo. Como assim, caramba? Óbvio que eu tô falando do Fenômeno. Vai ser quem? Outra pessoa que não poderia ser. Eu, hein. Não, caramba, tô falando do meu ídolo. O cara que me recebeu na Inter. Que me chamou para morar com ele em Milão, meu companheiro de Seleção, o grande craque. Esse cara tem um lugar especial no meu coração. Sério mesmo. Hoje em dia, a gente não se fala tanto. Ele tem os negócios dele. Tá sempre ocupado, aquele filho da mãe. Eu tenho a minha vida por aqui também. Mesmo assim, o sentimento, que é o mais importante, continua. Mas foi por causa dele que eu passei um grande aperto.

Hoje virou piada, mas na hora, não vou mentir pra vocês porque eu não sou disso, a coisa ficou feia pro meu lado. Que sufoco! Faz muito tempo já. A gente ainda morava na Europa. Tínhamos vindo aproveitar as férias no Rio de Janeiro. Eu estava na cobertura do Ronaldo, tá lembrado? Isso, aquele em frente à praia. O Ronaldo estava com a Daniela Cicarelli, inclusive, naquela época.

Cheguei no apartamento e aquilo parecia um sonho, cheio de "objetos não identificados". Cada mulher linda que eu não conseguia acreditar. Um pouco magras demais pro meu gosto, faltava substância no bumbum, por assim dizer, mas eram bonitas mesmo. Fiquei tão emocionado que comecei a tomar champanhe com elas. Eu não sou disso, não, mas quis entrar no clima do pessoal. Deixei o meu querosene de lado.

Música rolando, aquele sol de fim de tarde lindo do Rio, a gente de frente pro mar. Puta merda, cara. Com o Ronaldo não tinha tempo ruim nunca. Eu estava sentado com dois espetáculos do meu lado, sem camisa, cordão de ouro no peito, curtindo aquela brisa, só bebericando o nosso espumantezinho, quando o Ronaldo chegou perto de mim. Daquele jeito dele, voz meio fanha, dentinho pra fora e olho apertado. "Adriano, me leva lá na Grota." Porra, que papo era aquele?

Estávamos lá no maior bem bom e o cara quer ir pra favela? Agora? Não acreditei no pedido dele. "O que é isso, cara? Tá bom demais aqui", tentei fazer meu amigo mudar de ideia. "Não, irmão. Vamos lá. Tô querendo ir na festa da tua comunidade", ele retrucou. Puta merda. Pior é que com hierarquia não se brinca. O que eu podia fazer? Tudo bem que a gente era amigo, mas o craque era ele, né? Tem que respeitar sempre. "Tá certo. Deixa eu chamar o pessoal."

Bati o radinho pros meus chegados no Complexo. Os caras nem acreditaram. "Aí, parceiro. Vou encostar na área daqui a pouco", eu disse. "Porra, Adriano. Só vem. Tamo por aqui tomando uma gelada", ouvi. "Então, só que eu tô indo aí com o homem", continuei. "Que homem, cara?", ele disse. "Porra, o cara. O artilheiro. O Fenômeno", expliquei. "Tu tá de sacanagem, meu cumpade? Nem brinca com uma coisa dessas", os caras duvidaram. "É quente, porra. Ele tá a fim de tomar uma com a rapaziada. Tá tudo firmeza na área?", perguntei. "Puta merda, irmão. Só vem agora. Deixa com a gente. Vamo preparar uma recepção especial pra vocês", eles confirmaram.

Vejam só, eu sou cria da Penha. Todo mundo me respeita. Ninguém enche o meu saco quando estou na área. Levo meus amigos toda hora pra tomar uma com os chegados que moram lá. É legal pra caramba. Tu ainda não foi comigo, não? Fica tranquilo que tu vai conhecer. Só que naquele dia eu tava mais pra ficar tomando o borbulhante com as *muchachas* tipo exportação que, imagino eu, eram

| 141

amigas da namorada do Ronaldo. Porra, eu queria ficar na cobertura. Ver o pôr do sol dando uma cafungadinha nas modeletes. Chegar com ele na Grota causaria o maior alvoroço. O pessoal ia respeitar, óbvio, mas era o Ronaldo, né? Todo mundo se emociona quando ele aparece. Pode ser na favela ou no Vaticano.

Eu ainda estava meio chateado, não vou negar. Tava tão gostoso na cobertura, caramba. Mas não podia deixar meu amigo na mão. Era o rolê que ele queria, fazer o quê? "Aí, mano. Tá tudo certo lá na Grota. Tu quer ir agora?", perguntei. O prédio dele era na Barra, na avenida Lúcio Costa, famoso pra caramba, e o Rio de Janeiro inteiro sabia que o Ronaldo tinha a cobertura naquela época.

Porra, o Fenômeno de férias na cidade, com a namorada famosa, um monte de amiga maravilhosa e ainda com os parceiros indo visitar o cara. O que tu acha que acontecia? Óbvio, ficava lotado de paparazzi na porta esperando o homem aparecer. Os urubus só de butuca registrando a movimentação. Era uma foda. "Maneiro, irmão. Tu vai indo na frente, então, porque não dá pra gente sair junto", ele respondeu. "Já é. Tá cheio de repórter aí mesmo. Quando eu cheguei tava foda", respondi. "Eu vou saindo. Assim que eu chegar lá te chamo pra avisar, firmeza?", eu disse.

Dei o último gole no meu champanhe. Puta merda, tava geladinho, cara. Uma delícia. Me despedi das queridas. Coloquei a uva que estava no meu *flute*, é assim que chama a tacinha de champanhe, né? Eu não entendo nada dessas frescuradas... Peguei a uva e coloquei direto na boquinha daquela beldade. "Fica com Deus, meu anjo. Vou agilizar umas paradas aí. Até a próxima." Saí em direção à Grota com o coração partido, cara.

Quando eu cheguei no Complexo, foi aquela festa de sempre. Todo mundo vindo em cima. Só que dessa vez a conversa da galera era outra. "Cadê o homem? Porra, ele tá vindo mesmo?", foi o que eu mais ouvi. Geral queria saber do Ronaldo. Que horas ele ia chegar, por que a gente não tinha ido junto? Expliquei que ele iria depois. Não deveria demorar muito, não.

Fomos para o nosso cantinho lá na Grota. Porra, aquele calorão. Já tirei logo a camisa. Cumprimentei meus chegados, abri uma lata de cerveja e derrubei em um gole só. Na época, eu ainda bebia cerveja. O chefe estava fazendo a barba quando eu o encontrei. Fui cumprimentar o Maluco. Ele me perguntou: "Coé, cara. Ele vai vir aqui *mermo*? Tem certeza?". Eu respondi: "Pô, ele disse que ia vir". E ele: "Então, tá bom. Vamos esperar".

A música rolando, cheio de gente. A vista incrível. Barraco que não acabava mais. O dono do morro tinha preparado uma recepção de gala. Tinha de tudo, mano. Parecia camarote das baladas que a gente ia em Milão. Posso falar? Se pá, tava até mais regado. "Aí, meu cumpade. Demos um talento pra vocês. Tu vai querer beber o quê?", um chegado me disse.

Sentei na frente de um baldão de energético. Lotado de latinha. No isopor do lado tinha uísque, vodca, tequila, gim, cerveja... Meu irmão, não tava faltando nada. Só o homem. "Cadê o Ronaldo, Adriano?", o frente me perguntou. "Já tá chegando, meu irmão. Eu tava lá na casa dele. Mas tinha muito repórter na porta. Não dava pra gente vir junto, não."

Começamos a beber. O dominó rolando na mesa do lado. As negas dançando. Tava cheio de "objeto não identificado" de altíssima qualidade ali também, não posso negar. Aquela alegria de sempre. Todo mundo esperando a chegada do meu parceiro. Até eu já estava ficando ansioso para ter a presença dele. O meu copo tinha sido reabastecido umas duas vezes quando ouvi a pergunta num tom um pouco mais impaciente, vamos dizer assim.

O Maluco falou assim: "Porra, Brutão. Cadê o cara? Não vai vir, não?". Já fazia mais de uma hora que eu estava ali. "Calma, sabe como é, ele tava com a nega dele. Já, já, o cara aparece", respondi. Duas horas depois... "Que caozada, hein, Adriano. O Fenômeno não vai aparecer?", fui intimado. O clima na festa estava começando a mudar. A rapaziada toda não aguentava mais esperar pelo maior do mundo.

Fui pro canto. Peguei meu radinho e chamei a fera. *Pri-pri*, era o som que fazia na chamada, tá lembrado? "Aí, irmão. Tá por onde?", perguntei. Uns segundos depois ele respondeu. "Coé, Didico. Pô, cara. Não vai dar pra eu ir, não", ele disse. Puta merda. Me subiu um frio na espinha. "Não brinca, não, meu cumpade. Tá todo mundo te esperando aqui. O chefe montou uma baita festa pra tu", eu falei. "Porra, irmão. Pede desculpas pro pessoal. Na humildade mesmo. Mas não dá pra eu sair. Tem repórter pra caramba aqui na porta. Desde a hora que tu saiu parece que chegou mais câmera ainda", ele explicou.

O pior é que eu sabia que ele estava falando a verdade. Não tinha nem muito como discutir. "Se eu sair agora, os caras vão atrás. Vai dar ruim pra todo mundo", ele completou. "Será que não dá pra tu tentar vir mais tarde? Aqui não vai acabar tão cedo", eu ainda tentei argumentar. "Acho difícil, Didico. Também não quero deixar a tua rapaziada esperando à toa. Melhor jogar a real logo, tá ligado?", ele disse. "Já é, meu parceiro. Eu tô ligado. Fica na paz aí. Aproveita o champanhe", eu disse antes de desligar.

Puta merda. E agora? Vou te falar que até hoje eu acho que o Ronaldo armou aquilo tudo só para me mandar embora da casa dele. Vai saber, né? Foi o que eu pensei na hora. Fiquei desconfiado mesmo. Mas eu tinha um problema maior pra resolver. O que eu ia falar pros caras? Já tava vendo a decepção de geral ali. Óbvio que o meu conceito na comunidade é alto. Os chegados sabiam que eu não era de vacilação. Porra, eu sou cria do Cruzeiro. Mas é que eu tinha falado uma coisa que não ia acontecer. Mesmo não sendo minha culpa, não ia pegar bem para mim. "Aí, rapaziada. Tenho uma notícia chata pra dar pra vocês."

A festa parou, irmão. Parecia cena de filme. Todo mundo se virando pra ouvir o que eu tinha pra dizer. Cortaram até a música. "Infelizmente, o Ronaldo não vai ter como vir mais. Tá sujeira lá na Barra. A imprensa toda esperando ele sair de casa. Vai dar ruim pra gente se ele vier pra cá, sabe como é?"

Porra, tu não imagina a cara de derrota de todos que estavam ali. Puta merda. Se eu tivesse dito que ia jogar pela Seleção Argentina na próxima Copa, os caras não teriam ficado tão putos. Ca-ra-lho! Que roubada, meu irmão. "Porra, Adriano. É quente mesmo?", o frente me perguntou. "Infelizmente, sim, meu parceiro. Me desculpa, de verdade. A festa que vocês armaram está linda. Mas não vai ter como. O Ronaldo mandou as desculpas dele também, com todo o respeito", eu disse. "Bom, já é. Pega nada", ele falou. "Só que é o seguinte. Tu vai ter que tomar isso aí tudinho. Eu comprei isso tudo pro cara", o Maluco falou.

Meu irmão. Eu nem sei quantas latinhas de energético tinha ali. Umas 150? Porra, fácil. O que eu podia fazer? Vai dizer não pra tu vê. "Lógico, cumpade. Vamo beber tudo! É comigo mesmo. Não faria uma desfeita dessas." Soltaram o som de novo e a festa continuou. E pior é que eu bebi, mano. Não foi pouco, não. Chegou uma hora que eu sentia o meu coração batendo na minha língua, mano. Bebi energético pra caralho. Com tudo que você possa imaginar. Uísque, vodca, tequila, gim, até com cerveja eu misturei. Pernoitei com os caras lá na Grota.

O sol já estava grandão quando eu decidi ir pra casa. Puta merda. Meu irmão, não é que eu estava bêbado apenas. Parecia que um raio tinha caído na minha cabeça. Meu corpo tremia todo. Eu não conseguia me controlar. Cheguei na casa da minha mãe me debatendo. Se eu tivesse enfiado o dedo na tomada, teria sido mais leve. Eu estava em curto-circuito. Meu coração batia fora do peito e voltava.

Deitei no sofá da sala. Nem cogitei subir a escada e ir pro quarto. Não tinha como dormir. Fiquei ali me chacoalhando, quando a minha mãe chegou. "Adriano, o que está acontecendo? Tá tudo bem com você?" Porra, não tava tudo bem. Nem consegui responder. "Por Deus. Eu vou chamar o seu tio, vamos pro hospital", ela disse. Só balancei a cabeça indicando que ninguém ia conseguir me levantar daquele sofá.

A Dona Rosilda me trouxe água com açúcar. A vovó preparou um chá sei lá eu de que. Fiquei horas deitado olhando pro teto. Puta merda. Aquele gosto perfumado na minha boca levou umas duas semanas para sair. Nunca mais tomei um gole dessa porra na minha vida.

Mas o Fenômeno tem muito crédito comigo, não vou reclamar dele. Até porque é só eu contar o que ele fez por mim quando eu era moleque que todos vão concordar. Se hoje eu não bebo Red Bull, foi por causa do Maluco. O Ronaldo não apareceu. Tudo que o chefe comprou precisava ter um destino. A missão ficou comigo. Tomei mesmo.

12. *In bocca al lupo*

Vocês imaginam o que é chegar em um país diferente, sozinho, pela primeira vez na vida? E não era pra passear. Não desembarquei em Milão para conhecer a Duomo nem para tirar foto no lago de Como, que é bonito pra caramba. Tu conhece, nega? Então vá, porque é maneiro mesmo. Só que aquele momento foi barra pesada. Eu era um moleque, não sabia porcaria nenhuma da vida ainda. Nunca tinha morado longe da minha mãe nem do meu pai. Viajei com o meu procurador sem ter a dimensão do que estava acontecendo.

Descemos no aeroporto de Milão e fomos direto fazer os exames médicos no centro da cidade. Aquela chatice toda que faz parte do futebol, não tem jeito. Depois dos exames, fomos para a sede da Inter, o Palazzo Durini, que ficava em uma rua elegante de Milão. À noite, finalmente assinei o contrato com o *Football Club Internazionale Milano*. Puta merda! O documento estipulava que eu poderia ser emprestado para outra equipe menor para ganhar experiência.

Naquela época não era comum um moleque sair direto do Brasil e chegar jogando em time grande da Europa. O meu procurador traduziu o que os cartolas disseram na reunião e falou pra eu ficar tranquilo. Basicamente, a história era que, se eu convencesse o treinador de que estava pronto, eu poderia ficar, a palavra final seria dele. Então, beleza. Tava na responsa. Pouca pressão, né? Vai vendo. "Adriano, agora a gente vai no escritório do dono do clube, que também é o presidente da Inter", meu procurador me disse.

Para ser bem sincero eu ainda estava em choque. Só balançava a cabeça respondendo sim para tudo o que me falavam. Metade do que me diziam eu não entendia; a outra metade eu não processava. Eu estava indo com a maré, vamos dizer assim.

O escritório da Saras Energia ficava bem perto da Duomo di Milano, a catedral gótica que é o símbolo da cidade. Tem um monte de loja bacana em volta, uns restaurantes chiques também. Eu vi tudo aquilo da janela do carro e pensei: *minha nossa, tô muito longe de casa*. O centro de Milão é um cenário bem europeu. Tu percebe num piscar de olhos que aquele não é o teu ambiente. Me subiu um frio na barriga absurdo.

Eu tentava me controlar, mas estava com medo, não vou mentir para vocês porque eu não sou disso. Chegamos no escritório da empresa da família do presidente. Era lá que ele trabalhava quando não estava na Inter. Entramos numa sala bem grande. Tinha umas janelas altas, tapetes vermelhos enormes no chão de madeira e umas poltronas de couro bem invocadas. No fundo estava a mesa comprida, em frente a uma estante elegante com muitos livros, troféus e fotos. Atrás dessa mesa vi um senhor de terno e gravata. Ele olhava para mim por cima dos óculos.

O homem tinha cabelos grisalhos penteados para trás. Era um coroa boa pinta, esbelto, com aquele ar de gente bem vivida. E cheirava a cigarro. Tu sabe como é, na Itália todo mundo fuma. O senhor veio logo me cumprimentar com um sorrisão largo. "Benvenuto, Adriano", ele disse. Meu procurador fez a apresentação. "Adriano, esse é o senhor Massimo Moratti, grande industrial italiano e um apaixonado por futebol."

O coroa sorria com todos os dentes para fora. Eu balançava a cabeça com um sorrisinho acanhado e sem graça. Apertei a mão dele com força, olhando firme dentro dos olhos, como todo mundo faz lá na minha comunidade. "*Il ragazzo ha la forza in mano. Voglio vedere con i suoi piedi*", ele brincou, e todo mundo riu. O senhor Moratti começou a falar em italiano e *non ho capito niente*. Eu não falava nem português direito, caramba. Mas o tom era receptivo. Dava para ver que o coroa não estava de sacanagem. Mesmo sendo bilionário – em euros –, executivo famoso e dono de um dos maiores clubes do mundo, ele não me olhava de cima para baixo. Pelo contrário, já nesse primeiro encontro eu consegui sentir afeto.

Tem gente que transmite isso no sorriso, não é verdade? E o sorriso do senhor Moratti é enorme. Nossa reunião foi rápida. As apresentações foram feitas, me falaram sobre a grandeza da Inter e quanto a família dele, dona do clube, tinha respeito pela instituição. Me lembraram que o investimento, embora passional, era sério e de longa data. Eles já tinham o melhor do mundo jogando com eles e contavam que eu pudesse alcançar grandes conquistas com aquela família.

Eu balançava a cabeça dizendo sim para tudo. O senhor Moratti me explicou que confiava em mim. Disse que esperava que eu me adaptasse bem à Inter, mas que provavelmente eu seria emprestado naquele momento por ainda ser muito novo. "Adriano, ele está perguntando se você quer ir jogar um amistoso da Inter contra o Real Madrid, na semana que vem", meu procurador traduziu. Porra, tá de sacanagem? Quem não quer jogar contra o Real Madrid, caramba?

Foi o que eu respondi. "Mas é que existe essa chance de você ser emprestado logo. Por isso, se quiser ficar só aqui treinando enquanto eles decidem, não tem problema", continuou o meu procurador. Irmão, eu não tinha ido até lá só para treinar, né? E também pensei que aquela poderia ser uma oportunidade de mostrar que eu poderia ficar no time. "Fala pra ele que, se eu jogar essa partida, eles não vão querer me emprestar mais", eu disse.

O presidente olhou no meu olho. Me encarou sério mesmo. E soltou o sorrisão... "*In bocca al lupo, Adri! In bocca al lupo*", me disse o senhor Moratti antes de irmos embora. "O que ele falou?", perguntei baixinho para o meu procurador, que me olhou com cara de confuso. Acho que ele também não tinha entendido. Sem me responder, virou para o Moratti e falou alto *Forza Inter!* Todo mundo repetiu o grito. Eu vi que tinha pegado bem e também disse

Forza Inter, meio tímido. O Moratti não se aguentou de tanto rir. Fomos embora.

Na manhã seguinte, fui para o centro de treinamento, La Pinetina, como eles chamam. O primeiro cara que eu vi foi o Vieri. Já bateu aquele choque. Depois me levaram no vestiário e quando eu entrei estavam todos os jogadores por ali. Alguns conversando, outros mexendo no armário, uns trocando de roupa. Fui apresentado ao grupo, sai apertando a mão de todos com o sorriso cada vez mais tímido.

Parecia um sonho. Eu não acreditava que tinha sido contratado para fazer parte de uma equipe como aquela. Mas o baque veio de verdade quando vi o Ronaldo. Pensei: *ca-ra-lhoooo!* Ele também era novinho, o penta com o Brasil ainda estava por vir. Acontece que o Fenômeno já tinha sido eleito melhor jogador do mundo. Duas vezes. Trocamos uma ideia rápida e de cara eu senti que nos tornaríamos bons amigos. Me lembro que o Ronaldo falou muito bem do clube. Disse que eu estava no lugar certo, que a equipe estava evoluindo e que eu ia aprender bastante na Itália. A única coisa, ele alertou, era que o futebol jogado na Série A era muito diferente do que eu estava acostumado no Brasil. Eu precisaria de paciência.

Adaptação é algo incerto. Alguns fecham os olhos e já saem fazendo o que tem que ser feito. Outros acabam apanhando muito antes de entender como as coisas funcionam na Europa. Às vezes, é mais complicado resolver os problemas que aparecem fora do campo. Com a bola, a gente sempre se entende. O duro é o que está por trás dela. Alerta feito, o Fenômeno pegou as coisas dele e foi para a fisioterapia. Ele ainda estava se recuperando daquela lesão horrível que tinha sofrido no joelho mais de um ano antes.

Me deram um armário. Entregaram o uniforme. Avisaram que iríamos para o campo em meia hora. A minha apresentação para a imprensa ficaria para depois. Os jornalistas já estavam curiosos para conhecer o moleque que vinha do Rio de Janeiro para ajudar na ausência do Fenômeno. Puta merda. Tinha me esquecido dessa parte.

Um momento tão especial. Para que estragar, cara? "Não dá para falar com os repórteres mais pra frente?", perguntei para o meu procurador. "Claro que não", foi o que ele me respondeu. "Mas eu nem falo italiano. Vou entender nada que os caras estão dizendo", rebati. Foi nessa hora que me apareceram com uma pessoa que se tornaria uma grande companheira nos meus anos na Itália. "Oi, Adriano. Tudo bem? Seja bem-vindo. Eu sou a Carlota, trabalho aqui na comunicação da Inter."

Quem já morou no exterior sabe o alívio que dá encontrar outro brasileiro no trabalho. Principalmente nos primeiros dias, quando tudo ainda é bastante confuso. Eu tive essa sorte de cara na Inter. Além do meu ídolo no futebol, ainda conheci uma garota muito simpática e que também era do Rio de Janeiro. Carlota era uma das poucas mulheres que trabalhavam no clube naquela época. Já chegou se apresentando, falou pra caramba, disse que eu ia gostar da cidade, que a família dela era de imigrantes italianos, que tinha ido para Milão estudar moda, mas acabou caindo no futebol. Inevitável.

Ela era tão sortuda que no fim pôde até escolher em qual clube queria trabalhar: Inter ou Milan. Acabou do lado certo da história, porque os parentes eram interistas, e também por conta do Ronaldo, óbvio. Quem não queria estar perto do Fenômeno? Sorte a minha. "Cara, eu vou te ajudar nas entrevistas. Fica tranquilo que o italiano é fácil, você vai aprender logo. Mas enquanto não aprender eu vou traduzindo", ela disse. Gostei da garota. Sério mesmo.

Os primeiros treinos foram tranquilos. Conheci o técnico, que na época era o Hector Cúper. Argentino é sempre meio marrento à primeira vista, sabe como é… Por incrível que pareça, eu me dou bem com todos. Ou praticamente todos. Tivemos uma conversa rápida. O Cúper, de braços cruzados na beira do campo, começou a perguntar sobre a minha experiência no Rio.

Expliquei que estava sendo treinado pelo lendário Mario Lobo Zagallo antes de chegar na Itália. Falei que tinha sido campeão carioca, que o Flamengo tinha muitos jogadores de qualidade e que, aos poucos, eu estava lutando pelo meu espaço no time, antes da transferência. "*Mira vos! Bueno, acá tenemos tipos fuertes tambíen*", ele respondeu com sotaque portenho.

Sem falar nomes, apontou para Vieri, Recoba, Sukur, Ventola e Kallon. Só não apontou para o Ronaldo Fenômeno porque ele não estava correndo no campo naquela hora. O recado estava dado. A Inter tinha atacantes de sobra, e o garoto da Vila Cruzeiro teria que suar muito para conseguir qualquer coisa ali. Tranquilo. Nenhuma etapa da minha carreira tinha sido fácil até o momento. Eu não esperava moleza na Itália.

A Carlota já estava na beira do campo me esperando quando o treino terminou. "Está pronto?", ela disse. "Pronto pra quê, garota?", eu respondi. "Ué, para a sua primeira entrevista na Itália, cara. Eu vim aqui só para isso. Meu trabalho é na sede do time, lá onde você assinou o contrato. Os jornalistas estão na sala de imprensa te esperando." Mais aquela agora... Eu já tinha até esquecido que precisava fazer essa coletiva. Nunca gostei de falar com jornalista. É sempre uma casquinha de banana atrás da outra esperando a gente escorregar. Mas não tinha jeito.

Começamos a ir para a sala de imprensa. Cruzamos o CT inteiro, vários campos bem cuidados, um silêncio absurdo, era um lugar muito bonito. Eu nunca tinha visto uma estrutura de futebol daquelas. E a minha garganta foi fechando no meio do caminho. Outra vez a bola de gude gigante entalada. Falar com jornalista nunca foi a minha, cara. Eu repeti a quinta série três vezes. Como eu ia dar entrevista em italiano? Não fode.

"Que cara amarrada é essa, Adriano?", a Carlota percebeu que eu não estava nem um pouco a fim de participar daquilo tudo. "Nada não. É que eu não gosto de entrevista", respondi. "Tu não vai me dizer que é tímido, né? Um cara desse tamanho, poxa", ela me provocou. É, parceiro. As minas do Rio são foda mesmo. Adoram ficar te tirando desde o primeiro minuto que te conhecem, por isso que eu gosto delas.

Fala a verdade, Letícia. Tu não é assim também? Tô vendo tu provocar teu namorado desde que chegou aqui em Búzios. Não brinca, não, hein! Ainda mais tu que é curimbeira... Brincadeira, querida. Não me leva a sério, não. Felipe, explica pra ela que o meu jeito é assim mesmo. Estou só brincando.

Enfim, continuando aqui. Eu respondi pra Carlota que, apesar do tamanho e de chamar a atenção onde eu chegava, nunca fui de ficar com conversinha mole. "Sou tímido, sim, caramba. O que tamanho tem a ver com isso?", rebati. "Ih, melhor perder essa timidez logo. Jogador de futebol, atacante, brasileiro, grandão e na Inter. Todo mundo vai ficar em cima de você. A não ser que você não saiba fazer gol. Aí eles te esquecem rapidinho mesmo. É o seu caso?"

Eu nem tinha dado liberdade pra ela ainda... "Desamarra essa cara, garoto. Fica tranquilo. Nem tem tanto jornalista assim", ela disse. Chegamos na sala e de fato não estava cheia de repórteres. O assunto no clube naquele verão não era o menino que vinha do *Flamenco* (é, os caras erram até isso). Sentei com a Carlota ao meu lado. A entrevista começou e terminou rápido. Fizeram meia dúzia de perguntas sem muita importância e pronto.

A única que lembro assim mais em detalhes foi quando me questionaram se eu tinha medo de ser transferido logo porque a Inter já tinha bons jogadores na minha posição. Porra, maluco vem me perguntar se eu tenho medo? Olhei aquela sala toda arrumadinha. Pensei no campo que eu tinha treinado momentos antes. Na estrutura do CT. No escritório elegante do Moratti. Nas boutiques e restaurantes da Duomo. No perfume adocicado que eu sentia em todos os lugares em que entrava desde que pisei fora do avião. E aí lembrei do Complexo do Alemão, da igreja da Penha, do CT do Flamengo e de tudo que eu já tinha passado até ali. Tá certo...

O repórter deixou claro que não sabia porra nenhuma sobre mim. Respondi com calma e devagar, olhando para a Carlota. Ela anotou palavra por palavra para poder traduzir. "Não tenho medo. Sou um atacante clássico brasileiro, com bom drible e boa técnica individual. Acho que tenho em comum com o Ronaldo a determinação em marcar gols, mas obviamente ainda tenho que melhorar muito para poder me comparar ao 'Fenômeno'. Não temo as pressões do ambiente. Ter jogado no Flamengo, que é um dos times mais vencedores do Brasil, com certeza me preparou muito. Chego a Inter com a esperança de ficar em Milão. No entanto, mesmo que seja emprestado, não criarei problemas, mas farei de tudo para merecer ser chamado de volta aos Nerazzurri nas próximas temporadas." Os repórteres me olharam satisfeitos com a resposta. Levantei com a Carlota e fomos embora. Ufa. Um problema a menos.

13. Favelado no Bernabéu

O meu procurador caiu fora logo depois, me deixando oficialmente sozinho na Itália. "Agora é contigo, garoto. Segue as instruções deles, joga o teu futebol e se concentra na missão. Vai dar tudo certo", foi o que eu ouvi. Bom, para ser sincero não tinha como me concentrar em nada mais além da bola. Na época, eu não sabia falar italiano. Me mandaram para um hotel, e eu ficava lá o tempo todo. Só saía para ir até o clube.

Os treinos eram quase sempre pela manhã, então eu chegava logo cedo no CT e ficava por lá até praticamente me expulsarem. Treinava forte mesmo. O Cúper era muito simpático comigo e me recebeu bem a pampa, como também fizeram os jogadores. Sei lá, acho que viram aquele molecão com cara de perdido e decidiram ajudar, vai saber. E eu também sei chegar, né, cumpade?

A comunidade te ensina isso muito bem. Coisas pequenas que fazem a diferença. Como apertar a mão de todo mundo firme, olhando no olho, por exemplo. Enfim, quando o Cúper e a equipe dele encerravam os trabalhos do dia, eu ficava no campo treinando faltas. Sempre chutei forte. Eu subi para o profissional do Flamengo assim, com aquela paulada na trave que o Juan comenta até hoje. Eu sabia que para mostrar algo diferente no meio de tanto nego brabo, eu tinha que investir na canhota matadora.

E eu não treinava sozinho, o Seedorf e o Materazzi também gostavam de ficar no campo até mais tarde. Era um festival. Só pedrada, tapa nojento, bola na caixa, puta merda, lindo de ver. Eu soltava os meus foguetes. Nem todos iam na meta, não vou mentir pra vocês porque eu não sou disso. Mas quando eu acertava, esquece. Não dava nem tempo pro goleiro pular. Não sei o que aconteceu, mas naqueles primeiros dias eu estava acertando quase todos os chutes.

Parece coisa de Deus, né? Parece, não. É coisa de Deus, com certeza. E o Seedorf me olhava. Tá ligado que a esposa dele era brasileira, né? O negrão já falava português bem antes de vir jogar no Botafogo. Ele ficava ali comigo e me incentivava. Toda vez que eu acertava um balaço, ele olhava pra mim espantado. Porra, aquilo me deixava feliz pra caramba, sem sacanagem.

Eu não tinha nenhum outro lugar para ir nem nada para fazer além de treinar. Ficava no campo até o último minuto possível. Quando acabávamos o trabalho, eu ia para o refeitório do CT e comia feito um condenado. Aquele buffet farto, cheio de massa, carne, peixe, salada, puta merda. Tinha o que tu quisesse. Não sei nem como os caras não decidiram descontar do meu salário, porque eu dei um desfalque ali. Comida boa mesmo.

Com a pança cheia e de banho tomado, eu voltava para a minha "casa", no Grand Hotel Brum, um cinco estrelas bem tradicional e careta. Zero agitação. Alguns jogadores da Inter costumavam ficar hospedados por lá, normalmente os que tinham acabado de chegar à cidade, como eu. Eu ficava no meu quarto sozinho. Televisão, esquece. Só programa de auditório em italiano, ou documentário. Eu não entendia muita coisa.

Até tentei sair algumas vezes para passear, mas, porra, como? Eu não sabia falar nada. Não tinha ideia de onde ir. Meu hotel ficava perto do San Siro. As ruas lá são praticamente vazias. Não é como na comunidade que você abre a porta de casa e já tem aquele movimento todo. É um silêncio desgraçado, puta merda. Tem pouca gente andando na rua, sempre de cabeça baixa, passando do seu lado sem te olhar. Fora isso, nem pedir comida eu sabia.

À noite, só tinha uma opção no cardápio do hotel para mim. A única que eu conseguia falar pelo telefone. Que agonia. Eu apertava o nove e ligava para a recepção. Minha garganta travava de tanta ansiedade só de ouvir o sinal. "Pronto!", dizia a voz que vinha do outro lado. "Tchau. To-to-to-tós-ti per favore", eu gaguejava. "Prego?", ninguém entendia nada. "Tós-ti. Tós-ti. Tre tosti. Una Coca-Cola" era tudo que eu conseguia dizer. Eu tinha aprendido que *tosti* era uma espécie de misto quente. E Coca-Cola é Coca-Cola em qualquer lugar do mundo.

O pessoal do hotel acabava me entendendo e meia hora depois entregavam três mistos quentes e um refrigerante no meu quarto. Toda santa noite a mesma coisa. Imagina isso. Os funcionários deviam pensar que eu era maluco por salame e queijo. Tava difícil, mas eu não tinha saída. Sentia que aquela oportunidade era pra valer, e eu não estava enganado.

Uma semana depois, ainda na pré-temporada, fomos para a Espanha jogar o amistoso contra o Real Madrid. Eu já estava acostumado com o Maracanã, mas entrar no Santiago Bernabéu lotado foi uma sensação incrível. Tu vê aquela multidão cantando em outra língua, todo mundo de branco. Só de falar já me arrepiei, olha aqui. Me deram a camisa 14. Ótimo. Poderia ter sido qualquer número.

Quando eu me vi com aquela peita no espelho eu não conseguia acreditar. Caralho. Um favelado. Lá da Vila Cruzeiro. Com a camisa listrada de azul e preto que o Ronaldo também usava. Eu não me segurava de tanta alegria. E ali eu aprendi uma lição que carrego comigo até hoje. Quando você está bem, se sentindo com a cabeça boa, no lugar, confiante, você faz coisas que vêm de dentro. Você não precisa nem pensar muito. A sua cabeça tem uma ideia e o seu corpo responde na hora. Foi o que aconteceu com aquele moleque de 19 anos na estreia dele pela Internazionale, um dos maiores times do planeta, jogando contra o Real Madrid, no lendário estádio Santiago Bernabéu.

Felipe, pega mais um pouco de gelo pra mim, fazendo favor. Isso, pode encher o copo. Só de lembrar isso tudo me deu uma sede danada. Espera, querida. Claro que eu vou terminar a história. Só estou dando um talento no meu danone aqui. Aproveita e pega um guaraná pra mim, com todo o respeito. Obrigado, meu anjo. Cadê o meu isqueiro? Porra, tá no meu bolso.

Enfim, como eu ia dizendo, eu estava tão feliz que não senti porra de nervosismo nenhum. Pode olhar na internet que vocês vão ver que eu não estou mentindo. O Cúper me chamou para entrar quando o jogo já estava no finalzinho, empatado em um a um. Se pá, acho que eu não tive nem dez minutos em campo. Também não precisava mais do que isso. A primeira bola que eu recebi, já tentei uma caneta pra cima do jogador do Real Madrid, que só não levou aquele presentinho pra casa porque me acertou uma ombrada e eu caí. Falta.

O Seedorf colocou as mãos na cabeça e me deu aquela olhada de aprovação, como ele vinha fazendo nos treinos. Segunda bola. Lançam para mim lá da defesa. Eu mato no peito com categoria, puxo com a esquerda para dentro e já armo a jogada de ataque, que a defesa acaba cortando. Pode procurar. Tu vai ver que coisa linda, cara. Eu mostrei as garrinhas sem nenhuma timidez. Por Deus. Terceira bola. Lançamento de novo vindo da nossa defesa. Eu disputo com o jogador do Real, ganho, é claro, e a bola fica com o Ventola, que dispara pela lateral direita. Eu acompanho a jogada por dentro. Entro na área no meio de dois zagueiros. O Ventola cruza certinho na marca do pênalti. Eu vim na velocidade e não precisei nem pular. Testada seca, pra baixo, como ensinam os bons atacantes.

Puta merda. Passou tirando tinta da trave. Quase marquei o meu primeiro gol com a Inter. A torcida no Bernabéu estava enlouquecida com aquele calor que a gente estava dando no time deles. Tudo bem, era pré-temporada, torneio amistoso, mas o torcedor não quer saber dessas coisas, né? E eu me sentia cada vez melhor. A placa subiu mostrando que o juiz daria mais três minutos de jogo. Aí eu te pergunto o seguinte: em dois minutos eu perdi a minha virgindade. Em trinta segundos eu marquei meu primeiro gol pelo Flamengo. O que eu não poderia fazer em três minutos naquela partida? Porra, era tempo de sobra, meu chapa.

Nem preciso dizer que lançaram a bola lá da nossa defesa, mais uma vez, e lá estava eu, sozinho, no campo de ataque contra quatro jogadores do Real Madrid. O primeiro que veio para cima tentar tirar a bola de mim chegou feito um boi doido. Ele queria ganhar na dividida. Tadinho. Apresentei meu cotovelo esquerdo para ele. Foi pro chão. O segundo nem me viu direito. Quando percebeu, estava caído de bunda. Daquele jeito que quando acontece na várzea vira uma gritaria danada, nego jogando copo de cerveja pra cima e o alambrado quase vindo abaixo.

Quando o terceiro defensor chegou, eu já estava dentro da área. Cortei para o meio e ele esticou a perna feito uma bailarina do Faustão. Nessa hora, eu nem pensava mais no que estava fazendo. Sério mesmo. Óbvio que eu já revi esse lance milhões de vezes no YouTube. A única coisa que eu me lembro mesmo foi da conversa que aconteceu depois que o quarto jogador do Real Madrid me derrubou. Quer dizer, derrubou, não. O fulano me deu um carrinho que se tivesse aquele negócio de VAR, é VAR que chama, né?, ele teria tomado vermelho direto. Eu saí voando uns dois metros. Só assim conseguiram me parar.

Falta na meia lua, bem pertinho da linha da área. Por pouco eu não fiz um gol de placa no Bernabéu. Mas tudo bem. Minha apresentação estava feita. Quem era esse brasileiro que chegou ontem na Inter e está jogando como se fosse uma pelada do Ordem e Progresso? Muito prazer. Adriano Leite Ribeiro. Filho de Dona Rosilda e do Almir, o Mirim, eles formavam o casal mais ponta firme que você já viu na vida. Minha galera me chama de Pipoca. Pergunta para a minha avó, Dona Vanda, o porquê. Mas vocês podem me chamar de Adriano mesmo. Minha missão naquele dia já estava cumprida. Mas eu ainda não estava satisfeito.

Começou aquela conferência típica dos jogadores antes da cobrança de uma falta importante. Eu é que não ia me meter naquilo. Fui saindo de lado, na minha. O Materazzi veio berrando lá da nossa área: "Eu vou bater!". Porra, o Materazzi é grosso pra caralho, tá?

Zagueirão desse tamanho, maior que eu. A porrada come com ele. O cara veio gritando em italiano algo que eu não entendi muito bem. Mas estava claro que ele queria a bola e que não era para eu me meter.

Porra, eu era moleque e tinha acabado de chegar no clube, você acha que eu ia levar uma com o cara? Negativo. Recuei e fiquei quietinho. Até que o Seedorf berrou do meu lado: "Adri! Vieni qua!". Eu cheguei e fui conversar com ele. "Quer cobrar?", ele perguntou. "Posso bater? O Materazzi pediu, mas se deixar, eu vou. Eu posso?", perguntei. O Seedorf falou que sim, que era pra eu ir. Ele colocou a mão no meu ombro e virou pro Materazzi: "Não. Quem vai bater é o Adriano". Olha só. O Materazzi não deu nem um piu. Se afastou quietinho. Tu acha que ele iria bater boca com o Seedorf? Melhor não... Quem tem mais moral? O negrão é foda. Sete por cento de gordura corporal. Imagina. Só tinha pele e músculo aquela merda. Merda é modo de falar, tá? Com todo respeito porque eu gosto muito dele.

Bom, depois daquilo tudo, só me restava fazer uma coisa: o gol. Tomei distância. O juiz apitou. Respirei fundo. E disparei o foguete. A canhota abençoada não decepcionou. Bati no canto do goleiro mesmo. A bola saiu tão forte que explodiu no travessão e entrou. Beijo do gordo! É Deus, cara. E eu te falo isso porque noção de direção eu tinha, claro. Mas eu não mirei porra nenhuma, não. Nem sabia que sairia tão forte assim. O Casillas ainda tentou ir na bola. Não vai, não, filhão. Não adianta. Gol da Inter. Gol da vitória. Meu primeiro na Europa. Porra. Quando eu poderia sonhar com uma situação dessas, me fala a verdade? Voltei para Milão sabendo que tudo daria certo.

O dia seguinte, já em "casa", me mostrou um pouco de como as coisas funcionam na Itália em relação ao futebol. Cara, sem exagero, todas as capas de jornal tinham o meu nome e a foto do meu gol. Liguei a televisão no quarto, e lá estava o tiro de canhão que deixou o Casillas sem entender nada. Passava em repeteco. Não sei o que os caras estavam dizendo nos programas de mesa-redonda, porque eu ainda não entendia nada de italiano. Mas era algo positivo.

Colocavam a imagem do Cúper. Depois do Moratti. E eu entendia que estavam debatendo se eu deveria ser emprestado ou não.

Meu procurador me ligou do Brasil, contando as boas-novas. Depois do jogo em Madri, estava chovendo oferta de clube europeu para eu ir embora. "Talvez seja bom, Adriano. Vai ser difícil para você conseguir jogar na Inter agora, essa é a realidade. Você não quer ir pra França?" Complicado. Eu tinha acabado de chegar. Ir para outro lugar assim não era o que eu queria. A minha ideia era jogar no San Siro, fazer gol com o Ronaldo, mostrar que eu era bom o suficiente para aquele time. "Melhor ganhar rodagem e experiência em um time pequeno. Assinamos um empréstimo e depois você volta. Você ainda é muito novo, tem a carreira inteira pela frente", ele insistiu.

No fundo, eu sabia que aquela conversa fazia sentido. Uma coisa é verdade: jogador nenhum gosta de ficar no banco. Pior que ficar no banco é nem ser relacionado. Foi isso que aconteceu comigo no primeiro jogo oficial da temporada. Assisti da arquibancada a estreia da Inter na Série A. O Giuseppe Meazza estava lotado. O placar foi quatro a um pra gente contra o Perugia. Dois gols do Vieri e dois do Kallon, os caras que eu teria que derrubar, por assim dizer, para poder jogar.

É, negão, a parada ali era outro nível. Se eu fiquei com medo? O que é isso, garota? Virou jornalista italiana? Eu hein... Vai dar um mergulho lá na piscina porque tu tá delirando. Depois conta pra gente se a água está gelada... Brincadeira, querida. Ô, Felipe, fala pra ela não me levar a sério, não, cara. É tudo na amizade aqui. Enfim, não, querida, eu não fiquei com medo. Eu estava preocupado porque no Flamengo eu também não era escalado em todos os jogos. E por mais que eu fosse novo, eu queria jogar. Não tem essa de ter paciência, entende. Tu fica ansioso mesmo para entrar em campo.

Vou te falar, eu cogitei ir para outro lugar naquela temporada. Liguei para o meu procurador de novo. Perguntei como estavam as negociações, e ele me disse para ter calma, a Inter ainda estava analisando. Futebol é foda. A real é que o jogador não tem quase controle nenhum sobre o que acontece com a vida dele. Aos poucos, porém, ficou claro que a equipe não me emprestaria naquela janela de transferências. Acho que até o Moratti ficou entusiasmado com os dez minutos que eu tive no Santiago Bernabéu. Não faria mal nenhum me deixar no time pelo menos até o inverno.

Continuei em Milão do mesmo jeito que eu cheguei, largado no meu quartinho cinco estrelas de cortinas rosa, carpete rosa, roupa de cama rosa, papel de parede rosa e móveis de mogno. Puta merda. Era do treino para o Grand Hotel Brum. Todo santo dia. Eu já não conseguia nem esconder que estava passando mal. Até peso eu perdi.

Na Europa é assim, cara, ninguém se preocupa contigo, não. É cada um na sua, tem que se virar. No jogo seguinte, fui convocado, fiquei no banco e, se não me engano, ainda entrei um pouquinho no final. Eu sei que estava bem complicado para mim lá no hotel. Eu ligava para a minha mãe todas as noites, como faço até hoje. Chorava um pouco as pitangas, mas não reclamava muito para não deixar a coroa preocupada.

Um dia, eu já estava arrancando os cabelos. Para de rir, garota, naquela época eu ainda tinha bastante cabelo, sim... Enfim, eu estava agoniado no Grand Hotel Brum, essa que é a verdade. Até o carpete me irritava. Nada contra o lugar, não me leve a mal. Mas eu estava acostumado a outra realidade, entende? E aquela ansiedade de saber se jogaria ou não, o que aconteceria comigo, se eu realmente tinha qualidade para estar ali, tudo isso ficava rodando na minha cabeça.

Porra, eu passava tarde e noite sozinho no quarto do hotel e os pensamentos não paravam, era uma sequência atrás da outra. Eu lembro que um dia fiquei tão agoniado que decidi dar uma volta. Desci na recepção e pedi um táxi. Falei que queria ir para a Inter. "La Pinetina?", o cara me perguntou. "Não!", respondi, "Inter, lavoro, Duomo." O sujeito, felizmente, era esperto e entendeu logo. "*Ah, ufficio? La sede centrale, Palazzo Durini.*" Isso!

Eu falei pra vocês, o italiano não é tão complicado. Acho que falar inglês é mais difícil. Mas também não sei por que eu não falo inglês. O que importa é que pouco depois eu cheguei ao prédio da Inter, no centro de Milão. Na verdade, aquele era um lugar que os jogadores não costumavam frequentar. A moça da recepção ficou até espantada quando me viu. Não sei se me reconheceu como jogador do clube, ou não, mas ela me olhou bem estranho.

Com alguns gestos, consegui explicar para ela que eu queria falar com a Carlota, da comunicação. Nem me deixaram entrar, acredita? Fiquei sentado na recepção esperando a minha nova amiga. Pouco depois, ela apareceu, assustada. "Está tudo bem, Adriano? O que está acontecendo?", ela me perguntou. "Nada demais. Eu só vim te dar um oi mesmo", respondi. "Sério? Você veio lá do hotel até aqui para me dar um oi?", ela disse. "Sabe o que é, na verdade eu queria comprar uma calça. Eu não trouxe muita coisa do Rio para cá. E também o que eu trouxe já vi que não combina muito com a moda italiana. Tem como você me ajudar a comprar uma calça?", expliquei.

Ela caiu na gargalhada. Porra, fiquei sem graça pra caramba. "Ei, tá rindo de quê, garota? Se você está muito ocupada não precisa ir, não", retruquei. "Calma, Adriano. Estou rindo porque eu me assustei quando avisaram que você estava na recepção. Achei que era algo importante", ela falou. "Eu já terminei o que tinha pra fazer hoje. Vamos comprar a sua calça, sim. Deixa eu subir lá de novo para pegar a minha bolsa e avisar que estou saindo para te ajudar."

Caminhamos pelo centro de Milão. Pô, vocês têm que ir um dia lá, sem sacanagem. Tem cada loja, irmão. Entramos em várias. Parecia aquele filme americano lá, como chama mesmo? Daquela atriz ruiva, bonitona. Tu não lembra não, Letícia? Olha quem desceu... Bom dia, Bruno! Tá recuperado, meu parceiro? Deu trabalho pra tua nega ontem, né? Sentem os dois aqui com a gente. Estamos contando as histórias de quando eu cheguei na Itália. Vocês vão lembrar, com certeza.

Qual o nome daquele filme que a menina faz um monte de compras e o namorado dela vai junto na loja? Atriz ruiva e o ator grisalho. Como chama mesmo? Isso, Thamyres! Esse mesmo. *Uma linda* *mulher*.* Porra, tu não viu, não, Letícia? Nem tu, Felipe? Caramba, vocês são muito novinhos... Então, eu com a Carlota em Milão parecia *Uma linda mulher*, só que a mulher era eu, no caso. Não ri, garota! Tô brincando, pode rir, sim. Mas quem estava pagando a conta era eu. A Carlota traduzia o que eu precisava para as vendedoras.

Enquanto eu provava uma roupa e outra, a minha amiga me ajudava a escolher. "Pega essa, Adriano, tá gato. Essa, não. Ficou muito larga. Combina com aquela ali", e assim passamos o resto da tarde. Poxa vida, vou te falar que aquele momento me fez bem. Eu precisava dar uma descontraída, sabe? E a Carlota era engraçada. Foi bem bacana da parte dela. "Adriano, sabe que agora vai começar uma fofocaiada no clube, né?", ela me disse enquanto tomávamos um *gelato*, que segundo ela era o melhor da cidade. "Fofocaiada por quê?", eu não tinha entendido. "Cara, isso que você fez não é normal. Os jogadores não vão lá na sede perguntar pelas funcionárias. Agora todo mundo já vai achar que a gente está se pegando", ela disse. "Tu se importa com isso?", respondi. "Nem um pouco. O importante é que você esteja bem", a Carlota falou. Então... Tudo certo.

Fiquei triste quando começamos a nos despedir. Até que a Carlota puxou o assunto. "Está tudo bem lá no hotel? Você está precisando de alguma coisa?", ela perguntou. Expliquei que o lugar era muito bom, sim, mas que eu não estava mais aguentando ficar lá sozinho. A pior parte era a hora do jantar. Eu não podia mais ver sanduíche de salame e Coca-Cola na minha frente.

"Caramba! Você está comendo isso todas as noites desde que chegou?", ela ficou preocupada. "Não, cara. Isso não pode. Olha só, quer ir jantar lá em casa? A minha mãe mora comigo. Ela cozinha bem. Vamos lá que eu já te apresento. Você vai gostar dela". Parece pouco, mas esses gestos são muito importantes quando a gente é novo em um lugar. Aceitei na hora.

---

* *Uma linda mulher*. Direção: Garry Marshall. EUA: Touchstone Pictures, 1990.

A Carlota falou para pegarmos o ônibus que seria mais rápido que chamar um táxi. Imagina isso, eu andando de transporte público em Milão. Porra, para mim não tinha novidade nenhuma. Tinha passado os últimos doze anos andando de busão todos os dias no Rio. O engraçado é que alguns anos depois eu não poderia nem sair de casa na Itália por causa do tanto de fotógrafo que ficava me perseguindo. Eu mal sabia o que me esperava...

Naquele dia, não tivemos problemas porque eu ainda não era conhecido. Mesmo assim, muita gente ficou me olhando. Eu já tinha estreado com aquele gol no jogo contra o Real Madrid. Me lembro que estávamos em pé no ônibus, e eu percebi que um sujeito não parava de me encarar. Olhou tanto que eu comecei a ficar incomodado. "Se liga nesse cara, Carlota. Tá me olhando desde que a gente entrou. Eu, hein!", eu disse apontando para o fulano com o olhar. "Pode ser que ele tenha te reconhecido", ela falou. "Pode ser. Mas ele está me encarando meio torto. Não estou gostando", rebati. "Poxa, Adriano. A gente está na Itália. Um negão desse tamanho no meio do ônibus... chama atenção, não tem jeito. Vamos sentar ali no fundo, olha lá. Vagaram dois lugares."

Chegamos na casa da Carlota, e a mãe dela me recebeu muito bem. Ela preparou uma comida pra gente, eu comi feito um condenado outra vez. Ficamos conversando por horas sobre o Rio de Janeiro, a vida na Itália, como era trabalhar na Inter, essas coisas. A Carlota tinha uma coleção bacana de filmes. Assistimos a alguns DVDs até a hora que eu percebi que ela já estava pegando no sono. "Vou nessa, amiga. Obrigado pela companhia", eu disse. "Já? Não quer tomar outro café? Eu passo um rapidinho pra gente", a mãe dela respondeu. "Não, tia. Obrigado. Estava tudo muito bom mesmo. Eu estou satisfeito. Ainda preciso ligar para a minha mãe antes de dormir. Vocês poderiam chamar um táxi para mim?", eu pedi. Voltei para o meu quarto cor-de-rosa no Grand Hotel Brum feliz da vida. Aos poucos, comecei a me sentir em casa.

14. Convite do Fenômeno

A minha situação só foi melhorar mesmo no dia em que o Ronaldo veio me procurar. Porra, já falei para vocês, eu fui para a Inter sonhando em conhecer o cara. Óbvio, tinha um monte de jogador brabo naquela equipe. Córdoba, Materazzi, Seedorf, Zanetti, Vieri... Só que o meu ídolo de verdade era o melhor jogador do mundo. Logo que eu cheguei no time, a gente ainda não tinha tanto contato. O Ronaldo estava na fase final de recuperação.

 O joelho do homem tinha explodido um ano antes. Se fosse um qualquer, teria se aposentado. Mas não chamamos ele de Fenômeno até hoje por acaso. Eu seguia nos treinamentos tentando entender o que o Cúper queria pra mim. E sempre que podia, dava uma escapada para procurar o Ronaldo na fisioterapia ou na academia. Ele insistia na história de que eu precisava ser paciente. Conversávamos muito sobre o que eu deveria fazer em campo e, principalmente, nos treinos, para conseguir me destacar.

 Na opinião do Ronaldo, eu não podia aceitar um empréstimo para outro time. Meu talento era claro e eu poderia ajudar a Inter a ser campeã outra vez. "O que tu fez no Bernabéu não é pra qualquer um, tá?", ele disse. Existia uma pressão no clube para ganhar títulos porque fazia tempo que os interistas não comemoravam nada. O *Scudetto* era a grande obsessão. A Inter não vencia o campeonato italiano desde 1989, se não me engano.

 Pior, o Milan e a Juventus, que sempre foram os grandes rivais, estavam deitando naquela época. Eu não sabia nada disso. Quem me explicou o contexto todo foi o Ronaldo. "Tu tem que ficar aqui com a gente, Adriano. O time tá pegando liga. Tu vai ser importante", ele dizia. Eu escutava e concordava com tudo. "No fim da temporada, tem a Copa do Mundo. Se tu se destacar aqui, de repente dá até pra beliscar uma vaga com o Felipão. O cara acabou de assumir, ainda está montando o time dele". Porra, aquilo era música para os meus ouvidos.

Eu já tinha sido convocado para a Seleção antes, mas o treinador na época era o Leão. Óbvio que disputar a Copa do Mundo com o Brasil é o sonho máximo para todo jogador. "Tu é moleque ainda, nessa Copa vai ser difícil. Mas se meter uns golzinhos aqui... não sei, não. Lembra que eu fui em 1994, e era mais novo que tu", ele me disse. Sim, mas ele era o Fenômeno. Puta merda. De qualquer maneira, sonhar grande ou pequeno custaria o mesmo. Ter essa ambição na cabeça não me faria mal nenhum.

Na terceira rodada do italiano, fui convocado pelo Cúper, mas fiquei no banco de novo. O jogo era contra o Venezia, em casa. A partida estava esquisita. O Córdoba foi expulso logo no começo, depois teve um cartão vermelho para eles também. E, mesmo assim, a disputa seguia amarrada. O Cúper me chamou para entrar no começo do segundo tempo no lugar do Ventola. Era a chance que eu precisava. Eu teria tempo para fazer a minha estreia oficial, na prática, por assim dizer.

A história foi igual à que eu passei no Flamengo. No meu primeiro jogo oficial, entrei no finalzinho, não entendi bem o que estava acontecendo. No segundo, com mais minutos e numa situação perigosa para o time, eu poderia me destacar. Foi o que aconteceu. Beijo do gordo! Entrei em campo e meti uma bola na trave. Depois, sofri um pênalti que o juiz não deu, aquele safado.

Porra, meu golzinho estava caindo de maduro. O jogo já tinha ido para os acréscimos. Um a um no placar. O San Siro estava bem cheio, e a torcida ficou impaciente. Empatar com o Venezia em casa, com todo o respeito, não é o melhor dos resultados. Estávamos no ataque. Me posicionei bem na quina da área. O Seedorf cobrou o lateral rápido pra mim. A bola quicou na minha frente. Não tive dúvida, matei no peito e, com a esquerda abençoada, meti um chapéu pra cima do zagueiro do Venezia. Saí na cara do goleiro. Era chegado o grande momento. Disparei um balaço com a canhota e... o goleiro dos caras salvou. *Catzo!*

Escanteio pra gente. Último lance do jogo. Porra! Era agora ou nunca. O Seedorf foi pra bola de novo. Eu fiquei pertinho da pequena área, no segundo pau. E a bola veio açucarada. O negrão era foda demais. Parecia que tinha colocado a bola com a mão na minha cabeça, me abençoando. Eu não precisei nem pular. Testei pra baixo com força e... o filho da mãe do goleiro salvou de novo.

Para o azar dele, dessa vez, a bola voltou para a pequena área. O zagueiro deu mole, e eu não perdoei. Fechei o olho, chutei com toda a força que eu tinha e... in-de-fen-sá-vel! Gol da Inter! O estádio explodiu com aquele lance. Fim de jogo, vencemos, e eu me apresentei para a nossa torcida, agora em casa. No vestiário, foi aquela comemoração, todo mundo vindo me dar os parabéns.

Porra, que momento feliz. Não tem como esquecer uma coisa dessas. Olha aqui, estou todo arrepiado. O Ronaldo desceu para comemorar comigo também. "Parabéns, irmão!", ele me disse. "Vai celebrar onde?", ele perguntou. "Pô, não sei, cara. Acho que vou voltar pro hotel mesmo e ligar lá em casa pra falar com a família", eu expliquei. "Nada disso. Vamos lá pra casa. Hoje, você janta com a gente."

Pô, um convite do Ronaldo. Como é que eu ia negar? Não pensei duas vezes. Fomos para a casa dele. O Ronaldo morava muito bem, óbvio. Era um apartamento triplex enorme perto do San Siro. E ele tinha uma estrutura de emocionar. "Caraca, irmão. Tu tem arroz e feijão em casa?", eu não acreditei. "Sim, pô. Tem cozinheira, babá, motorista, tudo brasileiro aqui." O Ronaldo tinha uma equipe completa trabalhando para ele.

Na época, ele era casado com a Milene. Os dois tinham acabado de ter o primeiro filho, o Ronald. "Aceita um guaraná?", a moça que trabalhava na casa me perguntou. "Porra, até guaraná, cara?", eu brinquei. "Deve ser coisa da Milene. Eu não tomo isso, não", ele brincou. Jantamos muito bem. Eu já estava craque em filar a boia na casa dos outros. Mais uma noite sem ter que comer *tósti*. Papai do céu abençoe.

Os dois me receberam como parente já na primeira noite. Me senti em casa mesmo, de coração. Acho que eu estava tão feliz que não conseguia esconder. O Ronaldo, que não é bobo, percebeu. "Como é que tá lá naquele hotel, cara?", ele perguntou. "Olha, não vou mentir para o senhor, não. Tá complicado", eu disse. "Senhor é o caralho!", o Ronaldo riu. "Mas é sério, eu sei como é. Tu tá sozinho lá, né?", ele perguntou. Expliquei que meu procurador tinha ido embora e que por enquanto eu estava morando no hotel.

Além das conversas que o próprio Ronaldo e eu tínhamos no clube, minha única companhia era a Carlota, da comunicação. Mas eu também não encontrava com ela sempre, claro. Contei que todas as noites o meu jantar era *tósti* com Coca-Cola. "Tá doidão, cara? Tu tá jogando em alto nível agora. Não pode fazer isso." Eu já estava no terceiro prato de arroz com feijão quando o Ronaldo soltou o convite. "Tu não quer vir morar aqui com a gente, não?" Eu engasguei na hora.

Sem sacanagem. Porra, como assim? Morar na casa do meu ídolo? Eu não tinha nem roupa para um convite desses. "Olha, se não for um problema para vocês… Eu não quero incomodar", respondi meio sem graça. "Problema nenhum, cara. Tá cheio de quarto aí. Tu fica aqui embaixo. A gente tá lá em cima, com o bebê. Não vai atrapalhar, não. Além disso, tu precisa comer direito e aqui tem estrutura pra isso. Não dá pra ficar lá no hotel sozinho", ele disse. "O lance é você ficar um pouco aqui comigo, eu te apresento um pessoal que vai te ajudar a encontrar uma casa. Precisa comprar um carro também. Quando estiver com tudo resolvido, tu segue o teu esquema."

Caramba, eu nem acreditava. Quanta gente estava me ajudando desde que eu comecei a jogar bola. E agora era a vez do maior craque do mundo me apoiar. É Deus ou não é? "Deixa eu falar com os caras do clube antes para não dar merda. Mas eu tenho certeza de que ninguém vai reclamar, pelo contrário", ele explicou. E assim eu me mudei para a casa do Fenômeno. Adeus, Grand Hotel Brum, muito obrigado por tudo.

Ahhhh, olha só quem apareceu. Bom dia, seu Hermes. Olha os três descendo a escada. Que família bonita. Isso são horas, Dona Raquel? Eu sei, a culpa é do Hermes. Dorminhoco pra caramba. Sempre foi. Desde moleque. E você, boneca? Vem dar um beijo de bom dia no tio. Já desceu até de maiô! Isso aí, tem que aproveitar mesmo. Olha o sol que está fazendo lá fora. Mas só entra na piscina quando a mamãe estiver junto, hein?

Senta aqui, Hermes, puxa uma cadeira. Sim, já abrimos os trabalhos. Tirem as crianças da rua! Cadê teu copo, cara? Tem que aproveitar. Hoje é feriado. Não é não, Raquel? Se não for, a gente diz que é. Para mim não muda. Estou de férias há tanto tempo. Eu tô contando aqui pra eles sobre a minha época na Itália, quando eu tava com o Ronaldo. Não, isso foi mais pra frente. Aquela noite que tu ganhou uns 2 mil euros nossos, não foi? Safado. Tu e o falecido Cachaça. Porra, o Ronaldo não se aguentava de tanto rir. Essa história foi muito boa mesmo.

A gente oferecendo as rosas e tu e o Cachaça se esbaldando na piscina. Não, não vou contar essa agora, não. Depois a gente racha pra eles. Essa história é boa mesmo. Mas foi muito mais pra frente. Eu estava falando da minha chegada na Itália. Acho que vocês não foram em Milão na minha primeira vez por lá, né? Só foi a minha família mesmo. Que foi, Raquel? Não ouvi. Ah, sim. A Luana também foi, né? Verdade. A gente até noivou na época. Mas ela não ficou muito tempo na Itália. Foi só uma visita rápida.

Vocês iam ser padrinhos de casamento? Quem falou isso pra tu? Mentira do Hermes. Tu é mentiroso, hein? Para de conversa, Hermes. Que porra de padrinho, o quê. Vamos mudar de assunto. Cadê o dominó? Puxa aí pra gente jogar. Já está na hora. Vocês estão muito tristes. Quem vai entrar? Nós quatro aqui. As mulheres já estão indo pra piscina, olha aí. Vamos de dupla ou cada um por si? Tá certo.

Só tomem cuidado com o Hermes. Ele rouba pra caramba. Não cai pra grupo, não. Ele é malandro. Gabão de Sena sai. Tá comigo. Toma. Próximo. Vamos, tem que ser rápido. Não é xadrez, não. Isso. Ah, vai de duque mesmo. Tá certo. Deixa comigo. Agora é a vez dele. Acorda, cara. Solta essa tua quina aí. Claro que eu sei o que tu tem na mão. Eu repeti a quinta série três vezes, mas eu gostava de matemática. Se liga porque eu sei contar muito bem. Toma. Compra mesmo.

Tá por uma já, Hermes? Deixa comigo que eu te fecho, safado. Esse aqui não joga mais. Pode guardar tuas pedras aí. Toma! Fechei. Um a zero pra mim. Essa foi rápida demais. Assim que eu gosto. Pra deixar vocês acordados. Embaralha aí que eu vou colocar um som pra gente. Não tô gostando desse silêncio. Porra, meu celular tá desconectado. Felipe, coloca pra gente aí no *tutufi*, com todo o respeito. A caixa está ligada na tomada já. Boa, conectou aqui. Obrigado. Vamos ouvir... Espera, deixa eu ver... Essa aqui pra começar forte já.

Dei tanto amor pra você
Mas você não entendeu
Nem me olhou, nem me viu
Nem me notou, nem sentiu
O amor nascer*

Romântico logo cedo? Não, querida. Eu sou sempre romântico. Didico *sex lover*! Ai, ai, ui, ui. Nem cavalo aguenta! Sim, eu vou continuar a história. Aproveita que hoje eu estou falante. Não é sempre assim, não. Pelo contrário. Conta pra ela, Hermes. Eu sou de ficar falando as coisas? Sou nada. Fico sempre na minha. Quieto. Mais observo do que converso. E quando a sobrancelha aqui sobe. Ihhhh...

---

* "Tempo de aprender". Intérprete: Soweto. *In*: *Farol das estrelas*. Rio de Janeiro: EMI, 1999.

sai de perto porque eu vou explodir. Não consigo nem esconder. Sério mesmo. Só prestar atenção. Subiu a sobrancelha esquerda, quando ela fica toda arqueada, esqueça tudo. Vem chumbo pela frente. Mas quando eu estou assim com os amigos, relaxado, tomando um danone, tranquilo, aí eu gosto de conversar, sim.

E nunca mais vou errar...
*Como errei com você.**

Foi mais ou menos isso que aconteceu na casa do Ronaldo, como eu estava contando para vocês. Depois daquele jantar, quando eu marquei meu primeiro gol oficial, eu me mudei pra casa dele logo na sequência, coisa de um ou dois dias depois. Foi um alívio. Voltei a comer bem. Descansava bastante. Nós íamos juntos para o treino todos os dias. Voltávamos juntos também.

Eu estava há uns dois meses sem conversar direito com ninguém, imagina isso, tirando as vezes que eu encontrava a Carlota. Mas como ela trabalhava no centro e morava longe da minha casa, a gente não se via a toda hora. Porra, com o Ronaldo eu tinha alguém para falar todos os dias. E era alguém que entendia a minha situação. O papo fluía mesmo.

Eu grudei no cara, sério. Era o dia inteiro junto. Eu falava de tudo, da Vila Cruzeiro, do Flamengo, da Seleção. Perguntava para ele sobre a Europa, sobre Milão, sobre os nossos colegas de equipe. Até o nosso patrocinador de chuteira era o mesmo. Eu queria saber como funcionava o esquema nesse nível maior do futebol, como eram as gravações dos comerciais, quem eram as pessoas, quem era perna, em quem dava pra confiar, irmão, eu perguntava tudo. "Adriano, para de falar um pouco, cara", o Ronaldo brincava.

Eu não queria nem saber. O cara estava de toalha fazendo a barba e eu do lado, contando história pra ele e fazendo pergunta ao

---

* "Tempo de aprender", *op. cit.*

mesmo tempo. Às vezes, eu via a Milene olhando pra gente sem entender porra nenhuma. Ela com o Ronald no colo, o Ronaldo comigo a tiracolo. Imagina, um moleque de um e oitenta e nove grudado no marido dela dia e noite. Não deve ter sido fácil de aturar. E ainda tem gente que me pergunta se eu faço terapia, acredita? Porra, pra mim terapia é isso. É conversar com quem eu gosto. Esqueça. Com quem eu não tenho intimidade não funciona. Mas entendo quem precisa fazer, claro. Cada um na sua, tá tudo certo.

Enfim, fiquei alguns meses lá com o Ronaldo, mas soube desde o início que seria temporário. Tinha que ser. Eu também não queria ficar no meio da vida de um casal com um bebê pequeno. Fora que na rotina do Ronaldo já acontecia muita coisa, né? Não é fácil. Futebol é o assunto mais importante da Itália, e o ídolo da Inter não seria poupado, óbvio. Se eu sofria com paparazzi, imagina ele.

Pouco tempo depois, consegui um apartamento para mim. Voltei a ficar sozinho. A vida é isso, né, cara. O que a gente pode fazer? Tem que se acostumar. Tinha uma igreja perto da minha casa, e eu ouvia o sino tocando todos os dias. Aquilo me marcou. O som de Milão para mim se tornou o sino da igreja chamando para a missa. Minha família é protestante, mas, no fim, o lance de rezar e se conectar com Deus é igual em todos os lugares. O que importa é a fé. Aquele sino me lembrava disso. Eu pensava no que tinha que fazer. Mas me batia uma saudade forte de casa. Daquele movimento todo. Queria ver a minha avó e comer o pastel dela. Tu já comeu, Felipe? Pô, conta pra ele, Hermes. É o melhor pastel do mundo. Estou mentindo? Não estou, eu não sou disso.

Eu queria dançar com as minhas tias. Dar risada com os meus tios, sacanear os meus primos. Carregar meu irmão no colo. Dar uma bitoca no meu pai. Pegar na mão da minha mãe. Comer a comida feita pela minha avó. Tomar uma gelada descalço com os meus parceiros. Vestir a camisa do Hang e jogar uma pelada no campo do Ordem…

Sentia muita falta de casa mesmo. Acho que só aguentei a situação porque muita gente no clube me apoiou. Meus companheiros foram sensacionais. O Ronaldo me acolheu. A Carlota me ajudava com tudo que eu precisava. Até para consertar as coisas no meu apartamento era ela quem resolvia. Eu prestava atenção nas pessoas falando o italiano, estudava da minha maneira, e, aos poucos, ia me sentindo menos deslocado.

Mais perto do fim do ano, o Ronaldo finalmente voltou a jogar, e aquilo foi uma alegria. Eu vi de perto uma parte do esforço que ele fez para se recuperar. Não foi pouca coisa. O Vieri, outra estrela da Inter, também se recuperou de uma lesão. Na prática, isso reduziu muito meu espaço no time. E eu entendi. Era a única coisa que poderia fazer, além de trabalhar duro.

Entrei mais alguns minutos naquela temporada, até saí de titular umas vezes na Copa da UEFA, mas o Cúper aos poucos foi demonstrando que eu não teria o espaço que sonhava naquele momento. Tudo isso vai pesando. No íntimo, fica sempre aquela dúvida. Porra, será que eu vou conseguir mesmo? Será que eu tenho qualidade para estar aqui? É foda, cara. A cabeça da gente fica maquinando o tempo todo. E eu quando estou sozinho, como todo mundo, acho, não paro de pensar. Até que chegou o Natal...

Porra, é a tua vez de novo? Hermes, tu tá roubando, cara. Para de sacanagem comigo. Como é que eu estou com tudo isso de pedra na mão? Alguém pulou a minha vez. Foi tu, cara. Não, não. Pode voltar isso daí. Por que eu ia segurar essa quina? Não faz sentido, olha aqui. Vai se ferrar, cara. Aí, não. Isso, volta. Minha vez. Timbora, maluco. Enfim, vai rodando aí que eu quero contar a história, cara. Pronto, fechou de novo, 3 a 1 pro Hermes. Eu comecei a falar aqui e me desconcentrei. Não pode dar mole pra esses caras.

Então, como eu estava contando, chegou o fim de ano, e essa é uma época muito importante lá em casa. Junta todo mundo. Sempre foi assim. A rua 9 ficava lotada porque o Mirim era o cara, né? A tradição começava ali. Na virada do ano também, era a favela reunida na porta de casa. Nesse ano, pela primeira vez desde que eu tinha nascido, eu não ia participar da festa. A família inteira lá na casa nova da Barra da Tijuca, e eu sozinho no meu apartamento.

Um frio do cacete em Milão. Aquela depressão que é o inverno na Europa. Todo mundo de roupa escura, ruas desertas, os dias são muito curtos. O tempo é molhado. Não dá vontade de fazer nada, cara. Juntou tudo isso com a saudade de casa e eu fiquei mal pra caramba. O Seedorf ainda foi parceiro demais. Ele e a esposa iam fazer uma ceia para os mais chegados e me convidaram. Pô, esse cara tem um baita nível. Imagina a ceia de Natal na casa dele. Uma elegância que só vendo.

Estava tudo muito bonito e gostoso, mas a verdade é que eu queria estar no Rio de Janeiro. Nem fiquei muito com eles. Pedi desculpas, me despedi rápido e voltei para o meu apartamento. Liguei em casa. "Oi, mãe. Feliz Natal", eu disse. "Meu filho! Que saudade de você. Feliz Natal. Está todo mundo aqui, só falta você", ela respondeu. Dava pra ouvir as risadas de fundo.

O som alto com o batidão que as minhas tias colocam pra lembrar do tempo que elas eram garotas. O quê? Aquelas lá dançam como se estivessem no baile até hoje. Minha mãe também é a mesma coisa. Eu via a cena na minha frente só de escutar o barulho de fundo no telefone. Porra, comecei a chorar na hora. "Tá tudo bem, meu filho?", minha mãe perguntou. "Está, sim. Eu acabei de voltar da casa de um amigo", contei. "Ah, então você já jantou? Aqui a mamãe ainda está arrumando a mesa", ela falou, "vai ter até pastel hoje."

Porra, aí foi golpe baixo. Chorei mesmo. A pampa. Comecei a soluçar. "Tá bom, mãe. Aproveita, então. Bom jantar pra vocês. Não se preocupa que aqui está tudo certo. Manda um beijo pro meu pai. Depois me conta se o Thiago gostou do presente", eu disse. "Tá bom, meu filho. A gente está sentindo muito a sua falta. Se cuida por aí. Juízo e fica com Deus. Que Deus te abençoe", ela falou. "Amém", respondi desligando o telefone. Eu estava mal. Fui na cozinha e peguei uma garrafa de vodca. Sem exagero. Tomei aquela porra inteira sozinho. Bebi mesmo. Enchi o cu de vodca. Chorei a noite toda. Apaguei no sofá de tanto que eu bebi e chorei.

Mas era isso, né, cara. O que eu podia fazer? Eu estava ali por um motivo. Era o que eu tinha sonhado a vida inteira. Deus tinha me dado uma oportunidade. A vida da minha família melhorou muito graças ao meu suor e de tudo o que Ele fez por mim. E que eles também fizeram. Até que aquele era um preço pequeno que eu tinha que pagar, comparado ao que estava acontecendo e que ainda ia acontecer. Eu tinha essa noção, mas nem por isso deixei de ficar triste.

15. Cadê meus quinhentos euros?

Bora, Hermes. Embaralha essas pedras que eu vou virar o placar. Gabão de sena sai. Porra, a gente está jogando isso há quantas horas, hein? Foda-se, amanhã é feriado e eu estou de férias mesmo. Não é feriado, Raquel? Pensei que você tivesse dito que era. Enfim... Vamos pedir comida? O que vocês acham? Em Búzios tem *Fofude*?
 Não, espera. Um chegado meu da região entrega aqui. Ele faz uma galinhada de primeira. O quê? Elas querem sair, né? A gente pode ir pra praia também. Tem um *bitchi clube*, é assim que fala, né, Felipe? Isso, *bitchi clube*, que é de um parceiro nosso. Podemos ir lá. Tem que ir de carro, óbvio. Tu acha que dá pra descer andando, cacete? Eu, hein. Presta atenção, cara. E ainda que fosse perto, eu não consigo andar a pé em Búzios, mano.
 A galera vem logo em cima e já começa a reclamar do Flamengo, um provoca daqui, o outro comemora dali. Puta merda. Parece até que eu sou jogador ainda. O que eu posso fazer pra ajudar o time, caramba? Tu viu como foi naquela outra noite? Conta pra ele. Você ainda não tinha chegado. A gente desceu pra comer um crepe, as meninas queriam dar uma volta. Minha nossa senhora, não tivemos paz. Parecia que tinham interditado a rua das Pedras. Porra, não consegui andar. Muita gente em cima, cara. E eu não nego foto pra ninguém. Pergunta pra eles. Não foi, não, Hermes? Muita gente, cara. Eu gosto, claro. É o carinho do pessoal, não tem como negar. É que às vezes eu prefiro ficar com os meus chegados quietinho. Eu quero tomar meu danone em paz. Se for pra sair assim, com muita gente em volta, fica complicado.

Pode ver que lá no Rio eu saio pouco. Só vou para a comunidade, pro Naná e de vez em quando a um restaurante para almoçar. Balada? Não me convide. Quer dizer, pode convidar, o difícil vai ser eu ir. Vou nada. Pergunta pro meu irmão. O Thiago reclama pra caramba, fala que eu não saio da toca. Mas eu sou assim, cara. Acho que também tem um pouco de... como que fala mesmo? É, pode ser também, trauma. Os meus anos na Itália não foram fáceis.

Quando começou aquela história de me chamarem de Imperador, complicou tudo. A Itália vive o futebol de uma maneira que a gente aqui nem entende direito. Já contei pra vocês, caramba. Estou falando sério, mano. Quando os paparazzi começaram a me infernizar? É o que eu estou contando, foi na minha volta para a Inter. Naquele momento, eu já era conhecido em todo o país. Tinha ido muito bem no Parma. Fiquei mais de dois anos lá, né? Mas antes disso teve a Fiorentina. Então, era o que eu estava explicando.

Eu fiquei seis meses na Inter logo que cheguei na Europa. Foi até a pausa de Natal e Ano-Novo, que eu passei sozinho no meu apartamento chorando de saudades do Rio. Foda. Depois disso, a Inter aproveitou para treinar na Espanha, onde estava um pouco mais quente. Aquele inverno de Milão é pesado, parceiro. Nem eles, os italianos, aguentam.

Eu fiz a intertemporada com o time lá na praia, mas já estava bem claro que eu não ia ficar. Até me perguntaram se eu gostaria de voltar para casa e passar uns dias com a família, mas eu achei melhor continuar treinando. Para que ir até o Brasil só para fazer um bate e volta? Não ia matar a saudade desse jeito, e eu estava concentrado em conseguir algo bom na Itália.

Vários clubes procuraram o Moratti para tentar o meu empréstimo. Veio proposta de muitos lugares, e o meu procurador me chamou para explicar. "Adriano, é melhor a gente ir para outro time mesmo. A Inter gostou de você, mas querem te dar mais rodagem", ele disse. Eu já estava sem jogar há quase dois meses. Sem jogar, não. Nem no banco eu ficava mais. Eu roía as unhas de ansiedade para entrar em campo, mas eu estava longe de ser a primeira opção do treinador.

O futebol italiano era bem diferente do brasileiro. E outra coisa que eu sempre digo é que eu não era um atacante de verdade até chegar na Itália. Eu chutava forte, graças a Deus, saía trombando todo mundo e fazia as minhas jogadas. Mas, posicionamento, tomada de decisão, jogo coletivo, eu só fui aprender mais tarde. Pra resumir a história, eu não estava pronto para defender um dos maiores clubes do mundo, essa que é a grande verdade. "A Inter quer te emprestar para a Fiorentina", meu procurador disse.

Não vai ter jeito, pensei. Pelo menos é um clube tradicional, lá na Itália mesmo, e não era tão longe de Milão. Vários brasileiros passaram por lá, Sócrates, Edmundo e o Dunga, que mais tarde foi meu treinador na Seleção. Ele sempre me tratou muito bem. O problema é que o time não vivia um grande momento. "Mas eles não estão na lanterna?", perguntei. "Sim, estão lá embaixo na tabela. Isso é bom pra você. Eles estão com muitas dificuldades, vão te colocar pra jogar", meu procurador insistiu.

Eu ouvia tudo com atenção. Não aguentava mais ficar no banco, não ser relacionado era pior ainda. Me lembrava da base no Flamengo quando me colocaram para ser cone. Puta merda. Não era pra eu estar passando por isso outra vez, fala a verdade. "Você vai sentir a pressão do campeonato italiano, como as coisas funcionam por aqui. Vamos para a Fiorentina que não vai ter erro", o meu procurador insistiu. Tá certo. Vamos para a Fiorentina que não vai ter erro.

Será mesmo? Ainda conversei com o Ronaldo antes de ir embora. Ele não gostou nada daquilo. "Porra, não acredito que vão emprestar um jogador como você", ele me disse. "Te falei para não aceitar empréstimo, cara. A gente precisa de você", o Ronaldo insistiu. Fiquei até surpreso com a reação dele. Eu queria ficar, de verdade. O problema é que o treinador e a diretoria pensavam diferente. Não tinha muito o que eu, um moleque de 19 anos, pudesse fazer àquela altura.

Viajamos de carro de Milão até Florença. Porra, e não era qualquer carro. Foi o primeiro que eu comprei na Itália. Não era Fiat nem Alfa Romeo. Muito menos Lamborghini, Maserati ou Ferrari. Tudo isso aí e muito mais eu fui ter na minha volta para Milão, quando eu já era chamado de Imperador. Eu gostava de carro e tinha todos ao mesmo tempo na garagem. Tô falando pra tu, negão. Papo reto. Até aquele jipe do exército americano eu tinha, como chama mesmo? Isso aí, Hummer. Pode crer.

Mas o meu primeiro carro na Itália foi especial. Quando eu juntei um dinheirinho naqueles seis meses da Inter, eu comprei um Passat alemão. Acredita? Isso aí, igualzinho ao do pai do Wilson, o meu amigo lá de São Conrado. Era prata também. Hidramático. Era a cópia daquele que a gente porrou lá no Aterro do Flamengo. Vê como são as coisas, né? Eu tinha ficado com aquele carro na cabeça, gostava mesmo. E aí comprei para homenagear a minha história com o Wilson e a família dele.

Fomos nesse Passat para Firenze, meu procurador, eu e uns dirigentes da Fiorentina. Minha primeira impressão foi a melhor possível. Bem menor que Milão, mas bonita demais. Nunca tinha visto nada parecido com aquilo. Me arrumaram um hotel para ficar e depois um apartamento. Parecia uma cidade do interior, todo mundo tranquilo, educado, se cumprimentando na rua. Eu via história e obras de arte por todo lado. Charmosa pra caramba, recomendo a visita.

Foi nessa época que eu conheci meu grande parceiro até hoje, o Amaral. Porra, que figura, né? Esse daí é garantia de risada sempre. Na época, ele era casado com a japonesa e também tinha uma casa bem estruturada. Mais uma vez, eu seria salvo por um colega brasileiro. Porque, meu irmão, agora a roubada era grande.

Sim, a Fiorentina é um time tradicional e muito importante no mundo todo. Só que aqueles anos foram duros para eles. "Adriano, o pagode está caindo atrasado", o Amaral me contou. Como é que é? Eu pensava que isso só tinha no Brasil. Infelizmente, acabei descobrindo que em clube europeu também acontecia. E eu tinha caído em um deles. "Pois é, irmão. Os caras não estão pagando o salário direito. Aí já viu como a coisa fica", ele completou.

Onde eu fui amarrar meu burro. Essa parte não tinha ficado clara para mim. Vou ser sincero com vocês. O que eu queria era jogar. Isso os caras honraram. Eu mal cheguei e já fui escalado como titular na primeira partida do returno. Era fora de casa, contra o Chievo. Porra, vamos nessa. O salário a gente pensa depois. Começou o jogo, e eu fui me soltando. Não demorou muito, e eu dei uma assistência para o Nuno Gomes, lembra dele? Isso, o atacante português. Tava lá com a gente na época. Ele fez um golaço. Acho que não tinha nem quinze minutos ainda. Minha primeira reação foi pensar "começamos bem. Acho que vai dar bom". Óbvio que eu estava errado.

Os caras vieram pra cima. Deram um baita calor na gente. Empataram o jogo, continuaram pressionando e, no finalzinho, viraram, mesmo com um homem a menos. É foda. O futebol italiano é osso. Acontece que nessas horas o papai do céu costuma me abençoar. Ele sempre olhou por mim, incrível. O jogo já estava no último minuto quando cruzaram na área, e eu nem precisei pular muito. Só me estiquei e testei pra baixo. Lance de manual, outra vez. Beijo do gordo! Indefensável. Gol da Fiorentina. Gol de empate. Mais um gol em estreia para mim. Como é que explica isso, me fala? Não explica. É Deus. E não parou por aí.

Na rodada seguinte, a gente recebeu quem em casa? Adivinha... Sim, o Milan. Grande rival da Inter. Bom, não tenho como negar que eu fiquei um pouco chateado com o empréstimo. Nada contra a Fiorentina, pelo contrário. Fui bem recebido, a cidade e a torcida foram de primeira comigo. É que eu queria mesmo ter ficado na Inter, cara. Então, eu sempre estava pensando em como e quando eu ia voltar para Milão. Por isso também eu dei o meu melhor na Fiorentina. Sabia que estavam me olhando. E nada como deitar em cima do grande rival para chamar a atenção. Foi o que eu fiz.

De novo, a gente estava perdendo nos instantes finais do jogo. O Milan tinha feito um a zero, e a gente não conseguia o empate. Até que a bola chegou em mim na entrada da área pela esquerda. Pois é, caiu na perna matadora. Essa daqui não falha. O zagueiro do Milan chegou no jogo de corpo. Era o Costacurta, capitão do time na época. Deu até pena. Saiu rolando pela área depois da trombada, e eu fiquei com a visão limpinha na frente do goleiro.

Porra, claro que eu não perdi. Gol da Fiorentina. O salvador. Empatamos no finalzinho. Os caras da Inter me ligaram na mesma noite para agradecer. Todo mundo me parabenizando pelo gol marcado contra o rival. Sério mesmo. Me lembro que o Vieri e o Ronaldo me chamaram, aquela conversa: "Boa, garoto. Mostra pra eles como é que é", e por aí foi. Fiquei felizão mesmo. Eu sabia que eles estavam me assistindo em Milão.

Ainda marquei uns gols importantes naquela temporada, até contra outros gigantes como a Roma e, o maior rival de todos, a Juventus. Mas a coisa andava ruim demais em Firenze. O Amaral me levava para passear nos dias de folga, e a gente afogava as mágoas juntos. "Vai cair, né?", eu perguntava. E ele dava aquela risada sacana dele. "Acho que vai, irmão. Tá difícil. Mas vamos lutar até o fim." O sacana conseguia achar graça até na desgraça. Esse é uma figura. O time perdia ou empatava, e o salário não pingava na conta.

Chegou uma hora que eu parei até de comer fora para economizar. Eu jantava na casa do Amaral dia sim, dia também. Ele faz piada com essa história até hoje. Toda vez que a gente se encontra ele fala: "Adriano, cadê os meus quinhentos euros? Tu não vai me pagar, não?", e eu respondo: "Que quinhentos euros, cara? Sai daqui". E nós dois caímos na gargalhada. "Seria bom receber para eu poder quitar meu IPVA, meu IPTU... Tu tá me devendo, cara. Mas eu te amo mesmo assim", ele brinca.

Diz o Amaral que, nessa época da Fiorentina, eu pedi quinhentos euros emprestado para ele porque não tinha dinheiro para pagar uma conta. Com o salário atrasado, é bem possível que tenha acontecido isso mesmo. Mas eu não me lembro dessa história. Acho que ele me cobra porque eu comia na casa dele todo dia. A comida era boa, a companhia era melhor ainda, e eu estava duro mesmo. Nessa época, eu ainda não tinha dinheiro guardado. Sem o "faz-me rir" no fim do mês não dava para ir muito longe.

Eu ligava pro Brasil e chorava para a minha mãe. Ela pedia calma. "Meu filho, por que você não cozinha em casa? Ficar comendo no seu amigo todo dia não dá, né?", ela dizia. "Eu sei, mãe. Mas eu vou cozinhar o quê? Nunca fiz nada na vida", eu rebatia. "Eu te ensino a fazer arroz. Fritar um ovo também é fácil. Vai se virando que eu vou ajeitar para te visitar. Eu cozinho para você." E assim foi. Aprendi a fazer o básico para não morrer de fome. Minha família chegou para conhecer Firenze, ficaram um pouco por lá, mas logo voltaram para o Rio de Janeiro.

A Fiorentina foi rebaixada para a Série B muito antes da última rodada, cara. Que depressão. Pior que isso era que a Inter já dava sinais de que não ia me chamar de volta para Milão. Puta merda. Apesar do rebaixamento, eu tinha ido bem naqueles seis meses. Mesmo assim, ainda precisava de mais rodagem. Eu entendi que viria outro empréstimo pela frente e me conformei. Sem problemas. Não fui até ali para ficar reclamando, não. Nunca fui disso.

Nosso último jogo em casa no campeonato foi contra o Parma. O Taffarel estava lá naquela época. A partida começou com o estádio vazio, o clima era de fim de feira. Eu marquei um gol logo no início da partida. Não adiantou muito. O Parma virou o placar. Eles tinham uma equipe bem mais organizada que a nossa. Terminaram na metade da tabela naquele ano. Quando o jogo acabou, o Taffarel veio falar comigo, naquela resenha típica de quando os jogadores brasileiros se encontram em campo. "E aí, garoto, como é que está a vida na Fiorentina? Dureza, imagino", ele disse.

Eu não precisei responder. O sorriso amarelo entregou que ficar no time rebaixado não era uma opção. "Escuta, tu não quer vir pro Parma, não?", ele disse. "Poxa, Taffa. Me leva daqui agora mesmo, por favor", eu respondi. Veja bem, hoje eu digo pra vocês que foi bom para mim ter jogado na Fiorentina aqueles seis meses. Aprendi muito por lá, inclusive como funciona a pressão em um clube de tradição na Itália. Mas eu precisava seguir crescendo. "Deixa comigo. Eu vou falar com os caras aqui", o Taffarel disse enquanto nos despedíamos.

16. Bala perdida

Viajei para o Torneio de Toulon, a competição de seleções de base disputada na França, sem saber onde jogaria depois das férias. Dois clubes estavam muito interessados em me contratar. Um deles era a Roma, na época treinada pelo Fabio Capello. A proposta era muito boa, e o clube é um dos mais tradicionais da Europa. O outro interessado era o Parma. "Conversei com o Arrigo Sacchi. Ele foi treinador da Itália quando o Brasil ganhou o tetra, Adriano", o meu procurador falou. "Ele é diretor do Parma e insistiu muito que você assine. O projeto do clube é interessante, querem que você cresça lá dentro."

Era o que eu precisava ouvir. Dinheiro nunca foi a minha motivação para nada. A proposta do Parma era bem inferior em termos de salário, mas eu queria jogar e crescer. Eu ainda sonhava em voltar para a Inter, estar em campo com o Ronaldo e com o Vieri era o que me motivava, pra ser sincero. Eu queria formar parceria com os craques! Pensei que ir para outro time grande da Itália poderia me atrapalhar nesse caminho. Vai saber se não fecharia as portas na Inter...

Enfim, a Seleção foi muito bem em Toulon. Chegamos na final contra quem? Itália, claro. Coincidência, eles dizem. Batemos campeões, e eu fui para as minhas férias com o Parma na cabeça. Anunciaram a minha contratação numa parceria com a Inter. O Moratti disse que contava comigo, mas que eu ainda precisava ganhar mais experiência antes de me consolidar em Milão. O Parma, além de ser um time com tradição, também era uma equipe amiga da Inter. Eles contavam com bons jogadores, um técnico talentoso, e eu poderia aprender bastante. Pelo menos foi essa a história que eu ouvi.

Acertaram um negócio em que o Parma e a Inter dividiram o meu passe: cada um com cinquenta por cento dos direitos. Aceitei o que me disseram e embarquei para o Rio. Estava desesperado para ver a minha família e os meus amigos. Também tinha aquele rolo com a Luana, a gata que me deu um totó na adolescência. Passei por cima dessa história, ou pelo menos achei que tivesse passado, e mantive uma relação de idas e vindas com ela.

Voltar ao Galeão um ano depois foi uma explosão de alegria. Eu quase pulei da janela do avião quando vi a Penha antes de pousar. Me deixem aqui mesmo! Se a janela abrisse, eu teria pulado. Vou te falar que eu não queria saber de mais nada, só de tirar a camisa, andar descalço pelo Cruzeiro e aproveitar a vida com os chegados. Saí do aeroporto e fui direto bater na casa do Hermes. Tu lembra disso, mano? Hein, Raquel? Chega aqui, querida. Conta pra eles. Foi mesmo.

O Hermes estava dormindo. Dava para ouvir o ronco dele do lado de fora da casa. Esmurrei a janela. Entrei dando esculacho como se fosse da polícia. Acorda, safado! Tomou um susto da porra. Todo mundo caiu na gargalhada, ele acordou quase tendo um enfarte. Era cedinho, isso mesmo. Porra, que época boa. Tu lembra que já saímos direto para tomar uma? Acho que paramos em todas as biroscas do Cruzeiro naquele dia. O Hermes, eu, o falecido Cachaça, o Jorginho, estava todo mundo. Andei de moto, joguei dominó, fiz churrasco, soltei pipa. Dancei com as morenas, vi a Luana, fiquei pernoitado.

Acabei dormindo na calçada, em frente a uma birosca, nesse dia. Não queria sair da rua por nada. Puta merda. Meu pai ficou maluco. Ele não gostava, e ainda dava esculacho nos meus amigos. "Coé, xará? É isso que tu quer da tua vida?", ele me perguntava. "Vocês são amigos dele mesmo? Querem ver o meu filho nesse estado?", ele pagava pra geral. Meu pai cuspia apertando os lábios e virando a cabeça, ele mandava a saliva longe. Colocava as mãos na cintura e franzia a testa, geral já sabia que ele estava invocado. Mas não adiantava nada. Eu não era o único que tinha passado da conta.

Porra, estava de férias. Queria aproveitar cada minuto com os amigos. Ficava lá no Cruzeiro, ia pra Grota, passava na Chatuba, rodava o Complexo todo. Depois subia o Cruzeiro de novo, comia na Penha, irmão... A gente não parava. Aproveitei a comidinha de vovó, porque ninguém é de ferro. Dormi no colo da minha mãe. E ainda venci umas partidas pelo Hang.

Claro, jogar pelo time de várzea era obrigação. Até o Brasil foi campeão, porra! Assistimos aos jogos da Copa do Mundo lá na comunidade. Eram quase sempre de madrugada, lembra? Porra, óbvio que a gente pernoitava. E o craque da competição ainda foi o meu ídolo. Meu parceiro de tantas, que me deu abrigo em Milão. É o FE-NÔMENO! Foram as férias dos sonhos. O único problema foi que elas acabaram rápido.

Voltei para a Itália para morar em uma nova cidade, Parma, na região de Emilia-Romagna. Se Firenze é pequena, Parma é menor ainda. A metade de Firenze, vamos dizer assim. Bem cara de interior mesmo. Chegar por lá foi como ir de zero a cem. Quer dizer, no caso, de cem a zero, no sentido de que eu estava na confusão do complexo, gente para todo lado, música alta, barulho, bebida, churrasco, mulherada, amigos, e tudo mais. Fui disso para uma cidade do interior, por assim dizer. Não tinha agitação nenhuma. Nada a ver nem com Milão, que também é conhecida pela noite agitada.

Antes de voltar para a Itália, chamei meu tio Papau para conversar. Eu precisava de alguém para me acompanhar, queria que ele fosse morar comigo. O Papau é uma pessoa em quem eu sempre confiei muito. Amo aquele cara. Não tenho nem como falar algo diferente. Cresci fazendo zueira na casa dele. Tomava banho de balde direto lá. Zoava com meus primos e primas o tempo todo. Era foda. "Tio, o senhor foi escolhido para viajar comigo", eu disse.

O Papau nem pensou duas vezes. "Poxa, Adriano. Vamos nessa agora mesmo", ele respondeu. Olha como é a vida. Quando eu era moleque e as coisas estavam difíceis em casa, o Papau era uma das pessoas que mais olhavam por mim. Nunca vou me esquecer dessa história que repito sempre. A primeira roupa de marca que eu ganhei na vida foi ele que me deu.

A gente estava na frente de uma loja. Pô, tinha uma fila enorme, mané. Todo mundo comprando as paradas, e eu só olhando de fora sem um tostão no bolso. E tu sabe como é. Moleque quer se vestir com os panos da hora pra aparecer pras menininhas, não tem jeito. Meu tio entrou na fila. Eu vi de longe e pensei: "Pô, o Papau vai esculachar". Colei do lado dele. "Tá fazendo o que aí, tio?", perguntei. "Calma, Adriano. Fica tranquilo", ele respondeu.

Quando chegou a vez dele, meu tio virou pra vendedora e falou: "Pode dar uma camisa, uma bermuda e um chinelo pro garoto. Escolhe aí, Adriano". Porra, eu nem acreditei, irmão. Meu tio representou legal. Olha só, fico até emocionado de lembrar. Por Deus. Eu já jogava na base do Flamengo na época e recebia uns caraminguás. Mas eu ainda entregava tudo pra minha mãe, porque a situação estava brava. Meu pai não trabalhava. Fiquei felizão com o presente. "Quando eu for jogador profissional e me contratarem na Europa, o primeiro que eu vou levar é você", eu disse para o meu tio. Papo reto mesmo. Pode perguntar pra ele se eu estou mentindo. Por isso fiz questão de levar meu tio Papau para Parma.

Pior é que ele se deu mal logo de cara. Assim que chegamos, eu tive que dar uma notícia chata para ele. "Tio, tá aqui a chave da casa. O carro está parado na rua aqui na frente. Volto daqui a vinte dias. Tchau", foi o que eu falei pra ele. Porra, o Papau ficou até branco. Imagina, ele não falava nada de italiano. Nunca tinha saído do Cruzeiro. E do nada ficou sozinho em Parma. Puta merda. A gente ri dessa história até hoje. Mas eu não tinha o que fazer. O clube viajou para a pré-temporada e eu precisava acompanhar. Era um grupo novo para mim também. Eu sabia que era sacanagem com o Papau, mas confiava que ele ia se virar. O cara é cria de favela, caramba. Já enfrentou muito perrengue nessa vida. Não tem tempo ruim com ele, apesar do susto da chegada.

Como papai do céu sempre me abençoa, fui recebido no meu time novo outra vez por um jogador brasileiro, que virou grande amigo, o Júnior, lateral. Eu chamo ele de Juninho, é uma pessoa muito querida. Ele me apresentou a cidade e me explicou como as coisas funcionavam por lá. O Taffarel também seguiu no time naquela temporada. Não demorou muito para que eu me sentisse em casa. Fui apresentado ao treinador, o Cesare Prandelli. O sujeito é simpático desde o aperto de mão. Me disse que faríamos coisas grandes juntos e que eu precisava ter paciência.

"Adri, o Prandelli tem estilo paizão. Ele vai cuidar de ti", o Taffarel me disse. "Escuta o que ele tem pra dizer. Ele vai te tratar bem. Você só precisa se esforçar", completou. "Deixa comigo, Taffa. Eu vim aqui para aprender", eu respondi. O começo não foi fácil. Eu não entendia bem os treinamentos. Tinha muita conversa tática que eu simplesmente ignorava. E aí, irmão, eu desconecto mesmo. Começava a pensar em tudo, menos no que o treinador tinha pra dizer.

O pessoal do time achou que eu estava displicente, vamos dizer assim, me deram uma chamada. Pediram concentração. Falaram na boa comigo, mas eu senti que aquilo era, sim, uma comida de rabo. Porra, eu não menti pro Taffa. Eu realmente queria aprender, mas não estava conseguindo. Até que em um dia, logo que o treino acabou, o Prandelli me procurou. "Adri, não vai embora. Quero praticar algumas coisas com você." Eu aceitei na hora, óbvio.

Ele chamou um dos goleiros e a gente ficou no campo. "Você fica fora da área. Eu vou cruzar, quero ver como você finaliza", o treinador disse. Logo na primeira bola, ele gritou lá de longe. "Não, Adri! Espera." Ele veio falar comigo. Olha só, eu tenho que contar um segredo. Eu não sabia fazer gol não, negão. Não sabia. Eu fechava o olho e dava-lhe porrada. O Prandelli percebeu isso rapidinho.

Ele me disse: "Adri, não é assim. Espera um pouco. Domina a bola. Olha pra frente. Pensa no que você vai fazer". E assim a gente passava horas depois do treino. Todo dia. O Taffa estava certo, o Prandelli era muito paciente mesmo. Bastante educado, passava as lições dele com elegância, sabia falar comigo. Dizia o que eu precisava fazer, como tomar a decisão certa, onde o zagueiro abriria espaço pra mim, até para onde olhar ele me explicou.

Eu não sabia procurar os companheiros, nem como me movimentar na frente do adversário, nem o momento certo de abrir o corpo e deslocar a marcação. Tudo isso eu aprendi no Parma. Fez muita diferença na minha carreira. Pode ver que em todas as entrevistas que dou, eu sempre falo do Prandelli. Eu não gosto de dar entrevista, vocês sabem. Mas quando eu estou falando da minha carreira, faço questão de lembrar dele. Porque o meu auge começou no Parma.

A gente treinava tanto que quando chegava no jogo parecia até piada. As situações se repetiam exatamente como ele tinha descrito durante a semana. Eu fui entrando no modo automático, não precisava mais pensar na decisão: ela simplesmente saía. Era natural, mas consciente. O talento eu já tinha. A força foi presente da Dona Rosilda e do Mirim. A briga em campo, eu aprendi nas vielas do Cruzeiro. O Prandelli me mostrou como usar tudo isso de maneira calculada. Foda, né? E aí, negão, ninguém segura.

Não demorei para marcar meu primeiro gol com o Parma. Foi logo na estreia do Campeonato Italiano. Guardei outro no segundo jogo. Me sentia bem. Minha família estava em casa comigo. Veio todo mundo do Rio de Janeiro, minha mãe, meu pai, o Thiago, a minha avó, minha tia Rosélia e meu tio Papau, que já morava comigo. Se a gente não tiver estrutura, não tem nada. Sempre digo isso.

Pedi para que eles ficassem um tempo mais longo dessa vez. Como o meu contrato com o Parma era extenso, eu tinha a tranquilidade de que não seria emprestado de novo na janela seguinte. Aluguei um apartamento no centro da cidade, era bonito a pampa. Bem espaçoso, cabia todo mundo. Ainda mais pra gente, que não tem frescura nenhuma. A presença deles me ajudava demais. A gente passeava. Tomava café na pracinha. Experimentava o gelato do bairro, tu já tomou, nega? Porra, tu não sabe o que é o sorvete na

Itália. Outro nível. Tô falando pra tu, tem que experimentar quando tiver a chance.

Irmão, aproveita e faz o refil para mim, com todo respeito. Tu já aprendeu a receita, né? Ou eu vou ter que repetir pela trigésima vez? Não fode, cara. Tô brincando, Felipe. Então, estava tudo indo bem pra caramba, até que na véspera do jogo contra a Juventus eu comecei a ter uma sensação estranha. Foda.

Eu tenho essas coisas. Não sei explicar de onde vem, só posso te dizer que eu sinto mesmo. Não foi, Letícia? Não te perguntei se tu era curimbeira sem tu nunca ter falado nada? Pois é. Foi energia, cara. Ela estava cozinhando ontem ali de madrugada, eu passei na frente e senti que ela era da curimba. E o que foi que tu falou? Que frequenta a umbanda. Incrível, né? Essas paradas de energia são muito fortes para mim. E na véspera do jogo contra a Juve, eu comecei a sentir uma parada errada.

Vocês estão ligados que o meu pai tomou remédio controlado a vida toda, né? Diz aí, Hermes, conta para eles. Tomava mesmo. Gardenal e Diazepam. Isso, desde que rolou a história do tiro. Tu não sabe, não? Eita, pensei que já tinha contado para vocês. Tu lembra, né, Raquel? Daquele pagode lá embaixo. Isso, tinha a festa dos adultos e do lado era o baile funk das crianças. Como chamava mesmo, Raquel? Tuque-Tuque! Isso mesmo. Não era um bailão como a gente tá acostumado hoje. Era baile de antigamente. Não tinha nem palavrão, pô. Era mais uma festinha tocando funk pra molecada lá na praça do Cruzeiro. Na real tocava era charme.

A gente montava a festa na associação de moradores. Uns armavam as caixas de som enquanto outros abriam espaço no salão. As garotinhas preparavam um Ki Suco pra todo mundo tomar, diz aí, Raquel? Porra, irmão. Era legal à beça. Mas desse dia eu não gosto nem de lembrar. Foi pesado. A vida da minha família nunca mais foi a mesma. Cadê o meu cigarro? Passa o isqueiro ali, por favor. Foda.

Na moral, eu não tenho tantas memórias desse dia específico porque eu era bem pirralho, o que eu me lembro é de ter visto meu pai caído no chão e todo mundo desesperado em volta dele. Foi algo muito forte que guardo comigo até hoje. Eu tinha 10 anos. A gente ainda morava lá no Cruzeiro, era dia de festa na favela. Meus pais estavam no pagode, eu estava no baile do lado quando ouvi a confusão toda. Me chamaram. Tinha acontecido alguma coisa com o meu pai.

Aquela correria na pracinha, em frente à delegacia, perto do mercado, tá lembrado, Hermes? Então, só sei que um amigo da família me catou pelo braço e falou: "Adriano, vem que eu vou te levar para a casa da sua avó". Eu não entendi porra nenhuma. Só depois que eu fui sacar o tamanho da merda que tinha dado.

Minha mãe contou que ela e o meu pai estavam trocando ideia com um casal de amigos, que inclusive tinham sido os padrinhos de casamento dos dois. Eles estavam mais afastados da festa, perto da churrasqueira, e formaram uma rodinha. A minha mãe ainda não era da igreja, e o meu pai não bebia, ele nunca bebeu. Mesmo assim eles gostavam de ir nesses encontros. Estava todo mundo de boa quando estourou uma confusão.

Saiu um empurra-empurra, e um homem caiu bem no meio da rodinha que eles tinham formado. O sujeito estava muito bêbado, falando bobagem, até que chegou outro cara e puxou um revólver. Esse homem, o da arma, era conhecido no pedaço: um sargento da polícia. Ele começou a disparar contra o cara que estava no chão. Aí tu sabe como é. Pânico geral. Minha mãe e meu pai saíram correndo e foram se esconder atrás de um carro estacionado.

Quando a minha mãe olhou pro meu pai, viu que a cabeça dele estava sangrando. Era um furinho pequeno, escorrendo pouco sangue com alguma coisa branca no meio. "Rosilda, eu levei uma cabeçada. Eu levei uma cabeçada... Minha cabeça tá pinicando", meu pai disse. Minha mãe ficou desesperada e chamou ajuda para ir ao hospital. Arrumaram um carro, colocaram meu pai dentro e foram para o Getúlio Vargas.

Quando tiraram a chapa, disseram para a minha mãe: "Ele foi baleado. O projétil está alojado na parte de trás da cabeça. Não temos como remover a bala. Seria muito arriscado". Porra, imagina tu ouvir uma coisa dessas? Minha mãe com um filho de 10 anos para criar. O marido dela nessa situação. Pesado. A bala tinha ricocheteado no chão e acabou acertando o meu pai bem na testa.

Ele ficou umas semanas internado, mas conseguiu se safar, voltou para casa e foi um alívio para todo mundo. Só que o drama estava apenas começando, mano. Merda quando acontece vem de monte, né? É o que dizem. Bom, nessa época foi assim em casa. Meu pai não tinha mais como trabalhar. Até levar o tiro, ele era office-boy de uma empresa no centro do Rio. A companhia faliu, e ele parou de receber. Alguém precisava cuidar dele e de mim.

Resultado, minha mãe acabou demitida do emprego. Porra... imagina a situação? Foi foda, parceiro. A gente não chegou a passar fome porque a família e os vizinhos ajudaram muito. Mas foi uma época bem complicada. Pode perguntar para a Dona Rosilda. Até hoje, a minha mãe fala que foram os piores anos da vida dela. Eu via a situação e ficava triste, óbvio.

Com tudo que estava acontecendo, eu ainda atravessava a cidade todos os dias com a minha avó para poder treinar. E sempre fomos pontuais. Não perdemos nenhum treino, nem nessa época mais pesada. Aí tu chega no clube e ninguém quer saber da situação na tua casa. Não importa se você é moleque, adolescente ou adulto. Está no time, tem que jogar. Dá seus pulos, fera. E daí se você não tem o que comer direito? O que importa se o teu pai está numa cama com a cabeça aberta feito um Frankenstein? Foda-se. Problema teu. Jogue a tua bola. E faça gol! Senão, você está fora. Eu nunca vou me esquecer daqueles dias. Minha mãe arrumou um bico de faxineira, graças à ajuda de um vizinho lá do Cruzeiro.

Quando não estava na firma, ela vendia doce e bolo no beco perto de casa. Sempre tinha alguém dando uma força para ela. Um vizinho apareceu com trinta ovos, certo dia, e falou: "Rosilda, vende para levantar um trocado, assim você consegue comprar um lanche para o Adriano". Só que ela não tinha dinheiro para pagar o vizinho. "Não se preocupa, irmã. Vende os ovos e depois você me paga." Era assim, cara. Te juro.

Outro vizinho arrumou um bujão de gás para ela. "Rosilda, vende esse aqui. Metade é seu, metade é meu." E lá ia a minha mãe tentar descolar mais um trocado trabalhando duro todo dia. Meu pai ficava em casa, não tinha mais como ele trabalhar, muito menos procurar emprego. E minha mãe correndo por dois, enquanto minha avó me levava para os treinos.

Uma das minhas tias conseguiu um trampo fichada e que dava tíquete refeição, ela entregava os papeizinhos para a minha mãe. "Rosilda, é pouco, mas dá para pelo menos comprar um biscoito pro Adriano." Tudo que a minha mãe conseguia era para colocar comida em casa. A Dona Rosilda servia meu pai e preparava o meu prato, mas ela mesma não comia. Eu reclamava. "Mãe, a senhora tem que comer." Ela ficava me olhando. "Meu filho, mas eu não consigo", ela respondia. "Se a senhora não comer, eu também não vou", eu dizia. Era pouca comida, é verdade. Mas eu percebi que ela não estava comendo porque estava triste. E muito cansada também. Então eu tinha que dar força para ela. Até que funcionou.

De tanto eu reclamar e dizer que não ia comer, minha mãe começou a se alimentar direito. Foi barra, parceiro. Porra, só de falar já fico emocionado. Mas é bom lembrar de tudo isso, né? Se não fosse a minha mãe com a ajuda da família, dos amigos e dos vizinhos lá no Cruzeiro, tu acha que teria acontecido o que comigo? Tu acha que teria Fiorentina, Parma, Inter de Milão? Porra nenhuma. PORRA NENHUMA. E aí vagabundo vem me criticar porque eu gosto da favela. Por que eu ainda ando com as mesmas pessoas e ajudo quem cresceu comigo? Sai fora, malandro. Vocês não entendem nada. Nada.

Meu pai ficou numa cama, cara. Levou um tiro que não tinha nada a ver com ele. Minha mãe se matava na rua, por quê? Para eu poder jogar bola no Flamengo. Tu entende uma coisa dessas? Não entende. Posso te garantir que não entende. E, sim, depois meu pai ficou melhor, mas nem os médicos sabiam direito como ele deveria ser tratado. A bala ficou lá na cabeça dele, tinha que tomar remédio pro resto da vida. Ele não conseguia olhar para cima empurrando a cabeça para trás, como todo mundo faz. Ele tinha que erguer os olhos sem mexer o pescoço.

Meu pai sofria com dores de cabeça fortíssimas. Ninguém conseguia dormir em casa, ele urrava quando estava em crise. E a gente ficava acordado ouvindo o desespero dele. E depois vieram as convulsões. Os ataques epilépticos, é epilético que fala, né, Raquel? Isso, epiléptico. Meu pai ficava igual maluco. Corria dentro de casa, não sabia o que estava fazendo. Tu já viu uma pessoa tendo ataque epiléptico? Não queira ver. É horrível. Horrível. Eu nunca vou me esquecer.

Um dia a gente acordou, minha mãe estava se arrumando para sair pro trabalho, e eu me preparando para ir pra escola antes do treino. Do nada, a gente foi no quarto e o meu pai estava atrás da cortina, tentando sair como se existisse uma porta ali. Mas não tinha nada. Só a parede. Meu pai se debatia atrás do pano. Minha mãe foi falar com ele. "Miro, o que está acontecendo?" Ele olhou para ela e não abriu a boca.

De repente, meu pai começou a se debater mais forte. Os olhos dele viravam. Minha mãe sentou com ele no sofá, e a crise foi ficando mais intensa, mais intensa. Minha mãe entrou em desespero. Ela gritava o nome dele, sem saber o que fazer, "Miro! Miro!", e eu vendo aquilo tudo. Foi quando meu pai começou a enrolar a língua. A minha mãe tentou abrir a boca dele para desenrolar e levou uma mordida. Ela berrou de dor. Não tinha como tirar o dedo de dentro da boca do meu pai, ficou travado. Eu me apavorei. Era criança, né? Subi para a laje e fui me esconder atrás da caixa d'água.

Eu estava em choque, cara. Não tinha nem ideia do que estava acontecendo. É muito assustador, puta merda. Minha tia, que morava embaixo da gente, subiu e com uma colher conseguiu abrir a boca do meu pai. Ele soltou a minha mãe. Foram todos para o hospital. Lembra que a gente morava na rua 9, no Cruzeiro, lá em cima?

Tivemos que descer aquela escadaria inteira carregando meu pai, que estava sofrendo um ataque epiléptico no caminho. Puta que pariu. Que loucura. Foi muito pesado.

Chegando no hospital, levaram meu pai para dentro. Ele foi para a UTI. Um pouco depois, minha tia veio com a notícia. "Rosilda, você precisa ser forte. O médico falou que o Mirim não vai passar de hoje. O estado dele é muito grave." A família inteira entrou em desespero. Aquela gritaria. Choro. Uivo. Porrada na parede. Uma cena horrível. E no meio da confusão toda, a minha mãe, por incrível que pareça, era a mais calma. Ela olhou para as irmãs dela e disse: "Gente, precisamos fazer alguma coisa. Vamos orar".

Minha tia Rosi ficou até assustada. "Rosilda, você entendeu o que está acontecendo?", ela disse. "Não, Rosi. Me veio uma paz no coração. A gente tem fé, não tem? Se for vontade de Deus, o Miro vai embora. Se não for a hora dele, ele vai ficar aqui com a gente. Eu creio que Deus vai operar esse milagre."

Elas saíram para orar. Ficaram um tempão rezando. Quando voltaram, foram direto procurar o médico. "Doutor, eu quero saber o estado do Almir Leite Ribeiro, eu sou esposa dele", ela disse. "Não sei o que houve. Voltou tudo pro lugar", o médico respondeu. "A pressão baixou. Ele já está bem melhor. Já vou mandar pro quarto, vai ficar em observação. A gente ia intubar, mas tiramos tudo porque voltou ao normal." Tem como explicar uma coisa dessas? Não explica.

É um milagre de Deus. Fé, não é? Voltamos para casa, mas as crises continuaram. Essa acho que foi a pior de todas, mas meu pai foi levado muitas vezes para o hospital, até que acertaram a medição dele. Os médicos sempre disseram que era tratamento para a vida toda. Ele não poderia falhar. Se vacilasse, os ataques aconteceriam de novo.

Vocês sabem que eu sou teimoso pra caralho, né? Pois é, eu não nasci assim de graça. Puxei da família. Meu pai também era. E depois de ficar tantos anos tomando remédio todos os dias, ele cismou que já estava bem. "Miro, você sabe que só está melhor por conta do remédio. Tem que tomar direito", minha mãe insistia. E enquanto ele tomou certinho, realmente as crises diminuíram muito. Até que chegou aquele dia em Parma, na véspera do jogo contra a Juve.

Treinei bem a semana toda, eu estava confiante. As lições do Prandelli davam resultado, e eu sentia que aos poucos ia me firmar. O jogo contra a Juventus era mais uma chance de fazer um golzinho, subir um pouco na tabela com o Parma, atrapalhar o rival e ajudar a Inter também. Quem sabe os caras não me ligariam de novo para comemorar? Porra, seria lindo. Meu pensamento era esse. Um dia antes do jogo, porém, eu comecei a sentir uma sensação estranha.

Essas coisas não tem como descrever, me desculpem. Posso falar que é uma mistura de frio na barriga com nó na garganta. A boca fica meio seca. Me dá uns arrepios também. Tudo misturado. Cheguei em casa depois do treino e fui falar com a minha mãe. "Como o meu pai está?", perguntei. "Tudo bem, meu filho. Por que você está perguntando?", ela respondeu. "Não sei, tô sentindo algo esquisito. Fica de olho nele." O resto do dia seguiu sem nada que chamasse atenção. A sensação estranha continuou. Tentei esquecer.

Pensei em outras coisas, principalmente no jogo. Falei com a Carlota pelo telefone, ela disse que viria me visitar em breve. Dei um salve para os parceiros do Cruzeiro, falei para os caras se agilizarem nos documentos porque eu queria que eles me visitassem. Todo mundo ficou amarradão. Deitei cedo, como costumava fazer lá em Parma. Fiquei na cama ainda um tempo pensando em como seria o jogo. Era muita sorte eu ter caído num time como o Parma naquela temporada.

O clima era bem diferente do que eu vivi na Fiorentina. Porra, agora tinha paz para trabalhar. Já estava crescendo dentro de campo. A Inter ia me chamar de volta um dia, disso eu tinha certeza. Se fosse na próxima temporada, seria excelente. Mas se não desse, paciência. As coisas no Parma estavam alinhadas. Eu acreditava que seria um momento importante para mim. E também gostava da cidade. Tudo bem que era paradona, mas eu nunca fui de balada não, negão.

Eu saí muito na minha vida, é verdade. Mas eu sempre gostei mesmo foi de sossego. Estar perto dos chegados, ouvir a minha música e tomar o meu danone resenhando. Exatamente como a gente está fazendo agora, caramba. Peguei no sono. Eu estava dormindo quando senti um vulto. Era como uma mão passando no meu peito. "Acorda", eu ouvi. Abri os olhos. Escutei um berro. Me levantei de supetão e encontrei minha mãe no corredor. Ela estava desesperada. "Adriano, seu pai está passando mal! Seu pai está passando mal!" Puta merda. Tudo aquilo de novo.

Outro ataque epiléptico. Pior que dessa vez não estávamos perto do Getúlio Vargas. Estávamos em Parma, caramba. Tu acha que eu sabia onde ficava o hospital? Não fazia ideia. Eu precisava ligar para alguém. Meu pai se debatia com força. Minha mãe não dava conta sozinha. "Cadê o Papau? Chama o seu tio Papau para ajudar", minha mãe gritou. Fui atrás do meu tio. Cadê ele? Porra, não achava em nenhum lugar, e o desespero aumentando. Minha mãe se esforçava para tentar segurar meu pai. Eu berrava atrás do Papau.

Até que eu percebi a porta do banheiro fechada. Ele estava lá dentro. "Papau, vem, cara! Ajuda a carregar o meu pai." Ele não respondia. Eu batia mais forte na porta. O punho cerrado, olha o tamanho da minha pata. Comecei a dar soco na porta. "Anda, Papau. Vem!" Acontece que meu tio estava apavorado. Essa é a verdade. Porra, eu tô falando para vocês. Os ataques do meu pai eram muito pesados. Ninguém queria estar por perto. Minha mãe segurava a barra porque aquela ali é de outro mundo. Para proteger a família ela faz o impossível. Mas não existem duas Rosildas.

Bati tão forte na porta do banheiro que ela acabou abrindo. Arrastei o Papau pela camisa e fomos carregar o meu pai. Colocamos ele no carro, e, enquanto o Papau dirigia, eu falava com o pessoal do clube pedindo orientação. Uma foda, cara. No meio da madrugada. Não queira uma situação dessas na sua vida. Fizeram os exames no meu pai e começaram a investigar o que estava acontecendo. O médico italiano arregalou os olhos quando soube que o meu pai tinha uma bala alojada na cabeça. O cara até demorou para entender, e a gente também ainda não falava italiano direito na época. O pessoal do Parma me ajudou a traduzir.

Depois de algumas horas, fomos ter a noção do porquê do meu pai ter sofrido mais um ataque, depois de tanto tempo. "Pô, xará. Eu estava dividindo os comprimidos." Pois é. Parece piada, não é? Meu pai não estava tomando os remédios nas doses certas. "No posto de saúde só me dão a quantidade para o mês, xará. A gente já está aqui há quanto tempo?" Sim, meus pais já estavam comigo há muito mais que isso. Mas, porra, era só ter se programado. Poderia ter viajado com mais remédio. Ou então trazia a receita e a gente dava um jeito de comprar na Itália. Sei lá, caramba.

Irmão, clube de futebol resolve qualquer parada que tu precisar. Se eu falasse para os caras que meu pai dependia de um remédio controlado, eles dariam um jeito. Mas, não. O teimoso do meu pai não falou nada. Disse para a minha mãe que estava tudo certo antes de embarcar. E quando os comprimidos chegaram perto do fim, ele decidiu dividir a dose pela metade. Assim fez as cartelas durarem mais do que deveriam. Só que o efeito, obviamente, não foi o mesmo. E ele sofreu mais um ataque daqueles horríveis que assustavam todo mundo em casa.

Por Deus, ele ficou bem de novo. Mas eu dei um esporro nele. Foi um esporro federal. "Coé, pai. Tu quer me matar? Melhor me matar logo, então. Porque fazer uma coisa dessas é sacanagem", eu disse. "Pô, xará. Sabe como é que é…", ele me enrolava. "Sabe como é que é o caralho. Tem que tomar essa porra de remédio direito. Olha essa confusão toda. Tu podia ter morrido, cara", eu rebati. Meu pai olhava para o chão. Ficava quieto. Ele sabia que estava errado.

Quando chegamos em casa, minha mãe veio falar comigo. "Meu filho, o dia já está claro. Não tem como você jogar, né?" Puta merda! Tinha o jogo contra a Juventus. Porra, o Prandelli estava falando dessa partida há um mês. Eu treinei tanta coisa, caramba. O Adrian Mutu e eu estávamos nos entendendo. Esse jogava pra caralho, tá?

O cara era foda. E nessa temporada ele arrebentou. Mas era perturbadinho também, não vou negar. Além de tudo isso, também tinha o fato de que os caras em Milão estariam assistindo, com certeza. "Eu vou pro jogo, mãe", respondi.

Ela ainda insistiu, disse que eu não precisava. Lembrou que eu não tinha dormido. Como é que ia disputar um jogo desses? O Parma sabia da situação. Foram eles que ajudaram a gente no hospital. Se eu dissesse que não estava bem para entrar em campo, todo mundo entenderia. E era verdade mesmo. Duvido que alguém reclamaria depois de escutar que meu pai tinha sido hospitalizado, que ele sofria ataques epilépticos desde que levou um tiro. Loucura falar uma coisa dessas, a realidade. Mas eu estava bem. De verdade. Puto da vida com o meu pai, claro. Mas estava bem. Eu queria jogar.

Não era a primeira vez que eu via aquela cena toda e entrava em campo horas mais tarde. Se eu conseguia na época de moleque na base do Flamengo, não seria agora como profissional do Parma que teria dificuldades. "Vovó, prepara um café bem preto para mim, faz favor. Eu tenho que me apresentar", foi só o que eu falei. Não tinha conversa. Eu ia entrar em campo e pronto. Fim de papo. Assim foi. Me apresentei. O Prandelli veio falar comigo. "Bom dia, Adri. Fiquei sabendo do que aconteceu. Espero que o seu pai esteja melhor", ele disse. Expliquei que estava tudo tranquilo agora. Infelizmente, não era a primeira vez que a gente passava por isso lá em casa. "Você não precisa jogar, Adri. A família é mais importante. Se quiser, vai embora", o treinador falou.

Eu não queria ir embora. Queria jogar. Insisti que estava bem, que iria fazer gol, inclusive. "Então, está certo. A decisão é sua. Estou contando com você", o Prandelli disse antes de me dar um abraço apertado. Porra, eu não poderia pipocar. Não que eu estivesse preocupado com essa possibilidade, porque ela não existia. Mas sabia que eu tinha chamado a responsabilidade para o meu lado. E no futebol não tem perdão. Se está em campo, tem que dar o melhor e fazer gol, negão. Senão ninguém te alivia.

17. Nego drama

Cadê a caixa de som? Puxa ali pra gente, com todo o respeito. Já está carregada, com certeza. Eu tenho que comprar outra. Essa está perdendo a bateria muito rápido. Puta merda. Eu tenho que resolver tudo nessa casa, né? Vocês estão muito folgados. Brincadeira, meu anjo. Não me leva a sério, não. Mas traz aqui pra eu conectar no *tutufi*. Eu quero colocar pra vocês uma música. Sente o peso. Porra. Essa batida é muito foda. Quando entra todo mundo, já sabe o porradão que vem. E a voz do negão? Canta muito. A letra então...

Nego drama
Entre o sucesso e a lama
Dinheiro, problemas, invejas, luxo, fama
Nego drama
Cabelo crespo e a pele escura
*A ferida, a chaga, à procura da cura**

Aprendi a cantar essas músicas quando era moleque. Sei todas até hoje. Racionais é foda. Era o que eu ouvia em dia de jogo no Parma. Sentava no vestiário sozinho no meu canto, colocava o fone de ouvido, soltava o Racionais e começava o transe. Era a minha concentração. Cara amarrada. Olho fechado. Só o balanço do pescoço

---

* "Negro drama", *op. cit.*

acompanhando o ritmo. Cantarolava a letra como se fosse uma oração. Como se fosse, não. Era a minha oração.

Faltava menos de uma hora para o jogo contra a Juve começar, e eu estava no meu ritual. Racionais explodindo no meu fone. Em repeteco. Senti um cutucão no ombro. Abri os olhos. Era o Prandelli. "Deixa eu ouvir também. Quero saber o que você está escutando", ele disse. Passei meu fone pro Prandelli, ele colocou no ouvido. Também fechou os olhos. Começou a balançar a cabeça. Entrou no ritmo.

Ele me devolveu o fone e falou: "Não entendi muito. Mas deu pra sentir que é bom". Claro, ele não fala português, não tinha como seguir a letra, mas a impostação da voz com a batida já diz o suficiente. "Racionais mc's, mister", expliquei. "Racionais. Muito bom, Adri. Segue na sua preparação. Hoje é dia de jogo grande", ele disse, virou as costas e saiu. Aumentei o volume, e

Crime, futebol, música, carai'
Eu também não consegui fugir disso aí
Eu sou mais um
Forrest Gump é mato
Eu prefiro contar uma história real
Vou contar a minha

As letras dos Racionais, quer queira, quer não, contam histórias que eu conheço muito bem. Histórias que eu vivi, e elas me puxavam. Meu sangue começava a correr mais rápido. A canhota matadora quicava com a batida. Eu me sentia pronto. E quando eu estava bem, não tinha como não, negão. Não tinha como. Atropelava.

Começou o jogo, e a gente foi pra cima. A Juventus tinha um timaço. O capitão da época era o Del Piero. O Davids, que depois virou meu parceiro também, Nedved, Buffon, estavam todos lá naquela época. A gente teve que correr muito. O que eu dei de trombada não está escrito. Quase deixei um gol no primeiro tempo, mas o Buffon acabou salvando. Abrimos a conta na volta do intervalo.

Continuou aquela pressão, a Juve cresceu tentando empatar. O Mutu me olhou. Tínhamos que resolver a parada logo.

Contra-ataque pela esquerda. O Mutu foi descendo, e eu já sabia o que fazer. Era correr pra marca do pênalti e esperar. Aquela era a minha posição. O Prandelli me disse várias vezes. O Mutu e eu também combinamos. A marca do pênalti era onde eu tinha que ir. Eu precisava estar pronto porque a bola viria por cima ou por baixo, mas viria na cal. No final, nem precisei dessa referência. A defesa deles estava toda aberta.

Avancei ainda mais, e quando o Mutu cruzou, não teve erro. Só tive que escorar pra dentro. Totózinho com a direita. Bem que o Prandelli insistia para eu treinar finalização com as duas pernas. Nenhuma chance para o goleiro. Dois a zero pra gente. Que alívio. Depois de tudo que eu tinha passado durante a madrugada. Não consegui comemorar muito. Apontei pro céu e agradeci a Deus. Obrigado por proteger a minha família, por me proporcionar tanta coisa. E por me fazer jogador de futebol. Dos bons. Era pra gente ter vencido esse jogo. Infelizmente, não deu.

A Juve é foda. Os caras empataram nos acréscimos. Fizeram dois gols, filhos da puta. O juiz deu mais tempo do que deveria e, no fim, o Del Piero ainda conseguiu marcar o dele. Saiu uma discussão dos infernos porque ele dominou a bola com a mão dentro da área. Enfim, eu nem participei do bololô. Fui para o vestiário, tomei minha ducha e voltei para casa. Queria ver o meu pai, saber como ele estava. E também precisava dormir. Puta merda. Eu merecia.

Minha família ficou uma longa temporada em Parma, isso fez toda a diferença. Mas uma hora eles precisaram voltar para o Rio. Pra ser sincero, é difícil pra gente criado em comunidade aguentar a vida fora dela, principalmente morando na Europa, tá ligado? Na favela, tu abre a porta e tem gente pra todo lado. Barulho, confusão, a porra toda. Na Europa é aquele silêncio. Ninguém te olha na cara. Cada um preocupado com os seus problemas. Eu via que a minha família estava entediada. Faltava o que fazer, vamos resumir assim.

A Luana também ficou um tempo em Parma. Ah, negão. Aquele totó dela foi pesado demais. Sou ciumento mesmo, não vou negar. Tudo bem, aconteceu quando eu era moleque ainda, mas eu sou uma criança grande, diz aí. Foda-se. Pensei que tivesse superado, mas não foi o caso. Ficamos noivos até. Foi a primeira vez que falei em casamento. Ela era uma menina especial, de quem eu gostei muito. Eu estava a fim de casar, só que não rolou. Era uma briga em cima da outra.

Ela também precisava voltar pro Rio por conta da situação da família dela. Terminamos e depois de Parma eu nunca mais vi a cara da Luana. Acho que casou e teve filhos. Parabéns. Que seja muito feliz. Minha família voltou para o Brasil também, e quando eles foram embora foi a vez de chamar os amigos para conhecer a Itália. Era bacana ter a companhia da rapaziada.

A gente ficava na resenha, tomava uma depois dos jogos, mas nada muito exagerado. Assistíamos a filmes, estávamos sempre em casa mesmo. Parma não tem muita coisa diferente. Foi bom porque eu não tinha distrações, era de casa pro clube e vice-versa. Estava concentrado em jogar bola. O time rendeu muito naquela temporada, fiz gol pra caramba. O Mutu, meu parceiro no ataque, também. E acabei desenrolando outras parcerias, além da amizade que eu já tinha com o Juninho.

Um grande companheiro dessa época foi o Domenico Morfeo. No meu segundo ano em Parma, eu já conseguia desenrolar melhor no italiano, foi quando eu comecei a falar a língua de verdade. E isso, junto com o meu sorrisão largo de sempre, fez com que eu me aproximasse mais dos meus colegas. O Morfeo me convidou para visitar a cidade onde ele tinha crescido, San Benedetto dei Marsi.

Poxa, cara, fiquei muito feliz com a viagem. O lugar é um vilarejo. Bem pequeno, tá ligado? Me senti à vontade por lá. As pessoas eram muito simples. Colocavam cadeiras na porta de casa e sentavam para conversar. Os botecos eram parecidos com o que eu estava acostumado no Brasil, tudo sem frescura. Do jeito que eu gosto.

Passamos por uma pracinha e vimos uns velhinhos jogando cartas. Eles conheciam o Morfeo desde pequeno. Convidaram a gente para sentar.

Ficamos horas ali. Jogando baralho, conversando sobre o Brasil, sobre a Itália, sobre como era a vida na região de Abruzzo e na Penha. Falamos muito de futebol, é claro. Não preciso dizer que a comida era um espetáculo. A Itália é covardia. *Mamma mia*! Pa-pá! Me deu até fome agora. Vamos pedir um parmeggiana? Puta merda. Que delícia! Não tá com fome, não, Raquel? Eu vou mandar o cardápio do meu amigo no zap de vocês. Cada um escolhe um prato, e a gente aciona o meu chegado.

O que você perguntou do Morfeo, Felipe? Tu não lembra dele? Porra, esses novinhos não sabem de nada. Brincadeira, meu mano. Com todo o respeito. Não, pô. O Morfeo era meia. Jogou um tempão lá no Parma. Nosso camisa 10. Me deu muita assistência. Essa viagem pra cidade dele me marcou. Tanto que eu prometi para os velhinhos do carteado que eu dedicaria meu próximo gol a eles. Queria agradecer pela hospitalidade toda em San Benedetto. E eu cumpri, hein? Cumpri mesmo. Não sou de mentira, vocês sabem disso.

Fiz um golaço, nem lembro contra quem. Ah sim, foi contra o Bologna. O goleiro deles era o Pagliuca. Lembra dele? Porra, tu não lembra de nada. Tá certo, não era nem nascido no ano do tetra. Essa criançada... Então, soltei um balaço de canhota. Não tinha como segurar, não, negão. Beijo do gordo. Na comemoração, eu chamei o Morfeo. A gente sentou no gramado e começou a fingir que estava jogando baralho. Procura aí no YouTube que tem.

Foi a minha homenagem para a cidade dele. Cumpri a promessa logo no primeiro jogo do campeonato italiano daquela temporada. Foi nesse ano também que meu primo Rafael veio morar comigo, ele era um molecão ainda. Meu tio Papau que deu a ideia. "Adriano, leva o filho da Rosalva para ficar aí contigo", ele disse. "O moleque tá grande, é bom para ele te ajudar. Também precisa dar um tempo da comunidade." Concordei na hora.

O Rafael é um moleque gente boa, sempre gostei dele. Sempre gostei mais ainda de ajudar a família. O Fael não bebia, não bebe até hoje, na verdade. É bem-comportado. Me ajudou demais durante os nossos anos na Itália. Ele e o meu tio Papau me levavam pro treino todos os dias. Na volta, a gente parava para comer em algum restaurante da cidade. Ficávamos na resenha da família. Meu apartamento era grande, tinha uma mesa de sinuca onde gastávamos o tempo também.

Às vezes me batia vontade de ver um pouco de confusão. Quando sobrava uma folga, eu já virava pro Papau e pro Rafael: "Vamos pra Firenze?". Puta merda. Nenhum dos dois bebia. Meu tio era casado, meu primo era novão. Eles não queriam sair, né? Eu estava muito bem de companhia, vai vendo... "Pô, Adriano. Fazer o que em Firenze? Longe pra caramba", meu tio respondia. "Longe o quê, cara. Eu faço em menos de duas horas de carro, pode deixar. Vamos que lá eu conheço uma balada boa", eu respondia.

Era sempre a mesma conversa. O Rafael se amarrava no banco de trás da minha Mercedinha. "Vou dormir porque se a gente morrer eu não vejo nada", ele dizia. Moleque exagerado. Eu não corria muito não. Mas é que na Itália o limite de velocidade é maior que o do Brasil. Então ele não estava acostumado, vamos dizer assim. Foi uma época muito boa para mim. Continuei fazendo meus gols, sonhando com a Seleção Brasileira e esperando a Inter se decidir.

Eu parei de pensar tanto no futuro, estava confortável em Parma. Mas duas situações deixaram a história toda mais complicada. A primeira, claro, queria voar mais alto. A segunda, e muito importante, a Parmalat, que era a grande investidora do time, teve aquele problema todo que quase quebrou. Ou seja, seria muito difícil para o Parma me manter na equipe. Até que chegou o Natal, e o meu procurador me ligou: "Adriano, estou indo para Londres. O Chelsea quer conversar com a gente". Porra. Interessante.

O futebol da Inglaterra também tinha muita tradição. O bilionário russo, como ele chama mesmo, hein? Isso, Abramovich, esse mesmo. Ele tinha comprado o clube recentemente e estava gastando. "Beleza. Vai lá e me conta o que eles querem. Ouvir não faz mal a ninguém", respondi. Eu estava no Brasil, cara. Aproveitei a pausa de Natal para passar uns dias com a família.

Estava naquela onda toda que vocês já imaginam, quando chegou a bomba. "Adriano, tô voltando para o Rio. Desembarco amanhã de manhã. Vamos sentar pra eu te mostrar os detalhes da proposta do Chelsea. Colocaram no papel", meu procurador disse. "É irrecusável." Puta merda. Como assim, caralho? Vou morar em Londres mesmo? Minha nossa. O meu contrato na época tinha uma cláusula de rescisão. Se não me engano, era de mais ou menos 45 milhões de euros. Porra, é dinheiro pra caramba até hoje. Mas na época valia muito mais. Tamo falando do futebol de vinte anos atrás, né não?

Então... quem chegasse pagando 45 quilos de alcatra poderia me levar. Não tinha negociação com o clube. Era esse o tamanho da vontade do russo. Ele me queria. "O Chelsea vai pagar a multa. Ainda ofereceram um salário que é de outro mundo, Adriano", meu procurador explicou. Essa parte me pegou. Não a do salário, porra. Já não disse que eu não faço as coisas motivado só pelo dinheiro, caramba? Presta atenção, cara. Óbvio que eu não sou otário. Sei o meu valor, e gosto de coisa boa também. O que me pegou foi a parte de pagar a multa.

Porra, sair desse jeito não é legal. Pela porta dos fundos? Eu tinha crescido demais no Parma. A Inter me tratou como filho desde o primeiro dia, o meu sonho era voltar para Milão. O Ronaldo já tinha ido para o Real Madrid, é verdade. Mas nem por isso o meu carinho pelo clube tinha diminuído. Fora o respeito pelo Moratti. Eu sei o peso de ser ajudado pelas pessoas. Minha vida inteira foi assim.

Se não fosse o vizinho oferecendo trinta ovos para a minha mãe revender, eu não teria nem comida no prato, cara. Como é que eu vou fazer as coisas desse jeito? Ah, paga a multa e manda pra casa do caralho. NEGATIVO! Esse não sou eu. Quero ganhar dinheiro, sim, mas quero manter o respeito com todo mundo. "Não, pela porta dos fundos eu não aceito. Se o Chelsea quer tanto assinar com a gente vai ter que ser diferente", eu disse. "Fala pra eles sentarem com o Moratti e com o Parma. Todo mundo se entende, fecha um valor, e a gente vai pra Inglaterra", eu insisti. "Mas Adriano, pagar a multa é normal. A gente não vai fazer nada de errado." Pode ser normal, mas eu não queria criar clima. Melhor conversar e sair com todos satisfeitos.

Meu procurador entendeu. "Tá bem. Eu vou chegar amanhã de manhã e te chamo. Mostro os números para você e pra sua mãe também. Vai dar certo", ele desligou. No dia seguinte, eu acordei com o celular tocando. Era o meu procurador de novo. "Chegou?", perguntei. "Cheguei. Mas já estou voltando pra Itália. Só vou ter tempo para passar em casa e tomar um banho. Daqui a pouco vou pro Galeão de novo." Como assim? Era antevéspera do Natal. Pedi para explicar direito. "Eu pousei no Rio hoje cedo e o Arrigo Sacchi me ligou, o diretor do Parma. Disse que a Inter quer comprar os outros 50% do seu passe. O Moratti mandou voltar."

P-u-t-a m-e-r-d-a. Não era possível uma coisa dessas. Futebol é foda, cara. Você não tem controle de nada. Um dia ninguém está nem aí pra você. No outro, todo mundo te quer. "Caralho, e agora? Falou pra ele do Chelsea?", perguntei. "Não. Pedi para o Sacchi me buscar no aeroporto. A gente vai conversando no caminho até o escritório do Moratti", ele disse. "Ok. Mas não é pra arrumar briga com ninguém. Fala dos ingleses e diz que é pra chegar num acordo", rebati. Meu procurador concordou. Porra! Estava acontecendo. Agora era com ele. As instruções já estavam dadas.

Senti o sol estralando pela janela e me lembrei: eu tinha que ir pro Cruzeiro! Era um dia importante, cara. Não podia chegar atrasado. Dia de jogo do Hang. Desci as escadas e meu pai já estava perambulando pela sala. "Xará, os caras estão mordidos. Ninguém quer que você jogue a final", meu pai me contou enquanto a gente tomava café. "Eu tô há um mês falando pra eles: 'meu negão tá chegando'. E eles respondem, 'não vale, não, Mirim'. Não tô nem aí. Tu vai jogar", ele dizia. "Eu não sou bobo. Te inscrevi no começo do campeonato. É chegar para fazer gol e levantar o caneco!", ele completou. Puta merda. "Pai, eu tô me recuperando de lesão. Tenho que ir devagar", eu expliquei.

Final de campeonato da várzea é emoção pura. Não tem como ir devagar. Naquele dia não foi diferente. A favela inteira desceu no campo do Ordem. Tava bonito demais. Calorão do Rio, típico de fim de ano. Música alta. Sambão. Cada morena andando pra cima e pra baixo que eu vou te falar, papai do céu abençoe. Não tem nada melhor no planeta, negão. Fala pra eles, Hermes. E era jogão mesmo. Hang contra o Chapa Quente. Clássico. O meu pai estava puto com o Geo. Sim, barrou o cara. O Geovanni conta essa história até hoje.

Meu pai reuniu o time para anunciar a escalação. Ele chegou naquela elegância. Todo trajado de Nike. Os moleques ficavam doidos. "Ae, Mirim. Tu tá na estica, hein? Mas essa canela russa não combina com pano gringo", a molecada zoava. "Onde tá russo, meu filho?", meu pai respondia. Ele cuspia na mão e passava na canela e no cotovelo para tirar o branco ressecado da pele. Era uma figuraça. E você que viesse com refrigerante barato para perto dele. "Dolly é o caralho", meu pai dizia. O velho era foda. Amado por todos no Cruzeiro. Todos. Com um copinho de Coca-Cola na mão, ele anunciou os onze titulares do Hang.

"Hangrismar no gol. Boldo com limão, Richard e Cachaça na zaga." Porra, Boldo com Limão era um cara amargo. Reclamava de tudo. O Richard tinha um chute que era tão potente, ou mais até, que o meu. Neguinho se tremia todo de ficar na barreira quando ele ia pra cobrança.

"Hermes na volância junto com o Alan. Crézio na ponta direita e Jorginho na esquerda, nosso camisa sete. No ataque Frank; Dingo, o dono da camisa 10; e Adriano."

Dava pra jogar Champions League com esse time aí, fala a verdade. Vencemos o Chapa Quente numa peleja apertada. O chicote estralou. Rojão na favela toda. Um foguetório bonito a pampa. Porra, que Natal do caralho. Tu tá lembrada, não tá, Raquel? Meu pai pulava o tempo todo. Aquele time era a alegria dele. Hang campeão! Agora eu já poderia definir meu futuro tranquilo. O assunto mais importante das férias estava resolvido.

"Adriano, precisamos conversar", era o meu procurador ligando de novo. "O que deu em Milão?", perguntei. "Chegamos no escritório do Moratti e estava todo mundo lá. O Sacchi pediu para se reunir em particular com o presidente antes de eu entrar. O Oriali, que jogou na Seleção em 1982, ficou conversando comigo. Ele é diretor da Inter hoje em dia", meu procurador explicou. "Tá, mas desenrola logo, por favor. O que vocês decidiram?", rebati.

Porra, eu não gosto de ficar conversando pelo telefone. O papo tem que ser curto. "Eu fiquei esperando do lado de fora. Começaram a chegar outros diretores. Entraram os advogados do clube. Eu não estava entendendo nada", ele continuou. "O Moratti não gostou da história? Eu sabia que ia dar problema", falei. "O Moratti me chamou para a reunião. Ele disse que estava sabendo da negociação do Chelsea. Também foi informado que você pediu para não fechar com os ingleses sem conversar com a Inter. Ficou feliz que não deixamos pagarem a multa." Puta, que alívio. "Ele disse o seguinte, Adriano: 'está tudo certo. Respeito muito a postura de vocês'. Mas eles não querem que você vá para a Inglaterra", meu procurador contou.

Caramba. "Não querem? E como fica, então? O Chelsea ofereceu muita coisa", eu perguntei. "Agora vem a melhor parte. O Moratti puxou um papel e disse: 'Esses são os números. A gente vai pagar os mesmos valores que o Chelsea ofereceu. O Adriano fica', você acredita? Os advogados e diretores até reclamaram, falaram: 'Mas, presidente, tudo isso? Não estava combinado que...', e o Moratti cortou os caras na hora. Disse que o que a gente fez não era normal no futebol e que ele quer você lá", meu procurador completou.

Irmão, eu desliguei até meio tonto. Finalmente eu ia jogar no San Siro outra vez. Tinha dado certo. Dois anos depois da minha saída. Porra. Deus tem um plano. Sempre. "Sobrou rojão aí?", perguntei para o meu pai. "Qual foi, xará? Quer soltar um também?", ele respondeu. "Me traz uma caixa de doze porque a gente tem que comemorar! Acho que eu vou voltar para a Inter de Milão, porra!" Taaaaa-ta-ta-tara-tara-tata-tara-ta-tuuuuummmmm.

A transferência ainda levou alguns dias para ser fechada. Digo, contrato assinado com a Inter, apresentação, essas coisas. Eu não me aguentava. Queria pisar em La Pinetina o mais rápido possível. Me despedi do Parma da melhor maneira que eu sabia: fazendo gol. Eu estava há uns dois meses sem jogar por conta de uma lesão. Voltei para a despedida, anotei o meu, ajudei o time que tanto me ajudou. Agora era hora de agradecer por tudo e seguir para a minha casa em Milão. Quando recebi a ligação confirmando que estava tudo certo, puxei o Rafael pelo braço e fomos direto para o San Siro.

A Inter estava jogando uma partida da Copa da Itália, encontrei o Moratti no camarote. Fiquei emocionado ao vê-lo outra vez. Nos abraçamos por um longo tempo. O velho me olhou com aquele sorriso grande dele. Todos os dentes pra fora. "*Bentornato a casa, Adri*", ele disse. "*Grazie mille, Presidente. È un piacere essere qui*", respondi. É, malandro. Tá achando o quê? Didico não é burro, não. Voltei para a Inter falando italiano, meu cumpade. Já estava fluente.

O presidente soltou mais uma das gargalhadas dele. Me deu uns tapinhas nas costas. "*Molto bene, ragazzo.*" O Moratti me explicou que tinha se afastado das funções do dia a dia do clube. Ele seguia no comando intelectual, por assim dizer. E do cascalho também. Mas agora a Inter tinha um novo presidente. Quem assumiu a batuta foi o Giacinto Facchetti, lenda da Inter e da Seleção Italiana. O Moratti nos apresentou. O novo presidente também foi bastante simpático comigo logo no início. Me convidou para jantar na casa dele com a família. Aceitei de pronto e disse que levaria uma amiga. Claro, a Carlota! Ela ainda estava na Inter. Foi muito bom poder voltar a trabalhar com ela.

Dessa vez, pedi para que a Carlota também cuidasse mais dos meus compromissos e, principalmente, da relação com a imprensa. Irmão, já no primeiro dia, eu senti que as coisas tinham mudado de patamar. Os repórteres vieram em peso falar comigo. Dei entrevistas para televisão, rádio, jornal... falei para o site da Inter também. Eu sentia a empolgação em torno da minha chegada, e posso dizer que ela era recíproca. É assim que se fala, né, Felipe? Quando vai e volta? Isso, recíproca é a palavra.

Assisti ao jogo da Inter no camarote do Facchetti. Ele me explicou sobre a situação do clube, o que esperava para a temporada. Muitas mudanças estavam por vir, eles queriam trazer mais nomes de peso para ganhar o *Scudetto* outra vez. Juventus e Milan estavam dominando nos últimos anos. Horrível, né? Os principais rivais venciam tudo, e a Inter não conseguia decolar. Falei para o presidente que eu queria fazer história no time. Eu também precisava de um troféu! Rimos juntos. Ele perguntou se eu me sentia pronto para voltar a jogar pela Inter, principalmente depois de tanto tempo fora por conta da lesão. Respondi que sim, era o que eu mais queria naquele momento. Se o treinador concordasse, eu já poderia entrar no próximo jogo, que seria em alguns dias. "Era isso que eu queria ouvir, Adri. Nosso treinador também está contando com você", ele respondeu. Dito e feito. Entrei em campo no jogo seguinte.

Comecei no banco. Bonita mesmo foi a reestreia em casa. Foi jogo dos sonhos, mano. Goleada da Inter. Marquei dois gols. Parece mentira, mas não é. Pode procurar. Os caras me deram a camisa 10, caramba, eu tinha que representar. Ainda teve a semifinal da Copa da Itália contra a Juve, nosso grande rival. Beijo do gordo. Meia hora de partida, e eu já tinha deixado dois. Na casa dos caras. Na volta, fiz um também no nosso estádio. Eu estava voando, negão. Era difícil me segurar.

18. Faça a coisa certa

A casa era antiga e muito tradicional. Daquelas que você não precisa cruzar o portão para saber que o vinho servido é de primeira. E olha que eu nem tomo vinho. Tivemos que rodar um tempo de carro para chegar lá. Eu ainda morava no centro de Milão, e o endereço era mais para cima, fora da cidade, perto do Como. Eu estava um pouco nervoso, não vou negar. Eventos sociais elegantes não são a minha cara.

A Carlota enfiou o dedo na campainha antes que eu conseguisse impedir a mão dela. "Espera um pouco, cara. Pra que essa pressa toda?", eu disse. "Como assim, Adriano? A gente já está aqui. Olha a hora. Você quer se atrasar para o jantar na casa do presidente?", ela respondeu. O Fachetti veio nos receber. Estava de camisa social, perfumado, todo elegante. Ele era presidente e lenda do futebol. Não esperava menos.

Entramos e logo deu pra entender que o Fachetti tinha sido sincero. O jantar era para pouquíssimos convidados, não chegava a dez pessoas. Acho que eram todos da família dele, além da Carlota e eu. Uns dias antes, eu tinha pedido para ela me acompanhar. Sabia que a ocasião seria especial e não queria ir sozinho. A mesa era enorme, toda lindona, cheia de talheres prateados e taças de cristal. A porcelana até brilhava. Eu não fazia ideia por onde começar. Nunca tinha visto nada parecido.

"Como é que eu vou comer com isso daqui?", perguntei para a Carlota. "Não fica nervoso. Vai usando os talheres de fora para dentro, cada vez que vier um prato, você troca de talher", ela me explicou. Eu tinha que fazer um curso para jantar? Eu, hein... "Relaxa. Se você ficar na dúvida, é só olhar pra mim. Vai me seguindo", ela disse. Foi tranquilo mesmo. A comida estava excelente – novidade –, e a conversa com o presidente melhor ainda.

O Fachetti me contou dos anos dele como jogador da Seleção. Me deu uma aula sobre como o futebol italiano havia se transformado ao longo das décadas. "Adri, você precisa entender que aqui a relação com o futebol é diferente", ele me disse. Eu tentei explicar que no Brasil também somos muito apaixonados pelo esporte. A torcida pega no pé por qualquer motivo. Contei para ele que antes de chegar na Inter eu tive que ouvir muita ofensa vinda das arquibancadas do Maracanã.

Imagina eu traduzindo "Bota pra vender! Bota pra vender!", era esse o grito que eu ouvia no estádio. Os caras queriam que eu fosse embora. O Fachetti deu risada. Hoje é engraçado mesmo. Mas na época foi foda, parceiro. "Entendo, Adri. Sei bem da paixão dos brasileiros; vocês são os maiores vencedores do mundo", ele completou. "Mas é necessário dimensionar o momento atual. Você não é apenas um jogador de futebol, como na minha época. Os futebolistas estão se tornando ícones da sociedade moderna", ele seguiu. "Celebridades, essa é a palavra. Acha que antes tínhamos jogadores fazendo propaganda da Armani? As coisas mudaram muito. Os paparazzi vão te perseguir", ele alertou. "A sua imagem vai transcender o esporte. Até quem não gosta de futebol vai saber quem você é."

Levantei minha taça. Dei um gole lento. O vinho era escuro, tinha gosto de madeira. O sabor era forte. Complexo que fala, não é, Felipe? É complexo, sim. Tu não entende de vinho? Enfim, olhei para a Carlota. Ela balançou a cabeça como quem diz "é isso, cara. Escuta o coroa". Era melhor eu abrir os olhos. Pra ser sincero, não tive nem tempo para processar as palavras do presidente.

A minha vida estava mudando de novo, e muito rapidamente. Eu via o meu rosto na capa da *Gazzetta dello Sport* dia sim, dia não.

Andar na rua deixou de ser algo corriqueiro. Até para ir na balada eu começava a ter dificuldades. Muita gente em cima pedindo para falar comigo o tempo todo. Era autógrafo, foto, aperto de mão, abraço, beijo: tudo o que você pode imaginar. E isso consome uma energia pesada.

A questão é que enquanto você está marcando gols, tudo bem. As pessoas dão risada. Adoram te ver na rua, saindo à noite, o que seja. O problema é quando começa a faltar resultado dentro de campo. E num país onde o futebol é parte da cultura, onde todo mundo só fala disso, é óbvio que os adversários também passam pela mesma pressão. Ninguém quer perder.

No Parma, eu tive tranquilidade para trabalhar. Na Inter, senti de cara que não seria exatamente assim. Se eu não marcasse gol toda semana, o falatório só crescia. É difícil, parceiro. Tem que ter muita paciência. Minha família me ajudou outra vez. Eles me visitaram em Milão, passaram algumas semanas comigo. Durante essa visita, meu pai aproveitou para fazer amizade com um grupo de brasileiros que moravam por lá.

Porra, o Mirim não bebia, mas gostava da noite mais do que eu, não é, Hermes? Fala para eles. Puta merda. O coroa estava me dando dor de cabeça, acredita? Tinha uma churrascaria na cidade onde o pessoal fazia música ao vivo. Ele não saia de lá. Todas as noites, batia cartão, o safado. Chegava em casa sabe-se lá que horas. Minha mãe só observava. Ela é abençoada, não falava nada para não criar confusão. Eu ficava sabendo só depois que ele já tinha aprontado.

Nessa época, eu decidi me mudar. O centro de Milão estava muito agitado para mim, e eu não aguentava mais ficar em hotel. Eu não podia sair do quarto, nem andar na rua que vinha uma multidão em cima. As palavras do Fachetti começaram a fazer sentido na minha rotina. Meus colegas no clube recomendaram que eu me mudasse para o Como. Fica um pouco distante da cidade de Milão, mas perto do centro de treinamento, onde, no fim das contas, a nossa vida dentro do clube acontece. Além de mais conveniente para o dia a dia, também era muito mais sossegado. A maior parte dos jogadores morava por lá.

Encontrei uma casa bem antiga, mas muito espaçosa. Gostei dela logo de cara. "Mãe, vamos comprar essa daqui? A gente faz umas reformas e deixa do nosso jeito", eu disse. "É muito linda, meu filho. Acho que será uma boa compra." O inverno na Itália ainda não tinha acabado. E nessa região, o frio é ainda mais forte. A gente não se importava. O que eu queria era tranquilidade e estar perto da minha família.

A papelada foi resolvida em poucos dias e logo entregaram as chaves na minha mão. A casa agora tinha novos donos. Fiquei tão feliz que me recusei a passar outra noite no hotel. Chamei minha mãe e falei pra ela: "Vamos lá pra casa nova. Já peguei as chaves. Traz as malas e vamos nessa". Ela concordou. Quando chegamos, nosso vizinho nos recebeu. Mostrou a casa pra gente outra vez. Falou da região. Fez aquele ritual das boas-vindas. Só tomou um susto quando eu disse que descarregaríamos o carro. "Mas Adri, não dá para se mudar ainda. A casa está fechada há muito tempo", ele disse.

Minha mãe logo apareceu com uma vassoura na mão dizendo que daria um jeitinho em tudo. "A senhora não está entendendo. A casa está sem gás. Não tem aquecedor", ele completou. Bom, aquilo, sim, parecia um problema. Porque estava fazendo um frio do cão. Puta merda. A gente se olhou. Tentamos ligar o aquecedor e nada. O Thiago era uma criança pequena. Ele ficou correndo de lá pra cá enquanto a gente conversava. "Mãe, eu não quero mais dormir em hotel. O que a senhora acha da gente ficar aqui do jeito que está? A gente junta os colchões no chão. Dorme todo mundo agarrado pra se aquecer." Dormir no chão? Novidade...

Claro que a minha mãe aceitou na hora. A gente não tem frescura, não, negão. Já falei isso quantas vezes? Nossa primeira noite na casa do Como foi assim. Minha mãe, eu, o Thiago e a vovó dormindo juntos no meio da sala, em dois colchões, dividindo o cobertor. Um colado no outro para suportar o frio do norte da Itália no inverno.

E vou te dizer que estávamos todos muito felizes. Era nossa conquista na Europa. Meu pai já tinha voltado para o Rio, era difícil aguentar a vida longe do Cruzeiro. Eu entendia ele. Minha mãe ficou na Itália com a vovó e o Thiago para ajudar a cuidar da casa nova.

Quando tudo estava pronto, e o aquecedor finalmente funcionando, ela fez as malas e também foi embora para o Rio de Janeiro. A Dona Rosilda tinha que cuidar da casa na Barra, ir à igreja, encontrar as minhas tias e todos os outros compromissos que ela deixava para trás para poder me ajudar.

Àquela altura, eu já estava acostumado a morar longe. Meu tio Papau e o Rafael vinham para ficar comigo também. Eles trouxeram meu amigo Jorginho para conhecer a Itália, e a gente fazia a nossa festa na casa nova. As coisas pareciam tranquilas, mas só pareciam, porque logo as confusões chegaram até mim. Ou eu fui atrás delas. Como preferirem.

"Meu filho, seu pai tá querendo voltar a morar lá no Cruzeiro", minha mãe me ligou um dia para contar. Como é que é? Eu gosto da comunidade pra caramba, mas espera aí. A gente tinha conseguido melhorar de condição. Já falei: a favela é um lugar especial, lá você aprende o que é solidariedade. Só não vamos confundir as coisas. O ideal seria que todo mundo tivesse uma casa melhorzinha pra viver, e menos perigosa também.

Porra, tu acha que é tranquilo morar lá? Quantos amigos eu já perdi na vida… Se eu começar a citar os falecidos aqui a gente só vai terminar amanhã. Não tem como. O meu pai levou um tiro na cabeça de bala perdida. Acho que isso resume a situação, não? E hoje em dia está pior. Tô mentindo, Raquel? Porra, é uma falta de respeito. Tu espirra e nego já está te matando. Todo mundo tem arma, cara. Vacila pra tu vê. Qualquer discussãozinha por bobeira pode terminar muito mal. Eu que não me arrisco. E também não queria que meu pai se arriscasse.

Acontece que ele estava num momento complicado com a minha mãe. "Meu filho, eu não sei o que aconteceu, seu pai está deslumbrado", ela me disse. "Deslumbrado como, mãe?", eu perguntei. Todo casal tem seus problemas, isso não dá para negar. Os dois já estavam juntos há mais de vinte anos, e a condição de vida também tinha mudado bastante. Tudo isso pesa no relacionamento. Como eu falei, meu pai não bebia, mas gostava de farra. Era assanhado desde moleque. Foi assim que ele conheceu a minha mãe, inclusive. Estava jogando papo mole nas irmãs que buscavam água no latão. Foda. O velho sempre foi desse jeito. Tenho a quem puxar. A minha mãe tolerava. Ela teve uma educação rígida.

O pai dela, meu avô Luís, ensinava que a esposa precisa cuidar do marido. Fora que a Dona Rosilda é muito religiosa. Ela empurrou a situação o quanto deu, pensando na família. Até filho com outra mulher o meu pai arrumou. Pois é, eu tenho um meio-irmão, sim. Minha mãe também contornou essa história. Infelizmente, todo mundo tem um limite. Uma hora, a minha mãe e o meu pai se desentenderam, coisa de casal, cara, eu fiquei sabendo da história que ele queria voltar para o Cruzeiro. "Xará, já achei uma casa perfeita. O preço está bom."

A casa que ele queria ficava numa rua melhorzinha. Mesmo assim, era na comunidade. Não adianta disfarçar. Como é que eu, camisa 10 da Inter de Milão, ia deixar meu pai morando lá? Não que eu tivesse problema com isso, tanto que eu vou no Cruzeiro toda hora. Só que qualquer um que não seja cínico entende o tamanho da bucha.

Meu pai queria voltar porque era o lugar onde todo mundo respeitava ele. Não podemos ignorar isso. Óbvio, ele também gostava da bagunça, mas ninguém levava uma com a cara dele por lá. O Mirim falava, e os outros escutavam por conta da admiração que tinham por ele. Porra, conta pros moleques, Hermes. Diz pra eles do dia que o Maguilinha queria te matar. Meu pai entrou na frente e disse: "Se você levantar a mão pra ele, vai ter que se resolver comigo". Foi mesmo.

O Maguilinha ficou encarando, mas não pensou duas vezes. Respeitou. Guardou a arma e ainda saiu falando pro Hermes: "Você não vai morrer hoje por causa do Mirim". Tô mentindo, Raquel? Podia ser bandido, o que fosse. Meu pai adorava o Hermes e não deixava ninguém encostar nele. E os caras respeitavam. Porque todo mundo conhecia ele desde a infância. Como meu pai era o cara do futebol, a molecada estava sempre envolvida com ele de alguma forma.

O campo do Ordem e Progresso era o quintal dele. Meu pai organizava futebol dia e noite. Juntava a molecada toda pra evitar que a gente se envolvesse com o tráfico, essa é a verdade. Ele não queria que as crianças fossem parar em outras vidas. Trazia todo mundo pra perto, e ele era alegre pra caramba. Brincava sem parar. Estava sempre fazendo piada. Tinha o riso fácil. Quem falar mal do meu pai pra vocês está mentindo. Não é, Hermes?

Ele era técnico do time das crianças, organizava excursões pra gente jogar contra outras comunidades, era amigo de todos. Na verdade, o Mirim não era só o meu pai. Ele era pai das crianças do Cruzeiro inteiro. Não deixava ninguém beber. Não gostava de ver ninguém com cigarro na mão. Ele protegia mesmo e dava esporro. Por isso que respeitavam ele, até bandido.

Porra, tu lembra daquele rolo que deu uma vez no campo, Hermes? Meu pai não podia brigar por causa do tiro que levou, ele não tinha osso na testa. Se você colocasse a mão, dava pra sentir o cérebro dele. Quando ele ficava nervoso, dava pra ver a pulsação no buraco. Começava a pular, *puf, puf, puf*. Porra, mesmo assim ele foi pra cima dos caras. O jogo era contra o Bacardi, time ali da Penha também. Um safado entrou com tudo em cima de mim, fora do lance de jogo. Eu ainda não era profissional, jogava na base do Flamengo. Meu pai era o árbitro do jogo e veio com o cartão vermelho direto pra cima do cara. Acontece que o fulano começou a discutir e não quis sair do campo. Pra quê...

Porra, meu pai foi pra cima do cara, ele estava desrespeitando o nosso campo. Virou aquela bagunça. Gritaria, mão no peito, cusparada e palavrão comendo solto. Minha mãe gritando do lado de fora: "Miro, Miro, o cara é gerente, ele é gerente", e o meu pai não estava nem aí. "Eu quero saber que ele é gerente nada?! Tá errado, tá errado." Eu era novinho ainda, meus amigos também. Entrou todo mundo no campo, e o time adversário era só de bandido, tá? Só tinha malaco no Bacardi.

Meu pai bateu no Hellman. O couro comeu à vera. Metemos a porrada neles. O falecido Fino, Alan e Grismar. Uma confusão do caramba. Pior que depois ficou todo mundo amigo, porque era isso. Meu pai defendia o espaço e os moradores, ele dava amor pra todos. Era companheiro mesmo. Se tivesse confusão, ele defendia o Cruzeiro. Ele não queria atrapalhar o lado de ninguém, pelo contrário, e as pessoas entendiam isso. O respeito que ele conquistou lá era de outro nível.

Olha só, meu pai organizava até futebol feminino. Agora tá na moda, né? Mas eu tô falando da minha época de criança, tá? Minha mãe entrou no time também, ele treinava a mulherada toda no campo, elas corriam no valão, levavam a sério mesmo. Minhas tias também jogavam. E a final do campeonato foi bonita a pampa. Teve foguetório, todo mundo estava apoiando. Eu ficava correndo em volta do campo e gritando: "Corre, mãe!". Dona Rosilda era atacante das brabas. Época boa.

Por isso que eu digo pra vocês que a relação que a minha família tem com o Cruzeiro é muito forte. O meu pai querer voltar para lá era algo natural, pra te falar a verdade. A questão é que ele não podia morar sozinho. Mesmo com os problemas de saúde, meu pai não se cuidava direito. Puta merda, que tristeza. Espera aí que eu vou no banheiro. Estou emocionado mesmo. Ficar lembrando de tudo isso não é fácil, cara.

Que vou chorar no banheiro o quê, garota? Tá de brincadeira? Eu choro na frente de vocês. Não tenho problema com isso, não. Vou descalibrar um pouco. Caramba, estamos sentados aqui desde que horas, hein, negão? Faz tempo já. Vocês falam pra cacete, Deus o livre.

"Adriano, tem que arrumar um lugar pro seu pai. Não vou mais ficar com ele dentro da minha casa, não", minha mãe me disse. Puta merda. Olha aqui. Me arrepio só de lembrar dessa história. Com tudo que estava acontecendo na minha vida, me aparece um problema desses. Eu entendia minha mãe, mas ao mesmo tempo o amor pelo meu pai também era gigante. Era, não. É.

O que eu poderia fazer? O meu pai estava dando trabalho, eu via como era quando ele estava em Milão. Dava para imaginar o que estava acontecendo no Rio. O coroa saía na quinta e voltava pra casa só na terça-feira. Puta merda. "Meu filho, eu sou amiga do seu pai. Fica tranquilo. Ele pode ir em casa quando quiser, quem comprou a casa foi você", ela me dizia, e eu segurando o choro. A garganta travada. Porra, sou chorão pra caramba. Imagina ter que ouvir da sua mãe que ela não quer mais viver com o seu pai, cara. Isso dói muito. Fora que eu estava do outro lado do oceano, caralho. Não podia nem ficar perto deles. Tentar segurar a situação de alguma forma. Nada. Nem no mesmo horário a gente estava, porque a diferença é grande pra caramba.

"Tá bom, mãe. Vamos dar um jeito nisso", eu disse. "Mas não é para comprar casa no Cruzeiro, Adriano. Já falei com o Miro. O que você acha que as pessoas vão dizer? Que você comprou casa pra mãe na Barra e largou o pai na comunidade", ela tinha razão. A gente sabe muito bem que a imprensa não perdoa. O que já inventaram de notícia com o meu nome... Puta merda. "Teu pai viu uma casa em Olaria também. Mas eu não acho certo, Adriano", ela disse.

Já expliquei pra vocês? Minha mãe, quando está brava, me chama de Adriano. Sai de baixo que vem encrenca. Quando está tudo bem ela me chama de "meu filho". "Adriano, eu não quero que você compre casa para o seu pai no Cruzeiro. Eu já vi um apartamento no Recreio. É muito bom. Tem dois quartos. Você compra pra ele. Está perto da gente também. Ele vai em casa quando quiser, fica com o Thiago, sem problemas." Eu só ouvia. Vou discutir com a minha mãe como? Não tinha jeito.

Compramos o tal apartamento. Minha mãe mobiliou tudo. "Eu vou ajeitar para ele, meu filho. Fica tranquilo." Eu achei que a situação tinha se acalmado. Minha mãe me dizia que o meu pai continuava na farra no Cruzeiro, mas sempre visitava o Thiago. Passava o dia na casa deles na Barra. "Mãe, meu pai está se cuidando? Eu tô mandando o dinheiro dele todo mês. E o plano de saúde também é bom. Tem que falar pra ele ir no médico", eu insistia. Minha mãe dizia que as cobranças em cima do meu pai estavam em dia. O problema era a parte dele. Quando eles estavam na Itália, eu também ia pra cima. "Coé, pai? Tem que fazer o check-up, cara", eu falava. Ele só respondia: "Eu sei, xará. Eu sei". Os remédios, pelo menos, ele estava pegando. Era o que a gente acreditava.

A minha primeira temporada na volta à Inter terminou, e a gente não conseguiu passar da quarta posição no Campeonato Italiano. Era pouco para as expectativas que existiam no clube, menos ainda considerando que o campeão daquele ano foi o Milan, o grande rival da cidade. O Shevchenko fez um gol atrás do outro. Não tive como buscar. Eu sentia que aquele era só o começo de uma longa caminhada, pra ser sincero.

Meu sonho de voltar para a Inter tinha se realizado. Os primeiros seis meses foram bons. Recebi prêmios individuais, que sempre são bacanas. Um gol que eu marquei contra o Reggina foi eleito pela torcida como o mais bonito da temporada. Lance lindo mesmo. Coloca no YouTube aí, Felipe. Cadê o seu celular? Eu giro pra cima de um zagueiro, o cara cai de bunda. Depois vem outro. Dou uma finta no melhor estilo Ronaldo Fenômeno. O zagueiro também vai pro chão, dentro da área. Saio na cara do gol. A esquerda matadora entra em ação. Dessa vez sem pancada, só deslocando o goleiro. Obrigado, Prandelli. Beijo do gordo!

Foi golaço, negão. Não estou exagerando. Ainda recebi uma ligação do Moratti me contando uma história que eu fui ver nos jornais dias depois. "Adri, o Spike Lee esteve comigo. Dei uma camisa sua de presente para ele", o presidente me contou. Porra, o diretor de cinema americano é pica, tá? Torcedor da Inter. Ele foi no San Siro ver a gente jogar e ganhou a camisa. No dia seguinte estava nos jornais. A foto dele com a peita número 10, escrito Adriano atrás. Puta merda!

Eu ainda tinha os compromissos com a Seleção antes de terminar a temporada. Fui convocado para os jogos da rodada de junho nas Eliminatórias para a Copa na Alemanha. Que alegria vestir a camisa amarela outra vez. Era uma honra muito grande, não preciso nem falar. Pode ver que todas as vezes na minha vida em que eu estive numa situação complicada, foi a Seleção Brasileira que me ajudou.

Meu primeiro objetivo quando cheguei na Europa era me firmar na Inter. Mas eu pensava também em conseguir algo grande com a Seleção. A Vila Cruzeiro, como o país inteiro, sempre parou para ver o Brasil em campo, eu não podia nem imaginar a festa que seria em casa quando eu tivesse a minha oportunidade. A Seleção de base me abriu tantas portas na vida, foi assim que eu consegui crescer no Flamengo e chamar atenção na Europa. Todo jogador sonha com uma convocação. Quem negar está mentindo. É o clichê mais verdadeiro do futebol.

Me apresentei na Granja Comary com um sorrisão no rosto. Sem sacanagem, aquela equipe era o Olimpo do futebol. Parecia um desfile de craques. Sente a pressão. Só vou falar alguns, tá? Dida, Cafu, Roberto Carlos, Juan, Juninho Pernambucano, Alex, Kaká, Luis Fabiano, Ronaldinho Gaúcho e o meu amigão, o Ronaldo Fenômeno. Já fui pra cima dele antes mesmo de colocar o uniforme.

"Como é que está em Milão, Didico, os caras estão te tratando bem? Eu vou ligar pro Moratti", o Ronaldo brincou. Claro que estavam me tratando bem, eu falei. Foi mais ou menos nessa época que o apelido Didico pegou. O Ronaldo começou a me chamar assim. O Dida e o Cafu repetiram e aí não teve como, veio todo mundo no embalo. Eu não desgrudava do Ronaldo. Nós dividíamos quarto na concentração. Parecia a época que eu morei na casa dele em Milão. Conversamos sobre a temporada, a vida na Europa e o futuro.

"Se continuar jogando desse jeito, vou te levar para Madri", o Ronaldo disse. "Deixa eu ganhar o *Scudetto* antes", respondi.

Eu ainda não tinha muito espaço na Seleção, mas entendia a situação e nunca reclamava. Estar ali era a realização de um sonho. O primeiro jogo da rodada pelas Eliminatórias foi contra a Argentina, em Belo Horizonte. Eu queria muito jogar, mas eu olhava ao meu redor e sabia que seria difícil. Os caras eram brabos demais.

Desembarcamos em Minas Gerais, e a comoção na cidade parecia de Copa do Mundo. A recepção do nosso hotel estava lotada de gente. Tinha de tudo, cara: repórter, torcedor, empresário, político, celebridade e, claro, modelos. Muitas modelos e apresentadoras de televisão. Quem não ia querer tirar uma casquinha dos pentacampeões? Eu era menos assediado porque as pessoas não me conheciam direito. Ficava na minha e ia atrás do Ronaldo quando não tinha uma multidão perseguindo o cara.

Os repórteres não davam sossego. Falavam que o Ronaldo estava gordo, fora de forma, e que a melhor fase dele já tinha passado. "Eu tenho que ouvir esses absurdos, Didico", ele me dizia. Foda, mas o homem nunca foi de se abalar. Pelo contrário. Entrou em campo com chuteira dourada e tudo. Sempre foi diferenciado. O Ronaldinho, que estava voando no Barcelona, acabou se machucando nos treinos e foi cortado. O substituto imediato era o Luís Fabiano, que fez parceria com o Ronaldo no ataque. Ele estava deitando no São Paulo também. Os repórteres só falavam nele.

Eu fiquei no banco. Tranquilo. Sempre fui paciente; sabia que o meu papel era trabalhar e esperar a oportunidade. Pena que não entrei. Mesmo assim, me senti um privilegiado. Porra, ninguém acompanhava o Ronaldo em campo. O cara jogou muito. Ele botou os argentinos para correr. Só conseguiam parar na base do pênalti. Fizeram três nele. E o cara marcou todos. *Hat-trick* do meu amigo na cidade que o revelou para o mundo. Foi 3 a 1 para o Brasil, e assumimos a liderança na tabela. A comemoração começou no vestiário mesmo.

Depois do jogo, a comissão técnica liberou a gente para curtir o resultado com uma folga de algumas horas. Estávamos dispensados da concentração, mas tínhamos que nos reapresentar na manhã seguinte bem cedo, antes de viajar para o Chile, onde disputaríamos a segunda partida da rodada. O pessoal lá de Belo Horizonte organizou uma festa, e eu já sabia que, depois de uma vitória daquelas, a balada seria das boas. Tomamos uma ducha rápida no Mineirão. Eu me arrumei todo, caprichei no perfume italiano, meti o correntão e fui direto do campo para a bagunça, ao lado dos meus amigos.

Puta merda. Entramos na festa. Era na casa de um amigo nosso. Vimos aquele mar de objetos não identificados. Que coisa linda, cara. A batida rolando solta. Tum-tum-tum-tum. Cada piscada de luz mostrava uma gata diferente, todas de vestidinho curto, colado no corpo, salto alto e praticamente comendo a gente com os olhos. Tinha o que tu quisesse. Eu nem pisquei, e colocaram um copo na minha mão. O Ronaldo viu uma garota e ficou alucinado. Ela era alta, magra, com o corpo bem definido, estou falando com todo o respeito, mas o que chamava a atenção mesmo eram os olhos. Dois bilão azul assim ó. Enormes. Dava pra ver de longe. O sorriso dela era gigante. Porra, impossível não ficar impactado pela gata. Olhei pro lado e... Novidade, o Ronaldo estava hipnotizado. Eu já sabia onde aquilo ia terminar.

Ele nem precisou falar nada. Só no olhar a gente se entendia. Ele virou pra mim, deu uma risadinha, mostrou os dentes separados, ergueu as sobrancelhas e falou: "Vou ali e já volto". Ele saiu em direção à garota. Eu conhecia muito bem o meu amigo. Puta merda. Cinco minutos depois, ela estava pendurada no pescoço dele. Dez minutos mais tarde, o Ronaldo veio falar comigo: "Didico, se perguntarem por mim, você já sabe". Porra, como assim? A gente tinha acabado de chegar. "Não quero saber. Eu estou apaixonado, cara", o Ronaldo brincou. Quer dizer, vai saber se era brincadeira ou verdade. A gata era o número dele mesmo. Não tinha como negar. A mais bonita da festa. "Deixa comigo", eu respondi.

Os dois sumiram, e para onde eles foram eu não sei. E se soubesse também não contaria para vocês, porque eu não sou X9. Acontece que uma garota que tinha rolo com o Ronaldo também apareceu na balada pouco depois. A gente já se conhecia de outras festas. Quando eu vi a cara dela, saquei que ia dar confusão. Ela veio disparada na minha direção. "Oi, amigo. Tudo bem?", a menina disse. "Tudo bem, querida. Como você está?", respondi. "Adriano, cadê o Ronaldo?", ela me perguntou. "Eu vou saber como?", falei. "Pô, tu não é amigo dele? Vocês dividem quarto. Claro que tu sabe", ela rebateu. "Sou amigo, mas não sou babá. Ele deve estar por aí. Eu, hein? Tô aqui tomando o meu danone", despistei.

A garota não se convenceu com a minha resposta. Saiu para procurar o Ronaldo. Eu não tinha nem terminado meu primeiro drink ainda quando ela voltou. "Adriano, tu não vai me dizer onde o Ronaldo está?", ela insistiu. "Mas que coisa. Já te falei que eu não sei, cara", tentei convencer, sem muito sucesso. "Ah, tu não sabe? Então, beleza. Vou ficar aqui contigo. Vocês são os melhores amigos. Não é possível que ele não vai vir aqui te encontrar", ela disse. Porra, a garota não estava de conversinha. Passou a noite inteira grudada em mim. Tava marcando mais que o Mascherano, puta merda. Daquela festa, eu fui para outra balada. "Tô indo nessa", avisei. "O Ronaldo vai estar lá? Eu vou contigo", ela respondeu. Vai vendo a situação.

A querida passou a noite inteira comigo, me perguntando do Ronaldo a cada cinco minutos. E eu de bico calado, tomando o meu danone, fazendo umas piadas bestas para ver se aliviava a barra. Eu tentava mudar de assunto, sem sucesso. Ainda joguei um papo mole na amiga dela, mas não teve jeito. Lá pelas tantas da madrugada, olhei para o relógio e percebi que não tinha mais tempo sobrando. A garota continuava colada em mim. Faltava pouco para o horário do café da manhã, eu precisava voltar para a concentração.

"Vou meter o pé. Um prazer te rever, querida. Até a próxima", eu disse. "Até a próxima nada. Tu vai aonde? Eu vou contigo", ela puxou o meu braço. "Como assim, cara? Eu vou voltar pro hotel", respondi.

"Beleza, eu vou com você também. Quero ver se o Ronaldo está lá."
Não teve jeito. Tentei argumentar que ela não ia passar da recepção, que já estava tarde, que era melhor ela voltar pro hotel dela, mas mulher quando está encasquetada com alguma coisa já viu, né?

A garota foi comigo no carro, e seguimos juntos para a concentração. Quando chegamos, ela tentou entrar do meu lado e, óbvio, foi barrada pelos seguranças. Eu nem olhei para trás. Passei direto e fui para o elevador. Só ouvia os gritos de longe: "Volta aqui, Adriano!". Puta merda. Que sufoco, cara. Subi para o quarto, claro que o Ronaldo não estava. Já falei, merda. Não faço ideia de onde ele foi nem que horas ele chegou. Só sei que ele apareceu no café da manhã e não parava de sorrir.

"Olha, filho da puta. Eu chupei tua manga feito um caralho a noite toda ontem. Aquele teu rolo lá estava atrás de você", eu disse. "Didico, eu vou me casar", o Ronaldo respondeu. "O que é isso, cara? Do que você está falando?", rebati. A gata que ele tinha conhecido se chamava Daniela Cicarelli. E de fato os dois acabaram trocando alianças um tempo depois. Aliás, não me convidaram para aquela festona de casamento na França. Mas tudo bem, porque eu não poderia ir mesmo.

Fomos para o jogo no Chile e lá mesmo ficou decidido que os titulares não disputariam a Copa América, que começaria um mês depois no Peru. A verdade é que estava todo mundo cansado pelo fim da temporada e jogar aquele torneio significaria ter as férias cortadas pela metade. Por isso, o Parreira dispensou os medalhões e convocou somente os mais novos para a viagem.

Eu estava na lista, e a indicação é que eu seria titular ao lado do Luís Fabiano durante o torneio. Porra, que maravilha. Mais uma chance na minha vida. Porque, embora eu tivesse chamado atenção na Itália, no meu país as coisas ainda eram exatamente do mesmo jeito. Claro, o pessoal assistia a Inter jogar, o futebol italiano sempre teve destaque no Brasil, mas não é a mesma repercussão.

Eu saí muito cedo do Flamengo, a torcida não tinha criado uma relação forte comigo. Normal. E quem não torcia para o Mengão sabia menos ainda sobre mim. Essa foi uma motivação importante que eu levei comigo na hora de me apresentar para a Seleção. Os convocados para a Copa América 2004 eram jogadores muito bons, mas que ainda não estavam no auge. Serviria não apenas para nos mostrarmos para o Brasil, como também para tentar cavar um espaço pensando na Copa de 2006. Eu não ia deixar essa oportunidade passar não, negão. Me apresentei e logo fui pro quarto com o meu camarada, o Maicon. Esse também é perturbadinho da cabeça. O que a gente dá risada nos nossos encontros é sacanagem. Quando junta os dois, esqueça tudo.

Éramos companheiros desde a Sub-20, e por isso foi uma grande alegria encontrar o cara naquela convocação. Contei para ele sobre a Inter, como o clube estava passando por uma nova fase e disse que queria ele com a gente. O Maicon riu bastante e falou: "Me leva agora!". Ali o tom era de brincadeira, mas um tempo mais tarde consegui levá-lo para a Inter. Aliás, ajudei ele e o Júlio César, que também estava nessa Copa América e depois veio jogar com a gente em Milão. Foi foda, parceiro. Ganhei tudo nessa Copa América. Melhor jogador do torneio, artilheiro e campeão em cima da Argentina. Beijo do gordo!

Ali foi o começo de tudo, vamos dizer assim. Eu não era o protagonista do time, o atacante de nome era o Luís Fabiano. Consegui chamar a atenção já na fase grupos com um *hat-trick* contra a Costa Rica. Tá pensando que só o Ronaldo consegue fazer três gols no mesmo jogo? Meus ídolos me inspiram! Puta merda. Fiz até dedicatória para os adversários da Inter: Juve, Milan e Roma, me esperem que eu tô chegando. A próxima temporada vai pegar fogo! A Inter vai ser campeã. Seguimos em frente. Ainda guardei dois gols contra o México e fiz o de empate contra o Uruguai na semifinal, se não me engano.

A minha memória é uma merda, mas eu lembro que o jogo contra a celeste foi duro. Decidimos nos pênaltis. E mais uma vez, papai do céu abençoou. A grande final seria contra quem...? Pois é, uma decisão contra a Argentina. Sempre vai ter destaque, não adianta. Talvez seja o único jogo fora da Copa do Mundo que o nosso país realmente leve a sério, sejamos sinceros. Eu queria muito ter jogado em BH uns dias antes, mas soube esperar, e a minha vez chegou mais rápido do que eu imaginava.

Acordei no dia da decisão pensando: *vou ter que ir pra cima*. A Argentina estava com o time completo em campo, praticamente todos os titulares, incluindo o meu capitão na Inter, o Zanetti. Os caras estavam ganhando até o finalzinho. Por 2 a 1. Tu sabe como argentino é, né? Eles começaram com um monte de firula. Fazendo graça, provocando, uma catimba desgraçada. Eles parecem torcedores em campo, nunca vi isso. Puta merda.

Do nosso lado, podia não ser o time principal, mas era um monte de cara brabo. Tudo maloqueiro como eu. Resumo: a porrada comeu. Quando a catimba deles passou dos limites, o Luís Fabiano, que é outro perturbadinho da cabeça, virou pra mim e falou: "Vamo quebrar todo mundo, Adriano". Porra! Eu já estava puto. Perder uma final para a Argentina é complicado, e eu fui pra Copa América, no período das minhas férias, com a intenção de fazer o meu nome no Brasil, não para sair como o cara do time que perdeu para os maiores rivais.

Tu sabe como a imprensa é, mano. Segundo lugar no Brasil é vexame maior do que ser eliminado antes. Perdendo para a Argentina, então! Tomando olé dos caras no final do jogo? NE-GA-TI-VO. Eu virei pro Luis Fabiano e respondi: "Vambora nessa merda. Vamo pegar esses caras". Até que chegou a última bola do jogo. Bumba meu boi, né, irmão. Faltando trinta segundos para acabar o campeonato, não tem outro jeito.

Bola cruzada na área, o Luís Fabiano se jogou pra cima do zagueiro. Ele levantou a perna todo esquisito; era desespero, irmão. E se tu for ver o lance direito, se tu perceber, eu também subi todo estranho. Na verdade, eu abri o braço com a mão fechada e o cotovelo apontando para trás, o movimento foi de agressão mesmo. Eu ia dar uma cotovelada nos caras, não tava nem aí. Por Deus, não acertei ninguém. Porque nessa que eu fiz o movimento de acabar com quem estivesse nas minhas costas, eu já virei o corpo. Não achei nenhum queixo portenho no caminho. Mas quando levantei a cabeça, quem estava bem na minha frente? Adivinha. Porra… ela mesma. A bola. PUTA MERDA. Eu só tive que puxar. Pensei *CA-RAAAAA-LHOOOO!* Dei um totó com a esquerda. Girei o corpo. Fiquei de frente para o gol. Aí, negão. Eu tenho que ser sincero com vocês mais uma vez. Não vou mentir, porque não sou disso.

Nessa hora tudo que eu aprendi na Itália com o Prandelli sobre compostura, agir com calma, pensar antes de finalizar… ficou para trás. Era Brasil e Argentina, filhão. Não tem razão nessa hora. Um lance como esses é só coração mesmo. Instinto. E fé. Foda-se o resto. Eu não vi nada. NA-DA. Só sei como foi o gol porque, óbvio, já assisti milhões de vezes na TV e no YouTube. Mas, na hora, eu não vi. Na emoção do jogo, esquece.

Se eu falar pra vocês: "Ah, eu vi o goleiro e decidi acertar no canto tal…". MENTIRA! Quando eu virei para dar a cotovelada no moleque, porque os caras estavam tirando onda com a gente, VAAAAAP! A bola apareceu, SMAAAACK. Vem cá. PAULADA! Tuuuuuuuum. Silêncio. Sério mesmo. Silêncio absoluto. Esqueça. Repórter sempre pergunta, né? "Ain, o que passou na sua cabeça nessa hora?". Esses caras nunca chutaram uma bola? Porra, não passou nada na minha cabeça, negão. É o momento do silêncio absoluto. O mundo para. Não tem nada acontecendo a não ser a porra da bola indo em direção ao gol. A respiração trava. É como um espirro, tá ligado? Que o teu corpo inteiro fica paralisado por um instante? A mesma coisa. O mundo congela.

O único flash que eu me lembro de ter reparado foi a expressão de pânico na cara do goleiro deles. Isso depois que a bola entrou, porque antes ele nem viu nada. Não vai pegar, não, negão. Sabe quando batem a carteira de alguém e a vítima sente aquele vulto? Ela olha pra trás e pra frente sem entender o que aconteceu? Foi assim a reação do goleiro argentino. Azar o deles. Toma. Eu arranquei a camisa e saí correndo como um doido. Pode ver que eu não sou de comemorar tanto assim os meus gols, mas esse aí é o meu favorito da carreira. Minha obra-prima. Não tem como.

Saí correndo e girando a camisa no ar como se tivesse feito um gol para o Hang no campo do Ordem. Puta merda! Emoção não tem como explicar, cara. Assista ao vídeo que tu vai ver. O jogo acabou ali. Começou uma discussão danada. Os argentinos perderam a cabeça, a gente também provocou pra caramba. Virou aquele empurra-empurra, um bololô danado. A polícia entrou em campo, eu tive que acalmar os meus companheiros. Falei para o Maicon pegar leve porque o jogo estava ganho. Empatamos. E aí vinha a disputa por pênaltis. Desnecessário. Já era. A gente sabe como funciona.

Os caras estavam com o troféu na mão e levaram o empate na última bola? O moral vai lá embaixo, não tem jeito. Beijo do gordo! Eles já começaram perdendo a primeira cobrança. O Júlio César salvou. Eu fui para o nosso primeiro pênalti, e é aquela coisa: também não poderia errar. Porque na hora a sorte estava do nosso lado. Eu estava tranquilo, pra ser sincero. E quando a gente está confiante, fica tudo bem mais fácil. Tive bastante tempo para pensar, como me aconselhou o Prandelli. Agora não era o momento de emoção. Tinha chegado a vez da razão. E foi isso.

Bati de esquerda, óbvio. Mas sem pancada. Tapa nojento para deslocar o goleirão. Ele, coitado, mais uma vez nem viu o que aconteceu. Ficou parado no meio do gol. A bola do campeonato sobrou para o Juan. Porra, o negão jogava de terno e era artilheiro também. Ele partiu num trote de manga larga, coisa mais linda de ver. Muito elegante. Tuuuuufffff. Bola na rede. Fomos campeões. Os argentinos têm medo de mim até hoje. Sorte deles que eu parei de jogar. Mas cuidado que eu volto, hein!

19. Cálice amargo

É o meu telefone que está tocando? Passa para cá, com todo o respeito. É a Renata, puta merda. Minha assessora me ligando num dia desses. Vou ter que atender, senão ela não vai sossegar. Alô! Fala, merda. O que você quer, Renata Battaglia? Eu tô aqui tomando um danone com os meus amigos. O quê? Eu sei que tem gravação, querida. Fica tranquila. Eu estou em Búzios, sim, qual o problema? Mas é hoje que a gente vai gravar no Rio? Então por que você tá me ligando se é só amanhã? Claro que eu vou voltar. Eu já furei alguma vez, por acaso? Se furei não foi culpa minha. Não faça isso, Renata. Me deixa em paz, cara. Tá bom. Eu te ligo quando voltar pra casa. Fica tranquila, amor. Aproveita o seu dia de folga. Hoje não é feriado? A Raquel me falou que era. Como que Raquel? A esposa do Hermes, puta merda. Eu, hein? Não tem muchacha nenhuma aqui. Só tem família. Isso é coisa da sua cabeça. Tá bom, querida. Eu também te amo. Fica com Deus. Beijão. Tchau.

Essa não larga do meu pé. Brincadeira... Eu respondo desse jeito, mas ela sabe que é só fachada. Meus amigos me chamam de Brutão por conta dessa maneira de falar. No fundo, todo mundo sabe que eu sou manteiga derretida. Choro por qualquer coisa o tempo todo. Vocês não querem ir lá pra fora, não? Olha o sol que está fazendo. Vou até dar um mergulho para acordar de vez. A gente sentou aqui, ficou falando, falando, e nem viu o tempo passar. Uma piscina dessas merece que vocês deem um tchibum, caramba.

Guarda o dominó fazendo favor, Hermes. Felipe, pega os copos de geral. Deixa que a minha garrafa eu levo. Meu copo térmico também. Foi presente teu, né? Esse eu não largo mais, só tomo danone nele. Isso, tu limpa o cinzeiro pra gente também? Vamos para a mesa lá fora. Olha que dia maravilhoso. Papai do céu abençoe. Daqui a pouco a gente pede comida. Claro, pô. Vocês têm que mergulhar logo. Entra todo mundo na água.

Eu não sou muito de nadar não, negão. Eu gosto de chuveirada, como a gente faz lá na minha comunidade. Tu nunca foi na nossa laje? Porra, é outro nível. Tem freezer, churrasqueira, caixa de som, mesa de plástico e chuveirão do lado de fora. Tudo isso com vista para a Igreja da Penha. O complexo inteiro na nossa frente. Não preciso de mais nada. Fala aí, Hermes. É bom pra caramba, ou não é? Ele nem está ouvindo. Tá certo, tem que brincar com a filha também. Criança adora água. Tu não vai mergulhar? Então abre outra cerveja aí. Eu já nem lembro do que a gente estava falando. Ah, sim, sobre a Copa América.

Mas foi aquilo mesmo. Joguei muito naquele torneio, não tem por que falar de outro jeito. Eu estava no auge, vamos dizer assim. O time entrou com vontade para se mostrar, e o resultado foi o caneco. Dediquei o título para o meu pai, meu grande amigo e companheiro. Sem ele, eu não seria nada. Quando acabou a competição, a gente voltou para o Rio de Janeiro e foi uma festança do caralho.

Minha família me recebeu no aeroporto. O Thiago era criança ainda. Meu pai e minha mãe deram entrevista pra caramba. Eles estavam emocionados à beça. Era uma alegria ver a felicidade de todos. Pude comemorar com eles. Eu ainda tive uns poucos dias para aproveitar antes de voltar para a Itália. O roteiro tu já conhece: festa de família, laje, churrasco, cerveja, dominó e umas muchachas no meio do caminho. Fiquei pernoitado.

Por mim, aquelas miniférias não acabariam nunca. Eu estava no topo do mundo, vamos dizer assim. Mas foi por pouco tempo, porque na Europa a pré-temporada começa cedo, e a Inter tinha trocado de treinador, o Roberto Mancini tinha assumido a equipe. Eu queria me apresentar para o novo chefe e garantir o meu lugar entre os titulares; no futebol, não dá para vacilar. Se der bobeira, vai pro banco.

A volta para a Europa foi engraçada, porque a Inter tinha vários argentinos, incluindo o nosso capitão, lenda máxima, o Javier Zanetti. Mas eu é que não ia levar uma com a cara dele, né? Com hierarquia não se brinca. Ele também não era de piadinha. O Zanetti é um cara sério o tempo todo. Respeito muito ele. Eu sabia que tinha sido doloroso para ele perder o título em campo, justamente contra o grande rival, que é o Brasil.

Quando nos encontramos no vestiário, ele me deu os parabéns, eu agradeci e morreu ali. Eu estava vindo de uma viagem longa. Saí do Brasil e fui encontrar meus companheiros de clube direto na Inglaterra. Nós teríamos um amistoso antes da estreia na Champions League, que começaria dali a alguns dias. Fui apresentado ao treinador, e ele me disse que eu descansaria.

Ele achava que eu merecia uma folga por ter disputado a Copa América até o fim durante o período de férias. Além disso, a viagem de volta para a Europa tinha sido longa e cheia de escalas. Com todo o respeito, cortei o papo dele na hora. "Tô com vontade de jogar, mister, ainda que esteja com um pouco de sono", eu disse. Ele olhou para mim, torceu os lábios e respondeu: "Está bem. Você começa no banco e entra no intervalo".

Achei justo. O jogo contra os ingleses estava movimentado. O Mancini me chamou no final do primeiro tempo, deu as instruções, e eu ouvi tudo com atenção. Entrei em campo e não demorou muito para eu provar que não estava de brincadeira. Eu tinha vontade de jogar. Tudo dava certo para mim, caramba. E eu só tinha 22 anos, tu sabe como é. Molecão aguenta qualquer porrada, a energia não acaba nunca. Ainda mais um cavalo do jeito que eu era. Ninguém me segurava, não. Eu saía arrastando todo mundo pela frente. Depois comemorava no meu estilo e acordava cedo para ir treinar.

Desde os meus 7 anos, eu tinha que pegar três horas de condução para ir treinar e depois mais três horas de condução para voltar para casa. Todos os dias. Tu acha que seria uma viagem de avião com conforto, comendo bem e tomando danone à vontade que ia me derrubar? Tinha até travesseiro e cobertor na minha poltrona, que virava cama ainda por cima! Para, né? Não faça isso.

Entrei no jogo contra o Bolton e marquei o gol da vitória. Um a zero para nós lá na terra da rainha. Meu primeiro passo de confiança com o treinador novo estava dado. Eu queria trabalhar com ele. A reputação do Mancini era excelente. Depois, nós tivemos várias brigas, não vou mentir para vocês, porque eu não sou disso. E eu estava errado em muitas ocasiões. Assumo minhas cagadas, não tenho problema com isso. Sempre fui assim.

Enfim, nós voltamos para a Itália depois desse jogo, ainda tínhamos mais um torneio amistoso para disputar antes de começar a temporada. Os italianos têm o costume de fazer amistosos de pré-temporada convidando três times grandes para se enfrentarem no mesmo dia. Fomos para Bari, para um desses torneios, e o primeiro jogo da noite era contra a Juventus, nossa grande rival.

Entrei em campo, mas dessa vez não consegui ajudar. No segundo jogo, fiquei de fora, e também perdemos. Porra, pode ser amistoso, mas perder nunca é bom, ainda mais quando a temporada ainda está para começar. Percebi que todo mundo estava um pouco cabisbaixo. O treinador me olhou de um jeito estranho. Merda. Eu sabia que não tinha jogado bem, mas também a culpa não era só minha.

Fiquei com aquilo na cabeça, sem entender direito o clima. Entramos no ônibus que nos levaria para o aeroporto quando o Mancini se aproximou de mim. Ele estava com um semblante horrível. "Adri, liga para a sua mãe", ele me disse. Achei estranho o técnico me pedir isso. No meio de uma viagem? O que estava acontecendo? Por que a minha mãe não me ligou direto? Bom, eu estava jogando, e o celular tinha ficado no vestiário. Talvez ela tenha tentado me ligar.

Vasculhei minhas coisas e achei o telefone com várias chamadas perdidas. Minha mãe e meu procurador tentaram falar comigo várias vezes. Porra. Me deu um aperto no peito. Eu já sabia o que era.

Para estarem me ligando assim... Chamei em casa. "Meu filho!", foi a primeira coisa que eu ouvi do outro lado da linha. "Mãe, o que aconteceu?", eu respondi. Silêncio. Insisti. "Já sei. Foi o meu pai. O que foi dessa vez? Ele está passando mal?", perguntei. "Meu filho. Eu estou do lado dele", ela disse. A voz tremia. Eu tinha acabado de sair do estádio, e a gente sempre fica pilhado depois de uma partida, não tem como. Eu estava nessa adrenalina toda. Não processei a informação. "Fala logo, mãe. Como é que o meu pai está?", eu repeti. "Meu filho, seu pai se foi", ela disse. Eu não acreditei.

Não é que eu tenha achado que ela estivesse mentindo. Eu só não acreditei mesmo. Não consegui entender a gravidade do momento. "Meu pai se foi porra nenhuma. Acorda ele aí, mãe", foi o que eu falei. Ela começou a chorar. Me explicou que estava na casa dele lá no Recreio, no apartamento que eu tinha comprado recentemente. Meu pai passava os finais de semana na Vila Cruzeiro. Segunda ou terça, ele voltava para a Barra para ficar com o Thiago na casa da minha mãe. Eu mandava um dinheiro para ele todos os meses, e o coroa queimava tudo.

Várias vezes eu apareci no Cruzeiro de férias, e os chegados vinham me cobrar: "Adriano, teu pai tá devendo tanto". Ele não bebia, mas para movimentar os jogos do time de várzea tem que ter um churrasco. É assim em todos os lugares. Então, ele pendurava umas caixas de cerveja na birosca perto do campo do Ordem e distribuía para o time. Para mim, não era um problema. Minha mãe também sabia e fazia vista grossa.

Meu pai sempre foi mulherista, como a Dona Rosilda diz. Ele tinha as namoradas dele e não saía da gandaia. A gente não julgava. Cada um tem suas questões, e isso é da vida. Porque, no fim das contas, o Mirim era um sujeito de primeira. Amado e querido por todos na comunidade. Um ídolo de verdade. Um cara que respeitava o futebol. Que usou o time dele de várzea para tirar muita criança do caminho do crime. Nada contra quem acabou na outra vida, cada um sabe do seu, mas não somos ingênuos.

Quem entra nessa linha sabe que vai enfrentar muita coisa ruim, e o final é triste. Por isso, meu pai não queria que a molecada se envolvesse com coisa errada. O Cruzeiro era a vida dele. Todas as vielas e becos do Complexo da Penha faziam parte do coração do Mirim. Ele não bebia nem deixava que a molecada mexesse com álcool na frente dele. O meu avô Almir, pai do Mirim, era alcoólatra. Bebia pra valer. Dava trabalho. Virava e mexia, meu pai tinha que carregar o coroa de volta pra casa. Aquilo era uma humilhação para ele, ter que arrastar o homem pelas vielas porque não conseguia ficar em pé. E a vizinhança toda assistia pela janela. Tu sabe o que é isso? Não sabe.

Meu pai pegou ranço de álcool, talvez tenha sido por esse motivo. Mesmo assim, não conseguiu evitar que eu começasse a beber. Na favela é complicado. A única coisa que não falta é birosca, e a gente acaba aprendendo a se divertir dessa maneira. Naquela noite, meu pai tinha ido para o Cruzeiro e aproveitou o pagode até o final. Quando voltou para casa, no Recreio, começou a passar mal. Acharam vestígios dele revirando as coisas atrás de medicamento.

Lembra que eu te falei que ele não estava tomando o remédio direito fazia tempo? Pois é. O meu pai era complicado. Não se cuidou. No desespero, quando começou a passar mal sozinho em casa, tentou tomar os comprimidos enquanto sofria o ataque. Provavelmente, achou que ficaria bom. Não funciona assim. Nas outras tantas vezes em que ele teve uma crise, minha mãe, meu tio, minhas tias, eu mesmo, estávamos lá para socorrer. A gente saía correndo no meio da madrugada, fosse na Penha ou em Parma, para ir até um hospital carregando o Mirim. Daquela vez não deu.

Meu pai morreu na cama nova dele. Sozinho. Vítima de um enfarte, fomos saber tempos depois por causa da perícia. Ele tinha 44 anos. Naquela semana, meu pai não voltou da farra para descansar na casa da minha mãe. Não apareceu na segunda-feira. Não ligou na terça. Eu tinha mandado o dinheiro dele para a conta da Dona Rosilda. Era ela quem cuidava, que cuida até hoje, das nossas finanças.

Minha mãe entregava para ele em mãos. Meu pai não deu as caras como costumava fazer, e ela decidiu ir atrás dele.

Ela e a minha tia Meire foram buscar o Thiago na escola e na volta passaram no apartamento do Recreio. O porteiro disse que não tinha visto o Miro chegar. Minha mãe subiu. Tocou a campainha. Bateu na porta. Nada. Ligou no celular dele de novo e ouviu tocar do lado de dentro. Foi assim que ela decidiu acionar o chaveiro.

Ela sentiu que algo de muito errado tinha acontecido. Fora que, uns dias antes, um irmão da igreja veio até ela e disse: "A irmã vai tomar um cálice amargo, mas fique em paz. É para uma obra". Isso minha mãe me contou depois. O cálice amargo era a morte do meu pai. Quando percebeu que o Mirim estava morto, a Dona Rosilda tentou procurar ajuda, mas já era tarde. E foi de lá mesmo que ela me ligou.

Minha mãe estava em frente ao corpo do meu pai, em um apartamento no Recreio dos Bandeirantes. Eu estava do outro lado do oceano, dentro de um ônibus em Bari. Ainda em choque, desliguei o telefone. Eu não chorei no primeiro instante. Senti raiva. Por que ele não tomou a porra do remédio? Dei um murro na janela do ônibus. Foi tão forte que estourou o vidro. Todos se assustaram. O Zanetti estava sentado na minha frente.

Ele subiu na poltrona se virando para mim e perguntou: "Adri, o que foi isso?". "Meu pai morreu, cara. Meu pai morreu." Foi tudo que eu consegui dizer. Meus companheiros foram muito solidários. Me cercaram. Todos foram me abraçar. Me deram as condolências. Alguns choraram. Eu estava paralisado. Como assim meu pai tinha morrido? No apartamento que eu comprei para ele. Sozinho? Que merda toda era aquela?

Eu sou chorão mesmo, mas naquele momento foi ainda mais profundo. Fiquei apavorado. Minha cabeça girava. Tudo parecia estar em câmera lenta em volta de mim. Eu não entendia as palavras da minha mãe. "Meu filho, seu pai se foi." Foi para onde? Acorda ele, caralho. Porra, negão. Não gosto nem de lembrar desse dia. Foi muito pesado.

Quando chegamos no aeroporto em Milão, um grupo de torcedores veio para cima da gente. Eu já era conhecido como o artilheiro do time. O camisa 10. Tinha acabado de ganhar a Copa América. Óbvio que a torcida queria falar comigo, tirar foto e pedir autógrafo. Eles não faziam ideia do que estava acontecendo, e eu não nego foto nem autógrafo para ninguém. Mesmo atordoado, comecei a atender os torcedores. Até que o Materazzi viu a cena. E ele, grandão do jeito que é, chegou empurrando todo mundo. "Deixem o Adri em paz. Hoje, não. Hoje não tem foto", ele berrou.

As pessoas se afastaram. Ele me abraçou. Seguimos com o Materazzi praticamente me carregando. De repente, eu vi a Carlota na minha frente ainda no desembarque. Não sei de onde ela saiu. Acho que o time pediu para ela ir até o aeroporto nos encontrar. "Sinto muito, Adriano. Que notícia triste, cara", ela me disse. A Carlota me abraçou, mas eu não conseguia reagir. Murmurei um obrigado. Seco. "A gente já viu uma passagem para você ir para o Rio de Janeiro. É o que você quer, não é?" O que eu queria? Eu não sabia o que eu queria. "Acho que sim", respondi.

Eu tinha que ir para o enterro do meu pai. Não tinha? Esse pensamento fez as minhas pernas ficarem bambas. Por um instante, achei que eu apagaria ali mesmo. As vozes ao meu redor foram se distanciando. Sabe quando o DJ segura um pouco a vitrola e a música vai ficando com a voz mais grossa? Aconteceu comigo. O som à minha volta ficou meloso. Olhei pra cima. Parecia que estavam apagando a luz devagar. Meu desespero aumentou. Entendi que estava prestes a desmaiar. Me concentrei. Fiz força para não cair. Abaixei a cabeça. Respirei fundo. Dei uma piscada sem pressa. Usei toda a força que me restava para levantar as pálpebras. Olhei de novo para a Carlota.

Talvez tenha sido naquele exato momento que a minha ficha começou a cair. Caralho. Vou ver meu pai num caixão? A primeira cena que me veio à cabeça foi a morte do meu avô Luís, pai da minha mãe. Ele era o pilar da família. Flamenguista roxo. Não perdia nem uma partida do Mengão. Acompanhava pelo rádio e exigia silêncio absoluto em casa. O velho chorou sem parar quando me ouviu jogando pelo Flamengo pela primeira vez, minhas tias me contaram, e não era nem partida do profissional. Eu ainda estava no juvenil.

O seu Luís não teve a oportunidade de me ver no Maracanã. Quando ele morreu, eu fiquei muito mal. Foi esta a lembrança que me veio à cabeça: a do enterro dele. Que dia triste. "Sim, acho que preciso ir para o Rio", falei para a Carlota. "O voo sai amanhã cedo, do Linate. Tem uma escala", ela respondeu. "Vamos lá pra minha casa. A gente decide juntos. E, de qualquer maneira, você vai estar mais perto do aeroporto." Aceitei, porque eu não queria pensar no que fazer. Ir para Como e ficar sozinho não era uma opção.

Entrei no carro com a Carlota. Fiquei em silêncio. Ela entendeu que não era hora de conversa. Eu só pensava no meu pai. Pensava no Hang. Lembrava dos nossos momentos juntos. Quando ele espetava o garfo no meu cabelo para pentear o black power igual ao dele. Eu era criança e chorava pra caramba. Lembrei das nossas viagens de Carnaval. Meu pai fazia a família inteira rir. Lembrei da gente nadando em Guapimirim. Lembrei da gente na praia em Paquetá. Lembrei dos chocolates que ele trazia para casa toda noite quando voltava do serviço.

Lembrei do meu pai jogando os copos de cerveja da molecada no chão. Lembrei dele cumprimentando meus amigos com um tapa no saco: "Tudo bem, meu filho?". Todo mundo dava risada. Lembrei dele anunciando a escalação do Hang e deixando do lado de fora quem fazia merda na escola. "Tua professora falou comigo, xará. Vai pro banco", ele dizia. Lembrei das comemorações dos nossos gols. E lembrei das nossas bitocas.

Não. Ele não tinha morrido. Aquilo não podia estar acontecendo. Não agora. Caralho. Como assim? Por que ele não tomou a porra do remédio direito? Que merda que eu fiz, meu Deus.

Chegamos na casa da Carlota. Eu estava entorpecido. Ela me ofereceu comida, me trouxe algo para beber. Mas a verdade é que eu

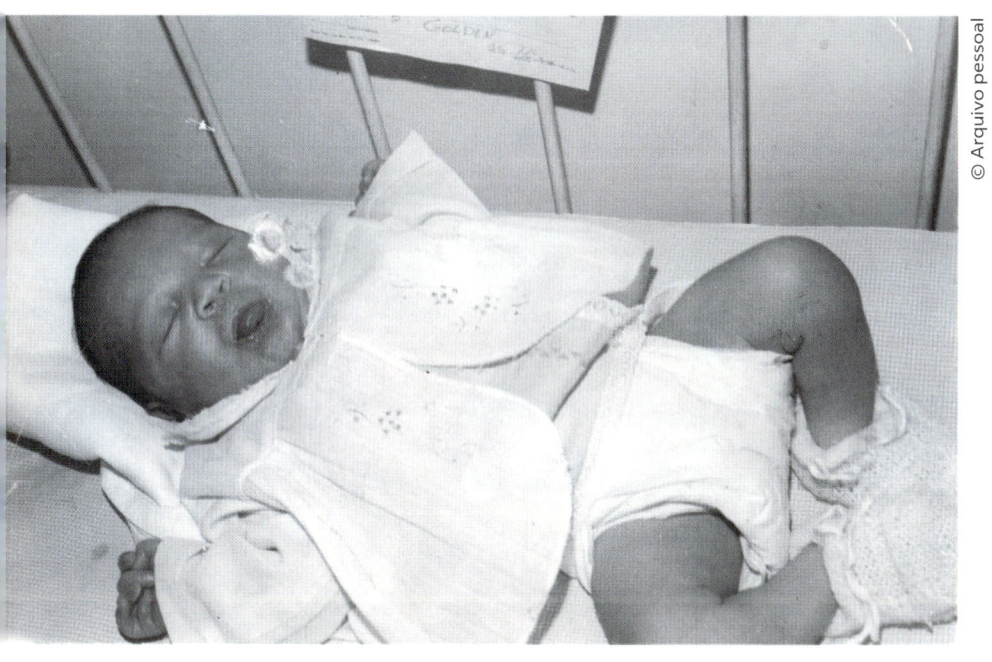

Adriano Leite Ribeiro nasceu em 17 de fevereiro de 1982 na maternidade de Bonsucesso, zona norte do Rio de Janeiro

Almir (Mirinho) e Rosilda, pais de Adriano, se casaram em 1981 em Duque de Caxias, RJ

Adriano no muro da casa de Dona Vanda (avó), na Vila Cruzeiro

Adriano na laje da casa onde morou com os pais na rua 9, na Vila Cruzeiro

Adriano e Dona Rosilda na laje da casa na rua 9

Desfile de 7 de Setembro no Rio de Janeiro

Aniversário de 5 anos

© Arquivo pessoal

Homenagem de Dia das Mães no Colégio Meira Lima, na Penha, Rio de Janeiro

Formatura escolar
(Colégio Meira Lima,
Rio de Janeiro)

Categoria infantil do Flamengo

Categoria de base do Flamengo

© Arquivo pessoal

Título familiar do Clube de Regatas do Flamengo adquirido em 8 de abril de 1989 por Dona Rosilda para que Adriano pudesse começar a jogar futebol

Time do Hang Infantil

Campo do Ordem e Progresso na Vila Cruzeiro, Rio de Janeiro

Adriano e seu Passat alemão, primeiro carro que comprou como jogador de futebol na Europa em homenagem à família de seu amigo Wilson

Adriano com o troféu do Mundial Sub-17

Adriano aos 13 anos em festa na sua casa da rua 9, na Vila Cruzeiro, ao lado dos pais

Adriano e o irmão caçula, Thiago, no apartamento de Milão, Itália

Adriano ao lado da avó, Dona Vanda, e do irmão caçula, Thiago

Rosilda (mãe), Adriano, Thiago (irmão) e Vanda (avó)

Ao lado da mãe e do irmão em Milão, Itália

Rosilda (mãe), Adriano e Vanda (avó) em Milão, Itália

Adriano com o filho Adrianinho durante os meses de recuperação jogando pelo São Paulo Futebol Clube

Adriano e o amigo de infância Hermes, jogando dominó no quiosque do Naná, Barra da Tijuca, Rio de Janeiro

Adriano e Luiz, amigo da família, na casa de parentes na Vila Cruzeiro, Rio de Janeiro

Adriano com os amigos de infância Jorginho e Hermes no beco da Vila Cruzeiro

Adriano no beco onde
seus avós moravam na
Vila Cruzeiro

Da esquerda para a direita: Lara, Sophia e Adriano (filhos do Adriano)

Sophia, Lara e Adriano

Adriano e os filhos na casa de praia em Búzios, Rio de Janeiro

Adriano na casa de parentes na Vila Cruzeiro

só queria ficar em silêncio. Conversamos sobre as passagens outra vez. Meu procurador estava em Roma. Minha mãe avisou a ele sobre o acontecido. Ele voltaria para Milão para embarcarmos juntos para o Rio. A Inter também decidiu mandar um diretor para nos acompanhar. O Moratti me deu as condolências, foi elegante como sempre. E deixou claro que o clube ajudaria no que fosse necessário. O Fachetti fez a mesma coisa. Agradeci o apoio deles.

Eu não conseguia raciocinar. Só dizia "sim" e "obrigado" para todos. Decidimos que eu viajaria pela manhã mesmo. Liguei para casa. Falei com a minha mãe bem rápido e avisei que estava a caminho. Ela disse que estava organizando o velório. Eles iriam me esperar para o enterro. Desliguei. Porra, como é que eu ia enterrar o meu pai? Estavam me pedindo para carregar o caixão dele? Eu não queria isso. A imagem do Mirim sem vida na minha frente era muito forte. Tive algo como uma visão em flash desse momento. Não foi nada bom. Eu não sabia se era o que eu queria. Virei o rosto para a parede. Me aprumei no sofá. Nenhuma posição encaixava. Me bateu uma agonia muito forte.

Mesmo sem eu falar nada, a Carlota percebeu que eu estava aflito. "Adriano, vamos ver um filme para distrair um pouco? Não precisa prestar atenção, mas só pra você se acalmar", ela sugeriu. Achei uma boa ideia. Ela colocou um DVD. Depois outro. Depois outro. Depois outro. A gente nem cochilou direito e já era hora de ir para o aeroporto. Chegando lá, encontrei meu procurador ao lado do diretor da Inter, o Stefano Filucchi. Ele era uma espécie de braço direito do Moratti. "Adri, meus sentimentos. O presidente me enviou para cuidar de você e da sua família. Pode contar com a gente para qualquer coisa de que precisar, garoto", ele me disse.

Fomos para o check-in. Eu fiquei de longe, com a Carlota esperando que eles voltassem com o meu cartão de embarque. Percebi que estavam discutindo com o pessoal da companhia aérea no balcão. "O que está acontecendo, Carlota?", perguntei. "Não sei. Deixa eu ir lá ver", ela respondeu. Os três voltaram juntos para falar comigo. "Adriano, deu overbooking no voo. Só conseguiram uma vaga, mas a gente não quer que você viaje sozinho. A não ser que você prefira assim", a Carlota me disse.

Meu corpo inteiro formigava. Eu estava cansado do jogo no dia anterior, sem dormir, completamente anestesiado pela noite em claro. Porra, eu não tinha como decidir nada. "Não sei, cara. Ir sozinho assim?", respondi. Meu procurador disse que eles iam brigar para ver se a companhia dava um jeito. O diretor da Inter também pediu para eu ficar calmo que eles resolveriam tudo. "Se não der certo, o próximo voo vai sair à noite, e a gente só vai chegar amanhã no Rio", me explicaram.

Eu queria sair dali. Ficar discutindo no meio do aeroporto estava me deixando mais nervoso. "Vamos embora, então. Marca o voo da noite. Eu vou avisar em casa", eu disse. "Você tem certeza?", eles me perguntaram. Balancei a cabeça dizendo que sim. Telefonei para minha mãe e avisei. "Mãe, não vou conseguir chegar a tempo", eu disse. Ela nem me questionou muito. Para ela também não era um momento fácil. "Estou indo para o Brasil, mas só vou chegar amanhã. Melhor fazer o enterro hoje mesmo", eu falei.

Minha mãe disse que tudo bem, se era essa a minha vontade, eles seguiriam em frente. Cheguei no dia seguinte ao Rio de Janeiro, ao lado do meu procurador e do diretor do clube. O funeral já tinha sido feito. Quando entrei em casa, o Thiago veio correndo na minha direção e me deu um abraço. "Você agora é o meu pai", ele disse. Puta merda.

Desabei. Desabei mesmo. Chorei sem parar. Chorei muito mais do que estou chorando agora. Veio tudo de uma vez. Minha mãe me abraçou. Minha avó também. E ficamos ali juntos. Todos com o coração arrebentado…

Teu pai está vivo, negão? Ah, então dê valor. Dê valor porque a perda causa uma dor muito forte. Não passa nunca. Eu penso nele todos os dias. Todos os dias da minha vida. Não tem como. Claro que aos poucos você vai se acostumando com a ausência, e se acostuma com a dor também. Mas isto é o que ninguém fala: a dor não passa. A dor não vai embora. Ela fica ali contigo. Pra sempre. E ela é tão grande e tão presente que você não tem como ignorar. O que acontece é que você acaba se adaptando à presença dela.

Óbvio, vai pensar em outras coisas, vai tomar um danone, vai dançar um pagode, vai cafungar uma muchacha. Tudo isso você vai fazer. Mas a dor vai te acompanhar. Ela me acompanha. Vira e mexe, ela me cutuca. E eu penso no que eu poderia ter feito. No que eu não fiz. Óbvio. Eu sei que a culpa é dele. Não se cuidou. Não seguiu o que os médicos mandaram fazer depois de ter levado um tiro na cabeça. Parou de tomar o remédio achando que estava bom. Com um buraco na testa e uma bala alojada na nuca.

Mesmo assim, meu pai achou que estava curado e parou de se tratar. E por causa disso, ele morreu. Caralho, agora que eu tô me dando conta. Eu tô quase com a idade dele. Puta merda. Será que eu fiz tudo mesmo que podia? Será que a morte do meu pai não dava pra ter sido evitada? Será? Essa dúvida me acompanha também. Eu sinto essa culpa. Ela está guardada. Costuma aparecer quando bate a falta do meu pai. É foda, parceiro. Não encontrei maneira de resolver essa parada até hoje. Será mesmo que eu fiz tudo o que podia?

Chega de falar nisso. Eu já chorei pra caralho hoje. Desculpa, cara. Tenho que pedir desculpa, sim. Estou aqui chorando sem parar. Eu me emociono. É foda de controlar, negão. Não consigo. Queria até ser diferente, mas esse é o meu jeito. Quando eu lembro do passado, eu choro mesmo. Foda. A gente veio para a praia pra se divertir, e acabei entrando nessas histórias. E agora estou aqui aos prantos na tua frente. Me desculpa. Mas tu é família já. Tu sabe disso. Me dá um abraço. Vem cá, cara. Obrigado. Agora me passa o cigarro. Eu vou ao banheiro. Vai lá nadar com a galera, porra.

20. *Nella gioia e nel dolore*

Tu tá sentado aí ainda? Caralho, tá todo mundo nadando. Vai lá também, porra. Vamos fazer um churrasco? Tô começando a ficar com fome. A gente falou de pedir comida no meu amigo, mas não ligamos para ele. Eu não gosto de comer enquanto estou bebendo, negão. Essa é a verdade. Porra, dá um sono danado. Corta o barato. Tá na hora de fazer o refil aqui, falando nisso. Felipe! Chega mais, com todo o respeito. Aí, tá vendo? É só esticar o braço com o copo na mão que ele já está ligado. Valeu, meu irmão.

Que puta merda isso tudo, né? Estou com o olho vermelho? Porra... Tu me fez chorar com essas histórias. A morte do meu pai foi um momento muito duro para mim. Na verdade, é difícil até hoje. Não vou mentir para você, porque eu não sou disso. Acredite ou não, eu tive aquele instante de choque, vim para o Brasil e voltei para a Itália uns poucos dias depois. Minha família tomou conta de tudo: de velório, de enterro, essas coisas. Meus amigos me contaram que a Vila Cruzeiro parou. Era gente pra caramba se reunindo para homenagear o meu coroa. O cemitério ficou lotado.

Eu te falei que ele era muito querido. Era não. Ainda é. Tanto que um tempo depois abriram uma creche lá na comunidade. O Cruzeiro não tinha nem uma, acredita? Para pôr o filho na escola, as mães tinham que ir perto do morro, já quase na Chatuba. Porque ali embaixo, na entrada da favela, não existia. Até que instalaram uma creche uns anos atrás. Na hora de escolher o nome, a comunidade decidiu homenagear o meu pai. A Raquel faz parte do conselho, é envolvida na organização lá. Quer ver? Pergunta pra ela.

Raquel! Ô, Raquel! Tu não faz parte da creche que tem o nome do meu pai? O quê? Não é creche que fala? É o quê? EDÍ? ÉDI? Que porra é essa? Ah, tá bom. Espaço de Desenvolvimento Infantil. EDI Almir Leite Ribeiro. Bonito, hein? Eu tô falando pra ele aqui. Isso mesmo. É boa, né? Não tinha creche lá no Cruzeiro, eu sei. Contei essa parte também. E tu faz o que lá? Porra, toma conta da grana? Ih.... tu virou fiscal? Cuida direito, nega. Tô brincando, querida. Não me leva a mal, não. Tu me conhece desde nenê, pô.

Não te falei que era uma creche maneira, mano? É isso. Pra tu ver o respeito que o meu pai tem até hoje na comunidade. Que saudade do meu coroa. Se ele estivesse aqui com a gente, ia dar uma cuspida assim de lado, apertando o lábio. Vou fazer aqui só pra tu ver. Puiffff... Aí ele daria uma coçada no saco e diria: "Coé, xará? Tu tá bebendo de novo? Eu não te ensinei isso".

Eu já te contei... Eu sei. Mas eu gosto de repetir as histórias. Sei lá, parece que aproxima ele de alguma forma. Posso estar viajando também. Mas eu adoro lembrar do meu pai, e agora que ele se foi, é tudo que me resta. Agora... Agora é modo de falar. Porque já tem vinte anos. Puta merda, e eu não superei até hoje. Sabe o que é gozado? Eu fiquei uns dias no Rio de Janeiro e voltei logo para a Inter.

Eu não tinha muito o que ajudar no Brasil. Minha mãe tomou conta de tudo, como sempre. Contrataram o advogado para fazer o negócio de partilha, inventário, e eu abri mão do que era a minha parte. Mandei colocar no nome do Thiago. Inclusive o apartamento do Recreio acabou ficando pra ele. Porra, eu tinha comprado os imóveis no Brasil para a minha família. E na época eu ainda não tinha filhos. Então, fazia sentido deixar com o meu irmão caçula. Ele tinha uns 5 anos quando o meu pai morreu.

Eu decidi voltar logo para a Itália porque a Champions League estava para começar. A Inter, sim, eu poderia ajudar. Eu sabia que estavam contando comigo para o começo da temporada. Havia uma expectativa muito grande na Itália em torno do meu nome, e eu também sonhava com coisas grandes. É uma responsabilidade, não tem como fugir disso.

Cheguei cedo de volta a Milão, fui para casa só para dar uma esticada e tomar um banho. À tarde, já estava me apresentando na Pinetina. Puta merda. Eu nem estacionei o carro direito, e veio todo mundo em cima de mim. Meus companheiros, a comissão técnica, os funcionários do clube, todos me abraçaram. Me deram muito carinho. Me senti acolhido. Não é à toa que eu chamo a Inter de segunda casa. Eles também são da minha família e me deram um apoio que eu não esperava.

Entrei no CT e descobri que a diretoria tinha aberto o treino para a torcida. Porra, tinha gente pra caramba. Milhares de torcedores cantando o meu nome. Eles estavam ali para empurrar a gente. Eles queriam que a estreia na Champions League fosse uma virada de chave na história do clube, e eu precisava de apoio também. A imprensa me chamava de "o novo Fenômeno", me comparando ao meu amigo Ronaldo. Os comentaristas discutiam se eu era ou não o melhor atacante do mundo. Como que lida com uma situação dessas? Treinamos no meio daquela euforia, mas eu desabei mesmo no final do treino.

A torcida esticou uma faixa que me quebrou, cara. Lembro como se fosse hoje. Estava escrito *Nella gioia e nel dolore Adriano nostro Imperatore*. Olha aqui. Já estou arrepiado. Tu quer me ver chorar de novo, né, filho da puta. Tu não entende italiano, não? Eu traduzo para você. "Na alegria e na tristeza, Adriano nosso Imperador." Tu consegue imaginar uma situação dessas? Chorei. Chorei mesmo.

Fui até a torcida. Bati palmas pra eles. Mostrei que estava emocionado com o carinho. Joguei minha camisa por cima do alambrado, e ainda pedi para levar a faixa comigo para casa. Não tem como descrever uma emoção dessas, mano. Como é que vão chamar um favelado como eu de Imperador lá na Itália? Tu tá maluco? Como que explica isso? Eu repito até hoje, e nunca vou deixar de falar: a

Inter é a minha casa. O Moratti é meu segundo pai. O que esses caras fizeram por mim não tem como dimensionar.

Antes da gente embarcar para a Suíça, o novo treinador veio conversar comigo. Ele disse que eu poderia tirar uns dias para descansar e colocar a cabeça no lugar. E de novo eu tive que cortar o papo dele, com todo o respeito. "Mister, eu estou bem. Quero jogar." De que adiantaria ficar trancado sozinho em uma casa, no meio da montanha, pensando no meu pai? Porra, só ia me deixar mais triste. Não tinha o menor sentido.

Estava rolando uma discussão entre a diretoria e a comissão técnica sobre me escalar ou não. Eles entendiam que, além do desgaste emocional, também era preciso levar em conta a questão física, por causa da viagem até o Rio. No fim, o Mancini disse que a minha opinião também pesaria. "Você tem certeza de que está bem para entrar em campo?", o Mancini me perguntou. "Ué, eu não estou aqui? Eu vim pra jogar, caramba", eu disse. Ele me ouviu e confirmou que contaria comigo.

Eu não tinha jogado a Champions League ainda. Na temporada anterior, me deixaram de fora dos jogos europeus da Inter porque eu tinha disputado algumas partidas com o Parma. Eu queria virar a chave de alguma maneira. Parar de pensar naquela merda toda que tinha acontecido. Ficar remoendo culpa é complicado, parceiro. Tua cabeça não para um segundo, e o pior é que não tem como voltar atrás.

A estreia na Champions foi contra o Basel. Entrei como titular e não deu outra. Pisei em campo com o coração ferido. Pensei na minha família. Procurei a torcida da Inter, que estava em um cantinho no estádio. Os malucos cantavam sem parar. Meus companheiros me abraçaram mais uma vez. Virei para o nosso banco, e o treinador estava me encarando. Ele me aplaudiu e me deu a confiança de que eu precisava.

O bom de ser moleque é isso. Não importa o tamanho da porrada, a gente sempre consegue se levantar de novo. A vida tinha me dado tudo: um contrato milionário no time em que eu sempre sonhei em jogar, um gol decisivo contra a Argentina em final de campeonato, um título com a Seleção Brasileira e o reconhecimento do meu país.

Menos de dez dias depois, a vida me tirou tudo. Meu pai morreu, e eu perdi o meu maior amigo. E agora eu estava ali. No gramado. Uma semana depois daquela avalanche, com o mundo inteiro me olhando, vestindo a camisa 10. Sendo chamado de o novo Fenômeno. Caralho, às vezes eu sinto meu estômago embrulhado. Como se eu estivesse em uma montanha russa. Não te dá ânsia só de ouvir essa história toda? Puta loucura. Foi nessa toada que o jogo começou.

É óbvio que eu marquei gol, sem querer me gabar nem nada. É que não tinha como, cara. Foi antes dos vinte minutos de jogo. Fiquei com a bola na nossa defesa e puxei o contra-ataque. Briguei com um marcador na intermediária, a bola sobrou para um companheiro que me devolveu na entrada da área. Fui arrastando todo mundo. Era impossível me parar. Passei pelo goleiro e fiquei com o gol inteiro aberto na minha frente. Tuuuuufffff. Finalizei com a perna direita. Gol da Inter.

Gozado que eu fiz pouquíssimos gols de perna direita na minha carreira. Até isso tornou esse gol inesquecível. Eu ainda estava muito abalado pela morte do meu pai, mas queria seguir em frente e ajudar meu time. Comemorei o gol sem sorrir. Não senti alegria. Não senti emoção. Mandei um beijo pro céu. Ergui os braços. Deitei a cabeça. Recebi os abraços dos meus companheiros. Beijei alguns deles. Mas não consegui sorrir.

Agradeci a Deus por estar cuidando do meu pai. E também pedi ao meu pai que me protegesse enquanto eu fazia o meu trabalho. Mas, daquele momento em diante, as coisas ficariam bem mais complicadas para mim.

Eu não parei de fazer gols naquele começo de temporada. Marquei oito em seis jogos. Sei lá se era raiva pelo que tinha acontecido com o meu pai, se era tristeza, ou se era fúria, que no fim é um monte de sentimento misturado. As comemorações eram sempre as mesmas. Eu corria para a nossa torcida, abria a palma da mão direita e colocava atrás da orelha. Eu queria ouvir o meu nome. Eu queria escutar o grito do Imperador. Esse apelido estava ganhando cada vez mais força entre a torcida e a imprensa. O Imperador da Inter.

A *Gazzetta dello Sport*, que é o principal jornal esportivo do país, fez um livro especial comigo. Ficou bonito pra caramba. Chamaram um fotógrafo famoso e um escritor consagrado lá da Itália. Eles contaram a minha história e fizeram a "Anatomia do Imperador",* como se eu fosse o Homem Vitruviano, tá ligado? Porra, coloca no Google aí cara. É aquele desenho famoso do Leonardo da Vinci. Ahhhh... Tô te falando, Didico também é cultura. Tu não acredita em mim. Agora tu ri, né, safado?

Chega mais, Hermes! Cuidado aí que tu tá todo molhado. Tô contando da temporada em que eu virei o Imperador de verdade. Aquela loucura da imprensa só cresceu, eu estava ganhando muito bem, fiquei famoso, morava num lugar legal. Só não conseguia superar a dor da perda do meu pai. Ainda era muito recente. Eu usava dentro de campo essa fúria por tudo que tinha acontecido, e durante algum tempo funcionou. Todo mundo ficou surpreso, cara. O clube e a imprensa tiveram a mesma reação.

As pessoas comentavam como eu tinha superado bem a morte do meu pai, que nem parecia que eu tinha passado por um trauma tão grande. Um rapaz de 22 anos, que ainda é imaturo de certa forma, lidando de maneira adulta com a situação. Isso era o que eles diziam. Mas eu e quem estava mais próximo de mim sabíamos que não era exatamente o que estava acontecendo. A minha fama cresceu muito, e eu fiquei incomodado. Quanto mais gol eu marcava, mais difícil era sair de casa, e eu não queria ficar quieto no meu canto, o que virou um problema.

---

* Anatomia di un imperatore: Adriano. *La Gazzetta dello Sport*. Itália: Gazzetta dello Sport, 2005.

Porra, pensa comigo, eu era molecão, cheio da grana, com quinhentos gramas de linguiça. Não tinha como. Foi nessa época que comecei a frequentar a noite de Milão para valer. Puta merda, cara. Eu batia cartão em um clube lá, como que chamava mesmo? Porra... Tu foi lá com certeza, Hermes. Não lembra? Tenho que perguntar para o Rafael como chamava. Não, espera! Lembrei. Era Hollywood. Nesse a gente ia sempre. Hollywood e Tocqueville. Isso. Era uma balada do lado da outra. A gente parava o carro na garagem, entrava por trás e já subia direto para o camarote.

Meu irmão... Aquilo era um inferno; cheio de objeto não identificado. E a galera, quando descobria que eu estava na casa, lá na Hollywood, começava a cantar o meu nome. Era Imperador pra cá, Imperador pra lá. Uma puta confusão. Os paparazzi também ficavam sabendo, óbvio. Os caras sempre davam um jeito de estar na porta da boate, me esperavam sair, e eu ficava louco. Era uma merda. Eu estava no meu momento de descanso, tomando meu danone em paz, e os caras vinham querer tirar foto pro jornal? Porra, não tá certo isso.

Uma vez, eu estava no Loolapaloosa, na mesma rua das outras duas boates lá no centro de Milão. Era um bar meio restaurante que, quando ficava mais tarde, abaixavam a luz, a música subia de volume, e o DJ colocava mais batida. Aí ficava todo mundo dançando e tals, as muchachas se aproximavam. As mais animadinhas subiam no sofá, giravam os guardanapos no ar, virava uma festona.

O problema ali é que não tinha entrada escondida, como na Hollywood, tinha que passar pela porta da frente. Então todo mundo sabia onde eu estava. Sempre tinha um x9 que ligava para a imprensa. Eu estava no meu cantinho, tomando o meu danone e aproveitando a noite, quando o Edgar Davids chegou. Ele me viu no fundo e foi direto para a minha mesa. Não teve jeito. Todo mundo percebeu a movimentação. Virou uma confusão danada, as pessoas que estavam jantando começaram a se aglomerar para tirar foto com a gente.

Era homem, mulher, solteiro, casada, aquela merda toda. Um paparazzo conseguiu entrar na casa quando ficou sabendo do tumulto, e começou a baderna generalizada. Eu discuti com o cara, o Davids também não gostou, e no final tivemos que ir embora. Resumindo, sair à noite em Milão estava ficando impraticável. A minha birra com a imprensa começou mais ou menos nessa época. Eu sempre fui tímido, já falei para vocês, dar entrevista nunca foi algo de que eu gostei, e agora eu tinha que lidar com fotógrafo e repórter até quando eu estava de folga.

Se no meu descanso estava desse jeito, tu pode imaginar como era em dia de jogo. Meu irmão... Que sufoco do cacete, mas até aí eu não podia fazer nada. Porque se na rua eles me incomodavam, no estádio os caras estavam no direito deles. Enfim, nem por isso eu ficava menos injuriado.

Tu já viu o gol que eu marquei contra a Udinese naquela temporada? Caralho, coloca aí no YouTube,* Felipe. Bonito, né? Foi sem querer... Eu já tinha feito um gol nesse jogo, negão. Oito minutos de partida, e eu guardei um de falta. Eles deram a saída, e acho que uns dois ou três minutos depois arranquei um contra-ataque lá da nossa área quase. Parecia o Usain Bolt. Estourei na correria, driblei quem apareceu na frente e finalizei com a canhota abençoada. Beijo do gordo. Dois gols meus com menos de quinze minutos de jogo. Foi mesmo.

Bom, a partida era no San Siro, e a imprensa ficou alucinada. Acabou o jogo e fomos para o vestiário. Quando eu terminei o banho, comecei a ouvir uma gritaria danada. Falei: "Que porra é essa que está acontecendo aqui?". Cara, a porta do nosso vestiário parecia um formigueiro. Os repórteres não queriam nem esperar a gente sair para a coletiva. Os seguranças tiveram que barrar os caras, ficou

---

* Adriano Imperador - Golaço contra Udinese | Adriano Imperatore Inter – Udinese. 2016. Vídeo (53s). Publicado pelo canal Futebol Eterno. Disponível em: https://www.youtube.com/watch?v=xPvjJWLFCZo. Acesso em: 19 jun. 2024.

aquele empurra-empurra. Não sei como deixaram, mas a imprensa se aglomerou ali mesmo para que eu não escapasse do estádio sem falar, porque eu era malandro também. Eu já desenrolava bem no italiano, mas nunca me sentia confortável nas entrevistas. Tinha medo de que me entendessem mal. Tu sabe como eu sou. Quando fico nervoso, começo a gaguejar, a língua trava, a garganta fica engazopada, e eu me chacoalho todo. Fazer isso na frente de jornalista é foda, então eu sempre dava um jeito de cair fora do San Siro sem conversar com os caras.

Quebrava ali num corredorzinho, já saía direto no estacionamento. O meu tio Papau e o Rafael me esperavam com o Bentley ligado e... *Um, dois, nem me viu, já sumi na neblina.** Nesse dia, não teve como. Os caras fizeram marcação cerrada. Eu comecei a suar frio quando vi a confusão dos repórteres. Tinha câmera pra caralho em volta. Os caras gritavam meu nome: "Adriano, *per favore*". "Adri, *vieni qui.*" Os meus companheiros notaram o meu nervosismo, e começaram a rir. Os caras me empurravam: "Vai lá, Imperador. Vai dar entrevista pros repórteres". E toma toalhada. Filhos da puta. Vestiário, né? Sempre tem essas sacanagens, não tem como.

Do nada, eu senti uma passada de mão nas minhas costas. "Adriano, tudo bem?" Porra, era ela de novo. A Carlota. "Tu tá fazendo o que aqui dentro do vestiário, garota? Veio ver o Materazzi pelado?", eu brinquei. "Me respeita, garoto", ela disse. "Vim te ajudar. Ou tu prefere falar com essa multidão sozinho?" Eu estava de cara amarrada. Nem a Carlota teria como mudar essa situação. "Quem foi que disse que eu vou conversar com repórter? Pode falar para esses caras irem embora", rebati. "Adriano, tu fez dois gols hoje. Um deles foi uma pintura. Tu não tem ideia de como foi a reação dos jornalistas. Eu estava na tribuna de imprensa. É impossível você não falar com eles hoje", a Carlota disse.

---

* "Capítulo 4, Versículo 3". Intérprete: Racionais MC's. *In: Sobrevivendo no inferno.* São Paulo: Casa Nostra, 1997.

E tu acha que eu estava preocupado com a reação da imprensa? A Inter ganhou o jogo. A torcida cantou meu nome o tempo todo. O treinador me cumprimentou, meus companheiros estavam felizes... já era o suficiente, não? "Não é, Adriano. Parece que tu chegou ontem na Itália." A Carlota insistia. "Desamarra essa cara, coloca um sorriso no rosto e curte o momento. Eles estão aqui para te elogiar", ela falou. "Você vai ter que fazer essa entrevista de qualquer jeito. Ou faz tentando aproveitar, ou faz odiando tudo até o fim." Ou seja, eu não tinha como correr.

Saí para conversar com os caras, mas eles nunca me enganaram, disso tu pode ter certeza. Eu sempre soube como funcionava. Quando tu tá ganhando, eles te amam. Falam bem. Te colocam lá no céu. Fica dois jogos sem fazer gol pra tu ver. Eu não sou besta, negão. Por isso que eu não curtia dar entrevista.

No dia seguinte, quando terminou o treino, a Carlota apareceu no CT outra vez. "Adriano, eu tenho uma lista de programas de televisão que estão querendo te convidar", ela disse. "Carlota, tu sabe muito bem que eu não gosto disso. Já tenho que falar com os caras no estádio, não vou em porra de programa de televisão nenhum. Negativo", eu disse. Meu irmão, ela ficou uma arara, me deu o maior esporro. Falou que eu estava sendo infantil, que eu não entendia minha profissão, que não bastava só jogar futebol dentro de campo.

O clima esquentou entre a gente, mas eu estava irredutível: imprensa só no estádio. Foda-se. "E avisa os paparazzi que se vier tirar foto de mim no Hollywood, eu vou pegar na porrada", eu falei. "Adriano, você se controla, cara. Não vai colocar tudo a perder", a Carlota tentou me acalmar. Eu já estava virando as costas para ir embora quando ela me puxou pelo braço. Pediu para eu sentar de novo. Eu posso ter esse meu jeito explosivo, sou brutão mesmo, mas eu respeito as pessoas. Principalmente as mulheres. Porra, sem a minha mãe e a minha avó eu não seria nada.

Baixei o tom e ouvi o que a Carlota tinha para dizer. "Adriano, tu não é amigo do Ronaldo? Então, se inspira nele, cara", ela disse.

Começou a ir pelo caminho certo. Porque, de fato, eu sempre olhei para o Ronaldo como a minha grande referência. Eu não sonhei em jogar na Inter à toa. "Tu nunca vai ver o Ronaldo dizendo não para jornalista. Estou te falando isso porque eu trabalhei com ele, você sabe muito bem", a Carlota continuou. Caraca, ela estava falando sério. Fazia tempo que eu não levava um come desses. Enfim, abaixei a orelha.

A Carlota continuou o discurso dela: "O Ronaldo sempre vai entregar alguma coisa para os jornalistas. Nem que seja só um sorriso, um comentário besta. Você tem que entender esse balanço. É preciso alimentar as hienas sempre, porque senão elas atacam. É uma espécie de negociação. Parece ilógico, mas quanto mais você entregar para os paparazzi, menos eles vão correr atrás de você".

Porra! Até para os paparazzi? Ela estava indo longe demais. Esses caras me perseguiam na minha folga, caramba! Como é que eu iria dar atenção para eles? Isso era falta de respeito. Negativo. A Carlota estava exagerando. "Adriano, me escuta. Você precisa criar a percepção de que a sua vida é aberta. Se você fizer isso, as pessoas vão ter menos interesse nela. É um jogo, cara." Ouvi com respeito. Mas não estava convencido de que conseguiria jogar sem a bola. Puta merda. Concordei em dar as entrevistas que ela me pediu, mesmo sem estar contente com isso.

Uns dias depois, lá estávamos nós dois, em um programa de auditório italiano. Me colocaram no palco ao lado de um monte de apresentadora gostosa. O técnico veio e instalou o microfone em mim, depois colocou um fonezinho no meu ouvido. Disse que a Carlota conversaria comigo por ali. "Adriano, tu tá me escutando?", ela disse. "Fala, garota. Estou te ouvindo, sim", respondi. "Cara, pelo amor de Deus. Coloca um sorriso no rosto. Eu estou te vendo pelas câmeras. O diretor do programa já veio me perguntar por que você está tão chateado. Queria saber se tinha acontecido alguma coisa. Eu nem sei o que falar para ele."

Pois é. Não bastava dar entrevista. Ainda tinha que dar entrevista fingindo que estava contente. Puta merda. "Eu tô puto mesmo,

Carlota. Eu queria estar em casa, o Jorginho está lá, quero tomar uma com o meu amigo que veio lá da Vila Cruzeiro me visitar. Quero fazer piada com meu tio Papau, quero sacanear o Rafael, e tu me obriga a vir aqui trabalhar na minha folga, chato pra caramba", respondi. "Agora você já está aqui, Adriano. Não adianta ficar de cara amarrada. A Itália inteira assiste a esse programa", ela rebateu. "E se é piada que tu quer ouvir, eu também sei fazer. Olha a perna dessa apresentadora que está do seu lado. Imagina tu tirando esse salto dela. E o decote da convidada na tua esquerda. Dá uma olhada também. Mas só olha o suficiente, hein?", ela brincou.

Ai, ai, ui, ui, como diria meu amigo Amaralzinho. Agora a conversa estava maneira. Virei para o lado e o objeto não identificado da minha esquerda realmente era muito interessante. "*Ciao, come stai? Piacere di conoscerti, sono Adriano*", eu falei. Quando a gravação acabou, encontrei a Carlota outra vez e contei uma novidade para ela. "Tive uma ideia. Vou reformar a minha casa", eu disse. "Uau, que bacana, Adri. É sempre bom renovar. A sua casa é bonita, mas está precisando dar uma modernizada", ela disse. "É, eu vou fazer uma piscina grande. Quero aumentar a garagem também porque comprei uns brinquedinhos novos. Mas a surpresa mesmo é lá embaixo", eu contei.

"O que tu vai fazer?", ela perguntou. "Adivinha", eu disse. "Sei lá, cara. Uma sauna? Um salão de jogos?" Sauna? E eu lá tenho cara de quem vai na sauna? Eu, hein? "Vou fazer uma discoteca", contei. A Carlota não acreditou. "Como assim uma discoteca, Adriano? Tu mora no meio da montanha. Teu vizinho mais jovem deve ter uns 70 anos, cara", ela rebateu. "Eu vou contar para o Mauro que tu falou isso só porque ele é careca", fiz piada.

Mauro era um vizinho meu que também estava envolvido no futebol. Foi ele que me ajudou com a reforma da casa e que conseguia os carros que eu queria, organizava as festas, até o iate que eu comprei foi ele que descolou. Enfim, a ideia de fazer a boate em casa foi para evitar os paparazzi.

Eu sempre gostei de ficar no meu cantinho com os meus chegados, vocês sabem. Esse negócio de ir para balada é confusão na certa, e em Milão não estava rolando. Os fotógrafos me cercavam cada vez mais. Eu ficava doidão na Hollywood, porque eu bebia mesmo, não tem por que negar. Aí, eu queria ir embora com umas muchachas, e os caras disparando aquela porra de flash na minha cara. Fora que o meu primo Rafael também tinha que ficar me esperando a noite inteira para poder dirigir. Ele não bebia nem gostava de balada, era ruim pra ele. Então achei que seria melhor trazer a festa para dentro da minha casa. Porra, seria mais vantajoso para todo mundo. "Bom, se é isso que tu quer, eu consigo entender a lógica. Só fica esperto com os teus vizinhos. Nem todos trabalham com futebol, como o Mauro", a Carlota avisou.

21. Sarà perché ti amo?

> Che confusione,
> sarà perchè tifiamo,
> un giocatore che tira bombe a mano,
> Siam tutti in piedi
> per questo brasiliano,
> Batti le mani,
> che in campo c'è ADRIANO!!!
> La, la, la, la, la. La, la, la, la.*

Ai caramba! Até machuquei minha mão agora. Quebrou a mesa? Eu estava batendo forte mesmo. Te molhou aí, querida? Pega um guardanapo. Puta merda. Desculpa. Derrubei o copo de cerveja da garota com a batucada toda. Foi mal, amor. É que eu me emociono cantando essa música. Felipe! Traz mais uma gelada pra tua mina aqui, cara. Eu joguei o copo dela longe sem querer.

    Tu não conhecia essa, não? Porra... A torcida da Inter cantava para mim em todos os jogos. Eu ficava emocionado pra caramba. Ainda mais eu, manteiga derretida. Fico arrepiado só de lembrar. Olha aqui o meu braço, pô. Fico mesmo. Época boa, viu? Em campo, eu estava jogando uma bolinha, não vou negar. Pra tu ver como eu não estou mentindo. Pode colocar na internet.

---

* Letters to Inter – Adriano. *Inter*, 4 maio 2020. Disponível em: https://www.inter.it/it/notizie/2020-05-04-adriano-letters-to-inter. Acesso em: 19 jun. 2024.

Teve um jogo na Espanha. Era Champions League, tá? Só nego brabo. A gente foi na casa do Valencia, o estádio lá, como é o nome mesmo? Isso, Mestalla. Bonitão. Lotado. Procura pra tu ver, estou falando. O time todo jogou muito naquela noite. Goleamos os caras, e eu estava inspirado. Meus companheiros me ajudando desde a primeira bola, todo mundo metendo gol. Eu flutuava, negão. Com esse tamanho que eu tenho.

Meu jogo sempre foi de força, óbvio, mas eu também tinha técnica, tá? Não duvida, não. Nesse jogo do Mestalla, eu deitei do primeiro ao último minuto. Quer dizer, último minuto não, porque, quando chegou no finalzinho, o treinador me substituiu. Eu já tinha marcado o meu gol, tinha criado aquele fuzuê todo no adversário e o nosso resultado estava garantido. Então o Mancini me substituiu.

Sem brincadeira. A torcida dos caras se levantou. Todo mundo me aplaudindo em pé. Porque a tua torcida te idolatrar já é difícil. Agora o adversário, depois de ter levado um sacode em casa, levantar da arquibancada para te aplaudir? Tem que respeitar. Tu achou aí no YouTube, Felipe? Olha só. Tô mentindo? Mostra para eles. Escuta o narrador da TV. Ouve que eu traduzo pra vocês depois.

Tutto lo stadio applaude Adriano. Tutti in piedi al Mestalla, signori, cose mai viste in giro per gli stati d'Europa. Tutti in piedi qua al Mestalla ad applaudire Adriano.*

Foi sem querer!

Mas aconteceu mesmo, negão. O que o narrador falou? Ele disse o seguinte, querida: o estádio inteiro aplaude Adriano. Todos em pé, no Mestalla, senhores, algo jamais visto nos estádios da Europa.

---

* Adriano vs Valencia (A) - 2004/05 Champions League (sensational performance). 2023. Vídeo (5min55s). Publicado pelo canal AlraxoJr9. Disponível em: https://www.youtube.com/watch?v=9eH2hNyB2Ig. Acesso em: 20 jun. 2024.

Todos em pé aqui no Mestalla aplaudindo o Adriano. Reparou na chuteira dourada? Tava usando mesmo. Pensa que era só o Ronaldo que tinha? Mas eu também dei umas presepadas nessa temporada, não vou ficar aqui só contando vantagem pra vocês, porque eu não sou disso. Poucas, mas dei.

Às vezes, a bola também não entrava, fazer o quê? O que eu quero dizer é que quando eu estava inspirado, não tinha como. Ninguém segurava. E nessa temporada eu estava assim, apesar de ter começado com aquela tragédia em casa. Tanto que eu juro pra vocês que eu achava que ia ganhar a Bola de Ouro naquele ano. Tava jogando muito e ganhando tudo, vai pra merda.

Eu entrei para os finalistas do prêmio da FIFA e também para o Ballon d'Or. Pensa bem. Ganhei a Copa América com o Brasil jogando contra a Argentina. Fui o artilheiro da competição e acabei eleito o melhor jogador. Comecei a temporada na Inter fazendo um gol atrás do outro. Porra. Não perdi nenhum derby. Lembra que, no começo dos anos 2000, o Italiano ainda era o principal campeonato da Europa?

Tudo bem, o atual campeão era o Milan, mas se era para falar da temporada passada, na Liga dos Campeões, quem tinha vencido era o Porto, com o Mourinho. E a Euro, que também teve naquele ano, Portugal perdeu para a Grécia. Porra. Vai me desculpar. Não tinha ninguém que estava jogando mais do que eu. Até que anunciaram o prêmio em dezembro. E deram pra quem? Pois é, pro Shevchenko. Tomar no cu deles, com todo o respeito ao ucraniano. Era craque também. Jogou muito. Merece tudo. Mas naquele ano, eu deveria ter ganhado a Bola de Ouro. Vai se foder. Mas fazer o quê? Fiquei chupando o dedo. Paciência.

Pelo menos, logo depois do prêmio, a gente foi liberado para a pausa de inverno. Faz muito frio na Itália, porra. Neve pra caramba. O campeonato para sempre por uns dias. Eu aproveitei para ir até o Rio de Janeiro passar o Natal com a minha família. Seria nosso primeiro fim de ano sem o meu pai, e eu já sentia meu coração apertado antes mesmo de entrar no avião. É a vida.

Desci no Galeão e subi no táxi direto. "Toca pra Vila Cruzeiro, por favor. Encosta no campo do Ordem que o pessoal está me esperando", eu disse para o motorista. Ele virou para trás. "Adriano Imperador, é você?", ele respondeu assustado. "Não, é a Xuxa. Anda logo com essa merda, cara." Porra, eu tinha passado doze horas no avião, e o sujeito me vinha com gracinha. Eu queria tomar o meu danone logo, caramba.

Me lembrei que estava sem nenhum real na carteira. Só tinha dinheiro da Europa. "Irmão, vou ter que te pagar em euro", falei para ele. "Poxa, Imperador. Aí tu me quebra", ele respondeu. "Te quebro o quê, cara? Toma uma nota de cem pra tu. Vai no banco e troca. Dá pra ir e voltar do Galeão umas cinco vezes", eu falei. O cara olhou para a nota e tentou me enrolar, tu acredita? "Mas eu vou ter que fazer todo o trabalho de ir no banco, Imperador. Me dá mais uma dessas então para compensar", ele disse. É mole? "Tu tá me achando com cara de otário? Para essa merda então que eu vou descer. E devolve a minha grana", eu gritei.

O cara ficou branco. "Imagina, Imperador. Eu sou flamenguista e apaixonado pela Seleção. Jamais faria isso com você, ainda mais depois daquele golaço contra a Argentina", ele disse. "Encosta essa merda agora. Tá me tirando de comédia?", eu gritei. "Como eu vou te largar no meio da Linha Vermelha, Imperador? Fica tranquilo. Tudo certo. Eu faço pelos cem euros mesmo. E não precisa nem dar caixinha, fica por minha conta", ele disse. Filho da mãe.

O Rio de Janeiro é complicado, xará. Paramos no campo do Ordem. Eu já fui arrancando a roupa enquanto subia a viela para bater nas janelas do Hermes e do Cachaça. "Acorda, safado! Anda, gordão!" A rotina toda vocês já conhecem. Eu estava famoso nessa época. Veio mais gente falar comigo e pedir foto. Mas lá eu era o Adriano, filho do falecido Mirim e da Rosilda. Não era, nem nunca fui, o Imperador.

Cheguei na casa da minha mãe, na Barra da Tijuca, uns dias depois. Porra, eu bebo bem, vocês sabem. Sou assim desde moleque, mas tem uma hora que até eu preciso descansar. Fui dormir no aconchego da Dona Rosilda. Enchi o Thiago de presentes, ele ficou feliz a pampa. Criança cresce rápido. Fiquei bobo com o tamanho dele. O moleque estava cada vez mais lindo e esperto. Comi o pastel da vovó. Fiquei sacaneando as minhas tias.

Ouvi meu primo Filipe chorar as mágoas. O Flamengo estava numa draga danada naquela época. E o Filipe é flamenguista doente. Ele e o irmão, o André. Puta merda. Ficaram me enchendo o saco para voltar. "Vem ser feliz no Mengão!" O Filipe não parou de repetir essa merda. "Contigo em campo a gente teria ganhado a Copa do Brasil!", ele disse. Eu só dava risada. "Deixa eu ganhar o *Scudetto* primeiro, cara", eu respondi.

Era muito bom estar com todos ali. Eu finalmente relaxei. Consegui descansar mesmo. Ficar descalço e sem camisa ao lado dos meus é o que me deixa feliz. Tô falando a verdade, tu sabe que eu não minto. A única situação ruim é que a Inter queria que eu voltasse logo depois do Natal. "Porra, Gilmar. Eu tô descansando. Minha família está cuidando de mim. Pede para eles me deixarem passar o Ano-Novo aqui", falei para o meu procurador. "Vai ser difícil, Adriano. Tem jogo no dia seis de janeiro. Eles querem todo mundo treinando uma semana antes", ele respondeu. "Eu sei, cara. Mas olha tudo que eu fiz esse ano. Mereço uns dias de folga a mais. É por questão familiar", insisti. "Eu vou tentar. Mas já te aviso que vai ser complicado", ele desligou.

Foi mais ou menos nessa época que eu conheci a mãe dos meus dois primeiros filhos, o Adrianinho e a Sophia. Pode crer, os dois parecem até xerox minha. Deram sorte, graças a Deus. Eles são lindos. Mas posso falar? Não tinha como dar errado. A mãe deles é um espetáculo também. Minha memória é uma merda, mas se tem um momento que eu nunca esqueço é a primeira vez que eu vi a Daniele na minha frente.

Porra, que mulherão. Eu entrei na Forum para comprar uma calça, eu sempre saio para comprar calça, já percebeu? E olha que eu só me sinto confortável mesmo de bermudão. Vai entender. Enfim, entrei na loja, e como eu já era famoso, os caras me trataram muito bem. Só faltou me carregarem no colo. "Espera um minuto que eu vou chamar a minha gerente. Ela vai conseguir um desconto maneiro pra você, Adriano", o vendedor me falou. De repente me aparece uma deusa. Veio se apresentar com cara séria. Não estava de gracinha, não.

A Daniele era gerente da Forum, gerente ou diretora, sei lá que porra daquela merda. Agora não lembro exatamente, eu sei que ela mandava na loja. Uma loirona daquela, linda. Eu pensei: *Não tem como. Vou ter que conquistar essa garota.* Comprei o que eu precisava, mas não conseguia parar de olhar para ela. Tava apaixonado ali mesmo, no meio do shopping, numa tarde nada a ver. Essas coisas são foda. "Olha só, posso pegar seu telefone?", eu perguntei. Queria levar a gata para jantar. Eu já era rico, não tem como negar. Ia impressionar. Faz parte da sedução, não é? Para de rir, garota. Tô mentindo? Tu sabe que é verdade.

A gente chega de carrão, leva para jantar no restaurante caro, pede uma garrafa de vinho. Porra. Tudo isso com 1,89 de altura. Espera aí. Quem que vai falar não? Ah, tá bom. Agora estamos conversando. A senhora não minta. Não tem como. Tu acredita que eu pedi o telefone, e a Dani me deu o cartão de visitas da loja? Filha da mãe. Se fez de boba. Não quis passar o celular. Eu pensei: *Tá certo. Essa é especial. Vamos com calma.*

No dia seguinte, eu acordei pensando na gata. E quando essas coisas acontecem é porque a gente está apaixonado. Não adianta querer se enganar. Peguei o telefone e mandei entregar um café da manhã pra ela. É, daquelas cestas bonitas que vêm cheias de flores junto e um monte de produto bacana. No cartão, falei para escreverem "Janta comigo?". Assinei com o meu telefone. Beijos do Adriano. Já era. Tática infalível.

Umas horas depois, ela me ligou para agradecer e acabamos marcando o encontro. Eu não queria perder tempo. Precisava voltar para a Europa dentro de poucos dias, avisei pra ela. Tinha que ser naquela noite. A conversa com o meu procurador não tinha sido promissora. Eu teria que embarcar logo para Milão. Passar frio naquela merda. Merda é modo de falar, porque eu amo muito a Itália, vocês sabem.

Fomos ao shopping Downtown na Barra. Não lembro qual foi o restaurante, porque eu só reparava na gata. Pior que acabou sendo um encontro esquisito, acredita? Não, nada de errado com a Dani. Ela estava um espetáculo. Perfumada, bem-vestida, mulherão mesmo. Eu também caprichei. Mandei lavar o carro, coloquei a calça nova, meti o correntão. Rolex no pulso; perfume italiano no pescoço, no peito e no punho, bem caprichado no punho, pra deixar a gata comovida na hora que eu fosse pegar no cangote dela. O plano estava desenhado.

Pedi uma mesa bacana, mais reservada, para a gente. Até aí estava tudo certo. A questão é que eu sou tímido pra caramba, e estava apaixonado, ainda por cima. Ou seja, não conseguia abrir a boca. Sentamos para comer, e eu acho que eu só falei na hora de fazer o pedido e depois pra chamar a conta. Fiquei calado a noite toda. Sei lá, mano. Não queria soltar alguma merda e assustar a mina. Eu sou brutão e repeti a quinta série três vezes. Porra, estava intimidado, não tem por que esconder isso.

A Dani era gerente. Não era qualquer uma. Pior que ela também é tímida. Sempre foi de falar pouco. Resultado: tivemos um jantar mudo. Não falamos um com o outro. Ridículo, né? Mas foi o que aconteceu. Mesmo assim, acabou dando certo. Foi uma noite silenciosa e inesquecível. Ficamos juntos e eu a convidei para ir à Itália. "Vai com calma, cara. Eu tenho que trabalhar", ela disse.

Ficamos de resolver uma data que ela pudesse. Por mim, seria o mais breve possível. Eu me conheço. Já sabia que a partir daquele momento eu só ia pensar na gata e no que ela estava fazendo. O que ferrou a noite mesmo foi a ligação do meu procurador. "Adriano, não teve jeito. A Inter mandou voltar. Tem que se apresentar, porque dia 6 tem jogo fora de casa". Porra. Aquela era a notícia que eu não queria ouvir. Paciência. Era a minha obrigação.

A noite de Natal foi diferente. Até hoje a minha família não marca viagem em dezembro porque fazemos questão de celebrar a data todos juntos. Têm os parentes que fazem plantão no dia 24 e os que precisam trabalhar no dia 26. Então, viagem a gente deixa para o Carnaval, por exemplo. A casa da minha mãe é o ponto de encontro. Naquele ano, estávamos reunidos mais uma vez, mas faltava alguém.

A música tocava alto do mesmo jeito. O cheiro da cebola fritando na frigideira cheia de manteiga impregnava a casa como sempre. Era a minha avó preparando a farofa. Meus primos reclamavam do técnico do Flamengo sem parar. Minha tia Dedeia cantava um samba antigo. Ela tem uma voz linda. E a cerveja estava geladinha repousando no meu joelho, enquanto eu observava tudo sentado na cadeira de plástico na varanda. Mas alguma coisa estava fora do lugar, e eu sabia bem o que era.

Vi o Thiago brincando com os nossos primos perto da piscina. Do nada, ele começou a chorar. Foi correndo se agarrar na perna da minha mãe. Ela esfregou a cabeça do meu irmão e olhou para mim. Eu comecei a chorar também. Porra. Que saudade do meu pai. Era o nosso primeiro Natal sem ele. Por que aconteceu uma merda dessas com a gente? Será que dava para ter evitado? Eu não queria voltar para a Itália naquele momento. Precisava cuidar da minha família. Eu tinha que me curar daquela dor que me acompanhava em tudo que eu fazia.

Não teve jeito. A Inter mandou voltar. Provavelmente acharam que eu queria fazer farra, que eu iria pra bagunça no Réveillon. Não me deixaram ficar. Mas no dia de Natal tomei uma decisão. Estávamos comendo o resto da ceia da noite anterior quando eu puxei a ideia. "Olha só, vocês querem conhecer a neve?" Meus tios me olharam sem entender nada. "Como assim, Adriano? Claro que a gente quer conhecer a neve. Eu só conheço gelo. Aquele que sai do freezer", minha tia brincou. "Então arruma todo mundo a mala que vocês vão embora comigo."

Minha mãe me olhou sem entender nada. "É, eu não quero passar o Ano-Novo sozinho. Vocês vão para Milão também." E foi isso. Foda-se. Era o que eu queria. Estar do lado deles. No total, acho que foram umas quarenta pessoas, juntando tios, tias, primos e agregados. Até um irmão da igreja, que tinha ajudado muito a minha mãe no passado de dificuldades da Vila Cruzeiro, a gente levou. Irmão Paulo era o nome dele.

Porra, foi uma festa do caramba. O Moratti quando ficou sabendo da "pequena excursão" que eu organizei mandou um ônibus da Inter para buscar todo mundo no aeroporto. Imagina isso, cara. Eu tive que ir na frente, porque precisava me apresentar. O pessoal se ajeitou rápido lá no Rio, quem não tinha passaporte conseguiu com um despachante amigo nosso e foi assim.

Antes do Réveillon, estavam todos lá. Minha casa no Como parecia um albergue. A gente comprou colchão pra caramba. Minha família se espalhou por todos os lados. Porra, era uma baita mansão, e a gente não tinha frescura. Só queríamos estar juntos. Aquela discoteca nova que eu mandei fazer na parte debaixo da casa era o nosso lugar favorito. Fazíamos uma bagunça do caramba. Todo mundo se divertindo junto.

Minhas tias dançando charme como se estivessem no baile. Era passinho pra lá e pra cá. Teve nego que comeu até neve. Colocou na boca para experimentar o sabor, tu acredita? E eu gritava: "Não faça isso!", e todo mundo caía na gargalhada. Porra, tu não imagina a alegria que foi. Uma satisfação inesquecível para mim. Nunca sonhei que poderia proporcionar uma experiência dessas para a família toda, e eu também estava feliz com a presença deles.

Levei o pessoal no San Siro, eles me viram jogar. Fomos jantar nos meus restaurantes favoritos. Uma bagunça do caramba. Pena que durou pouco. Meus parentes também tinham que cuidar da vida deles. E quando eu acordei, já estava sozinho de novo na Itália.

A casa entrou em um silêncio que doía. Ainda mais no inverno, que fica tudo fechado. Meu Deus. Eu acordava cedo para ir treinar, o Rafael preparava um café rápido e depois me levava para o CT. Era assim a semana toda.

E se eu não falo muito, aquele filho da mãe fala menos ainda. Depois dos jogos, eu voltava para casa louco para trocar ideia, e o Rafael lá, mudo igual a uma porta. Fazia a minha comida. Preparava o prato. E se enfiava no quarto dele. Ficava o dia inteiro no celular. Só soltava o aparelho quando estava dormindo. Eu estava bem de companhia mesmo... Mas olha lá, também não estou reclamando do meu primo. Ele me ajudou para caramba na Itália. Eu amo ele. Mas esse é o jeito do cara, não tem como mentir. Ele sabe, pô. Eu sempre reclamava, ele fingia que me escutava. Mas cada um tem a sua personalidade, não dá para querer mudar os outros. Eu sou um cara difícil e certas coisas não consigo fazer diferente. Como é que eu vou reclamar dos outros? Sem chance.

Meus brinquedos novos chegaram, e a garagem ficou lotada. Porra, eu sou moleque de favela. Era a minha vez de tirar uma chinfra com a minha grana. Não é exagero. Eu trabalhei pra comprar, tá ligado? Tinha de tudo: Bentley, Lamborghini, Maserati, Ferrari, BMW, Hummer e um Fiat Stilo, que ninguém queria usar, óbvio. Os caras não eram bobos.

O Rafael e o meu tio Papau gostavam de andar nas carretas. O Stilo, que eu comprei para eles fazerem as tarefas do dia a dia, ficou encostado cheio de pó. Até enguiçou aquela merda. Eles achavam que eu não percebia, mas quando eu voltava dos jogos fora de casa, eu notava que as minhas máquinas estavam em posições diferentes na garagem. Filhos da mãe.

Eu sabia que o Rafael andava pegando os meus carros pra passear enquanto eu estava fora. Eu fingia que ficava puto, mas não estava nem aí. Era importante que ele se divertisse também. Porque a vida na Europa é muito solitária. Não era fácil para ele nem para o Papau. Deixa os caras darem uma volta de Porsche, foda-se.

22. Nas águas do Santo Batismo

Vamos pra praia? Ficar em casa o dia todo cansa. Raquel! Tu não quer levar a pequena pra entrar no mar? Bora, Hermes? A gente come por lá mesmo. Já estamos aqui há um tempão falando. Vamos aproveitar antes que o dia acabe. Bora todo mundo? Então fechou. Tem um beach club lá embaixo que eu gosto. Como chama mesmo, Felipe? Isso, Silk. Lá é maneirinho. Mas agiliza logo antes que eu mude de ideia. Eu tenho uma amiga que vai reservar uma mesa pra gente. Vou dar um toque nela.

Oi, querida. Tudo bem e você? Não, que porra de passeio de barco. Depois tu me leva. Não vou pra Cabo Frio agora, nem ferrando. Eu nem de barco gosto, cara. Já tive iate, sim. Mas era outra época. Lá na Itália. Portofino, tu conhece? Pois deveria. Enfim, não vai rolar. Tô com a minha galera aqui, amor. Não tem como. A gente quer ir para a praia. Isso. Lá mesmo. Reserva pra oito. Tu vai me encontrar, né? Como assim está trabalhando, cara. Hoje é feriado. Não é? Porra. Bom, cola aqui em casa mais tarde, então. A gente vai descer lá na praia, comer alguma coisa e depois volta. Já é. Beijo, querida. Tchau.

Essa menina parece a Angelina Jolie. Puta merda. Tem uns bilão verde. Papai do céu abençoe. Mais tarde ela vai colar em casa. Beijo do gordo. Vacila pra tu ver. Bora, Hermes! Todo mundo pronto? Vamos dividir os carros. Tu, a pequena e a Raquel vêm comigo. Tu vem também. Isso, Felipe, vocês vão juntos. Já é. Vambora, então. Hoje tem jogo do Flamengo? Já vai se preparando que aqui em Búzios não me dão sossego. Olha aí, na porta de casa.

Claro, tia. Pode vir. Vamos tirar essa foto rápido. Tudo isso de gente? Eu vou tirar foto com todo mundo, sim. Pera. Deixa eu descer do carro que vai ser mais fácil. E a gente faz a foto com o mar de fundo. Vamos, pessoal. Agiliza aí que eu tô com fome. Bora! Salve, querido. Vamos, Flamengo! Eu não jogo mais, amor. Como é que eu vou saber o que está errado com o time. Mengão vai ser campeão.

Ihhh, caramba. Até argentino agora? Tu também quer uma foto? Olha isso, tá cheio de hermanos aqui. Brincadeira, tio. Não me leva a mal, não. Eu só tenho memórias boas contra a Argentina, com todo respeito. Sim, teve aquela Copa América, estava contando para os meus amigos agora mesmo. Mas não esquece da Copa das Confederações de 2005. Aquela foi braba. Beijo, querido, desculpe a brincadeira, tá? *Besos.* Vamos nessa.

Porra. Vocês vão beber o quê? O meu ela já sabe. Isso. Traz aquela garrafa de uísque que eu deixei aqui, amor. Deve ter bastante ainda, não? Me traz um baldinho com guaraná zero também, faz favor. A rapaziada vai pedindo aí. Porra, agora estou confortável. Gostoso aqui, não é? À noite bomba também. Mas eu prefiro assim, de dia. Querem entrar no mar? Vamos lá rapidinho. Eu não sou muito de nadar, não. Só um mergulho tá bom. O Rolex dourado? Pode deixar que eu entro na água com ele mesmo. Não precisa tirar. Fica sossegado.

Porra, esse mar geladão assim é bom demais. Esfria a cabeça na hora. E abaixa a bebedeira também. Aí, Felipe, bora pegar um jacaré. Vamos ver quem volta pra areia mais rápido? Sim, eu já vou sair da água. Entrei só para molhar a canela. Eu quero o meu danone! Daaaa-nooooo-neeeee! Ih, caramba. Lá vem mais gente pra tirar foto. Oi, querida. Claro, vamos tirar sim. Vem cá, garoto. Obrigado, irmão. Tamo junto. Mais uma com a senhora também, sem problemas. Vou subir lá agora pra tomar uma, tá bom, gente? Hoje é meu dia de descanso! Obrigado pelo carinho.

Eu não me incomodo com essas coisas, não. Torcedor é de boa. O problema é quando vem paparazzi. A fama sempre teve esse lado prazeroso pra mim. Tá achando essa muvuca muito grande? Tu não faz ideia de como era na Itália quando eu estava no auge. Mermão, era impossível andar na rua. Sem sacanagem. Muita gente vinha em cima o tempo todo. O lado bom é que eu desenrolava qualquer problema. Sério. Qualquer um.

Porra, eu era o craque da Inter. Te dou um exemplo. Minha mãe ia me visitar e chegava no aeroporto carregada de comida. Trazia feijão, carne assada, frango com quiabo, farofa, tudo que a gente, brasileiro, não consegue viver sem, diz aí. O problema é que não pode entrar na Europa com essas coisas. Os caras apreendem e ainda dão multa, tá ligado? Sei lá o porquê. É a lei deles. Não era fácil comprar comida brasileira na Itália. E como é que a gente ficava sem o nosso feijãozinho preto com toucinho?

Minha mãe colocava na mala e vinha. Quando paravam ela na alfândega, não tinha erro. Era só dizer que era mãe do Imperador. Mostrava umas fotos nossas, e um abraço. Isso quando a Inter já não deixava avisado no aeroporto que a Dona Rosilda estava chegando com a tropa. Aí era mais tranquilo ainda. É verdade, cara. Tem muita coisa na Itália que é parecida com o Brasil. Se gostam de você, eles aliviam mesmo. Naquela época todo mundo gostava de mim. Vou te falar que até os adversários. E olha que a Inter ainda não estava ganhando tudo. Imagina se já estivesse?

Teve um dia, quase no final da temporada, que a gente recebeu folga. Eu estava com uns amigos em casa e queria levar a galera pra conhecer Roma. Porra, a noite em Milão é pica, mas em Roma é diferente. Mais glamurosa, sabe? Gente de tudo quanto é lugar. Cada objeto não identificado que Deus o livre. E lá eu também era menos manjado. Então virava e mexia, eu dava um pulo na capital pra curtir.

Liguei pra Carlota e falei pra ela: "Bora pra Roma. Consegue as passagens pra gente?". Ela me respondeu: "Tu não tá lendo os jornais, não?". Óbvio que eu não estava. O máximo que eu fazia era ver a tabela do Italiano. Ficava de olho na diferença para a Juve e o Milan. "Poxa, Adriano. O papa João Paulo II morreu. Roma está um caos. O mundo inteiro baixou na cidade. Vão anunciar o novo papa", ela me disse.

A Carlota insistiu que seria impossível conseguir uma passagem de avião entre Milão e Roma. Ir de trem, nem pensar. O assédio seria absurdo, e a viagem também era longa demais. Essas folgas que a gente tem no meio da temporada são sempre muito curtas. "Carlota, aluga um avião, caramba", eu disse. Nada feito. Todos estavam reservados. "Peraí. Eu sou o Imperador, ou não? Dá seus pulos, cara", enchi o saco da minha assessora. Aquela fama toda tinha que me ajudar também. E funcionou.

No fim, a Carlota deu um jeito e conseguiu um avião pra gente. Aproveitamos a viagem comendo bem e bebendo melhor ainda. Quando estávamos no hotel, ela ligou a televisão para acompanhar as notícias. *Habemus Papam*, é assim que eles dizem, né? Os repórteres anunciavam que um cardeal alemão ia assumir. Esqueci o nome dele. Isso, Bento XVI! Bom, no dia seguinte, a Carlota chega toda séria pra mim: "Adriano, vai se arrumar. O novo papa soube que você está em Roma e quer te conhecer". Fiquei em choque. "O quê? Como assim?"

O cara tinha acabado de assumir, caramba. Eu estava famoso, mas não imaginava que era tanto. "Sim, eu já confirmei. A gente vai ter que ir ao Vaticano", ela falou. "Não, de jeito nenhum. O que o papa quer comigo?", respondi. "Puxa, Adriano, o papa mora onde? No Vaticano. O Vaticano é um estado. Ok. Mas na prática ele fica dentro da Itália. Você acha que ele não gosta de futebol também? Ainda mais esse que é alemão. Os alemães são doidos por bola", ela argumentou. Pois é. Fazia sentido.

"A Copa do Mundo no ano que vem vai ser onde? O papa quer conhecer o jogador mais famoso da Itália, caramba", a Carlota insistiu. "Não, eu não vou. Ter que colocar terno, ficar esperando, um monte de jornalista, falar com repórter. Esquece. Pode cancelar", eu respondi na hora. "Mas, Adriano, você imagina como é difícil conseguir uma audiência com o papa? Toda celebridade quer tirar uma foto apertando a mão do santo pontífice. Vai ficar linda na parede da sua mãe", a Carlota continuou.

Cara, aquela lá não me dava moleza. "Ô Carlota, eu não estou preocupado se as celebridades sonham em apertar a mão do papa ou não. Eu vim aqui pra bagunçar, caramba. No Vaticano não tem bagunça, até onde eu saiba. E no mais a minha mãe é crente, tu não tá ligada, não? Ela não vai colocar foto do papa na parede de jeito nenhum." Eu já estava perdendo a paciência com aquela conversa.

"Adriano, você vai me fazer passar essa vergonha?", a Carlota disse. "Dá seu jeito, Carlota. Pode ligar pra eles agora", eu sai batendo a porta. Puta merda. Eu não tinha paz nem na minha folga, cara. Ela veio atrás de mim com a rapaziada toda caindo na gargalhada. Filhos da mãe. "É mentira, seu bobo, não tem convite nenhum. Só estou enchendo a sua paciência", ela disse. Puta merda. "Conseguiu, parabéns", eu respondi.

Mandei preparar o avião. Queria voltar pra casa. Aquela confusão toda em Roma já estava me deixando nervoso.

Olha lá. Esses dois são da Argentina com certeza. Estão secando a gente desde que chegamos. O maridão tomou coragem de vir pedir foto agora. Estão vindo na nossa direção. Fica vendo. Eu sabia. Boca Juniors! Sim, eu vou voltar a jogar. Quero entrar em campo na Bombonera. Seria uma honra. Claro, tira a foto aqui. Eu no meio? Não, o casal fica junto. Eu vou do seu lado, cara. Valeu, beijos pra vocês. Vou pra Buenos Aires, sim. De nada, querida.

Eu atendo todo mundo, não tem como. Até os argentinos. Eu brinco, mas já te disse que sempre me dei bem com a maioria deles. Porra, a Inter tinha argentino pra caramba. Só não me dei bem com o Verón, que foi colega no time. Esse meu santo não bateu. Não tem por que esconder. Ficou fazendo média com o treinador, mas eu fiz história jogando com os argentinos e contra eles também.

A Copa das Confederações de 2005 foi linda. Acabei artilheiro. Ganhei o prêmio de melhor jogador da competição. Fiz gol contra a Grécia, que era a atual campeã europeia, marquei contra a Alemanha na semifinal, a dona da casa. E a final foi contra quem? Contra os hermanos, claro. Quatro a um pra gente, fora o baile. Porra, que época boa. Pode olhar. As minhas comemorações mais emocionadas sempre foram jogando com a amarelinha. Me caía muito bem.

Aquela temporada só não foi perfeita porque a gente não ganhou o campeonato italiano. A Juventus terminou muito na nossa frente. Depois tiraram o título deles por causa do Calciopoli. Não tá ligado o que rolou? Porra, na época, foi bem feio na Itália. Dizem que é o maior escândalo da história do futebol italiano até hoje. Descobriram uma manipulação braba de resultados. Rebaixaram a Juve no ano seguinte. Eu não queria nem saber dessa história. Já tinha muitos problemas na minha vida.

Enfim, a gente ainda ganhou a Copa da Itália naquele ano. A final foi contra a Roma, e eu marquei dois gols no jogo de ida. Beijo do gordo. No jogo de volta, que era a grande decisão, não pude entrar em campo porque já tinha me apresentado à Seleção na Alemanha. Perdi a festa do caneco, mas foi por um bom motivo. Estar com o Brasil sempre fez a diferença na minha vida. Até os jornais na Itália diziam que eu costumava voltar inspirado dos jogos com a Seleção, e naquele ano não foi diferente.

Depois de ter vencido aquilo tudo, eu só queria aproveitar as férias e o final de mais uma temporada na Europa. Tive uns poucos dias de descanso que foram aproveitados sem miséria. Puta merda. Eu era um trem desgovernado. Só que antes de voltar para a Itália, no meu último dia no Rio de Janeiro, comecei a sentir um aperto no peito. Fiquei com aquele incômodo. Não sabia o que era. Foi subindo para a minha garganta. Era um desconforto forte, tá ligado? Eu não queria voltar, embora estivesse jogando bem e com a atenção toda em cima de mim na Itália. Era um desespero silencioso. Eu sentia aquilo crescendo dentro de mim e não tinha como controlar. Puta merda. Olhava para o relógio. Calculava as horas que eu ainda tinha.

Comecei o caminho para o aeroporto, mas passei na casa da minha mãe antes. Fui me despedir. Cheguei com os meus amigos, eles ficaram no portão, e eu entrei sozinho. Sentei no sofá. Minha mãe veio e me deu um beijo. "O que foi, meu filho, por que você está com essa cara?", ela perguntou. A coroa me conhece bem. Não tenho como esconder nada dela. "Não sei, mãe. Tô sentindo uma coisa esquisita. Tô com um pouco de medo", falei. Minha mãe arregalou os olhos. "O que você fez, Adriano. Me conta logo." Eu não tinha feito nada. Quer dizer. Tinha feito muita coisa, óbvio. Mas nada que não estivesse sob o meu controle, vamos dizer assim.

"Não, eu não fiz nada, mãe. É um sentimento estranho. Não sei se eu quero voltar pra Itália", eu falei. "Como assim, meu filho? É o seu trabalho. Você precisa ir", ela respondeu. Eu sabia disso. Eu teria a companhia do Rafael. Meus amigos também iriam me visitar. Minha mãe com certeza baixaria por lá com a vovó e o Thiago. Mesmo assim, eu estava me sentindo aflito. É difícil, cara. A ausência do meu pai estava pesando, não tenho como negar.

"Meu filho, lembre-se que você nunca está sozinho. O nosso Senhor Jesus Cristo te acompanha sempre", ela falou. "Dobre o joelho todo dia antes de sair de casa. Faça sua oração quando voltar. Agradeça sempre pela vida que você tem. Ele vai te ajudar em tudo que você fizer na sua vida", minha mãe disse. A Dona Rosilda tem um jeito muito especial de falar com as pessoas. Tô mentindo, Hermes? Fala pra eles. A coroa é braba. Ela te olha no olho. Firme. Ela fala com uma serenidade que te desmancha, cara. Não é porque é minha mãe, não. Papo reto. Ela continuou a conversa: "Eu não te falei, porque não queria te influenciar, mas, antes de você chegar no Brasil, eu recebi uma mensagem, meu filho". Que mensagem era essa, eu perguntei. "Eu estava no culto. Quando terminou, um irmão veio conversar comigo", minha mãe falou. Esse irmão tinha dito o seguinte: "Deus manda dizer pra irmã que quando teu filho vier de férias pro Brasil, Deus vai chamar ele nas águas do Santo Batismo".

Mano, quando a minha mãe disse isso, eu desabei. Meus ombros caíram. Minhas mãos ficaram soltas. Minhas pernas se esticaram. Fiquei leve, tá ligado? Eu já testemunhava, conhecia a palavra, mas ainda não tinha sido batizado. "Fica em comunhão, irmã, que antes de ele voltar de férias, voltar pra Itália, ele vai vir na sua casa e Deus vai fazer a obra, ele vai descer nas águas do Santo Batismo, e com ele vai descer um anjo", era o que o irmão da igreja tinha dito para a minha mãe.

Naquela hora, eu senti que não poderia embarcar sem aceitar a palavra. "Mãe, o que eu faço pra me batizar? Eu preciso me batizar, mãe. Eu tenho que voltar pra Itália, mas eu vou me batizar antes", eu falei. "Vamos chamar os irmãos que fazem batismo. Vou ligar para o ancião, que é o irmão Kennedy", minha mãe disse. Ela fez as ligações e ficou tudo acertado. Eles estavam a caminho. O problema é que já estava quase na hora de eu embarcar. Não tive dúvidas. Liguei direto para o Moratti.

Pedi para ficar uma noite a mais no Rio. Expliquei para ele o motivo. Não tinha balada no meio. Não era por causa de farra. Nem por causa de mulher. Sim, eu já tinha meu rolo com a Daniele. Ela foi pra Europa depois. Mas não era por ela que eu estava querendo ficar no Rio. O motivo era um plano superior.

O presidente nem me questionou muito. Eu estava liberado. Ele só pediu para eu não deixar de embarcar no dia seguinte. Do resto ele tomaria conta. Os irmãos da congregação chegaram naquela noite na casa da minha mãe, e assim eu desci nas águas do Santo Batismo. Fizemos a cerimônia na piscina da casa. Tu nunca viu como é, não? É bonito. O ancião fala muito bem. Voltei para a Itália na noite seguinte, devidamente batizado e mais tranquilo.

Cheguei na Inter, minha segunda casa. Logo percebi que a minha fama estava cada vez maior. A torcida me tratava muito bem e aquilo era especial para mim. No dia do meu aniversário, um grupo de fanáticos interistas fez uma baita festa na porta do CT. Levaram bolo e tudo. Cantaram parabéns. Parece bobagem, mas no futebol é difícil se identificar com um clube e criar uma relação verdadeira com torcedores, funcionários, colegas e até mesmo a diretoria. Isso me ajudou bastante. Mas também me atrapalhou em certo momento.

Eu ainda não tinha superado a perda do meu pai, essa é a verdade. Me concentrei em jogar bola, mas quando voltava para casa, a dor batia forte. Por mais que eu tivesse meu primo comigo, meu tio também, aquele vazio era constante. Eu já ganhava bem e podia comprar o que eu quisesse. Ajudava muito a minha família no Rio, não faltava nada para ninguém. Também dava uma moral pros meus amigos dentro do possível. Fazia o que fosse necessário para estar bem com todo mundo, mas eu vivia com uma tristeza constante. E nada que eu fazia conseguia apagar aquele sentimento. Eu tinha momentos de alegria, tá ligado? Como fazer um gol, comprar um carro, ou pegar uma gata na balada. Mas quando eu acordava, aquela dor estava lá comigo. Sempre me lembrando que eu talvez tivesse falhado com o meu pai. Que eu talvez tivesse sido egoísta na hora que ele precisou de mim. Que eu talvez tenha me deixado levar pela fama e pelo dinheiro.

Optei pelo caminho mais fácil de comprar um apartamento para ele. Assim o Mirim poderia viver como quisesse sem incomodar ninguém. Porra. Será que eu fiz tudo que eu podia mesmo? Eu nunca vou saber as respostas para essas perguntas. Quando a minha cabeça começava a embolar muito nas ideias e na saudade, eu bebia. É, deveria rezar. Pelo menos era isso que eu tinha me proposto. Mas é foda, mano, eu buscava conforto no danone.

Ficava triste e abria uma garrafa pra me sentir melhor. Isso acontecia com frequência. Porra. Bebia mesmo. Porque na hora ajuda. Mas quando tu fica sóbrio, a dor vem mais forte ainda. E aí precisa beber mais. Tu entra num ciclo bizarro, irmão. Fora que ficar bêbado sozinho não tem graça. Então eu chamava meus amigos do Cruzeiro para irem me visitar. Tu tá lembrado, né, Hermes? Da primeira vez que você e o falecido Cachaça foram me encontrar na Inter? Puta merda. Que confusão do cacete.

Eu falei para eles irem, mandei as passagens. Pois bem. O voo dos caras tinha escala em Lisboa. Quando eles chegaram em Portugal, tiveram que passar pela imigração. Dois negões. Preto retinto mesmo. Vai imaginando. O Cachaça era gordão ainda por cima. O Hermes com essa pinta de poucos amigos. Não mexe com ele, hein. Diz aí, Hermes. Tu é briguento ou não é? Tô mentindo, Raquel? Puta merda. Não queira cair na porrada com o Hermes. Tu vai se dar mal. Eu tenho o dobro do tamanho dele, e ainda assim passo perrengue pra segurar a fera.

Bom, a dupla chegou na imigração, e o policial não teve dúvidas. Mandou os dois para a salinha. Não quis deixar os caras entrarem na Europa. Foda. Achou que eles eram angolanos e que estavam com passaportes falsos. Tu acredita? Eu estava treinando em La Pinetina quando um responsável da Inter chegou para me procurar. "Adri, você tem amigos do Brasil vindo te visitar?", ele me perguntou. Eu entendi na hora que tinha dado merda com os dois. "Tenho sim, o Cachaça e o Hermes. Quer dizer, Cachaça é apelido. O nome dele é Anderson", expliquei. "E você conhece eles bem?", o funcionário insistiu. Porra. Se eu conheço eles bem? A gente pintava o sete com catorze juntos. Os dois eram meus amigos de infância. Diz aí, Hermes.

Contei para o cara da Inter que, sim, eram meus amigos desde pivete, que iam ficar na minha casa e que eu tinha convidado os dois para me visitar. Que eles iam passar um bom tempo comigo, talvez até uns três meses. Eles não estavam fazendo nada lá na Vila Cruzeiro, era melhor aproveitar um tempo comigo na Itália. Todo mundo se ajudava. "Eles estão presos em Lisboa, Adriano." Presos! Caralho. Como assim? Tomei um susto da porra. Eu sabia que eles não iam fazer nada de errado. Ainda mais numa viagem para a Europa. Só poderia ser um engano. E era, claro.

"Fica tranquilo, nós vamos resolver." Acompanhei o cara da Inter até o escritório. Tive que escrever uma carta de próprio punho, é assim que fala, né? Isso, carta escrita à mão, dizendo que ia hospedar os dois na minha casa. Enviamos por fax junto com uma cópia do meu passaporte e uma carta assinada da Inter para a polícia no aeroporto de Lisboa. Olha a dor de cabeça. Mandei o Rafael no aeroporto de Milão para receber os dois. Quando cheguei em casa à noite, eles estavam lá. Já entrei tirando sarro deles.

"Caralho, vocês viajaram desse jeito?", perguntei. O Cachaça estava vestido de moletom e com um boné grandão. "Ué, o que tem de errado?", o Hermes perguntou. "Nada, não, imagina. Vocês queriam o quê? Óbvio que eles iam barrar vocês", eu brinquei. Caiu todo mundo na gargalhada. Foi aquela zoeira o resto da noite. "Coloca uma roupa legal aí, porra. Vamos pra Hollywood comemorar que vocês chegaram", eu disse. E partiu todo mundo pra farra em Milão.

Cheguei de Porsche, acelerando na balada. Aquele ronco pesadão pra deixar claro que o Imperador estava na área. O Hermes do meu lado não se acreditava. O Cachaça vinha atrás com o Rafael de BMW. Era assim que a gente desembarcava na boate. E tome flash na cara. Os paparazzi ficavam malucos, irmão. A balada sempre tinha uns americanos, uns jogadores de basquete que eram contratados pelos times da Itália. Uma vez, até saiu um mal-entendido entre um maluco grandão, o cara tinha mais de dois metros, e eu. Mas foi só mal-entendido mesmo, de boa.

O problema é que a imprensa caiu matando em cima. Falaram um monte de merda que não tinha nada a ver com o que de fato aconteceu. Novidade... Enfim, os negões do Cruzeiro ficaram encantados com as loirinhas da balada. E vice-versa. A festa era boa. A merda é que eu tinha que treinar no dia seguinte, não que eu pensasse muito nisso. Porra, tu sabe como são as coisas. Quando a gente é moleque, dá pra passar a noite toda enchendo a cara e ir direto pro trabalho na manhã seguinte. Ou tu vai me dizer que só eu fazia isso? Ah, tá bom. Todo mundo aqui é santinho e comportado. Chegar virado no trabalho nem pensar, né? Tomar no cu, cara. Para com isso. Eu fazia mesmo. E metia gol.

Pode ver que nessa temporada, já logo no primeiro jogo, eu deixei um hat-trick. A Inter estava muito bem naquele ano. O Luís Figo chegou também, foi uma contratação importante. Eu só joguei com craque, amigo. Papai do céu abençoe. A gente sentia que o time estava cada vez melhor. E com os meus amigos por perto, eu também podia relaxar um pouco mais. A merda é que a mãe do Cachaça levou um tiro. Se não me engano, foi uma bala perdida, durante o Carnaval. A ideia era que eles ficassem um tempão comigo. Infelizmente, não deu.

"Adriano, vou ter que voltar pra casa", o Cachaça me disse. "O que aconteceu, cara? Tá chato aqui?", respondi. "O que é isso, irmão? Imagina. Mas acabaram de me ligar do Cruzeiro. Minha coroa está no hospital. Acertaram um tiro nela." Porra, é claro que eu tenho trauma dessas merdas até hoje. Meu pai levou uma bala na cabeça que não tinha nada a ver com ele. Fiquei preocupado pelo amigo na hora. "Deixa comigo, vou pedir para mudarem a tua passagem. Você embarca no próximo voo para o Rio", eu disse. "Pede pra mudar a minha passagem e a do Hermes também. Eu não vou viajar sozinho nessa porra, não", ele respondeu. O Hermes concordou e pouco depois os dois foram embora. Foda, mas não tinha o que fazer.

Depois que eles partiram, foi a vez da Daniele vir me visitar. A gente estava junto naquela época. Foi o que eu contei, né? Eu conheci a gata na loja da Forum na Barra, rolou um jantar romântico sem palavras, e a partir disso a gente ficou se falando direto. Claro, era um relacionamento à distância porque ela ainda morava no Rio, mas eu seguia apaixonado e dava pra ver que ela também sentia algo especial por mim. Era bom ter a companhia dela. A gente conversava sobre o futuro e a possibilidade de criarmos uma família juntos.

Ela queria ser mãe, e eu sonhava em ser pai. Foi assim que eu acabei acertando a costela. A Dani apareceu em casa trazendo uma meia de criança. Era azul, feita de crochê com um lacinho branco. Ela colocou na frente do rosto pra me mostrar. Eu não entendi bem na hora. "Poxa, Adriano. Presta atenção. Tu vai ser pai de um menino", ela disse. Puta merda. Que alegria, mano. Fiquei feliz a pampa. Ser pai foi uma benção na minha vida. As boas notícias vieram juntas dessa vez.

Meu time estava indo bem. Tinha renovado o contrato com a Inter. Já estava encaminhado há alguns meses, só faltava assinar. Fechamos por mais cinco anos. Agora eu ficaria em Milão até 2010, e com um salário grandão, o maior do time. Sete quilos de alcatra por ano. Porra, como tu não entendeu, querida? Gíria da bola. Sete milhões de euros por ano, eu quis dizer. Era um contrato progressivo, poderia chegar a até 8 milhões de euros por ano. Dava pra pagar o uísque das crianças, né? E a multa, vou te falar que era de outro planeta também.

Se algum time quisesse me tirar da Inter, teria que pagar 200 milhões de euros. Lembre-se de que estamos falando de 2005, hein? Até hoje, esse é um valor surreal. Colocaram alto assim porque o Chelsea já tinha tentado me levar antes. Depois eu dei uma entrevista no começo do ano falando que todo jogador sonhava em vestir a camisa do Real Madrid. O que não era mentira. Mas também não significava que eu queria ir pra Espanha. Mas os jornais... Já viu, né?

Começou aquele fuzuê todo dizendo que eu estava pensando em jogar com o Ronaldo mais uma vez. Nada a ver. Eu estava feliz em Milão. Marcava meus gols. Minha família seguiu em frente depois da confusão com o meu pai. E agora tinha um neném a caminho. Meu primogênito, é assim que fala, né? Adrianinho. Parecia que as coisas estavam entrando nos eixos. O problema é que só parecia mesmo, porque sempre tinha alguma confusão me esperando. Essa é a verdade.

A Dani voltou para o Brasil, eu fazia as minhas baladas. Não tenho por que mentir, porque eu não sou disso. Mas quando eu estou com alguém, eu não fico de vacilação. Mesmo assim, rolaram algumas intrigas entre a gente. Eu também sou muito ciumento, já falei pra vocês. Eu sempre acho que estou levando totó. Não gosto que as minhas namoradas fiquem longe de mim sem eu saber o que está acontecendo. Essa é a receita para dar confusão. Nós brigamos. Nos separamos. Voltamos de novo. Discutimos. Separamos outra vez. E, no fim, a Dani e eu não chegamos a nos casar. Tentamos ficar juntos, sim. Várias vezes.

Quando a temporada acabou, eu tive uns dias de folga. Pouco tempo de descanso antes da Copa do Mundo de 2006. O Parreira me ligou para perguntar como eu estava. Queria saber meu itinerário com o fim da temporada. Expliquei que daria uma volta com a mãe do meu filho e uns amigos. Eu tinha alugado uma casa na Sardenha, iria para lá com ela e mais um grupo de amigos para passear no meu iate. Disse que estava bem fisicamente. Não tinha feito tantos gols quanto eu queria, mas meu time ganhou títulos de novo e eu fui importante para a equipe. Batemos campeões da Copa da Itália mais uma vez. Também acabamos declarados vencedores do Campeonato Italiano. Conquistei o *Scudetto*, que eu sonhava tanto, mas foi de uma forma meio esquisita.

Quem ganhou na tabela foi a Juve. Eles levantaram a taça na última rodada. O que rolou foi que com aquele escândalo da manipulação de resultados tiraram o título deles e passaram para a Inter. Enfim, o Parreira me deu a notícia que eu já esperava, mas que a gente só tem a certeza mesmo quando vem a confirmação oficial. "Conto com você, garoto. Se cuida que você vai pra Copa, e a gente vai trazer o Hexa", ele disse. Porra! Que notícia maravilhosa. "Eu estou na Sardenha também. Coincidência. Aproveita o seu descanso que é merecido", o Parreira desligou.

Caracas. O chefe ainda estava na minha área. Agora era só descansar um pouco antes de me apresentar para a Seleção. Encontrei a Dani novamente. "Bora pra praia? Vou te levar para conhecer a Sardenha", falei. Ela ia recusar o convite de que jeito? Quem não quer andar de iate pelo Mediterrâneo acompanhada de um negão desse? Respeita, né, cara. Passeamos bastante, mas ela se assustou já na chegada. Não estava acostumada com aquilo tudo. Eu estou falando pra vocês, a imprensa italiana pegava pesado. Os paparazzi não me deixavam em paz.

Agora tu imagina eu chegando na Sardenha em pleno verão com uma mulher daquelas. Óbvio que os caras ficariam malucos. Ainda mais na região que só tem gente famosa. Saí de casa no Como com motoqueiro seguindo meu carro. Cheguei no aeroporto com fotógrafo em cima, desci na Sardenha com fotógrafo no nosso cangote, e os caras não pararam de me acompanhar. Às vezes, tinha paparazzi perseguindo a gente de helicóptero. Porra, a Dani se assustou. A gente ficou juntos, mas ela estava chateada. Até chorou, cara. Eu não queria que ela ficasse daquele jeito.

Perguntei se ela precisava de mais companhia, alguém da família. O irmão dela era um sujeito bacana. Ela disse que queria ele com a gente. Falei pra vir. Pegamos o iate e ficamos passeando, bebendo e aproveitando o calor. Tinham outros amigos com a gente também. A Carlota foi com o namorado. No fim das contas, foi um rolé maneiro, mesmo com os urubus em cima.

Contei para a Carlota que o Parreira estava na área. "Caramba, chama ele para jantar", ela disse. "Não tem como. Se a gente sair juntos, os paparazzi vão ficar em cima. Não vai pegar bem", eu respondi. "Restaurante, não. Mas traz ele aqui. A casa é tão bonita, ele vai gostar. A Copa do Mundo está muito perto. É bom você fazer a política da boa vizinhança com o chefe", a Carlota insistiu. "De que jeito, Carlota? Vou chamar o Parreira pra ficar aqui bebendo com a gente?", eu brinquei. "Claro que não, cara. Eu faço um jantarzinho. A gente toma só uma taça de vinho com ele, um café e está tudo certo. Não é pra ser uma cerimônia. Só uma cortesia mesmo", ela falou. Concordei com a ideia.

Liguei para o Parreira para fazer o convite. Ele me disse que estava com a esposa e um casal de amigos, o cara era até um pintor conhecido no Rio, se não me engano. Convidei todos para virem tomar uma taça de vinho. Eles concordaram. Nós fomos buscar o Parreira e o pessoal dele no hotel. Foi uma noite bacana. Conversamos, demos risada e deixamos o futebol de lado um pouco. Sempre gostei do Parreira, um cara elegante e simpático. Ele tem um papo leve, fala de vários assuntos, é uma pessoa descontraída, sabe? Acredito que ele e os amigos também tenham curtido passar a noite com a gente.

Voltei para o Rio antes de embarcar com a Seleção para a Suíça. Quando eu já estava nos últimos dias das minhas férias, aconteceu uma merda danada numa boate lá na Barra. Foi um episódio triste, um conhecido morreu. Eu não quero falar disso. Não é, Hermes? Melhor deixar essas merdas no passado.

O que foi, mano? Não, eu não tenho problema em te contar a história. É que foi tanta polêmica na minha vida, tá ligado? E, na maioria das vezes, a imprensa contava o que tinha acontecido de maneira distorcida. Ou inventava mesmo. Tabloide é foda, cara. Na Europa é pior que no Brasil. Os filhos da mãe tiram as notícias do cu, vamos dizer assim. Mentem na cara dura mesmo. Nesse caso, foi mais ou menos assim.

O repórter escreveu um relato muito diferente do que aconteceu. Talvez não tenha sido culpa dele. Vai saber o que a polícia contou pro cara. Sim, tinha polícia no meio. Uma puta bosta. Tá bom, eu te conto a história toda. Sem problemas. Faltavam uns poucos dias pra eu me apresentar para a Copa do Mundo na Alemanha. Eu estava no Rio. Naquela época, tinha o Baile da Chatuba, que é uma favela do lado da Vila Cruzeiro, no Complexo da Penha. A gente estava curtindo a noite, e eu encontrei um chegado meu das antigas. Sendo que ele era meio que envolvido, mas não era conhecidão, tá ligado? Envolvido com o quê? Com o que tu acha? Porra, não seja burro. Eu, hein?

Aí, no Baile da Chatuba, ele virou pra mim e mandou: "Pô, cara, eu queria dar um rolé". Eu falei: "Irmão, você que sabe, né? Eu te levo, se você quiser. A decisão é tua". Por causa do envolvimento, o chegado não estava dando mole fora do complexo. Ele queria dar um rolé no asfalto comigo pra descontrair um pouco. Todo mundo é filho de Deus, não tem jeito. Fomos lá para casa. Na época, eu tinha uma casa em Jacarepaguá, no condomínio Bosque do Sabiá.

No dia seguinte, eu fiz um churrasco. Chamei o pessoal e foram duas garotas. Estava todo mundo de boa quando as garotas começaram a botar pilha. "Pô, vamos lá no pagode. Tá cheião hoje. Tem show ao vivo", elas falaram. Eu já sabia que aquele pagode que elas queriam ir só andava polícia. Meu chegado se animou mesmo assim. As minas ficaram na nossa orelha. E mulher quando quer alguma coisa, tu sabe como é.

Virei pro mano e perguntei: "Tu quer ir?". E ele me olhou com aquela cara... Como ele não era conhecido e não tinha passagem na polícia nem nada, achou que seria de boa aproveitar a noite na balada. Eu ainda falei: "Caraca, tem certeza de que tu quer ir lá? Por mim, tá suave ficar aqui em casa". Ele respondeu: "Pô, cara, eu não saio há muito tempo. Papo de vários meses, irmão. Só fico no complexo. Me leva lá, mano. Eu não tenho mandado, não tô devendo nada a ninguém". Eu falei: "Então, beleza".

Fomos para o pagode. Aproveitamos a noite, tudo na maior tranquilidade. Mulherada, música e danone à vontade. Sem novidades. Meu mano estava tranquilão. Na hora que eu fui pagar a conta para irmos embora, uma das garotas que estava com a gente começou a conversar com uns caras. A gente não sabia, mas ela era fechamento de uns policiais.

A garota tocou no assunto errado. Vieram falar com ela, e a menina apontou pro meu chegado. Os sujeitos vieram na nossa direção e pegaram ele. Saíram com o mano arrastando pra fora da boate. Começou aquele burburinho, e eu fui atrás. Já cheguei intimando todo mundo, sabendo que tinha dado merda.

"Pô, o que está pegando?", eu gritei. Eles falaram: "Adriano, ele perdeu. Vai ter que ir com a gente. Já era, perdeu". Os caras não queriam nem me ouvir. "Perdeu o quê, rapaz? Vocês estão ficando malucos", eu gritava. "Fica quieto. Aqui é polícia. Ele vai com a gente. Não chega perto", eles gritaram.

Porra, os caras estavam armados e mostrando distintivo. O que eu poderia fazer? Não teve papo. Enfim. Meteram o cara dentro de um carro e levaram. Saíram cantando pneu e tudo. Imagina a minha situação. Puta merda. Eu não sabia como reagir. Coloquei as mãos na cabeça. Depois de uma meia hora mais ou menos, eu ainda estava na porta da balada.

Veio um maluco do nada, que eu não sei quem é, mas que devia estar com os polícia. Ele falou pra mim: "Vai pro DP tal, que o teu amigo está lá". Não pensei duas vezes. Entrei no meu carro e sai no pinote. A cabeça a milhão pensando na merda toda. Quando eu cheguei na delegacia, percebi que a confusão tinha aumentado. Estava tudo apagado. Uma escuridão do cacete na rua. A porta estava fechada. Porra. Bati no portão. Depois de um tempo, veio um cara abrir. "Entra aí, Imperador", o meganha falou. "Cadê o brother?", foi a primeira coisa que eu perguntei. "Traz ele aqui. Vamos conversar pra tentar resolver a situação", eu insisti.

O sujeito me olhou com cara de merda. Vieram uns companheiros dele, me levaram para uma sala. Sentei numa cadeira que os caras puxaram pra mim. Eu estava sentindo que a situação piorava a cada segundo. Nada de trazerem o chegado pra eu falar com ele. "Adriano, aconteceu o seguinte. Nós conduzimos o seu amigo para averiguar a ficha dele. Houve uma denúncia de que ele teria envolvimento com o crime", o cara falou. "Denúncia o caralho. Que porra é essa que vocês estão falando? Denúncia no meio do pagode?", eu disse. "Se acalma, cara. Fica na moral que você está numa delegacia. Não piora as coisas", o tira disse. "E que porra de delegacia fechada é essa que vocês trouxeram ele?", eu insisti.

"Adriano, nós estávamos aqui para apresentar o rapaz para a autoridade policial competente", o cara continuou. "O sujeito pediu para ir ao banheiro e tentou meter a mão na arma de um dos nossos homens. Não tivemos alternativa senão atirar para nos defender. O rapaz veio a óbito."

PUTA QUE PARIU. Imagina isso. Meia hora atrás, o cara estava comigo no pagode. Tinha passado o dia num churrasco na minha casa. Agora ele estava morto. Caralho. Que merda era aquela? E essa história que estavam me contando? Fazia sentido? Na verdade, eu não sei o que realmente houve, porque eu cheguei depois. Dizem que dizem, né? Eu não sei. Porque na época os caras eram meio complicados. Foi isso. Eu fiquei transtornado.

Nessas horas, a gente realmente precisa ter calma. Mermão, eu sou nascido e criado na favela. E não é qualquer uma. A Vila Cruzeiro é tida como a mais perigosa do Rio de Janeiro, consequentemente do Brasil inteiro. É óbvio que a gente aprende a lidar com a polícia desde pequeno. Se fraquejar, os caras vêm pra cima, não tem como. Analisei a situação. Tentei colocar a cabeça no lugar. O meu chegado estava morto. Eles estavam no prejuízo, né?

"Amigão, tu me viu fazendo alguma coisa errada?", eu perguntei. "A tua denúncia falava do meu envolvimento em algum crime?", insisti. Os meganhas me olhavam. "Então vai tomar no seu cu, porque eu não tenho bronca nenhuma pra segurar", eu falei. Os caras se ajeitaram na cadeira. "Veja bem, Adriano. Você estava acompanhado de uma pessoa com problemas na justiça", eles retrucaram. "Até onde eu sei, ele não era procurado coisa nenhuma. Agora se vocês têm algum documento pra provar isso, maravilha", retruquei.

Meu irmão, tu tá ligado que eu sou parado pela polícia no Rio de Janeiro dia sim, dia não. Desde sempre e até hoje. Meu carro chama a atenção. Eu tô sempre pra cima e pra baixo na Linha Amarela. Não tem como. Se eu der mole pra esses caras, eu tô fodido. Na grande maioria das vezes, eles não me incomodam, e eu também tento ser cordial. Porra, até foto eu tiro com polícia quando me pedem. O que eu vou fazer? Já disse que não nego foto pra ninguém.

Mas, nesse dia, eu senti que os caras estavam querendo ir para um caminho perigoso. Eu poderia estar enganado, mas achei prudente não vacilar. Até porque eu realmente não tinha feito nada de errado. Os policiais baixaram o tom.

Passei por esse perrengue antes de embarcar para a Europa. Quando chegamos na Suíça para a preparação da Copa, foi aquela confusão toda que vocês já sabem. Uma bagunça do caralho nos treinamentos. A gente estava confiante de que poderia ganhar o hexa, porque só tinha craque no elenco. Era muito nego brabo junto. Por que a gente não ganhou? Não sei te dizer, mano.

Não, a história que aconteceu na Barra não me atrapalhou. Eu virei a página e segui o jogo. Infelizmente, eu vi a primeira morte na minha frente quando eu tinha 7 anos. E, de lá pra cá, perdi muitos amigos, chegados, conhecidos e por aí vai. Alguns eram totalmente inocentes. Outros tinham seguido por caminhos diferentes. Fazer o quê? Meu pai tentava ajudar todo mundo, mas nem sempre conseguia. O que eu nunca fiz foi renegar as minhas origens. Isso todos estão ligados.

Cheguei na Alemanha pensando em ser campeão, mas não deu. Copa do Mundo é assim mesmo. Porra, o futebol é assim mesmo. Nem sempre o melhor ganha. Numa Copa tem que estar tudo perfeito, e ainda assim vai precisar de sorte. A gente não estava perfeito nem teve sorte. Tá boa essa explicação? Não? Então, vai pra merda, caralho. Não ganhamos porque não era pra ganhar.

Teve um monte de polêmica no caminho, todo mundo enchendo o saco do Ronaldo. Aquela história de sempre em relação ao peso dele. Falaram do meu peso, do Ronaldinho, de todo mundo. Nego acha que sabe o quanto o cara tem que mostrar na balança. Mas a verdade é que a maioria estava um pouco fora de forma mesmo, não tem por que mentir. Eu estava uns três quilos acima do meu peso ideal. Enfim, não deu certo, mano.

A memória bonita que eu tenho dessa Copa foi no segundo jogo, contra a Austrália. Meu primeiro filho nasceu numa sexta-feira. Recebi a notícia na concentração. O Adrianinho tinha saúde e era lindo como o pai. A Dani estava bem. Minha família entrou em festa. Porra, contei pros meus companheiros. Foi aquela alegria de geral no hotel. Combinamos que eu marcaria um gol no jogo seguinte, e a gente comemoraria juntos, como o Bebeto, o Romário e o Mazinho fizeram na Copa de 1994.

O Bebeto fez o gol contra a Holanda e comemorou como se estivesse embalando o filho, lembra? O Matheus tinha nascido dois dias antes. Igual ao Adrianinho, que também nasceu dois dias antes do jogo. Entramos contra a Austrália, e papai do céu me abençoou. Marquei o primeiro gol com assistência do meu irmão, Ronaldo Fenômeno.

Naquela hora, eu só pensava no meu filho. E na explosão de alegria no Brasil. Chamei meus companheiros, e eles já sabiam. Todo mundo veio comemorar junto, puta merda. Tô com saudade do meu neném. Perae que vou ligar pra ele. Fala moleque, tudo bem? Como é que está por aí? Tá concentrado? Porra, então boa sorte no jogo. Sim, eu vou falar com a sua mãe sobre essa história de contrato. Não assinem nada. Eu vou falar com ela. Essas coisas de empresário tem que tomar cuidado. Pode deixar, meu filho. Isso, vai lá. Presta atenção no treinador. Faz o que ele te pedir. Vai dormir cedo. Descansa que é importante. Me liga amanhã depois do jogo que eu quero saber como foi. Tá bom, meu filho. Beijo. Papai te ama. Boa sorte. Fica com Deus.

Ele tá jogando bem, viu? Não é porque é meu filho, não. Atacante rápido. E acredita que ele também chuta forte com a esquerda? Pois é, o moleque estava no Grêmio, mas teve uns problemas lá. A Daniele só me contou depois, porque ela sabe que eu sou estourado também, e acaba não me falando nada. Um moleque do time bateu nele por inveja. Falou: "Não, porque tu é filho de fulano de tal. Teu pai é isso e aquilo", e foi e deu. Não sei se foi um tapa ou um soco no rosto dele.

O Adrianinho ficou constrangido, né? Os moleques começaram a sacanear ele, sacanear, sacanear. A Daniele viu que ele estava indo pro treino sempre meio triste, de cara amarrada, e aí ficou sabendo de tudo. Por isso que ela tirou ele de lá. Agora ela conversou comigo, disse que tem uns caras atrás do Adrianinho. Eu falei: "Ó, é melhor você tomar cuidado". Porque ele está jogando nesse clube, é o Xerém? Não é Xerém. Sei lá, eu não lembro o nome dessa porra. Porra é modo de falar, não me leva a mal.

Mesquita, não? Esqueci o nome. É que eu confundo. E aí os caras não têm contrato fixo, ele só é federado. Eles estão vendo que o moleque tá comendo a bola, tá arrebentando, e os caras sabem. Já tem nego querendo fazer um contrato com ele por uns anos. Eu falei: "Não faça isso, hein?". Serrano é o nome do clube! Lembrei. "Não faça isso. Se você assinar, eles vão te dar uma quantia agora pra segurar o moleque, de repente três anos, aí vem um clube de fora, e você não vai ganhar porra nenhuma. Vai ganhar mixaria, quem vai ganhar vai ser o time", eu disse. Ela falou: "Não, pode deixar que eu vou fazer isso". Então faça, mas também não tô me metendo. Porque, no fim, cada um sabe da sua vida.

É meu filho, óbvio, mas ele está mais perto da mãe, e eu também sempre consultava a minha mãe antes de tomar uma decisão. Então, eu respeito isso. Enfim, cara. Coisas de família, cada um tem a sua, né? E o Adrianinho foi a minha boa notícia da Copa de 2006. De lá pra cá, a coisa só degringolou, vamos dizer assim. Porque acabou o mundial naquele jogo desgraçado que o Zidane comeu a bola. E voltar para o Brasil depois de perder a Copa do Mundo é uma merda. Pode perguntar para qualquer jogador.

PARTE 3

23. Quem não é visto não é lembrado

Eu não estava com cabeça mais, negão. Não era mais eu. Depois que o meu pai morreu, eu não conseguia mais ser eu. Entrei em um túnel. Era um túnel escuro e comprido pra caramba. A explicação curta e grossa é essa. A minha situação afundou quando a Copa do Mundo na Alemanha terminou. Eu já não tinha o objetivo de ganhar com o Brasil, faltava muito para a próxima Copa. As pessoas me falavam: "Você vai ser o craque do time daqui a quatro anos". Eu não tinha força pra pensar no dia seguinte, cara. "Daqui a quatro anos" não estava no meu horizonte, vamos dizer assim.

Eu abusei da balada e do danone, sim. Não tenho por que mentir. Já estava extrapolando fazia tempo. A diferença é que o treinador me colocava pra jogar do jeito que dava, até porque não tinha muita opção. Eu era a grande estrela da equipe. Não tinha reserva pra mim, entende? A Inter precisava do Imperador para fazer gol. Naquele ano, porém, a história seria diferente. A merda toda ganhou outra proporção. Fiz uma pré-temporada ruim.

Os sinais de que a maionese estava desandando começaram a aparecer. Me distanciei da minha assessora, a Carlota. Uma pena. O meu procurador tinha umas divergências com ela. Isso também acontece, negão. Quando tu está ganhando muito dinheiro, as pessoas ao seu redor passam a agir de uma maneira bem complicada. Tem que tomar cuidado, porque sai do controle rapidinho.

Teve um diz-que-me-diz entre a galera que trabalhava comigo. O meu procurador, que era próximo da minha família desde que eu virei profissional, começou a reclamar da Carlota lá em casa. Minha mãe entrou na conversa e veio me perguntar o que estava acontecendo. Além de treinar, jogar e fazer os meus rolés, agora eu tinha que me preocupar com essa situação ainda por cima. Minha cabeça não estava boa, e os problemas não paravam de aparecer. Puta merda. Achei melhor tomar uma atitude antes que o falatório piorasse.

Chamei a Carlota para conversar. Ela não era tonta, já sabia o que estava rolando. E também não se bicava muito com o meu procurador. Eu não queria ouvir ninguém acusando a mina que me ajudou. Por isso, foi duro, mas tive que tomar uma decisão. "Carlota, tu sabe que eu confio em ti. Quanta coisa você já viu e eu já te contei?", eu falei. Ela me olhava com a cara contorcida, tá ligado? Dava para ver que ela estava emocionada. Porra, eu também estava. Trabalhávamos juntos desde que eu tinha chegado na Itália. Aquela não era uma conversa fácil para ninguém. A Carlota me ajudou muito.

No começo da nossa relação profissional, o meu procurador não queria que a gente contratasse ela. Mas ele estava no Brasil, e a Carlota estava em Milão. Eu sabia que a ajuda dela era importante. Tive que armar um esquema no banco para que pagassem a Carlota direto da minha conta particular, assim ninguém me encheria o saco. Depois a relação se normalizou e o meu procurador acabou aceitando a presença dela. Talvez "tolerando a presença dela" seja a melhor forma de descrever. Até que saiu a história do livro especial que a *Gazzetta dello Sport* fez comigo, aquele que fez o apelido de Imperador pegar. Rolou um desentendimento sobre a grana das vendas.

Ficou um mal-estar danado, um acusando o outro. Aí veio a entrevista que eu dei para o *Marca*, da Espanha, falando sobre o Real Madrid, que caiu mal na Itália. Tudo isso só deixou a relação entre a Carlota e o meu procurador mais bagunçada, porque era ela que cuidava dessa parte da imprensa. E também era a Carlota que segurava as pontas com os tabloides, tentando fazer com que os caras não me detonassem.

Eu estava no meio daquele foguetório, tendo que ouvir reclamações por todos os lados: da Carlota, do Gilmar e da minha mãe. Bem ou mal, o meu procurador também assumiu um papel paternal quando meu pai de verdade morreu. Não tenho como negar isso. A minha mãe e a minha avó gostam dele até hoje, apesar de outros problemas que tivemos mais pra frente. Sim, dinheiro também, cara. É foda. Não quero nem falar que eu já fico puto.

As pessoas não acreditam, mas é a mais pura verdade. A gente só entende depois que fica rico. Dinheiro não traz felicidade. Ponto final. É clichê? Com certeza, mas só é clichê porque é verdade. Eu falava para a minha mãe nessa época, quando a minha vida tinha virado uma zona generalizada: "Mãe, a gente era mais feliz quando era pobre". E sabe o que mais? Ela concordava. Não ficava botando pilha para não me deixar ainda mais deprimido, mas ela me entendia.

É fácil falar isso sentado em uma mansão no norte da Itália, com a garagem cheia de carreta e um iate te esperando na Sardenha? Porra, se viessem com esse papo pra cima de mim na época que eu dividia uma casinha de três cômodos com os meus pais e pegava seis ônibus por dia, eu também mandaria à merda. Entendo quem não leva essa conversa a sério. O que eu posso te dizer é que quando éramos pobres, lá na Vila Cruzeiro, a gente se ferrava todo dia no transporte, no trabalho, na falta de grana e por aí vai, mas a gente era unido.

Ninguém brigava. Fazíamos nossos planos, viajamos nas férias para pertinho de casa com a família toda e nos divertíamos a pampa. Todo mundo deitado no chão mesmo, e era uma alegria danada. Aí eu estava na Itália, ganhando 7 milhões de euros por ano, sem o meu pai, sem a minha mãe, e com uma confusão dos infernos à minha volta. Sem falar nas mentiras sobre a minha vida que publicavam nos jornais todo santo dia. Algumas manchetes eram verdade também, não vou mentir porque eu não sou disso.

Puta merda! Foi com a cabeça desse jeito que eu tive que terminar, vamos dizer assim, com a minha assessora. "Carlota, eu confio em você. Não leve para esse lado, mas a pressão em casa está forte.

Melhor a gente parar por aqui e manter a nossa amizade", eu falei para ela. A Carlota me ouviu. Abaixou a cabeça. Levantou de novo. Me olhou sem dizer nada. Pensou. Concordou. Ela contou que já estava sendo sondada para outros trabalhos e que preferia mesmo dar um tempo.

A verdade é que, além de tudo, ela começou a se cansar daquele ritmo frenético de balada, mulherada, amigos e por aí vai. Eu era notícia quase toda noite. Entendo a situação dela. Não brigamos. Não tivemos bate-boca. Só nos afastamos. A cena estava pesada. Toda vez que dava alguma merda na Hollywood, por menor que fosse, o pessoal ligava para a Carlota. E depois ela vinha me cobrar. Eu não tenho paciência, vocês sabem. Naquela época tinha menos ainda.

A Carlota foi convidada para trabalhar nas Olimpíadas de Inverno, que rolou em Turim, bem pertinho da gente, e uma coisa acabou levando a outra. Triste, mas é assim que a vida acontece, fazer o quê? Eu ainda tenho muito carinho por ela e acredito que ela também tenha por mim. Tanto que nessa viagem da Sardenha, antes da Copa, nós já não estávamos mais trabalhando juntos. Mas eu fiz questão de convidá-la mesmo assim para mostrar que, do meu lado, estava tudo bem.

O presidente da Inter, o Fachetti, aquele que me convidou para jantar na casa dele e eu fui com a Carlota, lembra que eu falei? Isso, esse mesmo. Lenda do futebol italiano e da Inter. Ele morreu nessa época, mais ou menos. Coitado, sofreu com um câncer agressivo. Doença filha da mãe. Que Deus o tenha. Foi uma comoção grande no clube. O Moratti assumiu as funções do dia a dia outra vez, o que me deu um pouco mais de facilidade na hora de tentar passar pano nas minhas cagadas. E não foram poucas.

O time contratou dois atacantes na temporada 2006-2007. Compraram o Ibrahimovic, que era o craque da Juve. Eles foram rebaixados por causa do Calciopoli, e o Ibra veio pro nosso lado. Também trouxeram o Crespo, que já tinha jogado na Inter e estava de volta depois de um tempo na Inglaterra, com escala no grande rival da cidade, o Milan.

O Crespo era mais velho, mas ainda jogava muita bola. O Ibra era um dos principais nomes da Itália. Sem falar no Julio Cruz, que na temporada anterior já tinha marcado mais gols que eu, o filho da mãe. Ou seja, teríamos disputa pesada por posição no time. No total, éramos seis atacantes naquele começo de temporada. Puta merda. Não é que estava faltando espaço entre os titulares, não tinha vaga sobrando nem no banco.

O treinador só podia convocar sete reservas naquela época, se lembra? Quando o cara está motivado, uma situação dessas pode servir para dar um gás. Tu briga pelo teu espaço, treina mais forte e mostra quem é que manda no terreiro. A questão é que eu não estava nesse momento. A contratação dos caras feriu meu ego? Nem um pouco. Eu virei parceiro do Ibra e do Crespo de cara. Os dois logo perceberam que eu era da resenha. Eles também são gente boa. Cada um tem suas maluquices, óbvio. Mas todo time de futebol é assim. Arrisco dizer que os dois me tinham como irmão, inclusive. Pelo menos durante a fase em que dividimos vestiário eu sentia dessa forma.

Eles sabiam que eu gostava de brincar, sacanear, não esquentava para nada. Só que ninguém gosta de ficar no banco, e foi isso que aconteceu comigo. Comecei a temporada jogando a Supercopa contra a Roma. Fiz parceria com o Ibra, mas logo no começo do segundo tempo o Mancini me tirou para colocar o Crespo. O filho da mãe foi lá e fez um gol. Filho da mãe é modo de falar, tá? Vencemos o primeiro título da temporada, e é isso que importa.

Na sequência, veio a estreia no Italiano, e o Mancini anunciou os titulares. Ibra e Crespo no ataque. Eu no banco. Puta merda. Se eu falar pra vocês que eu não me importei, eu vou estar mentindo. Eu nunca gostei de ficar de fora. Nunca, e também achava que era injustiça comigo. Porra. Tudo bem que eu não estava na melhor forma, mas eu já tinha mostrado o meu valor para a equipe. Não tinha?

Me chamavam de Imperador por quê? Enfim, não dá para jogar todo mundo, eu sei disso, mas comecei a encrencar que não estavam me tratando da maneira que eu merecia. Fiquei com aquilo na cabeça.

A verdade é que eu entrei numa fase ruim. Eu tinha 24 anos, mas meu corpo parecia mais velho. Eu não tinha perdido o peso que deveria ter perdido. Os tais três quilos e pouco a mais, que a imprensa brasileira fez estardalhaço antes da Copa, ainda estavam me acompanhando. Minha cabeça pensava, mas meu corpo não conseguia executar. A primeira vez que percebi isso foi um baque. Puta merda. Era para eu estar no auge da forma física, se tu for pensar, mas não era o que estava acontecendo.

Eu não tinha ânimo para acordar cedo e ir treinar com vontade, cara, que dirá fazer as outras coisas que você precisa fazer fora do clube: comer direito, dormir bem, descansar e, principalmente, pegar leve na cachaça. Minha única preocupação era beber e ir pra balada. Essa rotina não me deixava feliz, ao contrário do que muita gente imagina. As pessoas confundem as coisas até hoje. Acham que a gente é bagunceiro porque é pilantra mesmo, cabeça de bagre, sem-vergonha. Não, cara. Beber era a única forma que eu encontrava para não ficar pensando merda em casa, sem ter ninguém para conversar.

Era nesse túnel que eu tinha entrado. Eu não via outro caminho, tá ligado? Fora que ainda tinha um agravante: eu não marcava gol mais. Caralho, mano. Não estou exagerando. Todos os dias, os jornais de Milão publicavam alguma coisa sobre a minha seca. Fizeram uma contagem bisonha: "Adriano não marca há 200 dias", "Adriano fez o último gol em março", "Adriano isso e aquilo". Todo santo dia. Porra, são uns sacanas. Duzentos dias dá o quê? Mais de seis meses, né? Esqueceram de contar que tivemos férias e Copa no meio. Filhos da puta.

Enfim, fazia tempo que eu não marcava gol mesmo. Desde o final de março daquele ano de 2006, e atacante vive de gols, não tem como. Quanto mais tempo você fica sem marcar, mais se questiona. Mais pensa no que está acontecendo. Mais acha que não é bom o suficiente. Quando a bola chega durante o jogo, em vez de fazer o que sabe, você para pra pensar em tudo. Vem aquela ideia na tua cabeça: "Agora eu acabo com essa seca. Não vai ter dia 201 sem gol. Essa eu não posso errar". No futebol, isso é a pior coisa que pode acontecer. Parou pra pensar já era. O zagueiro chega no seu cangote.

A ideia, o movimento, a ação, tudo isso tem que ser natural, negão. Tem que ser baseado no instinto. Perdeu tempo pensando, fodeu. Eu sentia aquela merda toda como uma bola de boliche entalada na minha garganta. O que eu poderia fazer? Me afundei mesmo, xará. Na época eu não sabia, mas eu tinha entrado em depressão.

As pessoas no clube começaram a perceber que eu não tinha uma questão física. Até os jornais passaram a comentar que o meu problema era na cabeça. Mas tudo de uma forma meio constrangida, saca? Ninguém vinha com um papo tipo: "Irmão, tu tá com um problema sério que funciona assim, assim e assado", e eu também não gostava de tocar no assunto. Achava que o gol viria uma hora ou outra, eu só precisava jogar. Mas, para jogar, tem que estar bem. E essa não era a minha realidade.

Com aquele fuzuê todo em torno do meu nome, eu decidi ficar um pouco mais em casa. Eu tinha a minha discoteca lá em Como mesmo, foda-se a Hollywood e o centro de Milão. Chamava a galera, e a gente fazia a festa no meu porão. Acontece que quando a maré é ruim, meu amigo... Eu deveria era ter ficado quieto, mas não tinha jeito. Eu não conseguia. Numa dessas festas, uma pessoa malparida decidiu me sacanear, e a história ganhou uma proporção bizarra.

Fotografaram o nosso encontro que tinha, sim, muita bebida e umas mulheres convidadas. Normal. Eu bebia muito? Pra caralho. Bebo até hoje, porra. Eu gostava de ter muchacha em volta? Adorava. Eu não era casado, caramba. A minha relação com a Daniele sempre foi de idas e vindas. Eu tinha pedido para que ela viesse para a Itália com o nosso filho, o Adrianinho, pra ficarmos juntos. Eu já tinha dedicado gol para ele na Copa do Mundo, mas ainda não tinha rolado a oportunidade no campeonato italiano.

Eles vieram, e foi importante demais para mim. Mas mesmo nesses períodos em que a Daniele estava na Itália, eu alugava uma casa para ela, na região de Como, perto de onde eu morava. Cada um tinha o próprio canto. Essa pessoa que eu não vou nem citar o nome porque ela não merece, vazou fotos minhas, dentro da minha casa, para uma agência que tentou me chantagear. Coitados. Esqueceram que eu venho do Rio de Janeiro. Acharam que eu era mané.

Os vagabundos queriam cobrar uma fortuna em euros para que as fotos não fossem publicadas na imprensa. Papo de dezenas de milhares, mano. Posso falar? Óbvio que era muito dinheiro na época, mas perto do que eu ganhava dava pra pagar sem nenhum problema. Agora, tu acha que eu ia cair em chantagem, negão? Me respeite. O Rafael, meu primo, foi encontrar os caras e viu as fotos. Voltou dizendo que eu aparecia ao lado dumas minas e que dava pra ver que eu tinha bebido. Novidade...

Meu procurador ficou sabendo de tudo, e a conclusão foi que a gente não ia pagar porra nenhuma. Acredite ou não, os sacanas, quando se ligaram que não iam arrancar dinheiro de mim, ofereceram as fotos para a imprensa italiana. Ninguém pagou nada na Itália, óbvio, mas as fotos acabaram saindo mesmo assim. Se não me engano, um site da Suécia foi o primeiro a divulgar. Vai saber se pagaram ou não. O que um site sueco tem a ver com a minha vida? Gostaria de saber também. Fofoca, né, mano. Não tem fronteiras.

Depois, as fotos foram publicadas no Brasil e na Itália. As notícias vieram com uma sacanagem no meio. Diziam que, além das garotas e da bebida, a festa tinha droga na mesa. Isso me emputece até hoje. Eu desafio qualquer um, qualquer um dessa praia inteira. Pode bater aqui no meu braço, seus desgraçados. Olhem muito bem as veias que eu tenho. Pode puxar o sangue e fazer o teste que quiser. O que vai dar? Álcool. Muito. Isso vai dar mesmo. Mas droga pode ter certeza de que não vai aparecer.

O dia em que eu me envolver com droga, a minha mãe e a minha avó morrem. A memória do meu pai, que nem bebida colocava na boca, vai ser manchada. Mas foi isso que tentaram fazer comigo. E tu acha que a minha cabeça ficou de que jeito? Eu não tenho nada com a vida dos outros, cada um que faça o que tem que fazer, mas não me acuse de algo com que eu não tenha envolvimento. Desculpa, pessoal. Fiquei até nervoso agora. Porra. Essas histórias mexem comigo.

Querida! Traz mais uma garrafa dessa pra gente, fazendo favor? Isso. Um baldinho de guaraná zero também. Deixa eu calibrar aqui pra me acalmar. Essa história é foda, sabe por quê? Até hoje tem idiota querendo me acusar de ser usuário. Vai se foder. Por causa de uns pilantras chantagistas? Ou porque acham que todo mundo que vem da favela gosta de droga? Eu, hein. Pra cima de mim, não, negão. Eu não uso nada a não ser álcool e cigarro, e eu aprendi a fumar na Itália.

Via os caras acendendo cigarro no vestiário, no intervalo do jogo. Eu pensava: *Porra, esse aí joga pra caralho e fuma? Vou pegar um cigarro também*. Mas nunca usei drogas e não gosto que usem perto de mim, que fique claro. Isso a imprensa não falava naquela época. Porra, mano. Que pressão do caralho que estava acontecendo à minha volta. Eu chegava para treinar virado da balada mesmo, não vou mentir pra vocês porque eu não sou disso. Eu percebia como me olhavam. Ninguém falava nada.

Meus companheiros seguiam as obrigações deles, a comissão estava ocupada... Cada um com os seus problemas. Mas todo mundo me espiava de canto de olho, eu ouvia umas risadinhas de fundo. Foda. As pessoas pensando: *Esse aí é um doidão, é um bêbado*. Eu não achava bonito. Prometi pra mim mesmo que ia segurar a onda. Senti vergonha. A merda é que sempre acontecia alguma coisa para me derrubar de novo. Era uma confusão atrás da outra, não parava nunca.

Quando ficava pesado demais, eu tomava uma cerveja pra aliviar. Agora, tu acha que eu sou homem de tomar uma só? Óbvio que não. Quando começava, não conseguia parar, essa é a realidade. Só que eu nunca desisti. Tentei voltar à melhor forma muitas vezes, mesmo com o começo de temporada conturbado. Tinha confusão por todos os lados na minha vida. Eu sabia que a única forma de ter alguma paz de novo era fazendo gol.

Conversei com a minha mãe por telefone, como fazia sempre. Eu ligava para ela mais de uma vez por dia. Minha mãe me pediu calma, implorou para eu ter foco no meu serviço, falou que aquela bagunça estava afetando a família inteira. Os jornalistas italianos ligavam até para ela, coitada, que estava no Brasil. É uma foda ou não é? Eu decidi que ia mudar. Já tinha dado. Era hora de virar a página. Do dia pra noite, voltei a pegar pesado nos treinos. Chegava cedo no CT, antes que todo mundo. Eu ia para o campo junto dos goleiros. O Júlio César me olhava e não acreditava. "Porra, irmão. Tô gostando de ver, hein? Bora treinar!", ele brincava.

Tu não sabia, não, Felipe? Nunca viu um treino de futebol? Os goleiros sobem pro campo muito antes que os jogadores de linha. Sempre. É como no aquecimento no gramado antes do jogo, tá ligado? Já reparou que os goleiros entram primeiro? Então, nos treinos também é assim que funciona. Quando a sessão começava, eu corria até o pulmão ficar inchado, cara. Sem sacanagem. Parecia que o meu peito ia explodir. Eu sentia eles ficando grandões dentro de mim. Estava com raiva daquela situação toda.

Nunca fui preguiçoso, sempre fiz o que tinha que fazer. Pode perguntar para a minha avó. Eu era dedicado desde molequinho. Se as pessoas já tinham se esquecido disso, eu ainda não tinha. Meu primo Rafael me buscava na Pinetina e cuidava das minhas coisas, eu só tinha que me preocupar com a bola, e era isso que eu estava fazendo.

O Dunga assumiu a Seleção depois da Copa. Não me chamou para nenhum amistoso naquele ano. E ia convocar como? Eu não estava bem no meu time. Tinha terminado a Copa do Mundo na reserva. A imprensa brasileira falava em decepção, vexame, vergonha, como se perder para a França do Zidane fosse algum absurdo. Não tinha jeito. No fim, era eu mesmo que precisava mudar aquela realidade. O primeiro passo tinha que ser dado na Itália.

Eu estava bêbado, mas não era burro. A situação tinha ficado muito clara para mim: a única alternativa era fazer a minha parte. Me lembro que a Inter ia jogar contra o Catania em casa, era o jogo depois de uma pausa para a data FIFA. Eu não tinha sido chamado pelo Dunga outra vez. Decidi que aquela teria que ser a oportunidade para eu acabar com essa merda de seca de gols. Eu já estava tentando há algumas semanas e não tinha rolado. Aquela era a hora. Com todo o respeito que o Catania merece, óbvio. Mas a defesa deles não era a melhor da Itália.

A Inter liderava o campeonato, e o adversário estava na metade de baixo da tabela. Eu teria quase duas semanas para treinar ainda mais forte. Foi o que eu fiz. Eu queria chegar no gramado até antes que os goleiros. Entrei na rotina do Rafael, meu primo, e não bebia nada. Dormia cedo. Porra, era obrigação vencer aquele jogo. O Mancini reconheceu o meu esforço, ele já vinha me colocando pra jogar antes mesmo dessa pausa. Testou até umas formações diferentes, encaixando o Ibra, o Crespo e eu no ataque. Chamei a Daniele para ir ao San Siro com o Adrianinho, porque eu estava sentindo que aquele seria o meu dia. Finalmente eu ia dedicar um gol para o meu moleque, jogando em casa.

No dia do jogo, o treinador anunciou a lista dos titulares, e o meu nome estava lá. Porra, que alegria. Era a notícia que eu precisava. Eu ia jogar ao lado do Ibra. Ele é marrento pra caralho, né? Mas só da porta pra fora. Eu fiz amizade pra valer com o cara. Gostava dele. Me tratava bem, a gente trocava ideia. Falava de um monte de coisas. Dávamos risada de tudo. Ele ia na minha casa. Comia o feijão preto da vovó. Ele fazia um pratão de pedreiro que vou te falar, viu. Dava até gosto de ver. Eu convidava o time todo para ir em casa, até quando minha família estava na Itália.

Meus companheiros adoravam comer a comida da vovó e da minha mãe. Baixava todo mundo lá: Maicon, Dacourt, Vieira, Figo, Maxwell, Júlio César... O Ibra nunca faltava. Numa dessas vezes, ele chegou e foi direto na cozinha, onde as duas estavam preparando o almoço. O Ibra se aproximou da minha mãe e disse: "*Mamma, Adriano è una persona molto bella. Adri ha il cuore più grande del mondo*". Minha mãe ficou tão emocionada que deu até um abraço nele. Ela conta essa história até hoje.

Quando o Ibra percebia que eu estava pra baixo, frustrado com a minha situação, ele vinha conversar comigo. "Adri, nunca se esqueça disso. Você é muito forte. Não tira isso da sua cabeça em nenhuma hipótese. Você é forte demais." As palavras do meu colega me serviam como um empurrão. Porra, meu companheiro de ataque. Ele quer me ajudar, e eu quero fazer o mesmo.

Subimos para o campo, e me bateu uma ansiedade fodida. Vi o San Siro cheio. Procurei a Daniele na arquibancada com o Adrianinho. Eu sabia onde eles estavam sentados. Olhei para o camarote do presidente, o Moratti estava lá como sempre fazia. Virei para o banco, e o treinador me encarava com aquele olhar dele de sempre, meio que dizendo "não vai me foder, cara". E o juiz apitou o começo da partida.

A bola rolou, e eu dei o primeiro trote. Puta merda. Senti que estava pesado. Não eram os três quilos da Alemanha. Era muito mais. Uns duzentos. Cada dia sem fazer gol pesava um quilo, vamos dizer assim. Era uma mochila que eu carregava nas costas. Porra, irmão. Foi foda. Fiquei nervoso. Não acertei nada. Ainda dei uma cabeçada num adversário logo no começo da partida. Doeu pra caralho, imagina.

Eu com aquela vontade toda de ganhar a bola, e o cara do Catania sabendo que não podia vacilar na minha frente. Resultado, tivemos um choque de cabeça violento. Aquele barulho seco, seguido de uma dor aguda e uma tontura que vem na hora, tá ligado? Deu até ânsia de vômito. Aquilo me deixou desnorteado. Mas é normal, lance de jogo. A gente está acostumado. O que eu não estava acostumado era a tomar vaia na Itália. E foi isso que aconteceu quando o Mancini me tirou do campo, aos quinze minutos do segundo tempo.

Porra... Doeu mais que a cabeçada. Meu técnico me jogou numa fogueira dessa. Quando subiu a placa com o número 10 em vermelho, eu não acreditei. Acabou pra mim. Puta merda. Comecei a ouvir os palavrões, os assobios e os urros da arquibancada. A mochila de duzentos quilos, que agora tinha ganhado mais peso, subiu das minhas costas para a minha cabeça. Ser xingado não é novidade para nenhum jogador, a gente aprende a conviver com isso desde a base. Eu falei pra vocês que a torcida do Flamengo gritava "bo-ta pra ven-deeeeer!" quando eu ainda era moleque? Porra, o Maracanã é foda também.

O que me doeu foi ouvir aquilo com a minha companheira e o meu filho no estádio. Eu não tinha mais nada. Senti um vazio fodido. A imprensa só me esculachava. As manchetes não falavam mais no "Imperador", agora era o "Brasileiro". O Mancini insistia nas entrevistas coletivas que eu não estava bem. Ele era cobrado pra caramba sobre a minha situação. A Seleção tinha me escanteado. Minha vida pessoal estava exposta no mundo todo. Nego me chamando de preguiçoso, bêbado e drogado. Caralho! O que mais faltava acontecer? Porra, saí transtornado de campo.

Cheguei em casa mal, negão. Muito mal mesmo. Tudo que eu tinha feito não serviu para nada. Eu continuava havia mais de duzentos dias sem fazer gol, e o treinador ainda me tira faltando jogo pra caramba. Por que não me deixou até o fim? Além de não me dar uma chance completa de fazer gol, ainda me expôs na frente da torcida. Tomei vaia pra caralho. Porra. *Isso não está certo. Esse filho da puta está de sacanagem comigo. Quer me foder. Desgraçado!* Era o que eu pensava naquele momento...

Assim que cheguei em casa, peguei o celular e liguei para o Moratti. "Presidente, o senhor me desculpe, mas amanhã eu não vou treinar", foi o que eu disse para ele. O Moratti tentou argumentar que aquilo só ia piorar a minha situação, disse que eu ia expor o grupo todo se faltasse. Falou que eu precisava entender aquela fase e treinar mais duro ainda. Era só uma fase. Todos sabiam do que eu era capaz.

Mas não teve jeito. Eu estava com a cabeça quente. Encasquetei que, se eu fosse no treino no dia seguinte, o clima poderia piorar. Porque eu ia falar umas verdades para o Mancini. Ia mesmo. Puta merda. E eu quando estou nervoso, não adianta, negão. Ninguém me faz mudar de ideia. Estou mentindo, Hermes? Não tem como. Faltei ao treino mesmo, e o pior é que estávamos em semana de jogo da Champions League. Porra. Só para piorar tudo. Óbvio que o Mancini não engoliu a minha decisão. A Inter evitou expor a crise ainda mais na imprensa, mas o trabalho dos repórteres, quando fazem direito, é entender o que está acontecendo. E no dia seguinte estava em todos os jornais.

Vários artigos dizendo que eu tinha faltado ao treino, que não estava machucado, que o problema era outro. Cheguei cedo para treinar um dia depois. O médico da equipe, o doutor Combi, veio conversar comigo. Ele era uma pessoa muito querida no clube. Gostava de mim, eu também gostava dele. Falamos sobre o que estava acontecendo, e ele disse que eu precisava conversar com um psiquiatra. A Inter tinha uma pessoa que poderia me ajudar.

Eu não estava maluco. Não achava que precisava falar com médico nenhum. O que eu precisava era que o treinador me desse uma oportunidade para voltar a fazer gol. Se eu tivesse a chance de jogar pelo menos duas partidas inteiras e na sequência, com certeza acabaria com aquela merda de seca. Era no que eu acreditava. O doutor Combi disse que me entendia, mas que mesmo assim seria importante conversar com um psiquiatra. Não era um profissional só para malucos, como eu achava. Aceitei. Disse que conversaria com ele depois do treino.

Fui para o campo e de novo corri pra caramba. Queria mostrar para o Mancini que eu estava comprometido em voltar a fazer gol, que eu tinha faltado ao treino para esfriar a cabeça. Depois que eu me acalmei, entendi o lado do treinador. Porra, eu não estava jogando bem. O time tinha jogadores ótimos no banco, e precisava ganhar. Ele não fazia aquilo para me prejudicar.

Quando o treino acabou, fui conversar com o tal psiquiatra. O cara parecia um personagem de filme. Era um senhor baixinho, gordinho, com um paletó xadrez de seis botões e gravata-borboleta. Eu nem tinha me acomodado na cadeira ainda e já queria ir embora. Não dei chance pro cara porque estava muito claro que eu não ia conversar nada que ele fosse entender, e vice-versa.

No jogo seguinte, aquele da Champions, o Mancini me deixou no banco. Entrei em campo no segundo tempo. Eu percebi que as coisas não estavam bem entre o treinador e eu. Hoje, entendo a situação, mas naquela época era diferente. Porra, além de ter faltado no treino, eu tinha ligado direto para o presidente para avisar, e não era a primeira vez que eu fazia esse tipo de coisa.

O Moratti era como um pai para mim, me parecia natural falar direto com ele quando eu precisava de algo. Vou faltar no treino? Ligo para o Moratti. Quero ficar uns dias a mais no Rio de Janeiro durante as férias? Ligo para o Moratti. Minha família está vindo me visitar e preciso de um ônibus? Ligo para o Moratti. O presidente, embora fosse um bilionário de família tradicional da Itália, era simpático com todos os jogadores, não era só comigo. Ele realmente vivia o dia a dia do time. Afinal, a Inter era uma joia da família dele, não era só um negócio ou um cargo político.

E comigo, porque ele tinha me conhecido ainda garoto, recém-saído da favela, existia um laço ainda maior, acredito. Eu já tinha demonstrado que respeitava o cara e, acima de tudo, a Inter de Milão. No meio disso tudo, tinha o Mancini. No fim, o meu chefe direto era ele. Tem aquela coisa de hierarquia, né? Eu não ligava para o Moratti para desrespeitar o Mancini. Eu fazia isso porque era o que eu estava acostumado a fazer desde que tinha pisado em Milão.

Antes de ir em La Pinetina pela primeira vez, eu fui no escritório do Moratti. Acho que o treinador não entendeu bem essa situação, ou não quis aceitar a relação que eu tinha com o chefe da porra toda.

Mas hoje eu reconheço que eu deveria ter agido de outra forma, sem dúvidas. Eu não sei de onde veio, só sei que, ao final de um treino naquela semana, me chamaram com a notícia que eu não esperava. Eu estava liberado para voltar para casa. Pois é.

Em outubro, com a temporada ainda na primeira parte, praticamente. A comissão e a diretoria decidiram me mandar de volta para o Rio de Janeiro para eu "esfriar a cabeça". Eu teria dez dias para descansar. Não mandariam treinador físico comigo. Não me dariam plano nenhum para seguir. Meu problema, eles diziam, era emocional. Talvez do lado da minha família, em casa, eu tivesse a oportunidade de me reencontrar. Depois desses dez dias, se eu voltasse bem, eles começariam um novo programa de recuperação comigo. O trabalho seria físico e psicológico. Foi essa a notícia que me deram.

Eu nem entendi direito o que estava acontecendo. Me lembro que fiquei meio desnorteado com aquilo tudo. Férias no meio da temporada é pra se foder. Os outros atacantes do time estavam à disposição. O Mancini poderia escolher quem ele quisesse para jogar. Ninguém estava lesionado, a não ser eu. Acho que isso pesou na decisão de me mandar para longe.

O time, bem ou mal, estava vencendo na Série A. Era um título que não poderíamos deixar escapar de jeito nenhum, porque a Juventus não estava na disputa, e o Milan tinha começado com pontos a menos na tabela, ainda na punição do Calciopoli. O grande problema da equipe naquele momento não eram os rivais, a crise na Inter se chamava Adriano. E quem não é visto não é lembrado.

24. Champanhe no gargalo

Baita ideia ir pro Brasil no meio da temporada... Na semana de um dérbi contra o Milan ainda por cima. Imagina como estava o aeroporto na Itália quando eu fui embarcar? Acertou. Lotado de repórteres. E quando eu pousei no Rio? Óbvio. Imprensa pra caramba. Não falei com ninguém. Disse que não sabia quando voltaria e que meu clube tinha me instruído a não conversar com os jornalistas.

Vamos ser sinceros, se tu quer paz e tranquilidade para esfriar a cabeça, o Rio não é o lugar ideal. Muito pelo contrário. Logo que eu cheguei, já fui para o Cruzeiro. Fiquei descalço e sem camisa. Tomei cerveja. Organizei churrasco com os meus parceiros. Dancei no baile da Penha. Andei de moto sem capacete. Fiz a alegria dos paparazzi cariocas. Os filhos da mãe ganharam em euro naquela semana.

O que mais eu poderia fazer? A Inter me dispensou sem nenhum programa de trabalho, cara. Se é pra eu ficar de boa, esse é o único jeito que conheço. A diferença daquela viagem para as outras é que eu não me sentia à vontade. Porra. Uma coisa é tu chegar em casa de férias e descansar com o pessoal de que tu gosta. Outra coisa muito diferente é te colocarem pra fora do clube no meio da temporada.

Parecia que eu tinha sido suspenso do colégio, tá ligado? Como eu ia aproveitar os dias de férias daquele jeito? Com repórter, câmera e fotógrafo me perseguindo o tempo todo. Era manchete sem parar na internet, negão. Pra ajudar, ainda teve uma convocação da Seleção na semana que eu estava no Brasil. Claro que eu não esperava ser chamado, mas todo mundo veio me mostrar a coletiva do treinador. Ele não aliviou pro meu lado. Porra, o Dunga não tirava o pé pra ninguém. Nem quando era jogador. Imagina...

Ele meteu o pau, não teve dó. Disse que eu tinha que me ajudar. Falou pra eu aproveitar os dias de férias e ficar em casa, e não aparecendo em tudo quanto era canto. Eu não queria aparecer em lugar nenhum, era a imprensa que ficava atrás de mim, merda. Meu procurador me ligou na sequência. Pediu pra eu não me chatear com a entrevista. O Gilmar conhecia bem o Dunga, jogaram juntos no tetra.

Ele estava querendo me dar um alerta, porque eu era importante pro time. Mas do jeito que a minha situação estava, não tinha jeito. Entendi o lado dele. Eu tenho vergonha na cara também. Óbvio que eu não estava bem. Fui para a casa da minha mãe e conversei com ela. A Dona Rosilda estava muito sentida. Vi minha mãe triste, cara. O clima na casa dela estava pra baixo. A Dona Rosilda não sabia mais o que fazer.

Combinamos que eu não ia ficar muito tempo no Rio. Nem um dia a mais que o combinado. Na verdade, seriam dias a menos. E quando eu voltasse, ela, vovó e Thiago iriam comigo. Com eles por perto, eu não teria tanta vontade assim de beber e ficar gastando meu tempo na noite. Liguei para o meu procurador e falei para ele que não queria ficar dez dias no Rio como tinham me liberado. Uma semana estava de bom tamanho. Eu não estava recuperado de nada ainda, mas também não queria ficar no Rio recebendo sem trabalhar. Isso já era abuso demais.

Eu sempre dava um jeito de alongar as minhas férias, mas dessa vez era diferente. A situação estava no limite. Se eu esticasse a corda mais um pouco, era bem provável que eu sequer voltasse para a Itália. Eu me conheço, cara. Quando me bate os cinco minutos, ninguém me segura. E eu queria viajar logo para a Europa. Foi o que aconteceu.

Uma semana depois, eu estava em Milão outra vez. Acordei cedo, cheguei no treino, e a imprensa estava toda na porta de La

Pinetina. Não falei com ninguém. Fui direto para a cantina cumprimentar meus companheiros no café da manhã. Cara, eu nunca vou me cansar de dizer que a Inter é a minha segunda casa. Todos vieram me cumprimentar: Funcionários, comissão técnica e jogadores. Até o Mancini apertou minha mão com sorriso no rosto. Ele me deu as boas-vindas de volta.

Fiquei feliz com a recepção e me convenci de que não iria vacilar mais. A viagem para o Brasil era um recomeço, eu tinha aprendido a lição. Ninguém mencionou as fotos que saíram nos jornais nos dias anteriores. Eu de long neck na mão e sem capacete andando de moto pela Linha Amarela. Passei a treinar em duas sessões. A primeira com o resto do time. Voltava para casa e depois do almoço eu fazia um trabalho físico específico.

Às vezes, jogava contra o time Primavera também. Primavera é o time juvenil, querida. Isso, a molecada. Fiz de tudo para voltar rápido. Meu peso estava normal. Pra tu ver como são as coisas. Quem leu os jornais naqueles dias achou que eu tinha ido pro Rio fazer farra o tempo todo, e não foi bem assim.

Eu vi meus parceiros e tomei uma com eles, óbvio, mas também corri, me exercitei e voltei pra Milão com o peso mais ou menos dentro do esperado. Eu queria jogar. Precisava acabar com aquela seca de gols. O Mancini tinha um plano bem conservador. Falava que não precisava ter pressa. Eu poderia voltar mais perto do Natal, quando termina a primeira metade da temporada. Negativo. Eu queria entrar em campo muito antes. Não tinha como ficar aquele tempo todo só treinando.

O Moratti me deu moral e disse que conversaria com o treinador para poder resolver as coisas. Quem sabe eu não voltaria dentro de umas duas semanas, mais para o final de novembro mesmo. Deu certo. O Mancini foi me colocando aos poucos. Eu ainda tinha muito que evoluir, mas o apoio da comissão e dos meus colegas me ajudou. Minha família estava por perto também. Eu comecei a ver uma saída para aquela situação toda, tá ligado? Fiz um baita jogo contra o

Palermo, quando voltei a ser titular uns vinte dias depois da viagem pro Rio. Procura no YouTube aí, Felipe.

Dei uma assistência de peito para o Ibra, e ele mandou um chutaço da intermediária. O goleiro aceitou. No outro lance, eu abri caminho pelo meio. Até que o Vieira apareceu sozinho pela direita e eu passei pra ele. Gol da Inter. Vencemos a partida. Só não consegui deixar o meu gol, e olha que eu fiz de tudo. Mas não rolou. Paciência. Já tinha até perdido a conta de quantos dias eu estava sem marcar. Puta merda.

Enfim, eu estava na trilha certa. Me senti recuperado. Acabar com a seca era questão de tempo. E foi aí que eu errei de novo. Estava treinando forte, voltei a entrar nos jogos, os jornais pararam de me detonar. Eu merecia dar uma pequena relaxada. Fui para a balada em Milão uma noite, depois de um jogo, e, no dia seguinte, uma segunda-feira, o dia que eu mais detesto na semana, faltei no treino da manhã.

Os jornais descobriram, e a confusão toda começou outra vez. Caralho, mano. Eu não tinha paz. Mas como dizia o Dunga, eu admito, também não estava me ajudando. Por que eu faltei? Sei lá! Não lembro. Treino regenerativo é uma baita enrolação no mundo todo. Sempre detestei. Deixa quieto isso daí, mano. O que importa é que eu não apareci quando deveria. O Mancini ficou puto. Ele não falava mais comigo. Quem me ligou foi o Moratti. Cara, o presidente é muito elegante. Mas naquele dia ele foi duro.

Disse que não queria me multar, mas que dessa vez não teria jeito. Eu estava colocando ele numa saia justa. O presidente entendia meus deslizes, mas ele sofria pressão por todos os lados. A diretoria não aceitaria que eu ficasse impune. O treinador estava bicudo. O que ele poderia fazer? A Inter tentava manter as coisas em silêncio e resolver internamente, mas a imprensa sempre descobria o que estava acontecendo, e o falatório aumentava.

O presidente insistiu várias vezes que só queria o meu bem. A ideia deles não era me punir simplesmente, mas tentar me educar, ele dizia. "Adri, você tem que voltar ao que era antes. Eu não posso ficar passando a mão na sua cabeça toda hora", ele falou. Cara. Aquilo me pegou. Eu me arrependi de novo. Puta que pariu. Por que eu fazia essas coisas? Por que eu bebia, cara? Era óbvio que, depois do primeiro trago, eu perdia o controle. E acabava colocando tudo a perder. Nem eu aguentava mais aquela situação. Imagina os caras, tá ligado?

Chorei pra caramba. Pedi perdão. Falei para o presidente que tinha sido a última vez. Que eu ia me concentrar ainda mais nos treinos. Aquele foi só um deslize. Eu não tinha feito por mal. O Moratti disse que me entendia. Ele ia conversar com a comissão e com a diretoria, mas eu precisava dar uma resposta para todo mundo. Não só no campo, mas na minha vida também. "Adri, outra vez. Eu só quero o seu bem", ele disse antes de desligar.

Eu cumpri a minha parte da promessa. Voltei a me apresentar no horário e com vontade de trabalhar. Deixei as críticas de lado. Foda-se o que estavam dizendo nos jornais. E se a torcida quisesse me vaiar, tudo bem. Eles estavam no direito deles. Essa parte era mais tranquila. Torcedor te odeia quando você não está produzindo, mas é só deixar um golzinho que volta tudo ao normal. Com isso eu conseguia lidar.

A verdade é que eu já estava perdendo as esperanças de marcar um gol em 2006. Foi quando um milagre de Natal aconteceu. Acho que a minha mãe rezou pra valer. Minha avó se ajoelhou por horas. Eu ergui as mãos pro céu com mais força antes de entrar em campo. Só pode ter sido isso. Foi praticamente na véspera do dia dele, do nosso Senhor Jesus Cristo, que as nossas orações foram atendidas. Sem brincadeira. Era o último jogo antes da pausa de inverno. Inter e Atalanta no San Siro, 23 de dezembro de 2006.

Saiu a lista dos convocados, eu estava no banco. Tudo bem. Melhor que nada. Crespo e Recoba no ataque. A partida começou, e antes dos dez minutos o Recoba se machucou. O Mancini olhou pra mim. Me chamou com a cabeça. Caralho, tu sabe como é duro pra italiano dobrar o próprio ego, né? Imagino que para ele não deve ter sido fácil. Me colocar em campo poucos dias depois de eu ter vacilado mais uma vez. Não era o que ele havia planejado. Foda-se, não tinha alternativa. Eu era o único atacante no banco.

O Cruz estava machucado. O Ibra tinha sido suspenso porque havia sido expulso um jogo antes. Foi na base do "só tem tu, vai tu mesmo". Entrei em campo pronto para me redimir com todo mundo. Tinha que ser naquele dia. Eu avisei a minha família antes do jogo. Naquele ano a gente não passaria o Natal no Rio de Janeiro. Porra, eu precisava mostrar pro treinador e, principalmente, para o presidente, que eu estava comprometido em me recuperar.

Daquela vez não tinha volta. O papo era reto. Não dava para eu ir ao Brasil de novo. Fazia dois meses que eu tinha viajado para o Rio nas minhas "férias". Fora que eu já sabia o que ia acontecer. Eu ia chegar lá, os paparazzi iam me perseguir, eu iria pro baile na Penha, andaria de moto sem camisa, as fotos iam chocar os italianos, eu seria chamado de sem-vergonha, e começaria toda aquela espiral outra vez. Não. Daquela vez não. Eu queria sair daquele túnel maldito.

Decidi ficar na Itália treinando durante as minhas férias. Ia enfrentar o frio e a neve de cabeça erguida. Por mais que doesse na minha família inteira, porque a gente sempre passa o Natal juntos. Eu precisava da compreensão deles. Minha mãe nem me questionou. "Claro, meu filho. Faça isso, sim. A mamãe e eu vamos preparar o jantar. A gente passa o feriado aqui na Itália. Não se preocupe", ela disse.

Claro que eu não ia deixar a minha família pra trás. "Mãe, pode mandar vir todo mundo pra cá. Chama as tias, os tios, os primos, todo mundo." E foi o que ela fez. Mais de vinte pessoas, mano. Todos os meus parentes mais próximos apareceram para o fim de ano na Itália. Acho que essa barganha com os céus acabou funcionando. Deus ouviu as minhas preces.

Eu estava em campo fazia cinco minutos, foi quando a defesa abriu. O gol ficou livre, a bola veio bem na entrada da área, de cara com o goleiro. Chutaço seco. Tuuuufffff. Bola no ângulo. O goleiro nem se mexeu, só viu a bola no fundo da rede. Golaço. Dos caras... PUTA QUE PARIU. Um a zero Atalanta no San Siro, irmão. Dá pra acreditar? Caralho, eu tava muito zicado mesmo. Foda-se, bola pra frente.

A Inter não perdia nesse campeonato, muito menos em casa. Nos reorganizamos e fomos pra cima. Não deu certo no primeiro tempo. Voltamos do vestiário e ainda estávamos perdendo. Ataque da Inter outra vez. O Maxwell desceu pela esquerda. Ele cruzou uma bola que passou pela área inteira. Ninguém cortou. Eu entrei de carrinho no segundo pau. Estava sozinho. Não tinha marcador. Não tinha goleiro. Eu estava praticamente dentro do gol. Sem sacanagem, a minha distância para a linha era de uns cinquenta centímetros, se tanto. Era só empurrar pra dentro e... POOOORRAAAA.

A bola bateu na minha chuteira e, de alguma maneira, não tem como explicar, ela não entrou. Aconteceu o mais difícil. Foi pra fora. Caraca. Eu bati na grama. Coloquei as mãos na cabeça. Olhei pro céu. Por Deus... mas não me desesperei. É muito agoniante, irmão. Se tu não estiver calmo, ela não entra mesmo.

Foi quando o Figo deu uma de Figo. Puta merda. Ele recebeu a bola no ataque. Eu estava dentro da área com o Crespo e a defesa dos caras inteira. O Figo, que ficou com a bola no bico da grande área pela esquerda, começou a correr de costas para o gol de ataque, onde eu estava, em direção à nossa defesa. Do nada, ele fez a meia-lua, no que eu entendi o plano dele. Saí correndo no meio dos marcadores, em direção à marca do pênalti. Enquanto eu terminava de virar o corpo, o Figo cruzou, com aquela impulsão toda do movimento. Perfeito.

A bola foi na minha cabeça. Só tive que soltar a pedrada. Sem chance pro goleirão. Cara... qualquer coisa que eu te falar agora vai ser mentira. A bola entrou. A torcida explodiu. Gol da Inter. Eu só berrei. Não lembro o quê. Berrei pra caralho. Saí correndo feito um maluco, chacoalhando a cabeça, os braços, coloquei a língua pra fora, tudo, mano. Eu estava entregue. Não acreditava que a zica tinha acabado. O time inteiro veio em cima de mim. Puta merda. Que emoção, mano. Nunca tinha comemorado tanto um gol pela Inter. Ainda dei um beijo na testa do Figo.

Metade do gol era dele. Metade do meu alívio tinha vindo dos pés do craque português, ó pá! Ele foi meu anjo da guarda naquela tarde. Agora eu poderia descansar um pouco. O Natal em Como seria com alegria. Minha família teria paz no feriado. A minha agonia tinha terminado. Era hora de voltar a ser o Imperador. Eu ia fazer o que esperavam de mim. Chega de confusão, de manchete, de briga, de problema com o treinador. Eu queria jogar futebol no time que eu amava. Colocar meus sete quilos de alcatra no bolso sem nenhum peso na consciência. Papai do céu abençoe.

Durante nove meses, convivi com uma pressão com que eu não soube lidar. Esse tempo todo sem fazer gol teve um custo muito alto para o meu psicológico. Diziam que eu era bom em inventar desculpas, que eu parecia uma sombra em campo. Um vulto. Apagado. Sem ideia, sem criatividade, sem planos. Eu acho que não entendiam bem o que estava acontecendo comigo. Essa é a verdade. Porque nem eu sabia direito. Eram muitos problemas juntos que me levaram àquela situação maluca.

Uma vez, escutei uma expressão perfeita para o que eu vivi. Acho que foi um psicólogo que falou, não lembro bem, que eu passava por uma montanha russa emocional. Baita descrição. O gol na véspera de Natal mudou muita coisa na minha cabeça. Não queria mais me afundar. O foco voltou com tudo. Eu chegava cedo nos treinos outra vez. A torcida me dava carinho. Eu atendia todo mundo. Meus companheiros faziam piada comigo. Eu comia sempre ao lado do Maicon ou do Ibra. Também sentávamos juntos no ônibus e no avião. As viagens para jogar eram um prazer para mim outra vez. Eu voltei a ser um cara alegre, tá ligado? O tipo que chega fazendo todo mundo rir no CT. Era o Adriano que as pessoas gostavam. Acima de qualquer coisa, eu queria mostrar para o Moratti que valeu a pena ele ter confiado em mim.

O que esse cara fez não é normal, negão. Não é à toa que eu repito isso vinte anos depois. E a melhor forma de agradecer o presidente era continuar marcando gol. Foi o que aconteceu no começo de 2007. Contando com o jogo antes do Natal, fiz gol em quatro partidas consecutivas em que fui escalado. O mais especial foi contra a Fiorentina, no San Siro. O estádio estava lotado. A Inter só vencia, e a torcida se empolgou. Abrimos uma vantagem grande na liderança e, mesmo na metade da temporada, já parecia claro que o *Scudetto* seria nosso. Dei uma assistência bonita pro Stankovic, que fez um golaço. E também voltei a fazer um gol de falta, depois de muito tempo. Comemorei sambando na frente da torcida, com o Ibra e o Maicon dançando do meu lado. O momento não poderia ser melhor. Eu ainda não estava cem por cento, tá ligado? Errava umas bolas que não eram normais. Meu corpo estava em fase de recuperação. Faltava aquela conexão automática entre a cabeça e as pernas, mas ela estava aparecendo aos poucos. Eu me sentia confortável. A torcida do San Siro voltou a cantar alto a minha música.*

> *Un giocatore che tira bombe a mano,*
> *Siam tutti in piedi*
> *per questo brasiliano,*
> *Batti le mani,*
> *che in campo c'è* ADRIANO!

Porra. Eu fui torcedor também. Eu sabia que assim que eu voltasse a fazer gols a minha relação com a arquibancada ficaria bem. A fase era boa. No dia seguinte a esse jogo, eu recebi a ligação que eu não esperava. O Dunga tinha me convocado para a Seleção! Ele falou que estava acompanhando o meu empenho e queria me dar

---

* Coro per Adriano. 2007. Vídeo (25s). Publicado pelo canal ScarpoMullins. Disponível em: https://www.youtube.com/watch?v=yTi9_OWBpXQ&t=17s. Acesso em: 21 jun. 2024.

um incentivo. Porra, mano. Que alegria. Eu não era chamado desde a Copa da Alemanha. Eu precisava da Seleção na minha vida. Não tenho como negar isso.

Estar nos planos do treinador era o melhor empurrão possível. "Adriano, você é um grande jogador. Já provou isso", o Dunga me disse. "Mas você precisa aprender a se defender. Fica esperto com quem está à sua volta, cara. As falsas amizades são perigosas demais. Como que vaza foto de dentro da sua casa, garoto? Você tem que se proteger", ele completou. Porra. Era um alerta importante.

Eu confio demais. Sempre fui assim. Agora que estou mais velho e calejado, mudei um pouco. Mas naquela época eu não estava nem aí. Achava que todo mundo era gente boa. Eu não entendia que uma pessoa podia se aproximar de mim só para tirar vantagem. Porra, o sujeito tá ali tomando da minha cachaça, sentado na minha mesa, eu servindo ele, e mesmo assim tem a coragem de me foder? Quem está errado nessa? Pois é, aparentemente era eu mesmo. Trouxa.

Enfim, o Dunga, como o meu procurador já tinha me dito, gostava de mim e estava tentando me ajudar. Ouvi as palavras dele. O Mancini me parabenizou pelo retorno à Seleção, mas também fez um alerta que pareceu profecia. "Você está treinando pra valer há mais de um mês. Não vai parar agora. Um ano e meio atrás, você era muito melhor do que é hoje. Ainda tem bastante trabalho pela frente." Concordei com ele. Eu sabia que não estava no meu auge ainda, mas pelo menos o túnel tinha ficado pra trás.

O que me deixava puto da vida era ser substituído. Porra, eu sou atacante. Tudo bem que às vezes eu não aparecia na partida tanto quanto queriam, mas é aquilo: a gente precisa de uma única bola pra mudar o jogo. E o Mancini, por algum motivo, não entendia isso. Ou não concordava comigo. Eu ficava puto quando ele me tirava. Mostrava minha raiva pra todo mundo. Não estava nem aí. Até porque eu não sou duas caras. Já falei, quando fico nervoso não consigo me controlar. Muito menos esconder dos outros. E tem mais, jogador que não se importa em sair é porque tem alguma coisa errada.

Eu me importava pra caralho. Eu queria continuar com a boa fase, fazendo gols, tá ligado? Não era contra o treinador. Eu também estava puto comigo mesmo por não ter conseguido me destacar. Acho que essa parte do meu comportamento era bastante natural. Eu não levava pro dia seguinte. Ficava puto na hora, mas seguia trabalhando sério. Tanto que eu voltei da data FIFA e marquei gol de novo pela Inter. Foi em um jogo contra o Chievo, com quarenta segundos de partida, acredita? Um chute quase sem ângulo. Bati com a esquerda, óbvio. A bola acertou a trave e entrou. Foi sem querer!

Com as coisas se acalmando, minha família decidiu voltar para o Rio. Minha mãe já estava na Itália há bastante tempo, e ela também sentia saudades do cantinho dela. Meu irmão precisava ir pra escolinha. A vovó tinha as coisas dela pra resolver com as minhas tias. Me despedi delas e chamei meus amigos da Vila Cruzeiro. Tá lembrado, Hermes? Tu e o Cachaça foram de novo. Daquela vez, não foram barrados na imigração. Isso mesmo, eu queria que vocês ficassem um tempo comigo.

Da outra vez, a mãe do Cachaça levou um tiro, e vocês tiveram que ir embora correndo. O meu aniversário de 25 anos estava chegando, e eu queria comemorar com os parceiros. Caiu num sábado ainda por cima. Eu estava de volta à Seleção, fazendo gol no meu time, treinando forte. A gente precisava celebrar! A merda é que justamente no dia do meu aniversário teve jogo da Inter no San Siro. Eu avisei os parceiros do time, falei que faria um churrasco em casa e que a festa iria até tarde. Eu merecia, caramba. Não iria chegar atrasado no treino, mas com certeza estaria cansado da noitada. Era piada, claro.

A minha ideia era fazer um churrasco só para os mais chegados e as esposas mesmo. Sem grandes confusões, porque eu não queria colocar tudo a perder. A gente tinha que se apresentar no domingo de manhã. Era semana de jogo da Champions League. O Mancini não deu folga. Enfim, vencemos a partida no sábado do meu aniversário. Eu comecei no banco, mas entrei no segundo tempo.

Depois, fui direto para a minha casa esperar os amigos. A festa foi tranquila, pra ser sincero. Eu estava cercado de gente de que eu gostava e em que confiava. O Ronaldo tinha acabado de voltar para a Itália. Depois de todos aqueles anos no Real Madrid, o safado foi para o nosso rival, o Milan. Fazer o quê? Paciência. A Inter tinha muito atacante também, mas era uma alegria ter o meu grande parceiro na mesma cidade outra vez.

Além do Fenômeno, outros companheiros vieram comemorar comigo, como o Dida e o Cafu. Aproveitamos a noite, tomamos o nosso danone, cantamos parabéns. Até bolo eu comi, cara. Tava felizão mesmo. Eu poderia ter parado por aí que estaria tudo certo, só que não foi o caso. No domingo, eu me apresentei meio de ressaca. Porra, dia de regenerativo pós-jogo é uma merda, mano. Nenhum jogador gosta. Você vai no CT fazer o que a comissão manda rapidinho, já chega pensando em cair fora. Eu estava celebrando o meu aniversário de 25 anos. É uma data especial, caramba. Não se faz 25 anos duas vezes, diz aí, Hermes.

Voltei pra casa correndo, e a festa começou de novo. Domingão com churrasco e pagode. Não tem como. Ficamos lá na alegria toda. Bebendo pra caramba. E uma coisa levou a outra. Eu me empolguei. Quando eu percebi, já eram quatro da manhã, e aquela não era a minha casa. Estávamos numa balada. Puta merda. Cheio de câmera em volta. Me filmaram chegando na Via Ferrari. Tiraram foto. Eu bebi pra cacete, óbvio. Tomei champanhe no gargalo e os caralho. Fiquei chapado. Coloquei uns cinco despertadores pra tocar, porque eu não queria me atrasar para o treino. O Mancini estava de olho em mim. Tinha o jogo da Champions, e ele ia confirmar a equipe.

A gente sabia que o Ibra ia jogar. Faltava definir a outra vaga no ataque, eu ou o Crespo. A balança estava mais para o meu lado. Apareci em La Pinetina no horário na segunda-feira. Sem crise, pensei. Treinei normalmente, talvez sem aquela intensidade toda, mas nada demais. As pernas estavam pesadas, não vou mentir, porque eu não sou disso. Percebi que o Mancini só me olhava de três dedos, tá ligado? Só no cantinho do olho, já virando a cabeça, o filho da mãe.

No dia do jogo, os tabloides vazaram as fotos da balada. Eu tomando a porra do champanhe no bico. Loucaço. A TV mostrou as cenas da gente na boate se esbaldando. Porra... Fodeu. Foi o que eu pensei. Como eu vou escapar dessa agora? Bom, o jeito é fazer gol. Oitavas de final da Champions contra o Valencia. A torcida espanhola tinha me aplaudido de pé um tempo atrás. Tá lembrado? Em casa, seria a chance de eu apagar logo esse incêndio. Até que o Mancini anunciou o time. Eu estava no banco. Crespo e Ibra no ataque. Fiquei puto.

O Crespo não estava cem por cento. O Mancini não precisava fazer isso comigo, caramba. Não falei nada para o treinador, porque não queria piorar a situação. Ainda mais em dia de jogo. Mas fui puto da vida para o vestiário. Que pelo menos ele me desse uns bons minutos no segundo tempo. Cara, nem isso. O Crespo realmente não aguentou, mas o Mancini chamou o Cruz para entrar no lugar dele. Fiquei a partida inteira no banco, passando frio e de cara amarrada.

Depois do jogo, o treinador disse que eu não estava em condições de atuar. Me jogou na fogueira de novo. Quer dizer, quem fez a cagada fui eu, óbvio, mas eu achava que poderia ter jogado, sim. Ele que decidiu me deixar no banco. Queria mostrar quem mandava. Ou me dar outra lição. Sei lá, mano. Fiquei puto da cara, mas não tinha jeito: ou eu engolia o choro ou ia me afundar mais uma vez. Eu estava vivendo uma guerra fria com o Mancini. Pelo menos dentro da minha cabeça.

O Mancini tinha um massagista que acompanhava ele pra cima e pra baixo. Acho que os dois devem estar trabalhando juntos até hoje. Esse cara chegou pra mim e falou: "Adri, o que está acontecendo? Por que você está se comportando desse jeito?". Falei para ele que a culpa era do Mancini. Eu não tinha nada contra ele. Mas o cara não gostava de mim. Vivia querendo me foder. Isso não estava certo.

"De jeito nenhum, Adri. O Mancini não faz intriga. Ele é profissional", o massagista disse. "Olha só, eu vou marcar um jantar na casa do Mancini. Você vai lá conversar com ele. Fora do clube. Assim vocês ficam mais à vontade para se acertar. O que acha?", ele sugeriu. Aceitei, óbvio. Me parecia uma boa ideia a gente se encontrar longe da diretoria e dos outros jogadores. Poderíamos colocar as cartas na mesa.

Cheguei para o jantar de cabeça fria, o Mancini me recebeu muito bem. Ele não é elegante só na televisão, não, cara. O italiano tem aquela pinta toda mesmo. Conversamos sobre vários assuntos. Ele me disse que quando tinha chegado na Inter, não gostava de falar com os jogadores individualmente, mas depois entendeu que precisava mudar um pouco o estilo. Falou que era um prazer trabalhar comigo, apesar das dores de cabeça que eu estava dando. Ele também tinha sido jogador, entendia de vestiário. Isso não tenho como negar. E naquela noite o Mancini repetiu tudo que eu já tinha ouvido do Moratti e do próprio massagista amigo dele.

"Adri, eu detesto ter que te punir. Eu não tenho prazer nenhum nisso", ele disse. "O que eu quero é te ver fazendo gol. A gente precisa que você esteja bem", insistiu. "Eu quero que você seja aquele cara que todo mundo conhece, entendeu?" Porra, eu vi verdade no olho dele. O cara não estava de sacanagem comigo. *Meu Deus. Por que eu não consigo segurar a minha onda?* Fiquei triste pra caramba. Eu estava fazendo mal a mim mesmo e a um monte de gente ao mesmo tempo. Eu não sabia mais como agir. Falar com o psicólogo não estava me ajudando em nada, essa é a verdade. Não me sentia confortável com o papo. Eu me fechava. Não falava nada. O cara insistia. E a gente ficava no mesmo lugar.

Puta merda... Que agonia, irmão. Eu fiz o que podia. Tentei ficar quieto, mesmo com os meus amigos por lá. Não é que eu tenha deixado de ir pra noite, eu só preferia fazer os encontros em casa, quando possível. Ou se não, quando acabavam os jogos no San Siro, eu pegava os meus amigos e íamos pra Hollywood mesmo. Ficávamos lá até fechar e depois voltávamos para a minha casa. Enchia aquela porra. Levava todo mundo da boate.

O Ronaldo me visitava quando não tinha compromisso com o Milan. Ele não se metia na minha vida, mas falava pra eu ficar esperto. "Balada não, Didico. Eu vou aí na tua casa", ele dizia. Mas é chato também ficar em casa direto. Não tem muito o que fazer. A vida fica repetitiva pra caramba. Eu não aguentava. A gente inventava qualquer merda pra se divertir sem ter que sair. Era difícil.

Uma noite dessas, o Ronaldo estava na minha casa, e a gente ficou resenhando na sala. Fazia um frio do cacete em Como. Saía até fumaça da piscina, tá ligado? E os meus amigos do Rio estavam lá batendo os dentes. O Ronaldo viu o Hermes, o Cachaça e o Glaubete e virou pra mim. "Didico, vamos sacanear esses três?", ele disse. Porra, óbvio. Concordei na hora, mesmo sem saber o que ele queria fazer. "Coé, irmão", o Ronaldo disse virando pro Cachaça. "Se tu pular nessa piscina agora, o Didico vai te dar uma rosa", o Fenômeno seguiu.

Eu olhei pra ele e peguei a sacanagem. Já comecei a me mijar todo de rir. Tu se lembra disso, não lembra, Hermes? Caralho, foi mesmo. O Cachaça não entendeu nada. "Uma rosa? Mermão, com esse frio que está eu não pulo nessa piscina por porra nenhuma", ele respondeu. Eu virei pro Hermes. Ele também não estava entendendo. "Porra, vai lá, irmão. Eu vou dar uma rosa pra cada um mesmo. Mas tem que pular agora, sem choro." Os caras ficaram se olhando, acharam que a gente estava de sacanagem. "Vocês não sabem o que é uma rosa, não", o Ronaldo provocou. "Eu lá quero flor de homem, cara. Com todo respeito, Fenômeno", o Cachaça respondeu. "Aí, Didico. Mostra uma rosa pros teus amigos", o Ronaldo disse.

Eu puxei uma pataca do bolso. Dei uma lambida no indicador esquerdo. Comecei a contar até chegar na nota que eu queria. Puxei uma de quinhentos euros. Balancei ela no ar. Conta pra eles, Hermes. Como é a nota de quinhentos euros? Pode crer, isso mesmo. Rosinha. Porra, o olhão dos três cresceu na hora. "Bora, Hermes. Lá na comunidade não tem dessas", eu zoei. O Ronaldo meteu pilha. "Bora que tem uma pra cada um. Mas tem que pular mesmo, não adianta só colocar o pezinho na água. Tem que atravessar nadando." Porra, como a gente deu risada.

A piscina de casa era grandona. Os meus cachorros adoravam. Lembra deles, Hermes? Isso, eu tinha um labrador caramelo chamado Imperador. Ele entrava na água direto. O Cachaça não queria pular nem fodendo. O Hermes botou pilha nele, não foi? Tu arrancou camisa, moletom, a porra toda e saiu pulando. O Ronaldo se contorcia na gargalhada. Sei lá quanto estava de temperatura, mas era grau negativo com certeza. A gente mijava de rir com o Hermes. Ele batendo os braços e berrando dentro d'água. Quando chegou do outro lado, ele saiu da piscina e começou a gritar: "Me dá a minha rosa!". E o Ronaldo respondeu: "Perae. Tem que ir e voltar. Não vem roubar pra cima da gente". E lá foi o Hermes de novo na água.

Saiu puto da cara e veio arrancar o dinheiro da minha mão. O Cachaça, quando viu o Hermes pegando a rosa, não teve dúvidas, pulou na água também. "Porra, a minha geladeira tá igual essa piscina. Só tem água gelada!", o Hermes tirou sarro. E a gente ria pra caramba. Filho da mãe. Mas era isso, cara, eu me divertia como dava. Ficava arrumando essas palhaçadas pra passar o tempo. E no fim todo mundo gostava. Só que ficar em casa cansa, mesmo com essa zoeira. Eu era perturbadinho da cabeça. Era mesmo.

25. Patrimônio importante do clube

Não faço ideia de que horas eram, nunca presto atenção nisso, mas eu já estava chamando urubu de meu louro fazia tempo. Um amigo colou do meu lado. "Vambora, Impera?", ele disse. Olhei torto. "Se não aguenta, por que veio?", respondi. Chamei o garçom, ele ficava no nosso reservado da Hollywood o tempo todo. Mandei trazer mais bebida. "Desce uísque, cerveja e champanhe. Não me venha com prosecco que hoje não tem puta pobre", brinquei.

Eu não pretendia sair dali tão cedo. Duas modelos lindas estavam do meu lado. Nem cavalo aguenta. O segurança da boate se aproximou de mim, pediu licença pras garotas. Desceu no meu ouvido e disse: "Adri, tem um rapaz na porta pedindo pra te ver". E eu queria saber de homem, caralho? Meus amigos estavam ali, cada um com a sua muchacha. Não faltava ninguém no meu camarote. "Deve ser jornalista, manda esse filho da puta embora", eu respondi. "Não, Adri. É um cara importante. Não é da imprensa. Disse que você é amigo do pai dele." Amigo do pai dele? Estranhei, mas mandei entrar.

Quando eu vi a porta abrindo, me dei conta de quem era. Caramba! Como que eu dou uma bola fora dessas? Me levantei do sofá. Ajeitei a camiseta, passei um guardanapo no rosto. Era o Gigio Moratti, filho do presidente! O Gigio tem mais ou menos a minha idade. Na época, era moleção também. Nem precisamos falar nada. Nos abraçamos. Se é filho do meu pai, é meu irmão, correto?

Chorei pra caramba no ombro dele. O Gigio também. Me agradeceu por tudo. Disse que aquele era um dia inesquecível para a família dele. Falou que eu estava marcado na história da Inter. "Eu não tenho nem palavras para dizer o quanto eu amo a sua família", respondi. "O que o teu pai faz por mim é indescritível", continuei entre um soluço e outro. Ficamos no meio da balada nesse abraço longo. "Aproveita que hoje não tem problema", o Gigio fez piada antes de ir embora. Pedi para que ele ficasse com a gente, mas ele respondeu dizendo que estava cansado. A noite tinha sido longa.

O tão sonhado *Scudetto* finalmente era da Inter. Ganhamos no campo, e com uma vantagem enorme pros nossos adversários. A Inter estava de volta ao topo da Itália. Vencemos o campeonato, mas eu não pude jogar na partida do título. Estava cumprindo suspensão. Calma, não se adianta, não, engraçadinho. Olha aí, Hermes. Fui dar confiança, agora o malandro já está querendo levar uma com a minha cara. Se segura aí. Eu estava suspenso, mas não foi por causa de balada.

Não vou mentir para vocês, porque eu não sou disso. Continuei tomando meu danone mesmo. Não tinha jeito. Eu chegava em casa e arrumava qualquer motivo para beber. Ou era porque meus amigos estavam lá, ou era porque eu não queria ficar no silêncio pensando merda, ou era pra conseguir dormir. Deitava apagado em qualquer canto sem ter nem condição de sonhar. Muita gente usa o futebol como válvula de escape, eu precisava de um escape do futebol. Esse escape era a minha família. Meu pai. Quando olhei, ele não estava mais ali. Uma coisa levou a outra, e a bebida se tornou a minha companheira.

Continuei chegando atrasado nos treinos. O clube tentava passar um pano na imprensa, eu recebia as multas no meu salário e nem me importava mais. Era tanta grana que eu ganhava, cara. A primeira multa dói. A segunda, tu fica puto. Na terceira, você já nem liga. E isso vale para os dois lados. Também estavam me tratando dessa maneira. Mesmo assim eu entrava em campo, muitas vezes como titular. Porque eu tinha meus altos e baixos, e mesmo com os atrasos, ou faltas, eu treinava. Tentava mostrar que eu conseguia aguentar o tranco.

E como o time estava disparado na tabela, também não tinha por que o clube ficar encrencando. No fim, todos queriam aproveitar o momento. Não é sempre que se vence o campeonato italiano dessa forma, atropelando os rivais. Na verdade, o jogo do título seria em casa contra a Roma. O San Siro estava lotado, entrei como titular, ao lado do Ibra. Baita festa bonita, com mosaico e tudo na arquibancada, tá ligado? A Inter vinha numa sequência grande de vitórias. A Roma era a segunda colocada na tabela, mas a nossa vantagem era tão larga que eles sabiam que não tinham mais chance. A única coisa que eles poderiam fazer era estragar a nossa festa. O futebol é foda.

A Roma jogou muito nesse dia, saíram na frente, fizeram um a zero. Mas a gente não se desesperou. Eu consegui um pênalti, e o Materazzi fez o gol. A foda é que o Doni agarrou pra caramba. Filho da mãe. Era pra gente ter virado numa cabeçada quase perfeita que eu dei. Cruzamento do Maicon pela direita. Pulei alto e testei pro chão, como manda o manual. Mas o Doni, não sei como, conseguiu salvar. A bola já tinha até passado por ele. Bom, tem dia que de noite é foda mesmo. A Roma venceu. Festa adiada.

Como se não bastasse, um tribunal lá da Itália, essas paradas de esporte, me suspendeu por dois jogos. Disseram que eu simulei o lance do pênalti que o Materazzi fez o gol. Eu tinha induzido o árbitro ao erro e por isso estava sendo punido. Tu acha que tem cabimento uma merda dessa? Na Itália, ainda por cima. Palhaçada, óbvio. Não pude entrar em campo no jogo seguinte, que vencemos e levantamos a taça do Italiano. Foda.

Eu fiquei bem puto. Óbvio, era uma alegria ser campeão, mas aquela tinha sido a pior temporada da minha vida. Nunca tinha enfrentado tantos problemas como jogador. Era gritaria com o meu nome o tempo inteiro. Até o direito de ser campeão no gramado os caras deram um jeito de me tirar. Porra, foi a temporada da zica. Eu sabia que não tinha ajudado o meu time como deveria, mas eu não estava bem. Ganhar aquele campeonato, de certa forma, era um sonho. Fiquei triste a pampa com a suspensão, e comecei a beber, óbvio.

O time voltou para Milão para as comemorações. Nos reunimos em um hotel, e eu sentei a mão no danone. Sem miséria. Quando a gente saiu para o desfile pelo centro da cidade, eu já estava especial. Fui sem camisa em cima do caminhão. Doidão mesmo. Depois fomos para a Duomo e alguém me deu uma peruca azul e preta, meio black power, tá ligado? Coloquei aquilo e não tirei mais. A praça estava lotada, e a torcida ficou maluca. Eu era o palhaço da turma. Tirei foto com todo mundo. Até com o Mancini.

Porra, ele sabia que eu não tinha ressentimento. Não éramos amigos. Trabalhávamos juntos. Uma relação profissional que rendeu títulos. Tivemos nossos problemas, mas no final era pelo bem do time. Levei tempo para entender, mas essa era a verdade. Quando a festa com a torcida estava terminando, eu falei que seria o anfitrião do segundo tempo. Ninguém conhecia a noite de Milão como eu. A galera riu, óbvio. Fomos para a Luminal, que era uma discoteca bem famosa da cidade. A balada comeu solta até que alguns colegas começaram a arregar. O Ibra meteu o pé, filho da mãe. Falou que estava cansado. Deve ter ido jogar videogame.

Lá pelas tantas, eu olhei para um lado, olhei para o outro, e só estávamos eu e os meus cumpades no camarote. Quase todo mundo do time já tinha ido embora. Porra, estavam de sacanagem, né? Puxei meu primo. "Rafael, bora pra Hollywood", ele já me conhecia. Nem discutiu. Pegou o carro e fomos fechar a noite na minha balada preferida. Agora era só cumprir tabela. Em um mês e pouco, estaríamos de férias. No fim, mesmo sofrendo a temporada mais complicada da minha carreira até então, eu fechei o ano com um título muito importante na mão. Papai do céu abençoe.

Algumas semanas depois, comemorei o aniversário de um ano do meu filho. Peguei o moleque no colo. Olhei fundo nos olhos dele. Era um bebê, cara. Frágil de tudo. Não tem nada que possa te comover mais que isso. Meu filho. Olhei tanto para o Adrianinho. Ele nem piscava. Era como se eu pudesse ver pelo reflexo dos olhos dele. O ambiente em volta foi perdendo a névoa que me acompanhava há tantos meses. Quando você enxerga as coisas com nitidez, é difícil não encontrar um caminho. As opções aparecem. A direção meio que se impõe para você, tá ligado? Tinha sido assim a minha vida inteira. Eu não precisava pensar para escolher uma rota. Com ou sem a bola.

Depois de tudo que eu tinha enfrentado desde a morte do meu pai, eu simplesmente não conseguia mais achar um rumo. Aquela porra de túnel que eu entrei não terminava nunca. Às vezes, eu tinha um respiro, tirava a cabeça do fundo d'água pra puxar um ar, mas logo a luz se apagava de novo. Eu nunca quis aquilo para a minha vida. Eu não era rebelde. Não queria provar nada. Não queria desafiar ninguém. Nunca me achei superior a ninguém. Perdi o caminho, foi isso.

Meu filho me encarava de volta, ele devolvia o olhar compenetrado. Nós dois estávamos tentando achar uma saída. Cheguei a uma conclusão. Era hora de assumir o meu papel na vida. Quando saí de casa, eu era um moleque. Tinha 18 anos. Era verde de tudo. Um completo idiota, podemos dizer assim. Não tinha experiência alguma e aquilo me deixava frágil. O que eu tinha, na verdade, era referência. Eu olhava para os meus pais, e entendia que ali estava a minha segurança.

Fiz o que tinha que fazer na Itália. Mudei de cidade. Conquistei espaço. Cresci. Ganhei títulos. Fiquei famoso. E a grana veio. Muito mais do que eu poderia ter sonhado. A fragilidade que eu tinha era compensada pela proteção dos meus pais. Com 25 anos, eu ainda era um moleque, pra ser sincero. Já tinha idade para ser pai. A experiência acumulada não era pouca, mas eu ainda era um idiota, sem a maturidade necessária para a ocasião, e aquilo continuava sendo a minha fragilidade.

Não falo sobre futebol. Porque a profissão em si acabou se consolidando na minha vida. Não escolhi jogar bola. Fui escolhido. Nunca houve outra alternativa para mim. Em nenhum momento eu pensei: *Se aqui não der certo, eu vou virar taxista*, por exemplo. Não tinha outro caminho possível. Graças a Deus, as coisas se desenrolaram bem pra mim. Trabalhei muito, e o resultado apareceu.

A maturidade de que eu falo é sobre a vida. Aprender a tomar decisões. Isso é muito difícil de alcançar. Pra todo mundo, acho. Não sei como vocês se sentem, mas eu sei que pra mim foi sempre duro. Muitas vezes, deixei que os outros tomassem a decisão por mim. Em alguns casos, deu certo; em outros, foi uma cagada completa. Naquele momento, com meu filho no colo, entendi que não dava mais para escapar. Eu tinha que tomar o controle da minha vida. Até para poder olhar para o meu bebê e ter a certeza de que eu estava fazendo por ele o que o meu pai fez por mim.

Eu nunca quis prejudicar ninguém, isso é importante que fique claro. Tudo que fiz foi porque eu não consegui tomar outro caminho. Nunca tive a intenção de ser o rebelde do grupo, de querer pagar de fodão, aquele que entra e fala: "Quem manda nessa porra sou eu". Nunca. Não fui criado assim. Tanto que eu carrego o peso das minhas decisões erradas até hoje. Mas, sinceramente, não sei se existia uma possibilidade diferente para mim. Não sei.

Terminei a temporada acima do peso outra vez. Sofri com algumas lesões durante o ano. Minhas costas doíam. Doem neste momento, pra ser sincero. Convivo com este problema. Não fui convocado para a Copa América de 2007. Tudo reflexo da vida que eu estava levando. Meu filho ainda não tinha idade para entender nada disso, mas ele me via. O olhar dele sacava o meu desespero. Mais uma vez, me esforcei para encontrar a direção correta.

No fim, dizem que a gente nunca aprende a tomar decisão. Na verdade, a gente toma tantas decisões na vida, que aprende com o que não dá certo. Faz sentido? Não tô querendo filosofar, não, negão. Não sou disso. Meu papo é reto. O meu ponto é que eu sabia que, se eu fosse pro Rio de Janeiro para passar as férias do mesmo jeito que eu tinha feito nos últimos anos, a merda se repetiria na temporada seguinte. Não tinha como. Eu bombei a quinta série três vezes, mas eu não sou burro. Falei com o meu procurador e com o clube. Eu queria treinar enquanto estivesse no Brasil para ganhar tempo.

O professor Gaudino, que era um treinador da Inter, veio até o Rio e pegamos pesado. Eu segui as orientações dele. A gente ia para a praia e dava o maior gás. Eu estava inspirado pelo meu ídolo também. O Ronaldo gostava de treinar na Barra e nos encontramos algumas vezes. Mano, eu tinha essa vontade de conseguir pelo menos uma Bola de Ouro. Me lembro das vezes que o Fenômeno ganhou. Aquilo me inspirava. Futebol para isso eu tinha, só precisava colocar a cabeça no lugar.

Quando as férias acabaram, voltei para a Itália com a Daniele e o Adrianinho. A Inter preparou uma espécie de retiro num lugar bem elegante, na Sardenha, acho. A ideia era que todo mundo do time fosse com a família passar uns dias, tipo uma colônia de férias. A Daniele topou, e eu cheguei com eles. Eu era um cara diferente, irmão. Tô te falando. Meu maior sonho era formar uma família, viver em paz, conquistar tudo com a Inter e voltar para a Seleção.

A Copa da África do Sul ainda estava longe. Até lá, eu poderia me recuperar. Chegar ao mundial com 28 anos seria perfeito. Dizem que é a idade ideal para os atacantes alcançarem o auge. Enfim, o tempo ainda estava do meu lado. A nossa pré-temporada foi em Riscone di Brunico, uma região montanhosa na Itália, em que o pessoal gosta de esquiar no inverno. No verão é lindo também, e não tem muitas distrações. É o lugar perfeito para se preparar com tranquilidade.

Eu cheguei para os treinos pronto para as críticas da imprensa e a impaciência da torcida. Não fui protagonista na conquista do *Scudetto*, estava muito claro pra mim. Por isso era óbvio que a enxurrada de críticas e questionamentos em cima de mim continuaria. Normal. Faz parte da profissão, mas o que aconteceu foi o contrário. A torcida da Inter lotou o nosso resort, e eu só recebi carinho de todo mundo. Mais uma vez os interistas me apoiaram. Conversei com a imprensa, reconheci meus erros e insisti que tinha virado a chave. Chegava de confusão. Eu queria retribuir a confiança que o Moratti tinha me dado.

O que eu não sabia é que a paciência de alguns dentro do clube já tinha chegado no limite. Os caras estavam se movimentando para me despachar, mano. Sério. Vieram com conversa de me emprestar. Os jornais publicaram que uns times da Inglaterra estavam atrás de mim. Meu procurador me disse que a gente poderia trocar uma ideia e ver o que era possível. Até a minha mãe perguntou se não era hora de eu tentar algo diferente em outro lugar.

A Inglaterra não era a potência que é hoje, mas sempre foi uma liga de destaque. O Chelsea já tinha tentado me contratar. Agora falavam que West Ham e Manchester City também queriam fazer proposta para a Inter. A multa do meu contrato era absurda. Na renovação, subiram para 200 milhões de euros. Imagina isso... Ao mesmo tempo, a Inter dizia que eu era "patrimônio importante do clube". O que isso queria dizer? Que mesmo fodido e desacreditado, os caras não queriam me entregar de graça.

Foda. Jogador de futebol é isso. Somos "patrimônio" do clube. A diferença é que eu já tinha nome, então a minha palavra também contava. E eu deixei claro que não queria sair da Inter. Falei para a minha mãe que estava feliz lá. Meu problema não era o clube, pelo contrário. Eu não dizia da boca pra fora que a Inter era a minha segunda casa. As pessoas me tratavam bem, e eu gostava de todo mundo. Ou de quase todo mundo.

Eu entendia que meu lugar entre os titulares teria que ser conquistado outra vez. Não seria fácil. Mas eu acreditava que poderia voltar ao que eu era. Porra, não tem como desaprender a jogar bola. Tu só não faz as mesmas coisas porque perde o físico, tá ligado? O mental também atrapalha, óbvio. Esse era o meu problema. Com a idade que eu tinha, ainda dava pra voltar. Nem todo mundo acreditou que seria possível.

Alguns diretores da Inter me trataram com respeito o tempo inteiro. O Lele Oriali, por exemplo, era um desses. Outros é melhor nem citar o nome porque não merecem. Tem gente que te dá tapinha nas costas e vem cheia de sorrisinho quando está tudo bem. Quando tu pisa na bola, essas mesmas pessoas esquecem quem você é e começam a te criticar, a fazer joguinho. E isso eu nunca suportei. Ou é de verdade, ou não é.

Caralho. Que horas são? Porra, a gente já está aqui há mó tempão, né? Olha o pôr do sol. Que do caralho! Quer pedir a conta? Eu tenho que ir embora, na real. A Renata tá me ligando desde que a gente chegou. Eu tô fingindo que perdi o celular. Porra, tem compromisso de trabalho amanhã. Minha assessora não dá mole. Preciso descer pro Rio. Mas tá tão gostoso aqui, né? Sei lá vocês, mas eu tô me sentindo confortável. Tá, eu vou tomar a saideira enquanto conto o final da história. Pode ser? Fechou.

Final da história é modo de falar, porque tem muito pela frente. Minha caminhada mesmo não acabou ainda. Quem sabe eu não volto a jogar? Eu nunca me aposentei, tu tá ligado, né? Diz aí, Hermes. Se quiser eu volto. Brincadeira, irmão. Eu nunca anunciei a aposentadoria, mas não tenho vontade nenhuma de jogar mais. Porra. Muita dor de cabeça. Não tem como. Não gosto nem de ir ao estádio hoje em dia, imagina. Confusão do cacete. Pena que eu não ganhei a Bola de Ouro. Levantar a orelhuda da Champions League teria sido maneiro também. É mesmo.

Eu gostava de jogar a Champions, mas até essa chance eu perdi. Porra... tu não sabia? Foi nesse ano aí mesmo, 2007. A temporada começa no meio do ano na Europa, né? Então, foi no verão de 2007. Verão deles, claro. Hemisfério norte que fala, né? Isso aí. Fiz a pré--temporada como manda o figurino. Levei até a Daniele e o meu filho comigo. Já tinha começado a treinar nas férias. Meu plano era assumir o controle da bagaça. Mas como diz o Mike Tyson, todo mundo tem um plano até tomar um soco na cara.

Não fui relacionado para o primeiro jogo da temporada, a Supercopa. O treinador me avisou que eu não ficaria nem no banco. Achei ruim, óbvio. Uns dias depois, não fui relacionado para a estreia do

Italiano. Era isso. Os caras queriam me encostar. O treinador falou na imprensa que talvez fosse melhor eu sair do time. Queriam me emprestar para um clube em que eu pudesse ter sequência de jogo. Porra, qual é a mensagem por trás de uma declaração dessas? Que na Inter eu não teria lugar. Muito bom para o moral, não é?

Eu estava fazendo aquela merda toda pra nada. Comecei a sentir o cheiro de arroz queimado. Conversei com o meu procurador. A verdade é que eu não via saída para o que estava acontecendo. Até que veio mais uma paulada: o Mancini me deixou de fora da lista de jogadores da Inter que disputariam a Champions League. Falou na imprensa que o time tinha outras opções no ataque, eu não era uma delas. Não conversamos antes de a lista ser fechada. Fiquei sabendo quando não tinha mais volta. Pois é, negão. O que eu iria fazer?

Óbvio, ainda poderia jogar as partidas do campeonato italiano, mas o objetivo principal do time era conseguir um bom resultado na Europa. E pra Inter, bom resultado é título. Eu oficialmente não teria como participar disso. Fui colocado numa prateleira abaixo. Agora eu era o quinto atacante do time, vamos dizer assim. Foda. Meu poço não tinha fundo, negão. Eu sei que a minha casa virou um inferno. A imprensa toda foi para a minha porta. Até o muro, que a gente mandou subir, não dava conta da confusão.

Os caras trepavam em árvore, traziam escada, faziam a porra toda para fotografar o que estava acontecendo lá dentro. Era uma loucura. Eu não aguentava mais aquela merda. Minha família ficou assustada. Me lembro que a minha mãe estava na Itália com a vovó e o Thiago no meio daquele furacão. Eu me afundei numa depressão braba, cara. Foi feio mesmo. Minha família percebeu e ficou perto de mim.

Um certo dia, estava aquele fuzuê lá fora e por algum motivo eu fui na cozinha. Acho que os fotógrafos estavam esperando que eu fizesse alguma festa em casa para afogar as mágoas. Imagina, com a minha família toda por lá? Não fode. Enfim, entrei na cozinha e vi minha avó fervendo uma panela grandona de água. Achei estranho.

Não era hora de cozinhar. "Vó, o que a senhora está preparando?", eu perguntei. Ela daquele tamanho todo, batendo na minha cintura, virou pra mim e disse: "Não estou cozinhando nada, meu filho. Eu vou ferver essa água para jogar em cima dos *repórter*. Quero ver se vai sobrar algum no nosso muro".

Porra, tu ri? Hoje eu dou risada também, mas na hora eu fiquei apavorado. Era só o que faltava. "Não faça isso, vó. Pelo amor Deus", eu disse enquanto desligava o fogo e jogava a água quente na pia. Puta merda. Tadinha da vovó. Ela queria me ajudar, mas escaldar a imprensa italiana provavelmente não resolveria muita coisa. Misericórdia! Caralho, bicho... Que merda toda que estava acontecendo.

Os vizinhos começaram a ficar putos com aquela confusão. Eu abusava nas festas quando a minha família não estava. Deixava o som rolando até tarde e mesmo com a acústica que eu mandei fazer o barulho vazava. Gente entrando e saindo no meio de um vilarejo nas montanhas, imagina. A minha sorte é que eu sempre fui sorridente. Mesmo com a coisa ruim pro meu lado, eu tratava as pessoas bem. O prefeito da região gostava de mim e me procurou um dia. "Adri, temos uma situação delicada aqui. Preciso falar com você", ele explicou.

Pra resumir a história, meus vizinhos estavam falando em fazer um abaixo-assinado para que eu fosse embora da cidade. "Eu sei que você é um bom garoto. Pega leve no barulho. As pessoas gostam de você. Mas todo mundo quer dormir. San Fermo della Battaglia é uma comuna tranquila", ele me disse. Pedi desculpas. Falei que não estava fazendo por mal e que tomaria mais cuidado. Só me faltava essa agora. Cara, estava tudo de pernas pro ar na minha vida. Como é que eu me concentraria desse jeito? Impossível. Mas continuei tentando.

O futebol te dá uma chance nova toda quarta e domingo. Por mais que o treinador não queira contar com você, não tem jeito. Uma hora um jogador se machuca. Depois outro está suspenso. Sempre vão precisar de quem está no elenco. Eu segui trabalhando aos trancos e barrancos. Meu procurador foi me visitar. Dessa vez, a conversa era sobre o que aconteceria comigo na janela de inverno, na virada do ano. Até o Berlusconi chegou a dizer que gostaria de contar comigo no Milan.

Vou te falar, estava cheio de camarada meu lá. Jogar com os amigos não seria ruim, mas uma traição dessas com o Moratti e a torcida não combinava comigo. Eu entrava e saía de La Pinetina com o moral arrasado, isso não tem como negar. E ainda tinham uns caras que não me ajudavam em nada. Um desses diretores era o Marco Branca. Não quero falar mal do sujeito, mas a gente não se bicava, vamos dizer assim. Não tenho por que esconder isso.

Saí do treino um dia e encontrei o meu procurador conversando com o Branca e com o doutor Combi. O clima estava pesado. "Adriano, o pessoal aqui está desconfiando de você. Estão preocupados com doping", meu procurador disse. Irmão, meu sangue ferveu na hora. Fechei a cara e olhei para os dois indignado. "Como é que é? Que porra é essa que vocês estão falando?", eu respondi. "Não, Adri. Você sabe. A gente quer te proteger, mas tem uma conversa na imprensa… também ouvimos uns boatos", o Branca disse.

Cara, eu fiquei galudão. Estufei o peito e levantei a cabeça. "Boato de quê, cara? Fala logo. Tu tá achando que eu uso droga?", respondi olhando de cima pra baixo. A sobrancelha estava arqueada. "Adri, veja bem. Estamos preocupados com você, é só isso", o doutor Combi falou. "Preocupados é o caralho. Faz a porra do exame, então. Pode fazer agora. Mas faz aquele do cabelo, que pega de vários meses pra trás", eu falei.

Bom, eu estava a um triz de perder a cabeça, cara. Foi quando o tal do diretor fez uma piadinha que caiu muito mal. "Poxa, Adri. Vamos fazer exame de cabelo contigo como se você é careca?", ele falou. Malandro, minha vontade era de abrir a mão e dar uma chapada na orelha do filho da mãe. Sem sacanagem. Diz aí, Hermes. Conta pra eles como eu fico quando estou puto. Enfiei a mão dentro da calça. Agarrei meu saco. Arranquei um tufo de pentelho e por pouco não esfreguei na cara dele. Pode ligar para o Gilmar pra perguntar se eu tô mentindo.

"Faz exame com esse cabelo aqui então, cara. Acho que vai ser o suficiente", eu disse, balançando os meus pentelhos no meio do CT. Eu estava descontrolado, irmão. Não me acuse de algo que eu não faço. Já disse. Eu não uso nem nunca usei droga. Vai tomar no cu.

Marcaram os exames na Inter. Aí era eu quem fazia questão de ser testado por esses caras. Brincadeira, mano? Até isso eu tive que tolerar. Mas tudo bem. Não demorou muito pra eles virem me dizer que não tinham encontrado nada no meu corpo. Eu não precisava me preocupar com antidoping. Cê jura? A questão é que o clima já tinha azedado por completo. Deu pra ver, né? Eu não tinha outro caminho senão engolir o choro. Continuei treinando.

Minha família me apoiou outra vez. Meu filho me dava forças. Minha mãe e a vovó cuidavam do resto. Eu corria o que dava e o que não dava nos treinos. Mas minha condição ainda estava longe do ideal. Demorei para voltar a jogar com frequência. Fiquei no banco. Aguardei a minha vez. E segui deprimido. Vamos ser sinceros. Como é que eu ganharia ritmo de jogo se eu não jogava? Até que finalmente eu apareci na lista dos titulares de novo. Bora pra mais um recomeço, eu pensei.

A partida era fora de casa, contra o Reggina, pelo campeonato italiano. Já estávamos entrando no final de outubro. Eu ainda não tinha marcado nenhum gol na temporada. Mas também tinha poucos minutos em campo. Era véspera de rodada da Champions League, e o Mancini escalou um time quase reserva. Daí surgiu a minha oportunidade. Beleza. Vamos nessa. Não adiantava brigar com a realidade.

Logo no começo do jogo, o Figo cobrou uma falta cruzando na área. A bola passou por todo mundo, e eu relei nela de cabeça. Gol da Inter. Eu não estava contando. Mas os jornais lembraram que fazia seis meses que eu não marcava. Puta merda. Gol chorado também vale. No começo do segundo tempo, quando a gente se preparava para mais uma falta no ataque, subiu a placa com o número 10 em vermelho. Mano. Sério. Dez minutos do segundo tempo. Esse cara só pode estar de putaria comigo.

Eu fiquei atordoado, tá ligado? Porra, a gente ganhando, jogo com time misto, eu não entrava em campo fazia um mês, e o treineiro me tira? Pra colocar o Zanetti ainda por cima. Todo respeito ao nosso capitão. Por Deus. Não entendam errado porque esse cara é meu irmão. O que eu tô falando é que a gente nem do mesmo setor é. Uma mudança tática? Vai entender a cabeça do treinador.

Cara, olhei desacreditado para o banco. Meus ombros desabaram. Fiquei até de boca aberta. Sem sacanagem. Me faltou o ar. O Maicon percebeu a minha reação e veio me dar um abraço. Saí de cabeça arriada, negão. A torcida começou a vaiar. Foda-se, era torcida adversária. Mas aquilo era um gatilho pra mim. Não tenho como negar. Me veio tudo na cabeça outra vez. Eu fiquei desolado com a substituição.

Os caras estavam realmente me testando, não é? Eles esperavam que eu faria o quê? Que aceitaria tudo quieto? Abaixaria a cabeça mais uma vez? Estavam me tirando pra comédia? Queriam me humilhar? Mano. Eram esses os pensamentos que passavam rasgados enquanto eu andava em direção ao banco de reservas. Quando cruzei a linha lateral, o Mancini veio me cumprimentar. Ele estendeu a mão direita e inclinou o corpo na minha direção. Eu sequer olhei pra ele. Passei batido. Tomar no cu dele. Sentei no banco com a cabeça a milhão. Eu olhava para o gramado e pensava: *e agora?*

E agora que eu estava na merda, né. O que vocês acham? No dia seguinte, o treinador deu entrevista dizendo que não tinha problema nenhum, que entendia minha reação de não cumprimentá-lo e que por ele eu estava desculpado. Eu também pedi desculpas pelo gesto mal-educado com o Mancini. Falei que não estava feliz com a situação toda e que a minha reação era reflexo do que eu estava vivendo. O Moratti disse para os jornalistas que não existia crise, que estava tudo sob controle. Até que veio o jogo seguinte, e eu não fui relacionado. E mais um, e eu não fui relacionado.

Treinei de manhã e, quando cheguei no San Siro, descobri que não estava nem no banco. Pedi para ir embora. Eu não estava com cabeça para enfrentar aquilo. Mesmo assim, treinei pra valer no dia seguinte porque tinha o dérbi em alguns dias. Veio o terceiro jogo, clássico contra a Juve. Eu não fui relacionado. "Adri, você está de folga. Pode ficar em casa", foi o que eu ouvi. Aí, né, mano, pra bom entendedor... Agradeci. E decidi que a folga seria estendida. Não fui treinar no dia seguinte.

Nem a imprensa acreditava nas palavras do Mancini. Ele insistia que não estava me punindo, que na verdade eu não tinha condição de jogo e que por isso não estava sendo relacionado. Tu acredita se quiser. Uma coisa eu falo mesmo, eu realmente não estava bem. Tamo aqui na praia entre amigos conversando mais de quinze anos depois, eu poderia dizer pra vocês que o Mancini era isso ou aquilo. Poderia colocar a culpa toda no cara. E daí? Eu estaria mentindo. Eu realmente não estava bem.

Minha depressão tinha chegado a um nível que eu não gosto nem de lembrar. Nada mais funcionava. Uma coisa leva a outra, negão. Pra jogar bem, eu precisava de sequência, e eu não tive isso. Para ter sequência, eu tinha que treinar bem, e eu não conseguia manter o foco por muito tempo. Para não beber e não ir para a balada, eu tinha que estar com a cabeça no lugar. E sem jogar nem fazer gol era impossível. Tá entendendo o tamanho da cagada? Uma coisa estava ligada a outra.

Meu procurador voltou para a Itália porque a situação estava insustentável. Eu deveria ter pulado fora mesmo no verão. Porque eu não tive chance real no time depois que decidi ficar. Eu sentia que com o Mancini não tinha mais volta, ele também dava todos os sinais de que não teria reconciliação. Eu precisava ir embora. Porra. Estávamos na primeira semana de novembro. O que eu faria até a janela de transferências abrir de novo em janeiro? Ficar enchendo a cara em Milão é que não dava. Ir para o Rio de Janeiro seria pior ainda. A imprensa não me deixaria em paz.

Eu tinha caído na mesma situação de um ano atrás, mas agora o buraco parecia ainda mais fundo. Pior de tudo era imaginar o que poderia acontecer com a minha carreira. Pra onde eu iria nessas condições? Nem o meu clube estava botando fé em mim. Eles falavam que não me venderiam porque eu era "patrimônio importante" do clube. Por menos de 25 milhões de euros, não teria transferência definitiva para lugar nenhum. Eu não queria ser emprestado. Porra, eu já tinha pulado essa fase. Não mudaria a minha vida inteira de lugar por uns meses, sem garantia de que as coisas dariam certo, só porque me consideravam um patrimônio. Eu era um funcionário. E se ganhava muito era porque em determinado momento eu entreguei bastante para eles. Não me deram nada de graça, não, negão. Para alguém assinar um contrato de 7 milhões de euros é porque tu tá gerando muito mais que isso pra eles. Ou eu estou errado?

Pra encurtar a história, eu passei por dias que eu prefiro nem lembrar. Ninguém sabia o que ia acontecer. Meu procurador se reuniu com os diretores e voltou com cara de poucos amigos, sem solução. Decidimos que eu iria junto na próxima reunião, na Via Durini. Estariam todos lá: a diretoria, o presidente, o meu procurador, eu e até a minha mãe. Fizemos uma reunião de cúpula para acertar os ponteiros e definir o próximo passo.

"Adri, antes de mais nada, eu quero te dizer uma coisa. O que está acontecendo com você não é motivo de vergonha. Já aconteceu e acontece com muita gente", o Moratti disse daquele jeito sereno e elegante dele. "Eu quero te dar uma sugestão. Nós gostaríamos de te mandar para um lugar muito especial", ele seguiu. Eu olhei para a minha mãe. Ela arregalou os olhos. Pegou na minha mão. "O doutor Combi vai te explicar os detalhes, para você entender. Ele vai te explicar sobre esse lugar que fica na Suíça. É uma clínica com discrição absoluta. Vários amigos meus já se trataram lá. Pessoas importantes aqui da Itália, inclusive."

Neguinho… eu não entendia aquela conversa. O que eles estavam pensando em fazer? Isso mesmo. Queriam me internar. Falaram que eu deveria passar um tempo numa clínica de reabilitação na Suíça. Eu estava deprimido e não tinha noção das coisas direito. Eu não entendia o que eles estavam falando. Que porra de ideia era aquela de me internar? "Eu não sou maluco, presidente. Com todo o respeito. Por que vocês estão querendo me mandar para um manicômio?", eu falei. Comecei a me alterar na reunião. Aquela ideia era absurda. Tu já viu isso? Jogador internado em clínica de reabilitação? Puta merda.

"Não, Adri. Calma. Não é um manicômio, é uma espécie de sanatório. É um lugar de padrão muito alto, com os melhores profissionais do mundo. Eles vão poder te ajudar com os seus problemas", eles me disseram na reunião. "Você vai fazer uma desintoxicação e, mais importante, uma reeducação sobre os seus hábitos", eles insistiram. Eu não queria ouvir. Fiquei revoltado. Olhei para a porta assustado. Achei que entrariam uns enfermeiros com camisa de força a qualquer momento. Que merda era aquela, mano? Eu não aceitaria de jeito nenhum. Queria sair da sala imediatamente. Eu, hein!?

"Não, não, não, mil vezes não", eu berrei. "Se vocês não me querem aqui, tudo bem. Vamos ver o meu contrato e o que dá pra fazer. Mas eu não vou aceitar essa ideia. Vamos embora, mãe. Qualquer coisa vocês decidem aí com o meu procurador. Não precisa me pagar nada. Eu não vou ficar aqui tomando o que é dos outros, mas hospício eu não aceito", eu disse enquanto me levantava puxando a minha mãe pelo braço. E assim acabou a reunião.

Meu procurador foi atrás de mim. "Adriano, se acalma. Você entendeu tudo errado. Não é um hospício. É uma clínica para você se tratar. Parece um hotel cinco estrelas. A única diferença é que tem acompanhamento médico", ele disse. "É um lugar de magnatas. Dizem até que uns filhos da família Agnelli, dona da FIAT e da

Juventus, já foram tratados lá", ele insistiu. "Gilmar, me ouve. Eu não vou pra porra nenhuma de clínica na Suíça. Tu tá maluco? Ainda mais no inverno, cara. Eu vou ficar mais deprimido trancado lá sozinho", eu respondi.

Meu procurador ficou me olhando, sem saber o que dizer. "Vai pra casa com a sua mãe. Eu vou encerrar aqui com eles e já te encontro lá." Saí pisando duro do Palazzo Durini. Porra. Nunca imaginei que chegaria nessa situação. Fui tão bem recebido na primeira vez que entrei ali quando era moleque. Agora estavam querendo me internar. Bem nessa época, tinha aquela música da cantora de Londres que morreu. Não parava de tocar em todos os lugares. Como ela chamava mesmo? Aquela inglesa doidinha da cabeça também. Isso. Amy. Amy Whitehouse? Winehouse! Essa mesma. Ela cantava que não ia pra *rehab* nem fodendo. Era o meu caso. Coitada, acabou falecendo, né? Que Deus a tenha.

Enfim, à noite, o meu procurador apareceu com uma solução. "Adriano, falei com uns amigos. Estou tentando achar uma alternativa", ele disse. "Você sabe que para o Rio você não pode ir. Só vai piorar as coisas." Eu concordei com ele. Não dava para ficar andando de bermuda, chinelo, com long neck na mão e sem capacete outra vez. Ainda mais no meio da temporada. "Eu falei com o Marco Aurélio Cunha. O Mac é meu amigo e está no comando do dia a dia do São Paulo", ele contou. "Eles têm um setor lá chamado Reffis. É como uma clínica também, mas fica dentro do CT. Todo mundo está indo se tratar lá, cara. Sem exagero, é um dos melhores centros para reabilitação de atletas que existe. Até aqui na Europa é difícil achar um lugar como o que eles construíram", o meu procurador seguiu: "Eu vou pedir para a Inter te liberar. Você fica um tempo em São Paulo se tratando. O Mac já conversou com o Juvenal, que é o presidente do clube. Não levaram nem cinco minutos para me responder. Adoraram a ideia. Eles querem você lá. Enquanto isso, eu faço uns contatos, e a gente tenta achar uma solução para o ano que vem. O mais importante agora é você se tratar", o meu procurador terminou.

Mano, eu não tinha muita alternativa. Entre ir para um manicômio na Suíça ou me mudar pra São Paulo para me tratar num dos maiores clubes do país... Não era nem uma questão de escolha. Aceitei na hora. Não demorou muito para que tudo estivesse definido. A Inter concordou com a sugestão feita pelo Gilmar. Assim como eu, eles também não tinham alternativa. Treinei pela última vez em La Pinetina. Limpei meu armário. Recolhi minhas coisas. Me despedi de todo mundo emocionado, mas sem rancor de ninguém. Fui até o Mancini. Dessa vez eu apertei a mão dele. Óbvio, a gente se despediu de boa. O cara também não queria brigar comigo. Eu sei disso. Ele me desejou boa sorte. Agradeci. E vida que segue.

Três semanas depois do jogo contra o Reggina, que eu marquei gol e não cumprimentei o Mancini quando fui substituído, eu estava embarcando de volta para o Brasil. Eu não jogaria mais naquele ano. Minha carreira tinha chegado a mais uma encruzilhada. Eu tinha 25 anos, e não sabia o que aconteceria dali pra frente. Os jornais italianos falavam que eu seria emprestado para a Inglaterra em janeiro. Iria para o Arsenal ou Manchester City. Eu sabia que aquilo era só papo furado. Se nem eu tinha definido o que aconteceria, como é que os repórteres podiam ter tanta certeza assim? A minha preocupação naquele momento era descansar uns dias.

A Inter mandou o doutor Combi para São Paulo. Ele foi conversar com os médicos do clube também. A ideia era montar um programa que fosse exclusivo para os meus problemas, físicos e de cabeça. Eu teria acompanhamento psiquiátrico e psicológico, além do trabalho na academia e no campo. Era mais uma oportunidade na minha vida. Se desse tudo certo, eu poderia até voltar para Milão, quem sabe? Em janeiro, eles poderiam inscrever outros jogadores na Champions League. Parecia muito improvável, mas era uma possibilidade. Foi com esse pensamento que eu embarquei em direção ao Brasil outra vez. Puta merda.

26. Não me chame de Imperador

Bora Aloísio. Acelera aí, cara. Tô com fome, caramba. Vamo jantar logo. Se eu começar a beber, já era. Não vai ter porra de programa nenhum amanhã. Tô falando sério, irmão. Não brinca comigo. A Renata te mandou aqui para tomar conta de mim? Ah, para com isso, negão. Não, dominó a gente joga depois, mas obrigado por ter trazido esse de presente. Bonitão a pampa. Todo de madeira, pintado à mão, olha só. Coisa fina. Dominó alagoano.

O quê? O meu é marcado? Tu tá maluco? Só sai pedra boa pra mim onde, cara? Eu sei jogar direito, e tu não. Te catar, cara… Que saudade que eu tava de você, meu amigo. Vem cá, me dá um abraço. Tu desaparece, caramba. Fica lá em Atalaia e esquece dos irmãos. Brincadeira, xará. Eu que sumo mesmo. Não tem como. Preciso mudar o número de telefone toda hora. Os caras descobrem rapidinho e começam a me incomodar. Jornalista, primo do amigo, vendedor, vá pra puta que pariu. Mas tu sabe. Liga pra Renata que ela me acha.

Vamo ali no japonês do shopping. Isso, entra aqui no Village Mall. Tu já veio comigo. Go-to-so. Eu nem preciso pedir nada, os caras sabem o que eu quero. Moleque sushi. Ih, caralho. Olha quem tá vindo ali. Ae, Negrete. Tá cheio de ouro, hein? Tudo falso! Tá certo, pelo Instagram ninguém repara. Não, irmão. Desculpa a brincadeira, não me leva a mal, não. Estamos indo jantar ali no japonês. Isso. Já comeu? Eu sempre vou lá. Demorou.

Amanhã? Não, a gente tem compromisso. Trabalho no domingo, e a galera acha que eu sou *bon vivant*… Vamos fazer um esquenta pra final. Vai ser na casa da minha mãe. É pra transmissão do jogo. Montaram a porra toda hoje. Ficaram o dia inteiro na casa da coroa. Tu vai no Maracanã? Eu não tenho como ir. Mas se tivesse, também não iria. Beijo, querido, fica com Deus. Oi, tia. Claro, vamos tirar essa foto aqui. Traz a pequena também. Tudo bom, meu anjo? Obrigado, querida. Amanhã é Mengão, mas fala baixo, porque senão meu amigo vai ficar chateado.

Vem cá, Aloísio. Ela quer tirar foto contigo. Bora todo mundo. Vamos, vamos. Não vou comemorar gol, não, mano. Eu não comemoro contra time que eu joguei. Tu não sabia, não? Fala pra eles, Aloísio. Mas em casa todo mundo é Flamengo. Obrigado, querido. Beijão. Bora, Aloísio. Tô com fome, caramba. Moleque, sushi! Nem cavalo aguenta.

Eu tenho o meu reservado lá também. Eles encostam a porta, e a gente fica de boa. Eu vou até deitar no sofá, tu vai ver. Não brinca, não. Boa noite, meu querido. Só eu e esse traste aqui. Isso, pode trazer a minha garrafa, faz favor. Vou tomar só uma pra abrir o apetite. Tu vai beber o quê, Aloísio? Ah, o danone dele tu já sabe também, né, chefe? Valeu, obrigado, irmão. Não me fala de horário, mano. Meu relógio está quebrado. Vamos aproveitar que ainda está cedo. Tu tá parecendo o Muricy, caralho, querendo me dar bronca, controlar a minha pontualidade, para com isso, cara. Já tenho a Renata no meu pé o tempo todo.

Não vamos perder a hora pra amanhã, não. Fica sossegado. Ih, olha só. Chegou mensagem aqui. Os parceiros acenderam a churrasqueira na nossa laje. Isso, na comunidade. Bora? A gente toma um danone até a hora do jogo amanhã. Tu sabe que quando eu chego lá é pra virar a noite, né? Tô brincando, cara. Não fica nervoso. Dá um beijo aqui, safado. Te amo. Tu lembra quando a gente se encontrou pela primeira vez lá no Mansões depois de tantos anos? Caralho... Até hoje eu dou risada dessa história.

Foi mesmo. A Renata me ligou toda destrambelhada. "Adri! O Chulapa está querendo teu telefone. Disse que não consegue falar com você desde a época do São Paulo. Posso passar?" Pode passar? Porra, fala pra esse filho da mãe vir pra minha casa agora. Demos sorte, né? No dia seguinte, tu chegou no Rio. Foi isso mesmo. Aí eu liguei pra Renata às sete horas da manhã. "Cadê vocês? Já pousaram? O quê? Vai pra porra de hotel nenhum. Vem direto pra minha casa. Tô esperando vocês desde ontem, caramba."

Que alegria, irmão. Eu estava pernoitado te esperando. Tu chegou virando logo uma ampola de seiscentos num gole só. Foi mesmo. Pra entrar no clima. Tu sabe que aquele vídeo que a gente gravou dançando Michael Jackson faz sucesso até hoje no Insta? Puta merda. Te marcam também? Caramba, irmão. Todo dia eu recebo mensagem com esse vídeo. Ficou bom demais. Eu adoro Michael Jackson, tu sabe. Uuuuuuoooooouuuuuu. Eu não sei cantar essa porra, mas danço mesmo. Coloca aí no celular, Chulapa. Que não pode o quê, cara? Eu venho nesse restaurante toda hora. Tá bom... Quando chegar em casa a gente dança.

Tem falado com o pessoal do São Paulo? Faz um tempinho que eu não vou lá. Saudades da rapaziada. Tem muita gente da minha época que continua no clube, esses caras me ajudaram bastante. O Muricy ainda trabalha no time, né? Cara, ele falava comigo quase todo dia. Vinha conversar, queria saber como eu estava. Dava bronca também, mas na maior parte do tempo era um papo bom. Porra, eu tava até contando para a minha rapaziada outro dia lá em Búzios. Passamos o feriado na praia. Quer dizer, acho que não era feriado, mas enfim. Ficamos uns dias tomando um danone, conversando e jogando dominó. Contei tudo pra eles, você acredita? Foi mesmo.

É, porque a Inter queria me mandar pra uma clínica na Suíça. Tu não sabia, não? Pode crer. Eu não aceitei. Por isso que acabei no São Paulo. Quando eu cheguei da Itália, a gente foi direto praquele hospital grande que tem do lado do Morumbi. Hospital de bacana, como chama mesmo? Esse daí, Einstein. Os caras me reviraram inteiro, irmão. Fiz todos os testes que você possa imaginar. E não apareceu nada de errado. Nada. Procuraram tudo. Até droga, óbvio.

Eu estava zero bala na parte física. O meu problema era na cabeça mesmo.

Pra não dizer que eu estava cem por cento, me lembro que os médicos falaram de uma alteração no fígado. Acho que chama enzima, alguma coisa assim, que poderia ser relacionada a alcoolismo. Eu estava bebendo muito. Não era como hoje que eu tenho os meus dias de descanso na semana. Foda. Mas também na época eu era mais jovem. A gente abusa, não tem como. E com a depressão ainda... Complicado. Eu tava mal, negão. Passavam umas ideias erradas na minha cabeça o tempo inteiro. Eu tinha que sair da Itália. O São Paulo foi o meu escape.

Montaram um plano maneiro pra me recuperar. O psiquiatra que colocaram pra me tratar funcionou melhor que o da Inter, para ser sincero. Acho que era doutor Adriano também, o nome dele. E olha que eu quase não aceitei conversar com o cara. O meu procurador insistiu pra caramba; o pessoal do São Paulo, também. Mas eu estava cabreiro porque o doutor da Itália não tinha dado certo.

Antes de chegar no Morumbi, eu tinha aceitado ver uma especialista lá no Rio que falavam que era pica. Meu procurador veio com a recomendação. Ela tinha um consultório em Botafogo. Nos encontramos para almoçar antes da consulta. Minha mãe chegou na mesa toda animada. "Preciso contar uma coisa para vocês. Eu pedi um sinal sobre essa situação do Adriano. O que ele poderia fazer para melhorar. E o sinal veio. Eu entendi que o Adriano vai se curar sozinho", minha mãe falou.

Ela estava sofrendo demais com a minha situação. Eu também achava que poderia me tratar sozinho, tá ligado? Mas é muito difícil. Falei com a doutora do Rio, mas no fim eu senti confiança nos caras do São Paulo. Aceitei a proposta deles. Fui ao consultório do psiquiatra com o meu procurador. Mais uma consulta. Era uma sala cheia de quadros na parede com os diplomas do cara. Dava pra ver que o sujeito tinha estudado pra caramba.

A primeira conversa foi mais para entender o que estava acontecendo. Eu senti que ele poderia me dar uma força, sim. Quando a consulta terminou, nós dois saímos empolgados da sala. Meu procurador estava esperando do lado de fora. Ele percebeu a nossa empolgação. Falamos que o começo tinha sido bom. Tu acredita que o filho da mãe vira para o médico e diz: "Doutor, eu sei que o especialista aqui é o senhor, mas fique esperto com o Adriano. Ele é muito bom em driblar todo mundo". O médico riu. Eu encarei o meu procurador. "Não se preocupe. Eu trabalho com atletas e entendo um pouco de como funciona a mente de um jogador", o psiquiatra respondeu.

É mole? Enfim, eu queria entrar em campo. O ambiente no São Paulo era muito bom. Também... Estavam ganhando tudo nos últimos anos. Vocês eram foda. Ei, o Mineiro te paga pensão até hoje, né? Por aquela assistência que tu deu pra ele contra o Liverpool. Não? Como assim, Chula? Porra, vamo ligar pra esse safado. Até pro Chelsea ele foi depois, cara. Tu consagrou ele. Chama o Mineiro aí pra gente zoar ele. Liga por vídeo. Não é essa a piada que tu sempre conta? Sacanagem isso, caramba. Mas é foda, amigo.

O tratamento que os caras fizeram comigo lá foi bom mesmo. Começou a dar resultado rápido. Eu me sentia mais animado. A vontade de correr no campo, de fazer aquela parte chata da preparação voltou. Eu tive uma explosão de ânimo. Não queria mais ficar só em casa. A diretoria veio conversar comigo antes do Natal. Acho que tu nem ficou sabendo na época, ficou? Os caras me perguntaram: "Poxa, Adriano. Está dando tudo certo aqui. Você já está treinando com a gente há mais de um mês. Ano que vem vamos jogar a Libertadores de novo. Seria muito bom contar com a sua ajuda".

Eu ouvi aquilo com carinho, eu estava melhor mesmo. Não tinha como voltar para a Itália para jogar com o Mancini. Ainda não. O meu procurador me falou que, se eu quisesse, ele falaria com a Inter. "Acho uma boa você ficar aqui, Adriano. O time é forte, a estrutura é boa, e você está gostando", ele falou. O difícil seria a Inter liberar, era o que todo mundo dizia. O São Paulo não tinha condições de bancar o meu salário inteiro. Mas isso não seria problema, porque eu não estava preocupado com dinheiro.

A questão maior era o que a Inter pretendia fazer comigo na janela de inverno. Se tentariam me negociar, de repente fechar alguma troca na Europa. Os caras me chamavam de "patrimônio importante". Foda, né. A gente é isso, Chula. Não fique esperto pra tu ver. "Com a Inter não vai ser difícil", falei para o meu procurador e pra diretoria do São Paulo. "Não depende só de mim, não. Mas acho que essa eu resolvo rápido", garanti. Peguei o celular e liguei direto pro Moratti. Disse para o presidente que estava me sentindo muito melhor. Tinha dado um tempo com a bebida. Conversava com o psiquiatra. Seguia o tratamento dele e fazia a minha parte no campo.

"Presidente, eu gostaria de ficar por aqui pra jogar a Libertadores. O senhor me autoriza?", eu perguntei. "Adri, me alegro ao saber que você está melhor. O doutor Combi me falou que o tratamento está sendo muito bom. Você quer continuar em São Paulo? Quer ficar mais um pouquinho aí?", ele falou. Não tive dúvidas. Disse que sim. Eu iria me recuperar no Brasil. "Mas quero voltar pra minha segunda casa. Não esquece de mim, presidente", eu disse.

Olha só, o Moratti não parou de pagar o meu salário um dia sequer. Tá bom ou não? Meu procurador foi para a Itália discutir o contrato com o Branca. Eu ligava para ele de cinco em cinco minutos pra saber se estava tudo certo. Fiquei ansioso, cara. Em poucos dias, estava tudo resolvido, e eu fui apresentado no Morumbi. Verdade, Chula. Depois eu me arrependi disso mesmo. Nada a ver pedir para a imprensa parar de me chamar de Imperador. Mas é que aquilo era pesado demais para mim. Eu queria deixar o Imperador lá na Itália e voltar a ser o Adriano. Eu queria me reencontrar.

Eu estava perdido, cara. Tinha entrado nessa onda de ser o grande nome do clube, o cara mais famoso da cidade, dinheiro pra caramba, mulherada, balada, imprensa, a porra toda. Eu estava de saco cheio disso. E, na apresentação no Morumbi, pedi que os jornalistas não me chamassem mais de Imperador. Não tem como, né? A gente não pode negar a nossa história. Isso eu fui entender depois. Não adianta fugir do que já aconteceu. Tem que aprender a lidar. Porque senão tu vai passar o resto da vida se desculpando, se escondendo, tentando criar mais um personagem em cima daquele que tu já tem. Foda, mas é a realidade.

Eu me sentia bem em São Paulo e não queria estragar o momento. Tu lembra, né? Porra, aquela época no Tricolor foi foda. Fiz gol pra caramba. Pode ver que demorou vários meses pra nego me passar na artilharia do time, mesmo depois que eu fui embora. É loucura falar, mas esse foi o meu problema por lá também. O tratamento estava dando certo, eu voltei a jogar com frequência. Estava fazendo gol um atrás do outro. Achei que tinha me recuperado. Não pode dar mole, e eu dei. O São Paulo também era um pouco como a Inter. Os caras eram bons em contornar a situação real.

Eu enfrentei um momento muito pesado logo no começo da temporada. Tu lembra que eu tinha armado uma festa para comemorar o meu aniversário? Porra, chamei os meus parceiros do Rio. Eles iam de carro para aproveitar a noite com a gente. Acordei no dia do meu aniversário com um telefonema. Achei até que era a minha mãe me chamando logo cedo pra dar os parabéns. Aconteceu um acidente. O carro em que meus irmãos de infância estavam capotou.

O Cachaça e o Hermes viajaram juntos. Pernoitaram pra sair de manhãzinha. Perderam o controle. Eles capotaram ainda no Rio. O Cachaça faleceu. Meu amigo de infância, mano. Morto. No dia do meu aniversário. Morreu vindo me visitar. Caralho. Chorei muito. O dia todo. Aquela notícia me abalou demais. Não consegui sair da cama. Faltei no treino. Não avisei ninguém. Foda-se, eu já estava acostumado a faltar mesmo. Manda a multa aí que eu assino. Não tinha condições de sair de casa. Depois expliquei pro pessoal, e eles acabaram entendendo. E se não entenderam também, paciência.

Lembro do meu amigo até hoje. O falecido Cachaça era um cara especial. Não era à toa que eu desembarcava no Rio de férias e já saía direto para a casa dele. Era lei. Eu tinha que bater na janela dele e na do Hermes. Eu não perdia um minuto para encontrar os meus parceiros e aproveitar a nossa comunidade. Mas é isso. Infelizmente, a gente não controla essas coisas. Tu tem que ver os filhos dele, mano. Todos iguais ao pai. O Popó é o que parece mais com o Cachaça. E foi o único que ele não registrou. Filho da mãe.

Eu falei pra ele: "Tu tá de sacanagem, cara? O moleque é a tua cara!". Ele ficava puto e começava a chupar o dedo. Tu acredita? A gente ria a pampa. Parece até piada. Foda. Saudades do meu amigo, que Deus o tenha. Tive que engolir mais essa tragédia na minha vida. Nessas horas, não tem como não tomar um trago. Impossível ficar a seco. Aí também juntou nós dois, você e eu, né, Chula? As torres gêmeas. E não era só a gente também. Não teve como. Tomávamos muitas mesmo. Não tem por que mentir.

Porra, eu cheguei tortinho nuns treinos lá. Isso começou a incomodar. Alguém deve ter falado pro psiquiatra, que me chamou no consultório. Ah, mano. Vou te falar. Esse papo de médico, de psicólogo, não funciona comigo. Não adianta. A única pessoa com quem eu me abro é a minha mãe. Por Deus. Eu chegava no consultório e vinha o cara todo engomadinho, sem tomar nada, sempre com as mesmas perguntas. "Como foi seu dia hoje? Você bebeu?" Porra, claro que eu bebi. Que merda é essa? "Como isso te afeta?"

E aí? O que eles querem ouvir. Não tô criticando o médico do São Paulo, não me entenda errado, tô falando de maneira geral. Não foi só com ele que eu conversei. Pra mim não funciona. Eu vou me xisnovar? Não tem como. A gente aprende que X9 não tem moral nenhuma na comunidade desde cedo. É bico calado, negão. Tá entendendo? A gente sabe que não é pra abrir história nenhuma pra ninguém, e o cara quer que eu dê a minha fita pra ele? Esquece.

No mais, eu continuei jogando bem no São Paulo. Tu sabe disso. Tô mentindo? Ah, bom. Falei pra imprensa voltar a me chamar de Imperador. Porra, se era pra ficar em cima de mim, enchendo a paciência, que pelo menos me tratassem pelo apelido que me consagrou.

Tô errado? A merda é que não deu certo na Libertadores. Porra, era pra gente ter ganhado naquele ano. Washington filho da mãe. Me faz o gol pro Fluminense no último minuto, desgraça. Ele era bola também. Aquele danado faz gol que é uma maravilha. Paciência.

Mas, vou te contar, eu queria ficar no São Paulo. Discuti com o pessoal o que dava pra fazer. Eu poderia falar com o Moratti de novo para tentar estender o empréstimo, ou fazer uma transferência definitiva. Seria difícil, mas o Moratti nunca falou não para mim. Não custava sonhar. Eu estava bem em São Paulo, tinha voltado a ser convocado, o Dunga me disse que estava feliz com a minha recuperação. Jogar com o Brasil era o que sempre me motivava. Eu achava que dava pra seguir no Tricolor com vocês, tive minhas confusões por lá também, tu lembra, mas tava tudo em casa. Até o médico já tinha entendido que pra me dobrar não seria fácil. Meu procurador me contou meses depois uma conversa engraçada dele com o doutor do São Paulo. "Você tinha razão, acabei tomando um drible do Adriano", o psiquiatra disse.

A torcida estava satisfeita. Isso importava mais. Eu vendia camisa pra caramba, tu lembra? Os caras vinham me contar dando pulo de alegria. "Didico, vendemos mais de trezentas camisas por dia com o seu nome desde que você chegou", os diretores se gabavam. Pagaram a parte deles do meu salário só com isso. Vai vendo. Beijo do gordo.

Até que veio a notícia que eu não estava esperando: o Mancini tinha caído fora. A Inter decidiu trocar de técnico. Trouxeram o Mourinho, porque o sonho era ganhar a Champions League. Caralho. Uma mudança dessas é algo grande. O Mourinho me chamou, disse que tinha visto eu fazer um *hat-trick* no Porto. Ele brincou que eu só consegui porque ele já tinha saído de Portugal. Falou que ninguém fazia *hat-trick* em time dele. O cara foi simpático comigo desde o primeiro contato, fora que o Mourinho já tinha tentado me contratar quando era treinador do Chelsea. Tudo aquilo foi me animando, tá ligado?

Ele falou que pretendia vir ao Brasil para assistir o nosso jogo das Eliminatórias contra a Argentina. Porra, isso é moral ou não? A Inter tinha outros jogadores na Seleção também. Não era só eu, óbvio. O Dunga me colocou de titular. A minha vida estava nos trilhos outra vez, mano. A Inter pediu para eu voltar umas semanas antes do meu contrato no Brasil terminar. O São Paulo concordou, porque a gente já tinha saído da Libertadores. Não fazia sentido me colocar em jogo do Brasileirão. Eu teria tempo para conversar com o treinador novo e fazer toda a pré-temporada com a Inter.

Mais um recomeço pela frente. Dessa vez, eu voltava com a cabeça erguida. Não fui campeão com o São Paulo, mas o Reffis me colocou no lugar. Gosto muito do clube, e a torcida também tem carinho por mim. Irmão, eu fico de cara como me tratam toda vez que eu vou pra lá. Pergunta pra Renata pra ver se eu tô mentindo. Essas coisas não têm preço, Chula. Enfim... O quê? Tu quer ir embora? Tá tarde mesmo. Vamos nessa, então. Amanhã a gente tem que trabalhar.

Tu me deixa em casa? Porra, sábado uma hora dessas eu indo pra casa dormir. Será mesmo? Talvez eu vá na comunidade. Chicote tá estralando lá. Brincadeira, cara. Para com isso. Eu não vou dar cano. Já dei alguma vez? É mesmo. Desculpa. Faltei no teu jogo comemorativo na tua cidade. Tu veio até o Rio me buscar, e eu meti o mim acher. Complicado. Eu tava especial, mas amanhã não vai ter erro.

Os caras já montaram tudo na minha mãe. Ela me ligou mais cedo para falar. O máximo que eu posso fazer é parar no barzinho ali que tem pagode. Pertinho de casa. Agora é nosso lá. Tá bom, querido. Até amanhã. Beijo. Chula, volta aqui. Vem, vamos tomar a saideira, vai. Tu não vai me abandonar. Senão eu ligo pra Renata e digo que a culpa é sua. Isso, aqui. Estaciona. Vamos ali tomar só uma, porque eu ainda não terminei o que estava te contando. Bora, cara.

27. Pão, água e cama

O treino em La Pinetina foi pesado. Corri feito um cavalo levando chicotada do jóquei. E aquela era só a primeira parte do dia. Ainda tínhamos a sessão da tarde. A temporada com o Mourinho começou pra valer. Ele não deu mole. Depois do primeiro trabalho, a gente tomava uma ducha, comia no CT e descansava para seguir na segunda atividade. Ou então já nos concentrávamos direto para o jogo da noite. Essa era a rotina.

O refeitório estava começando a ficar movimentado com os jogadores quando eu cheguei. Todo mundo tem o seu lugar marcado. Ninguém senta na cadeira de ninguém porque sabe que o outro está acostumado a comer ali. Todo time tem essas coisas: mesmo lugar pra estacionar, mesmo armário no vestiário, mesma cadeira na cantina. Senão vira bagunça.

Eu saí do banho e fui comer direto. Estava morto, cara. Quando olho pro lado, tem um moleque mal-encarado chegando com a bandeja forrada de comida. Quem era? Ele mesmo: Mario Balotelli. Eu peguei ele pequenininho, aquela merda. Tinha 18 anos. Marrento desde sempre. Assinou o primeiro contrato de adulto naquela temporada. Imagina só! O moleque andava por La Pinetina como se estivesse na casa da avó dele. Não tinha vergonha de nada. Não abaixava a cabeça pra ninguém. Eu adorava isso.

Quando o Balotelli se sentou do meu lado, eu pensei "puta merda". O moleque olhou pra mim. "O que foi?", ele disse. "Para. Sai daí, cara. Tu sabe que esse é o lugar de outro", eu falei. "Não quero saber", o Balotelli respondeu dando uma garfada bem servida no macarrão alioli. "Não faz isso, não...", eu pedi. O garoto não estava nem aí. Eu tinha acabado de voltar para a Inter. E também tinha conversado com o novo treinador depois do jogo da Argentina em Belo Horizonte, como eu te contei.

O Mourinho insistiu que eu estava nos planos dele. Não queria deixar que eu fosse emprestado nem vendido. Porra, aquilo me deixou muito feliz. Me despedi do São Paulo satisfeito com os mais de seis meses no Brasil. Eu estava recuperado. Agora precisava ajudar a Inter a vencer a Champions League. Embarquei logo para a Itália, não fiquei enrolando em casa. Revi meus companheiros. Todos estavam empolgados para começar uma nova fase. Sonhávamos com a conquista da Europa e, claro, mais um *Scudetto* na sequência. Quem sabe até um triplete?

Treinei pesado, meu físico estava muito melhor. Depois da concentração de verão, no interior da Itália, voltei para o Brasil para ver o nascimento da minha filha, a Sophia. A Daniele e eu já estávamos separados, mas sabe como é... Rolou uma recaída de ambas as partes. Pouco antes de eu ir para o São Paulo, ela organizou um churrasco na casa que eu alugava para ela e o meu filho lá na Itália. Convidou vários jogadores brasileiros, todo mundo apareceu com a família. Foi uma tarde bacana. Quando a festa acabou, eu fiquei para ajudar na limpeza da bagunça. Uma coisa levou a outra e aí já viu. A Danielle engravidou de novo.

Minha neném nasceu linda de tudo. Com saúde e sorrindo pra vida como o pai dela. Tu já viu a Sophia? Altona, magrela, tem pinta de modelo. Carinhosa pra caramba. Ela é linda. Uma pena que eu não pude ficar no Rio para acompanhar os primeiros dias da minha princesa. A apresentação em La Pinetina estava marcada para a manhã seguinte ao nascimento dela. Tive que sair correndo pro Galeão. Cheguei em cima da hora no primeiro dia do Mourinho treinando em casa. Paciência. É da profissão.

Eu sabia que precisava mostrar comprometimento com o clube se quisesse recuperar o meu lugar. Não podia vacilar mais. Eu estava sem crédito na praça, vamos dizer assim. Minha relação com o Mancini não foi boa. E aí o Mourinho chegou me dando confiança. Eles tinham estilos muito diferentes de trabalhar. Normal. Cada um acredita numa coisa.

O Mancini não era de muitas palavras. Passava as instruções e um abraço. O Mourinho, por outro lado, não perdia a chance de vir trocar uma ideia, falava sobre todos os assuntos. Ele não discutia só futebol. Queria saber da família, se eu tinha visto tal notícia, como estavam as coisas no Brasil, onde eu ia jantar em Milão, e por aí vai. Com o português, o papo era parte da rotina, tá ligado? Ele dizia que precisava de mim em La Pinetina. "Olha só, como vocês brasileiros dizem, eu gosto de você pra caralho, Adri. Eu sei que tu tens uma habilidade enorme", ele me disse. "Mas eu não sou idiota. Não estou cá a treinar miúdos. Eu quero que te dediques aos treinos. Tens que dar o teu melhor todos os dias. Tu tens que deixar tudo naquele campo. Eu estou a confiar em ti." Porra, o cara me dando uma moral dessas... como é que eu não vou reagir? "E tem mais, Adri. Para mim, tu és o avançado número um da equipa."

Sacou a diferença? Quando eu saí da Inter para o São Paulo, eu era o quinto atacante. Porra, eu tinha que me dedicar, e foi o que eu fiz. Meus companheiros, como de costume, me incentivaram outra vez. Se tu for ver os jogos, dá até pra reparar. O time se movimentava em torno de mim e criava as oportunidades pra eu marcar. Isso é respeito ou não é? Eu posso bater no peito e falar "só joguei com os brabos", e eles todos me amam.

Pode perguntar. Até o Balotelli, que era perturbadinho da cabeça desde cedo. O único que ele ouvia e respeitava era eu, porque gostava do meu estilo de jogo e via como eu tratava as pessoas no clube. Todos eram iguais pra mim. Nunca olhei pra baixo. Nem pra cima. Minha criação não foi essa. Pelo contrário. Eu era amigo de todos e adorava o Balotelli também.

Ele continuou comendo tranquilo quando o Zanetti chegou e sentou do meu outro lado no refeitório de La Pinetina. Senti um cutucão. O nosso capitão me olhou. "O que é isso, Adri?", ele disse. Porra, tava na cara que ia sobrar pra mim. "Faz alguma coisa", o Zanetti me pediu. Bem nessa hora, o Materazzi chegou de bandeja na mão equilibrando a água com gás dele. "Sai daí", ele disse para o Balotelli. Curto e grosso. Os dois já tinham um histórico também, essa é a verdade. Se pegavam no campo toda hora.

O Materazzi era o zagueiro que estava no time há sei lá quanto tempo, poxa vida. Era o embaixador daquilo tudo. O Balotelli era o moleque atacante com pinta de rock star que tinha acabado de ser promovido. Óbvio que os dois queriam medir quem tinha a pica maior. Normal. Eu virei para o Balotelli e disse: "Eu te avisei. Anda cara, sai daí". O Balotelli não queria sair, não. Continuou comendo.

O Zanetti me encarou. O Materazzi também. Eu virei a cabeça de um lado para o outro. "É ele, não sou eu, não", eu disse. O clima estava esquentando. Cutuquei o braço do Balotelli. Com todo o carinho e firmeza do mundo, dei a ordem: "Levanta, cara". Ele só me escutava, por Deus. Pode perguntar pra ele. "Levanta, levanta daí, cara", eu acelerei o movimento. O Balotelli parou de comer. Jogou o garfo na mesa. Ergueu a bandeja para trocar de lugar. O Materazzi estava furioso. E tu acha que o Balotelli baixou a bola? "Você vai ver só no treino", ele disse para o Materazzi enquanto se levantava.

Porra, não deu outra. Quando a sessão da tarde começou, na primeira bola, o Balotelli recebeu e foi pro ataque. O Materazzi veio pra cima dar o bote, meio afobado, e levou uma caneta perfeita. Puta merda. Uns riram, outros puxaram o ar entre os dentes sabendo que ia dar confusão. Que dúvida. Eu saí correndo para separar. O Materazzi queria matar o Balotelli. E pra segurar o cara?

O Materazzi é maior do que eu, merda. Afastamos o Balotelli. Eu ainda consegui agarrar o zagueirão, que espumava pela boca, literalmente. Eu falei pra ele: "Não, Materazzi, calma!". Ele respondeu: "Isso não pode, Adri. Esse garoto tem que me respeitar". E eu tive que mandar um: "Eu sei disso, mas deixa que eu vou conversar com ele", pedi enquanto agarrava meu companheiro que queria partir para as vias de fato.

O Balotelli sempre foi assim, meio doidinho da cabeça, mas jogava pra caralho também. E no final das contas é o que importa para o time. Não adianta ter um monte de santinhos. Uma equipe de futebol vitoriosa é mais ou menos como uma festa boa. Tem que ter de tudo. Tô errado? É só ver o que o Mourinho conseguiu conquistar com a Inter. Aquele grupo era muito bom, cara. Pena que eu não estava recuperado porra nenhuma. Fiquei menos tempo do que imaginava na minha volta a Milão.

Os problemas começaram ainda na pré-temporada. Eu senti uma dor na coxa. Os exames confirmaram a lesão muscular. Puta merda. Fiquei de fora dos primeiros jogos do ano. Aquilo não era bom. Eu estava ansioso para entrar em campo com a camisa da Inter. A primeira partida que disputei foi a estreia da Champions League, jogando em Atenas. Comecei no banco, o Mourinho me colocou no segundo tempo. Ganhamos do Panathinaikos. E quem fez o gol que fechou o placar? Beijo do gordo. Recebi um passe do Ibra que foi uma sacanagem. Quebrou a zaga inteira dos caras. Eu só tive que esperar o momento certo de finalizar. Soltei a bomba com a esquerda abençoada. Foi sem querer!

Quando você está confiante, perde a vergonha de fazer as coisas. Sério mesmo. O treinador sabia disso muito melhor do que eu. Todo dia ele vinha em cima de mim: "Dormiu bem? Tá descansando? Falou com a sua mãe? Preciso de você, cara", era o que ele dizia. O Mourinho não me deixava em paz, no bom sentido. Às vezes, eu estava em casa, depois do treino, e o meu celular tocava. Era o mister. "Boa noite. Quero saber se estás a levar uma vida profissional", ele me dizia. "Eu já estou de pijama, professor", eu brincava.

Ele me ligava direto para perguntar se eu estava bebendo. Errado ele não estava, porque eu bebia mesmo. Fazia churrasco em casa quase todas as noites quando meus amigos me visitavam, ou então saía para a balada e só voltava com o sol raiando. Eu nunca tive limites, essa que é a verdade. Por isso também que eu não consegui engatar num relacionamento até hoje. É foda. Minha história com a Danielle acabou por conta dessas confusões.

Mesmo com dois filhos, a gente não conseguiu ficar junto. Ela morou na Itália durante um tempo com o Adrianinho, isso me ajudou, porque eu queria ter o meu primeiro filho perto de mim, óbvio. Mas também fez com que ela tivesse acesso a tudo que estava acontecendo à minha volta. E mulher tu sabe como é que é. Toda vez que eu aparecia nos tabloides com alguma garota do meu lado na balada, a retaliação era imediata. Vinha em forma de bolsas da Hermés, vestidos da Gucci, sapatos Louboutin, perfumes da Chanel e por aí vai.

Porra, a mãe dos meus filhos começou a gastar pra caramba. As contas das boutiques de Milão chegavam para mim, e eu não acreditava. Eu ganhava bem, mas espera aí, né? Não estou falando que ela estava errada. Porra, não é fácil aturar uma situação dessas. Só que eu tinha que colocar um freio naquilo. A gente não estava junto. Eu tinha a liberdade de sair, caramba. Fiquei de saco cheio e fui na casa dela para resolver a parada. "Danielle, arruma as tuas coisas que você vai embora pro Brasil", eu disse. "Como assim?", ela respondeu, em choque com a notícia que eu tinha acabado de dar. "Eu sou obrigado a sustentar o meu filho. Você, não", retruquei.

Puta merda, complicado chegar a esse ponto, mas era o que precisava ser feito. Ela estava sofrendo. Ela e a minha conta bancária, pra ser mais exato. Uns dias depois, quando a Dani e o meu filho já tinham ido embora, recebi uma ligação da imobiliária, estavam fazendo a vistoria de entrega da casa. "Senhor Adriano, acho melhor o senhor vir aqui", foi o que me disseram. A casa que eu tinha alugado pra eles morarem era confortável. Toda equipada. Tinha até um lago. Pois é. Deu pra ver o tamanho da cagada assim que estacionei o carro.

Estava tudo dentro d'água: roupas, quadros, televisão, móveis. Tu ri, né? Foi mesmo. Hoje eu dou gargalhada dessa história também. Na época, eu fiquei puto. Enfim, tá entendendo por que eu bebo? Tem pouco problema na minha vida, diz aí.

Mas eu tive um momento bom nos primeiros meses com o Mourinho. A sensação de ser importante para o time é forte. Eu continuei entrando em campo pela Inter. Algumas vezes como titular, outras como reserva. Mas o Mourinho sempre falava o que tinha pra dizer na minha cara. Explicava o que ia acontecer. Eu confiava nele e ele confiava em mim. A única merda maior que aconteceu foi na minha casa. Uns filhos da mãe invadiram enquanto eu estava em campo no San Siro. Fiz até gol naquele dia. Quando voltei para Como, encontrei a casa revirada. Arrancaram o cofre da parede e levaram. É mole? Roupa, relógio, tênis, perfume, a porra toda foi embora. Nesse dia, não tinha paparazzi na minha porta, né? Olha que curioso. Saí da Vila Cruzeiro para ser roubado em San Fermo della Battaglia. A vida tem cada uma...

Enfim, a casa estava vazia e ninguém se machucou, isso é o mais importante, mas eu fiquei bem puto com essa história, não vou mentir pra vocês. Até que saiu a convocação para os jogos da Seleção naquele mês, acho que era outubro. Meu último jogo tinha sido o empate com a Argentina, no final da temporada passada. Eu achava que seria convocado, mas não fui. Por algum motivo, meu nome não estava na lista. Fiquei chateado, claro. Eu precisava continuar trabalhando duro para voltar. O Dunga me dava bronca no particular e em público, mas eu entendia que ele queria o meu bem.

Num desses golpes do destino, o Luís Fabiano se machucou em um jogo do Sevilla antes da apresentação. O treinador precisou chamar um atacante substituto. Recebi a convocação em cima da hora. Óbvio que eu não queria ir para o time daquele jeito. O Luís Fabiano era meu companheiro de longa data, mas infelizmente aconteceu algo ruim com ele e uma nova chance se abriu para mim. O futebol é assim.

Fomos para o jogo contra a Venezuela na casa deles e demos um baile. Eu, que não tinha sido a primeira escolha, acabei saindo de titular. Todo mundo jogou bem. Quatro a zero pra gente. Dois do Robinho, um do Kaká e outro meu. Beijo do gordo. Eu não marcava gol pela Seleção desde a Copa do Mundo na Alemanha. Puta merda. Só que eu levei um cartão amarelo, e por isso fui suspenso para o segundo jogo da rodada, que era contra a Colômbia no Maracanã.

Fui dispensado da Seleção, e o Mourinho me deu folga para descansar na minha cidade. Ah, mano. O que eu vou falar? Não tem como. Cheguei no Rio e perdi a mão. Sempre foi assim. Quando eu achava que estava bem, eu caía nas mesmas armadilhas de sempre. Pensava que estava recuperado, que não tinha mais que me preocupar tanto, que eu já tinha aprendido a lidar com as minhas questões. Não era o caso. Eu estava doente, e as recaídas são sempre perigosas.

Para quem bebe, o risco está sempre na próxima esquina. Eu chegava na comunidade e ia falar: "Me dá uma Fanta laranja?", não tem como. Tu pede uma cerveja, uma caipirinha bem docinha, uma dose de uísque, o caralho que seja, pra acompanhar os amigos. E aí já era. Tomou a primeira, fodeu. Não estou colocando a culpa em ninguém, não. Cada um sabe de si. O meu ponto é que, com o álcool, qualquer descuido acaba dando merda. E, no final, o que era pra ter sido dois dias de folga no Rio se tornou três.

Voltei atrasado para a Inter. Encontrei o Mourinho furioso com o meu vacilo. O que eu posso dizer? Ele estava errado? Não, né. Eu teria que lidar com as consequências. Como era a minha primeira escorregada com ele, eu senti que daria para superar. Era só eu continuar trabalhando duro. "Pão, água e cama, Adri", o Mourinho dizia. Fiquei no banco no jogo contra a Roma, e de bico calado. Até que veio mais uma rodada da Champions League, e o treinador me colocou de titular. Um a zero pra Inter, gol do Didico. Papai do céu abençoe. Entra lá no site da UEFA e procura pra tu ver. Vai na página da Inter: maiores goleadores. Tem um negão lá com dezoito gols.

O maior artilheiro do time até hoje na competição.* Não vou falar o nome dele. Nem cavalo aguenta.

Eu não sabia. Mas aquele acabou sendo meu último gol com a Inter jogando a Champions, isso me deixa arrasado. Eu insisti. Insistiram comigo. Mas não deu certo. Eu achava que a fase era boa e que podia comemorar. Fui pra balada mesmo. Domingo era o dia que eu quebrava tudo. Se fosse partida no San Siro, esqueça, eu batia cartão na noite em Milão depois do jogo. Não tinha jeito. Ganhando ou não.

Eu sempre fui de ficar calado depois que saía do estádio: entrava no carro e ia quieto pra casa. O Rafael dirigia pra mim, sem abrir o bico também. Chegava lá, o meu primo preparava a minha comida e sumia no quarto dele. Eu ficava sozinho. Uma tristeza do caralho. Me afundava no danone pra suportar a minha companhia. Depois da segunda, terceira, quarta dose, a gente fica corajoso. Eu olhava em volta de casa. Aquele silêncio do caralho. Eu cheio de carreta na garagem. O bolso forrado. As muchachas me esperando no rolé. Porra, irmão. Impossível ficar quieto.

Num desses domingos de jogo em casa, eu fui para a Luminal ouvir hip hop e dançar com os meus camaradas. Fiquei por lá até acenderem a luz. Depois caí pra Hollywood, onde a gente tinha o nosso reservado. Mesmo roteiro de sempre, acompanhado pelas amigas e amigos. Sem miséria. Até peguei mais leve na bebida, pra ser honesto. Tanto que criei um truque pra mim mesmo, que era ficar acordado o máximo possível para não perder o horário do treino no dia seguinte.

A merda é que eu tinha que correr dez quilômetros no meu compromisso. Apenas isso. Vai se esconder como? Não tem computador pra ficar atrás dando migué, negão. É no campo. Cruzei o portão de La Pinetina pontualmente. O Mourinho, que não é otário,

---

* FC Internazionale Milano. UEFA. Disponível em: https://pt.uefa.com/uefachampionsleague/history/clubs/50138--inter/. Acesso em: 26 jun. 2024.

logo sacou que tinha alguma coisa errada. Não falou nada. Quando o treino acabou, eu fui o primeiro a sair correndo em direção ao vestiário. "Adriano, volta aqui!", ele berrou. Dei meia-volta, sabendo que ia levar esporro. O Mourinho me encarou mó tempão sem dizer uma palavra. A casa tinha caído pra mim. Fiquei mudo.

A gente se xingou só na encarada, tá ligado? Quando o silêncio já estava ficando constrangedor pros dois, o Mourinho levantou o dedo indicador e bateu no meu peito. "Pra você, o treino ainda não acabou. Pode ir correr mais quarenta minutos no campo", ele disse e virou as costas. Porra, o português tava furioso, mano. Coloquei o rabinho entre as pernas e fui cumprir a ordem. Fiquei dando volta no campo de ressaca e pernoitado. O errado ali era eu. Não tenho por que negar.

Voltei para casa, chorei a pampa. Fiquei mal. Liguei para a minha mãe, não sabia o que fazer mais. Não é que faltava sentido para mim, tá ligado? Sentido eu sempre tive. Eu sabia que até a Copa do Mundo da Alemanha, a minha primeira parte na Inter, vamos dizer assim, eu é que tinha mandado. Porra, fiz gol pra caralho. A torcida ficou enlouquecida. Todo mundo gritando meu nome. Renovaram meu contrato, me pagaram uma grana, tudo consequência do meu trabalho. Todo mundo conhecia o meu potencial. Insistiam que eu tinha que voltar a ser aquele Adriano de 2004 e 2005. Eu também queria, caralho. Por que eu não conseguia? Essa era a pergunta.

Fiquei sozinho aquela noite e bebi de novo. Se não abrisse uma garrafa, eu não tinha jeito de dormir, negão. Ficava rolando na cama, dormia uns minutos e acordava. Virava de um lado pro outro. A cabeça pensava nas conversas que eu tinha. Vinha a cara do Mourinho no meu sonho. Misturava com o Branca querendo me foder. Depois aparecia a minha mãe chorando. A imagem do meu pai embaralhava com a do Moratti. Porra, eu não entendia nada e passava a noite em claro.

Chegava no treino cansado do mesmo jeito. Então eu bebia até apagar. Era a melhor solução que eu tinha naquela época. Bebi tanto que no dia seguinte perdi a hora. Porra. Três vacilações na sequência. Os jornais colocavam repórter pra me seguir pra cima e pra baixo. Todas essas merdas estavam nos tabloides e na televisão da Itália. Imagina isso. Negão, eu tava pedindo pra me foder. E foi o que o Mourinho fez. Me fodeu. "Você perdeu uma oportunidade de ouro", ele me disse. Era isso. Acho que o cara cansou de brigar comigo.

Porra, ele era o treinador da Inter, não do Adriano. Também tinha um monte de pica para se preocupar. E, no final, fez a mesma coisa que o Mancini já tinha tentado comigo: me escanteou. Quando eu soube que seria afastado, fiquei puto. Entrei bufando no vestiário. Cheguei a falar pros meus companheiros que eu ia embora, que queria voltar para o Brasil. Mas depois me acalmei e segui em frente. Aquele papo todo. Quando eu tenho o instante de explosão, é foda. Mas a temperatura sempre abaixa, e eu acabo entendendo o tamanho da confusão.

Fiquei vários jogos sem ser relacionado. O treinador me colocou para treinar com a equipe júnior, vai vendo. Eu não tinha cara nem pra reclamar dessa vez. Fiz o que esperavam de mim. Treinei forte. Cheguei antes e saí depois de todo mundo no CT. Disputei os amistosos do time Primavera. Às vezes, o Mourinho aparecia para ver como eu estava. Numa dessas idas dele, fiz questão de correr um pouco mais. O treinador percebeu. Quando a atividade acabou, ele veio falar comigo. "Gostei de ver. Acho que você já está pronto para voltar. Vou te convocar", ele disse.

Porra, finalmente meu castigo tinha acabado. Fiquei feliz a pampa. Avisei meu procurador que eu ia jogar outra vez. Ele me parabenizou e pediu pra eu ficar ligeiro. O recado era: "tenta não fazer merda de novo". De que jeito? Bom, segui no CT esperando a lista do dia sair. Meu irmão... Quando eu vi os nomes dos relacionados, eu quase caí pra trás. Meu nome não estava lá. Olhei de novo. Não era possível. O cara tinha falado que ia me chamar, caramba. Como assim? Li umas três vezes aquele papel. "Tá certo isso daqui?", perguntei para um dos integrantes da comissão. "Está,

Adri. Infelizmente você vai ter que esperar mais um pouco", ele disse. Minha sobrancelha arqueou, mano. "Como é que é? Cadê o Mourinho?", eu perguntei.

Ninguém me respondeu. Mano, minha cabeça começou a girar. Eu estava sendo feito de otário. Puta merda. Teria que treinar mais quanto tempo com os moleques da base? Porra, isso não tava certo. Foi como arrancar doce da mão de criança, tá ligado? Fiquei vermelho de raiva. Eu não enxergava nada. *Acabou. Não tem mais jeito. Chega.* Foi isso que eu pensei.

Entrei no vestiário e fui direto no meu armário. Comecei a colocar as minhas coisas todas na mochila. Os colegas que estavam por lá não entenderam nada. Bati a porta com tudo. Saí pisando duro. Trombei com o Balotelli no caminho. Ele me perguntou: "O que aconteceu, cara?". Olhei pra ele e respondi seco: "Não volto aqui nunca mais". Me lembro que eu estava com a Hummer, entrei nela. Era um jipe grandão e fazia um ronco do cacete. Acelerei aquela merda e fui embora cantando pneu. Quase derrubei o portão. Por Deus que não fiz bobagem na estrada.

Cheguei em casa chorando pra caramba. Era isso. Minha história na Inter tinha acabado. Eu não queria saber de mais nada. Já tinha dado de tanta humilhação. Meu celular não parava de tocar. Não atendi ninguém. Joguei o telefone longe. Vai pra merda, porra. Nada estava dando certo pra mim fazia tempo. Não importava o meu esforço, sempre tinha alguma bosta que me puxava para baixo. Era hora de tomar uma decisão.

Eu já tinha ganhado dinheiro suficiente, e isso nunca foi a minha motivação. Foda-se. Barco, mansão, carro, vende tudo. *Chega. Eu não vou levar merda nenhuma pro caixão mesmo. Eu nasci pelado como todo mundo. Eu sei me virar. Não preciso passar por isso.* Abri uma garrafa de uísque. Não tinha gelo no meu barzinho. Fui até a cozinha quando a campainha tocou. Olhei pela câmera.

Por Deus, sem exagero nenhum: eram o Zanetti e o Córdoba. Abri o portão. Antes de eles entrarem pela porta da sala, outros jogadores foram chegando. Baixou o time inteiro na minha casa. Minha rua ficou parecendo o estacionamento de La Pinetina. Todo mundo apareceu. "Adri, não faça isso, por favor. Nós viemos aqui por sua causa", o Zanetti falou. Meu irmão… Me arrepio só de lembrar. Caralho, não tem como. Tô chorando mesmo. Do mesmo jeito que eu chorei quando eu vi aqueles caras ali. "Não faça isso. Tenha calma", o Córdoba insistiu. Isso não tem preço, cara.

Eu fui entender a pessoa que eu era naquele momento, quando eu olhei na minha sala e vi aquelas lendas todas ali. Os caras largaram o que estavam fazendo para me ajudar. Como que eu não vou chorar lembrando disso? Às vezes, eu falo que todo mundo gosta de mim e parece algo bobo. Não é. Esse tipo de parceria é difícil demais no futebol. Pode ser que seja assim em outras profissões também, mas falo do que eu conheço. Tem muita trairagem no mundo da bola. Infelizmente, mas eu não posso reclamar. O que esses caras fizeram por mim está marcado até hoje. Foram eles que me acalmaram naquele dia.

Se o Zanetti não tivesse aparecido na minha casa levando o time todo a tiracolo, eu teria ido embora mesmo. Eu sou explosivo, puta merda. Teria feito mais cagada, reconheço. Mas eles me tranquilizaram. Foram meus colegas que me mostraram o quanto eu era importante para o grupo, mesmo dando umas vacilada. Por isso que eu digo que nunca fui rebelde. Nunca tive a intenção de ser o fodão, nem de querer aparecer mais que os outros. Se fosse esse o caso, tu acha que alguém teria ido lá me ajudar? Com o time vencendo tudo e no caminho para ganhar mais títulos? Eu te respondo: nem fodendo. Aquilo ali foi um gesto de amor deles. E eu serei grato para sempre.

Mais uma vez, engoli o choro e apareci para treinar com os parceiros no dia seguinte. No meio dessa confusão toda, fui convocado pelo Dunga para o amistoso contra Portugal. Sei lá como, mas fui, e não decepcionei. Passamos o carro no time dos caras. Seis a dois pra nós, eu também fiz um gol. Na volta pra casa, veio a surpresa:

fui relacionado para o clássico contra a Juve. Relacionado, não, o Mourinho me colocou entre os titulares. Agora, sim, meu castigo tinha acabado. Saí jogando, e a gente venceu com um gol do Ibra. A Inter seguiu na liderança do campeonato. Nosso grande rival ficou pra trás.

Porra, será que eu poderia ter um pouquinho de paz dessa vez? Era pedir muito, meu Deus do céu? Claro que era. Não tinha jeito, mano. Minha cabeça não estava mais ali. O esforço para treinar era brutal, eu não tinha motivação pra nada. Qualquer coisa que acontecia me tirava do prumo. Nunca consegui parar com a bebida. Nem sei mais o quanto isso me consumiu ou não. Era o meu remédio, vamos dizer assim. Cheguei no treino virado da balada outra vez. Não lembro exatamente onde a gente foi naquela noite. Era tanta balada que é foda até de puxar na memória. Eu sei que estava com o Maicon. Porra, eu amo esse cara. Vamos ligar pra ele? Deve estar em Belo Horizonte, aquele filho da mãe. Virou comentarista de TV agora, tu viu?

Porra, se colocar o Maicon pra contar as nossas histórias, esquece. Esse maluco é muito engraçado. O que eu dou de risada com ele não está escrito. Merda, ele não está me atendendo. Fica tranquilo que ele já me liga de volta. Quando o Maicon chegou na Inter, eu coloquei ele na minha Ferrari e falei: "Vamos dar uma volta". Eu queria apresentá-lo com calma para os meus companheiros mais chegados. Paramos na casa do Recoba. Cheguei para o uruguaio e disse: "Hermano, esse tio vai ser o cara". O Maicon ficou todo sem graça. Eu não estava errado. Só olhar o que ele conquistou.

Eu já conhecia o cara de longa data. Fizemos a base juntos na Seleção, e eu não tinha dúvidas de que ele ia arrebentar em Milão. Posso falar? Pergunta pra ele pra ver se eu tô mentindo. O Maicon é mais velho que eu, mas sempre teve um físico desgraçado. O cara bebia tudo durante a noite e corria em dobro no dia seguinte. Eu não acreditava. A gente estava sempre grudado, fazendo uma maluquice atrás da outra.

O hotel Principe di Savoia era o nosso lugar favorito. Fica numa área chique de Milão. Puta merda. Se a cobertura do hotel falasse... Juntava todo mundo lá, parecia vestiário da Copa do Mundo. Maicon, eu, Ronaldinho Gaúcho, Ronaldo. O Motta sempre ia também. O quê? Mais doido que nós todos juntos. Puta merda. A gente fazia uma bagunça do cacete. Sabe quanto era a diária? Chuta. Não faz nem ideia, né? Eu te falo. Quinze mil euros. E quem pagava? Pois é. Sobrava pra mim. Sempre.

Quinze mil fora os extras, né? Porque a gente quebrava tudo, literalmente. O meu primo Rafael ainda levava um monte de coisa do hotel, o safado. Eu olhava pra ele, e o cara tava escondendo prato de porcelana, talher de prata, roupão de algodão egípcio. "Que porra é essa, Rafael? Tá saindo com a mala forrada, hein?", a gente zoava. "Pô, tá tudo incluído, não? Uma diária dessa. Tu já tá pagando mesmo", ele respondia. E todo mundo caía na gargalhada.

Nossa resenha era boa demais. Acho que foi numa dessas noites que a gente passou juntos bebendo, ouvindo música e jogando que eu ralei minha Hummer inteirinha. Olha só quem tá me ligando. Não falei que ele ia me chamar de volta? Boa noite, meu amor. Onde você está? BH? Sabia. Eu tô aqui te esperando, merda. Não lembra de me visitar mais não, safado? Vou mandar o avião aí pra te buscar. Tu vem? Olha que eu mando mesmo. Saudade de você, Maicon.

Tô contando as nossas histórias em Milão. Algumas. Não vou contar tudo porque eu não sou x9. Cadê a esposa? Manda um beijo pra ela. Eu tô falando do dia que a gente ralou minha Hummer inteira. A gente não? Eu, é verdade. Porra, aquele carro não tinha inclinação, pra fazer curva era uma merda. Foi mesmo. A gente parou naquela barraquinha perto do San Siro para comer o panino de salamella e baixar a bebedeira antes de chegar no treino. Esse pit stop era sagrado. Como era o nome do amigo que trabalhava contigo mesmo? Isso, o Sandro.

Ele falou pra mim: "Come o sanduba e deixa que eu levo o carro". Porra, eu tava especial. "O meu carro ninguém dirige", eu respondi.

Caralho, entramos no carro, e quando eu fui passar embaixo do viaduto pra fazer o balão e entrar na autoestrada, não teve jeito. O bicho não virou, porra. Foi ralando a lateral toda no muro, puta merda. Sorte que o Rafael estava atrás com a Mercedes. A gente pulou no carro dele, e o teu chegado desenrolou com os carabinieri. Foi mesmo. Eu sempre fui perturbadinho da cabeça. Tu ri, né, doidão? Muita resenha, tá louco.

Não escutei, Maicon. Fala de novo, merda. O quê? Mentira. Tem mesmo? Não sabia, não. Ele tá dizendo que até hoje tem um sanduíche lá na cantina do CT da Inter que leva o meu nome. Era o nosso cura-ressaca. Toda vez que a gente chegava precisando dar uma "ajustada", a galera da cantina já sabia que era pra trazer o lanche de que eu gostava. Panino com salamella, cebola, alface, tomate, queijo e presunto. Panino Imperador. Puta merda. Porra, eu não sabia dessa, Maicon. Papo reto mesmo.

Tu já viu como está lá hoje em dia? Verdade, reformaram tudo. Na nossa época, La Pinetina era um centro de treinamento raiz. Hoje tá todo moderno. Eu visitei lá outro dia. Porra, mudaram tudo. Tá de primeira mesmo. Tá bom, nego. Vou desligar que tá acabando minha bateria. Vem pro Rio, caramba. Me liga. Beijo, safado. Te amo. Tchau.

Que saudade do Maicon, puta merda. Porra, a gente tava sempre junto. Eu, ele, Maxwell, Julio Cesar, muita resenha, mano. Uma vez, eu armei um churrasco e chamei todo mundo. Meus amigos do Brasil estavam lá. Porra, tu marca um horário com os caras, e eles chegam duas horas depois, sabe como é. Eu não perco tempo. Comecei a tomar uma com os chegados. A gente tava ali jogando um dominó e ouvindo um pagode de boa, quando eu olhei pra trás, tomei um susto do caralho. Vejo um negão pulando o portão da minha casa. Me levantei puto da vida.

O cara veio correndo pelo jardim. Meus amigos se armaram. Os dois levantaram com garrafa na mão e tudo. Pensei que fosse um paparazzo ou sei lá o quê. Mas, não. Era o Maicon. "Porra, mermão.

Como é que tu chega na minha casa desse jeito? Quer me matar do coração?", eu gritei. "Caramba, Adriano. Tu não olha o celular, não. Tô eu, o Maxwell e as patroas do lado de fora te ligando há meia hora, caralho. Tua campainha tá quebrada?", ele disse. A gente não ouve som baixinho, tu tá ligado. Isso é herança da favela. Som é sempre no talo, não tem jeito. Puta merda.

A minha casa era um ponto de encontro; as festas eram sempre lá. Frequentavam os amigos, os amigos dos amigos, e os amigos dos amigos dos amigos. Ou seja, vira e mexe, apareciam umas criaturas que a gente não sabia de onde tinham saído. Sem problemas, para mim todo mundo era bem-vindo. Infelizmente, alguns não sabiam lidar com essa liberdade, e virava confusão.

Nesse dia do churrasco com a galera toda, surgiu um cara que se dizia lutador de jiu-jitsu. Ele quis levar uma comigo. Ficou a tarde inteira falando que eu era bom em derrubar zagueiro, mas que com ele eu pediria água em menos de dois minutos. Eu só ouvi e fiquei quieto. Pior que ele era mindinho, aquela merda, mas o fulano não parou. Ficou buzinando isso e aquilo. O Maicon estava pilotando a churrasqueira.

Eu fui pro lado dele com uma gelada na mão pra deixar o cara falando sozinho, mas o jiujiteiro mirim não se conteve. Até que eu cheguei no meu limite. "Eu vou lá, Maicon." Entreguei a long neck na mão do meu amigo e fui pra cima do fulano. Arranquei a camisa e chamei o cara no gramadinho do lado da piscina. "Quero ver se tu é bom mesmo", eu disse. O maluco abriu o sorriso e se levantou. A galera entrou em ebulição. Os homens riram e aplaudiram, as mulheres pediram pra gente não fazer isso, mas não tinha volta.

Eu já tinha tomado umas; o cara, também. E ele falou tanto que acabou me tirando do sério. Desligaram a música. Começaram a bater palma. Uns puxaram umas notas de euro pra apostar no vencedor. Eu sei que, quando deram o sinal pra gente se pegar, o maluco veio pra cima de mim como um trator e... *vlupt*! Eu girei o corpo.

Senti a pancada, mas não caí. Óbvio, ninguém me derrubava. Não seria aquele rapazinho que conseguiria o feito.

Ele passou varado e foi pro chão. Eu fui pra cima e agarrei as pernas do cara. Dei uma chave de braço e apertei com tudo, mano. Só ouvi o cróóóquiiiii. Pensei: *quebrei mesmo*. O fulano começou a gritar. Coitado. Eu não queria. Aguentei um tempão. Foi ele que pediu. Mas eu deveria ter ficado na churrasqueira quietinho do lado do Maicon. Enfim, histórias, né, mano. Foram muitas. E em várias eu perdi o limite...

Numa dessas baladas nossas, o Maicon e eu viramos a noite. A gente fazia isso direto, já deu pra perceber, né? Paramos na barraquinha do tio perto do San Siro, mas nem o panino de salamella deu jeito. De lá, fomos para o CT. Estacionei a Hummer na Pinetina. O Maicon veio atrás com o carro dele e parou na vaga que era do lado da minha. Eu não conseguia me aguentar em pé. Encostei numa árvore. "Ô, negão. Vai lá falar com o mister", eu disse. O Maicon caiu na gargalhada. "Falar o quê, cara?", ele respondeu. "Diz que eu tô com febre", respondi. A gente se abraçou rindo pra caralho juntos. "Nem fodendo. Dá uma descansada lá dentro. Toma água. Pede um café, come outro panino e vambora, cara", meu amigo respondeu.

Irmão, o Maicon fazia mágica. Não sei como, mas ele conseguia treinar em qualquer estado. E treinava bem. Enfim, chegamos especiais no CT. Quando a gente entrou no vestiário, o Ibra virou pra mim e disse: "Vocês estão exalando álcool". Puta merda, eu não ia conseguir esconder. Já estava claro pra todo mundo. Quando subimos para o gramado, o Mourinho não acreditou no que viu. Ele me conhecia. Sabe quando teu pai fica tão decepcionado contigo que nem esporro te dá? Só olha com uma cara de cachorro perdido. Dói muito mais que uma surra, né? Então. Foi isso.

Os jornais descobriram que eu tinha vacilado de novo, me achincalharam na televisão. Eu era indesejado na Itália. Imperador? Esquece, não me chamavam assim mais. O clube me liberou mais cedo. Fui para o Brasil passar o Natal e o Ano-Novo na metade de dezembro. Era isso, cara. O mais importante para a Inter era ser campeã de novo, eu tinha me tornado uma distração. Um inconveniente no meio do processo. Aqui no Brasil, a gente sempre fala que "ninguém é maior que a instituição". É verdade. Ainda mais se tu tiver um problema sério como o meu. As pessoas vão tentar até onde for conveniente para elas. Depois vão te deixar pra trás. Não estou reclamando. É da vida. Normal.

Passei o final de ano no Rio, sem vontade de seguir em frente. Papo reto. Especularam que eu ia assinar com o Flamengo. Meu procurador disse que seria difícil negociar. Eu não tinha cabeça para nada. Queria ficar em paz. Voltei para a Itália para me apresentar de novo. Entrei no avião como se estivesse indo para um enterro. Sem sacanagem. Claro, cheguei atrasado mais uma vez. Foda-se. Não tinha mais ambiente, cara. E tome manchete de jornal metendo o pau em mim. A Inter queria me multar em 150 mil euros pelo atraso. Paciência. Que fizessem o que tinha que ser feito. Essa era a minha atitude. Mas eu ia treinar pra valer.

Nunca achei bonita a minha situação com o clube. Porra, meus colegas me abraçavam. O treinador me dava confiança. Essa era a história que eu contava pra mim mesmo. O time precisava de mim também. Estávamos na Champions com um confronto duro pra superar. A gente ia pegar o Manchester United no mata-mata. O Italiano estava bem encaminhado, mas ainda faltava meia temporada pela frente.

28. Tu não vais voltar

"Com licença, senhor Adriano, desculpe atrapalhar. Gostaria de avisar que vamos iniciar o procedimento de descida", o copiloto virou para trás para me dizer. "O senhor ainda vai querer mais alguma coisa?", ele completou. Perguntei quanto tempo faltava até o pouso. "Uns vinte minutos no máximo. Somos a última aterrissagem da noite em Jacarepaguá", ele me explicou.

"Tá, então eu vou tomar a saideira pra acompanhar o cigarro. Dá tempo", respondi. "Eu vou buscar para o senhor. Depois tenho que auxiliar o comandante", o copiloto disse. "Não, cara. Fica aí, eu pego. O único que não é importante aqui sou eu. Desce essa merda direito. A cerveja está lá no fundo, né?", brinquei enquanto me levantava para ir até a copa do avião.

Eu já tinha chorado um pouco, minha garganta estava travada outra vez. Aquela bola de boliche na minha traqueia só aumentou durante a semana. É isso. Tomei uma decisão e tenho que seguir em frente. Quero ver o fotógrafo que vai me achar dessa vez. Repórter nenhum vai ter fonte pra contar o que eu estou fazendo. Tava muito fácil pra vocês. Na Barra, eu não tenho paz. Na Lombardia, não me dão sossego. Quero ver quem vai conseguir me encontrar agora.

Era tudo isso que eu estava pensando quando o avião privado pousou no Rio de Janeiro. Eu não deveria estar ali. O jogo com a Seleção Brasileira foi em Porto Alegre. De lá, eu e os meus companheiros da Inter e do Milan deveríamos embarcar para a Europa. Esse era o plano dos cartolas e da comissão, o meu era bem diferente.

Mim acher! Diz aí, Chula. Porra, tem que ser, cara. Eu precisava dar aquele perdido.

A Itália não era mais o meu lugar. Tu acha que eu chegava atrasado porque eu era pilantra? Ou será que eu tinha que fazer um esforço do caralho pra conseguir me apresentar? Quem já sofreu dos mesmos problemas me entende. Se é difícil sair da cama, imagina arrumar as malas, embarcar num voo de catorze, quinze horas, chegar num país que não é o seu, onde estão te vigiando vinte e quatro horas por dia, que os comentaristas te avacalham na TV e por aí vai? Já tinha dado, cara.

Eu já era adulto e precisava assumir o controle da minha vida. Não era isso que todo mundo me dizia? Então era hora de tomar uma decisão definitiva. Eu não aguentava mais. Na real, essa ideia já estava cozinhando na minha cabeça há muito tempo. Eu tinha passado a virada para 2009 no Brasil, me reapresentei atrasado e os jornais falaram de uma multa gigante da Inter. Foi aquele escândalo na imprensa. Até a Federação Italiana teria que se envolver porque a punição que discutiam era muito pesada, o time não pode sair confiscando salário do jogador assim.

Mas eu não tinha mais crédito na praça. Toda aquela rotina que eu já te contei várias vezes se repetiu. Eu voltei pro time, tentei treinar, joguei bem algumas partidas, fiz gols, ajudei a equipe. E continuei bebendo, fui pra balada, trouxe meus amigos do Rio. Aquela porra de confusão outra vez, porque também a situação não ajudava. Eu comecei bem o ano, mesmo chegando atrasado. E logo em janeiro tomei uma suspensão. Fiquei fora por três jogos por conta do que eles chamaram de agressão: um soco no adversário.

O juiz não viu durante o jogo. Foda, esse lance de recorrer com imagem de TV estava me complicando. Enfim, quando eu comecei a embalar de novo, veio essa merda. E, claro, eu tomei uma pra aliviar a pressão. Às vezes, eu conseguia disfarçar a ressaca nos treinos. Em outras, o time olhava pro lado de lá. Minha família foi me visitar também, o que me ajudou muito. Tirei o pé da gandaia.

Era véspera do meu aniversário quando a gente entrou em campo no San Siro num dia de festa incrível. Tinha gente saindo pelo ladrão, mano. Porra, o San Siro é maior que o Morumbi, tá ligado? Acho que deve ser do tamanho do Maracanã. Cabia 80 mil pessoas lá, cara. Não sei como está hoje, mas na época era isso. E em dia de dérbi, esqueça. Não sobra uma cadeira vazia. Eu adoro jogos assim. Quem não gosta, diz aí? Sério mesmo. Ainda mais que eu nunca perdi um dérbi. O Maldini passava mal. Era difícil me pegar, pode perguntar pra ele. Quando eu queria... Não tinha caô. Ninguém tirava a bola do meu pé.

Esse clássico foi enorme. Parecia um desfile de craques. O Milan tinha Maldini, Zambrota, Beckham, Pirlo, Seedorf, Ronaldinho e o Pato. Fora o Kaká, que não sei por que não jogou, devia estar machucado. A gente tinha Júlio César, Maicon, Zanetti, Cambiasso, Stankovic, Figo, Vieira, Córdoba e o Ibra. Sem esquecer do Imperador, né. Tá maluco. Fora os treinadores: Ancelotti e Mourinho. Muito talento junto. Eu joguei bem pra caramba, tá? Sem falsa modéstia. O Ronaldinho tava comendo a bola do lado de lá, mas no de cá não faltou qualidade.

Fiz o primeiro gol do jogo. Cruzamento do Maicon, e eu fui de cabeça. A bola acabou batendo na minha mão, mas foi sem querer. Tanto que o juiz validou o gol na hora. Depois tentaram me suspender usando as imagens da TV. Outra vez. Me absolveram. Enfim, comemorei demais. Minha família estava no estádio. Corri para abraçar o Mourinho. Queria agradecer a confiança dele.

No fim das contas, mesmo com os meus vacilos, ele sempre acreditou em mim. É o que eu te falo, quem me conhece me entende. Vencemos o jogo. O Seedorf ficou puto com a gente. "Vocês enchem a cara antes do dérbi e ainda ganham", ele brincou comigo depois da partida. A Inter seria campeã do Italiano de novo, ninguém duvidava mais. Beijo do gordo!

No dia do meu aniversário de 27 anos, o clube preparou uma festinha pra mim no CT, com balão, bolo e tudo mais. O Thiago foi com a minha mãe e a vovó. Até o filho do Mourinho, que era criança, tinha a mesma idade do meu irmão, estava lá. Ele veio falar comigo. Disse que sempre me escolhia no Playstation, bonitinho. "Tem que falar isso pro teu pai", eu brinquei com ele.

Aquilo me pegou, porque eu sabia que precisava dar o exemplo pra molecada. O jogador de futebol tem essa responsabilidade, quer queira, quer não. O treinador continuava conversando comigo. "Adri, a Inter com você é outra Inter. Você precisa do time, e o time precisa de você. Não desperdiça isso, cara." O problema é que eu não conseguia ser feliz, mano. Porra, é foda falar isso. Eu tinha tudo na minha frente. Até iate! Chula, tu não chegou a passear no meu barco, né? Caralho, era lindão, mano. Todo preto.

Vou te falar, se o Batman comprasse um iate, seria igual ao meu. Era um Leonard 72. Vinte e três metros de comprimento. Enorme. Tinha seis camas naquela porra. Uma pinta esportiva, andava pra caralho. Batizei de Didico. Eu convidava todo mundo para passear comigo, e gostava tanto daquele barco que fiquei com ele mó tempão. Mesmo depois de ir embora da Itália. Até tentei trazer pro Brasil, na verdade, mas não deu certo. Sempre que rolava alguma folga, eu dava um pulo na Sardenha pra passear com ele.

Enfim, a Inter acabou eliminada da Champions League pelo Manchester United. O resultado abateu o grupo, embora a gente estivesse bem no Italiano. O Mourinho deu dois dias de folga pra todo mundo, e eu chamei o Maxwell, o Mancini e o Maicon pra passear no meu iate. Eles foram com a família, eu também levei minha galera, e a gente deu um rolezão bacana. Passeamos pela Costa Esmeralda e depois atracamos em Porto Cervo Marina. Coisa fina, Chula. Aquela região é espetacular.

Esses momentos me distraíam bastante. Eu sempre gostei da resenha e de dar risada com os parceiros, tu tá ligado. Voltamos para Milão e logo veio outra pausa para a data FIFA. Eu tinha sido convocado pelo Dunga mais uma vez. Eram dois jogos de Eliminatórias,

Equador fora e Peru em casa, no Beira-Rio. No último treino com a Inter antes da apresentação, o Mourinho veio falar comigo.

"Foda-se, pá. Foste convocado mais uma vez, não é?", ele disse. Eu olhei para o treinador. "O que foi, caralho?", respondi. "Puta que o pariu, caralho", ele respondeu com aquele sotaque português. Eu só olhava pro lado. Mirava o Mourinho de viés. "Tu vais me foder que eu sei, pá", ele continuou. "Gajo! Olha pra mim", ele insistiu. O Mourinho já estava sentindo o cheiro da cagada. Três meses antes, eu tinha me apresentado atrasado depois do Ano-Novo.

Já era rotina, eu vinha para o Brasil, e, na hora de embarcar para a Europa, eu sempre dava um jeito de ficar pelo menos um dia a mais. Fazia isso há anos, porra. "Tu me conhece", eu respondi pra ele. "Não estou aguentando mais", eu falei. "Já sei que tu não vais voltar", o Mourinho disse. Ele virou as costas e saiu andando. Quando cheguei em casa, me bateu o desespero. *Caralho. O que eu vou fazer?*

Eu não quero colocar a culpa na morte do meu pai, mas a verdade é que eu não tinha mais cabeça. O futebol para mim tinha virado obrigação. Eu não tinha mais vontade de nada. Não jogava mais com amor. Não tinha paixão pelo jogo, tá ligado? Virou só um compromisso. Eu precisava me reencontrar, cara. Entendi que era hora de dar uma recuada. Eu tinha que retomar a minha essência, encontrar o Adriano outra vez.

Presta atenção no que eu vou falar: sem o Adriano, o Imperador não presta. Se eu estou bem comigo mesmo, entrando em campo com vontade, vibrando com a torcida, empolgado com os meus companheiros, com tesão pra atropelar o adversário, aí o Imperador é foda. Mas eu tinha virado um mentiroso. Eu mentia para todo mundo, principalmente para mim mesmo. Inventava que ia voltar a ser quem eu era, enganava falando que "agora eu estava bem", insistia no meu lado engraçado para dizer que não tinha nada acontecendo comigo, que era só malandragem mesmo, zoeira da noite e os escambau. Porra nenhuma.

Eu não aguentava mais aquela farsa toda. Como eu podia mentir para o Moratti, caramba? Meu segundo pai. O cara que me apoiou em todos os momentos. Escuta o que eu estou falando. Em todos os momentos mesmo. Eu não poderia fazer aquilo. Nem pra Seleção eu tinha mais vontade de ir, mano. Só de pensar naquela viagem, meu estômago embrulhou. Como é que eu iria pro Equador? Depois para Porto Alegre? Caralho, neguinho.

Eu queria voltar para o Rio. Dar um tempo de tudo. Ficar na minha comunidade, acordar de manhã e andar descalço e sem camisa, abrir a porta de casa e cumprimentar a vizinha, ficar resenhando com os meus parceiros... Esquecer o futebol um pouco, saca? Aquilo estava me fazendo muito mal. Eu achava que só assim poderia me reencontrar outra vez. Faltavam umas duas horas para o meu voo, e eu não tinha nem preparado a mochila ainda. Liguei para o meu primo Rafael. "Fael, eu não vou me apresentar", eu disse. "Como assim, cara. Tá maluco? O que aconteceu?", ele respondeu.

Eu comecei a chorar pra caralho, mano. De soluçar até, tá ligado? "O que aconteceu? Porra, Fael. Tu não tá vendo, não? Não dá mais para mim, cara. Eu vou parar", eu disse. Meu primo entrou em choque. Ele também começou a chorar pra caramba do outro lado da linha. "Poxa, Adriano. Eu te entendo. Mas não faça isso, cara. Espera acabar a temporada pelo menos. Não faltam nem três meses, irmão", ele insistiu.

Três meses? Nem a pau. Eu não tinha força nem pra entrar no avião daqui a duas horas, caramba. Fiquei naquela choradeira com o Rafael durante mó tempão. Ele não me deixava desligar. Eu chorava de cá. Ele chorava de lá. "Adriano, faz o seguinte. Se apresenta na Seleção, mano. Faz pelo menos isso, por favor. Pela memória do teu pai. Pela saúde da tua mãe e da vovó", ele disse. Eu respirei fundo. O argumento do Rafael era que, apesar de tudo, na Seleção eu não poderia fazer merda. Seria imperdoável.

No fim, as pessoas ficariam com raiva de mim na Itália e no Brasil. Diriam que eu estava fazendo desfeita com a Seleção. Ninguém entenderia o papo de depressão. Falariam que eu estava drogado, que eu ia na favela porque gostava de bandido, aquela porra toda que a gente conhece. Ele acabou me convencendo. Coloquei umas roupas na mochila e fui pro aeroporto de Milão. Mas eu sabia que aquela era a última vez. Decidi que eu jogaria as partidas da Seleção e depois não voltaria mais. Eu precisava de um tempo para mim.

Quando o segundo jogo das Eliminatórias terminou em Porto Alegre, eu tomei uma ducha no vestiário e saí vazado. Fui direto para o aeroporto, onde o jatinho estava me esperando. Já estava tudo no esquema. Liguei para o meu amigo no Cruzeiro. "Hermes, pega uma laje aí pra nós. Avisa o Mica que eu tô chegando", eu disse. Entrei no avião, decidido a dar um perdido. Se eu fosse para a minha casa ou para a casa da minha mãe na Barra, os repórteres não me dariam sossego.

Assim que a Inter soubesse que eu não tinha embarcado de volta com o Júlio, a notícia ia vazar para a imprensa. Os paparazzi no Rio seriam acionados, a porta da casa da minha mãe viraria um inferno. Eu precisava de paz naquele momento. O único lugar que os repórteres não teriam como me seguir era na Vila Cruzeiro. Lá ninguém ia me xisnovar.

Pousei em Jacarepaguá, entrei no carro e fui direto para a Penha. Meus chegados me receberam, subimos para uma laje, a churrasqueira já estava acesa. Abri uma latinha. Dei o primeiro gole sabendo que ia dar uma merda danada, mas pelo menos eu poderia aproveitar um pouco daquele momento. Eu queria viver meu mundo, pô. Queria ser humano de novo. Só um cadinho. Porra, essa é verdade. E aí? Desliguei o telefone e toquei o foda-se em tudo.

A primeira noite foi de boa. Demorou um pouco para as pessoas entenderem o que estava acontecendo. Uns chegados vieram me procurar de manhã. A gente estava pernoitado já. "Coé, Adriano. O pessoal tá atrás de você", me disseram. "Não quero saber", respondi. Joguei dominó. Cantei com meus parceiros. Andei pelas vielas da Penha sem ser incomodado. Na segunda noite, a situação começou a esquentar. Ninguém sabia onde eu estava, só os mais próximos. Nem minha mãe, nem meus tios, nem o Rafael.

As mentiras começaram a pipocar. Falaram que eu tinha sido sequestrado pelos traficantes. A "notícia" se espalhou. Papo furado do caralho. Tu imagina isso... Eu, nascido e criado na Penha, vou ser sequestrado por quem, cara? Fora que o falecido Mica estava comigo. Tu não sabe quem é o Mica? Porra, um tempo mais tarde rolou aquele problema todo com a moto que eu dei pra ele. Fizeram um escândalo do cacete. Eu presenteei meu amigo com uma moto, caramba. Não dei droga pra ele, não.

Qual é o problema? Se eu te dou um presente, o que tu faz com ele não é problema meu, ou eu estou errado? Foda-se, já falei dessa história tantas vezes que não quero mais repetir esse papo. Dentro do complexo, a gente só anda de moto, caralho. Eu comprei uma pra mim e outra pro meu parceiro. Conhecer a pessoa é uma coisa, se envolver é outra. O fato é que o Mica era um dos frentes do Complexo da Penha.

Não vou dizer que a gente era nascido e criado juntos, porque eu sou da Vila Cruzeiro, e o falecido Mica era da Chatuba. Mas é tudo a mesma coisa. Uma comunidade colada na outra. E eu conhecia o cara desde sempre. Vou renegar o meu amigo de infância? Nunca. Óbvio que ele jamais faria algo de ruim comigo. Mermão, assim como no futebol, na minha comunidade todo mundo gosta de mim. Eles confiam na minha palavra e eu confio na deles. Ponto final. Eu só queria dar uma respirada. Tomar um ar longe daquela confusão toda que a minha vida tinha se tornado nos últimos anos. O único lugar em que eu poderia andar sem ter ninguém atrás de mim era a comunidade. Mas não me deixaram em paz. Nem lá.

"Adriano, a chapa tá esquentando. A polícia disse que você foi sequestrado", eu ouvi. Porra, aquilo era armação da grossa. Óbvio. "Irmão, eles querem invadir aqui. E se te pegarem com a gente, tu já sabe o que vai acontecer, né?", me disseram. "Tá rolando papo de operação, irmão. Se tiver mesmo, vai dar merda pra todo mundo."

Puta que pariu. Foi o que aconteceu. A polícia entrou na comunidade dizendo que estava atrás de mim. Fizeram uma operação para me resgatar, vê se pode uma coisa dessas. Entraram na casa das pessoas, fizeram perguntas, só que é óbvio que ninguém falou nada. Tive que mudar de lugar.

Um outro chapa nosso deixou a casa liberada, fui pra Grota. Antes de sair, eu mandei chamar o Rafael. Ele me encontrou. Estava agoniado, coitado. "Fael, tu tá me vendo", eu disse pra ele. "Poxa, cara. Tão falando que tu foi sequestrado. Tem notícia até de que tu foi morto", ele disse. "Os caras da Itália estão desesperados atrás de você. Eu não sei o que falar", ele continuou. "Fael, tu tá me vendo ou não? Eu tô aqui, caralho. Que papo de sequestro é esse?", eu falei.

Claro que era invenção, ele sabia também, mas a pressão estava foda. O Rafael começou a chorar. "Eu não vou sair daqui. Avisa em casa que eu estou bem, mas não fala pra ninguém onde eu estou", eu disse. E foi isso. Na Grota ficava mais difícil ainda para terem notícia de mim. O irmãozão deixou tudo à vontade pra gente lá. Piscina e os caralho. Eu tentei continuar o meu processo de recuperação. Porra de clínica... O que eu precisava era da minha comunidade.

Sabe quando você tem que fazer uma reflexão? Era isso. É porque nego não entende até hoje. As coisas na minha vida foram rápidas demais. Eu não tive oportunidade de pensar em nada. Eu parei de jogar futebol com sei lá, 30, 32 anos, né? Eu estou hoje com 41. A minha cabeça é outra. Mas dez anos atrás tinha isso tudo. Meu pai morreu, eu tinha que tomar conta da minha família, um dos maiores clubes da Europa dependia de mim, imprensa em cima, diretoria, todo mundo falando quanto eu ganhava, mulherada, balada, amizades novas, cachaça... Era muita coisa no meu lombo, caramba.

Com os meus amigos, eu podia voltar às minhas origens. Aproveitei a hospitalidade que me foi oferecida. Me lembro que teve até show do Revelação na quadra da Grota. Os mais próximos me viram e sabiam que eu estava ali. Ninguém falava nada, porque não pode. Isso daí é lei da favela. No terceiro dia, o bicho pegou pra valer. A imprensa italiana estava causando, a brasileira mais ainda. A polícia tinha apertado o cerco no Complexo. Minha família estava desesperada.

Eu decidi sair da Grota e voltar para a Penha. Quando cheguei, uma pessoa me viu e veio falar comigo. "Coé, Adriano. Tua família inteira está na casa do seu tio Papau. O pessoal tá muito preocupado contigo." Eu só decidi aparecer de novo por causa disso. Eu sabia que a minha mãe, minha avó, minhas tias, todo mundo estava preocupado. Eu não queria causar mais sofrimento para as pessoas que sempre estiveram do meu lado. Eu não queria machucar ninguém, não era essa a ideia. Mas o meu pequeno retiro estava saindo mais caro do que o imaginado.

Eu conseguia ver a minha mãe chorando e orando ao mesmo tempo. A imagem, mesmo que na minha cabeça, me balançou muito. Decidi descer para a casa do meu tio para mostrar pra eles que eu estava vivo e que não precisavam se preocupar. Liguei para a Dona Rosilda. "E aí, mãe?". Ela nem falou nada. Começou a chorar pra caramba. Eu também não economizei lágrimas do outro lado. Puta merda. Ficamos um tempão assim. Ouvindo o sofrimento um do outro.

Ela também entendia o que eu estava passando. Porra, ninguém conhece a minha história melhor que a minha mãe. Ela sabe o filho que tem. "Eu não fui criado pra isso. Fica tranquila que agora eu posso voltar." Foi isso. Apareci de novo. Fui pra casa. E como eu já tinha imaginado, começou aquele falatório todo sobre a minha situação. Chamei meu procurador. "Pode avisar a Inter que eu não vou voltar", eu disse.

Nego me recriminou pra caramba. Querendo ou não, era a independência que eu estava precisando. Não aguentava mais sair e ter que ficar olhando pra um lado e pro outro pra saber onde estavam as câmeras, quem se aproximava, se era repórter, pilantra, golpista, ou a puta que o pariu. Na minha comunidade, não tem isso. Quando eu estava lá, ninguém de fora sabia o que eu estava fazendo. Esse foi o problema deles. Não entendiam o porquê eu fui pra favela.

Não foi por causa de bebida, nem de mulher, muito menos por droga. Foi por liberdade. Foi porque eu queria paz. Eu queria viver. Nego falou merda pra caralho porque é tudo constrangido. "Pô, o Adriano parou de ganhar 7 milhões de euros. Ele largou tudo por causa dessa merda?", foi o que eu mais ouvi. Mas nego não sabe por que eu fiz isso. Fiz porque eu não estava bem, porque precisava do meu espaço, pra fazer o que eu quisesse fazer.

Eu ainda tinha mais de um ano de contrato com a Inter. Meu acordo com eles era progressivo e o salário poderia chegar a até 8 milhões de euros por ano. Faz as contas aí de quanto eu deixei pra trás. Uns 10 milhões de euros mais ou menos só em salário. Eu poderia ter ficado encostado lá. Seguir enganando, sem me importar com nada. Quer me convocar, beleza. Não quer também não tem problema. Se quiser, me põe pra jogar. Ou não, foda-se. Só não esqueça de depositar meu salário no dia certo.

Tem jogador que toma essa postura. No contrato não fala que você tem que ser titular nem nada, não é mesmo? Quantos fazem isso de ficar enganando para colocar o dinheiro no bolso? Ainda mais quando o contrato é grande. O combinado não sai caro. Cada um sabe do seu. Eu, com todos os meus problemas e erros, não aceitaria uma situação dessas. Eu lá ia roubar o Moratti? De jeito nenhum. No dia seguinte que eu voltei para a casa da minha mãe, recebi uma visita que me marcou muito. O Jorginho, que na época era assistente do Dunga na Seleção, foi me ver. Ele também é bastante religioso, como a minha mãe e a minha avó. Chegou com todo o respeito do mundo.

O Jorginho tem um tom de voz compreensivo, como a Dona Rosilda. Ele não é um cara de vir dar esporro, querer brigar, essas coisas. "O que está acontecendo, Adriano? Eu vim te ver porque a gente está preocupado com você", ele falou. "Estou bem agora, Jorginho.

Eu sumi, voltei, mas agora vou ficar por aqui mesmo", eu disse. Ele me olhou, me deu um abraço. Eu estava muito emocionado, mais uma vez. Eu falei: "Jorginho, eu não vou mentir para o senhor. Eu preciso de um tempo para mim".

Como é que eu ia enganar a torcida brasileira inteira? Não tinha como. Faltava pouco mais de um ano para a próxima Copa do Mundo, eu não conseguia nem pensar nisso. Só queria ficar na minha. Sem nada me incomodando. "Eu te entendo, Adriano", ele respondeu. Porra, o Jorginho foi jogador, né? E dos brabos. Tetracampeão do mundo. Também é treinador. Ele conhece a pressão que a gente vive. Ele sentiu na pele. Nossa conexão é diferente.

"Eu quero te dizer uma coisa. Não pare de jogar futebol", o Jorginho me disse. "Você ainda tem muita lenha para queimar. Com 27 anos, dá pra você se recuperar. Cuida da sua cabeça, procura o conforto que você precisa. Leia a Bíblia. Mas não abandone o futebol", ele completou. Eu agradeci as palavras e o respeito dele. Era isso. Eu não estava me aposentando. O que eu queria era um descanso. Não sabia quanto tempo levaria. Não queria fazer planos naquele momento. A única certeza era que eu não queria sair do Brasil. Combinei com o meu procurador que convocaria uma coletiva para anunciar a minha decisão.

"Posso sorrir agora?", perguntei para os fotógrafos que estavam no salão. Eles riram, disseram que sim. Eu coloquei os dentes pra fora. Fiz joia com os dois dedões. Agradeci a todos por terem ido até o hotel onde confirmei minha decisão, uma semana depois de ter desaparecido. Foi uma entrevista como tantas outras que eu já tinha dado. Os repórteres apareceram em peso, as câmeras também. Falei para os jornalistas que ia dar um tempo. Eu não estava feliz na Itália. Não queria voltar mais.

Expliquei que a minha fuga tinha sido premeditada. Fuga é modo de falar, claro, mas os diretores da Inter já sabiam que eu não estava bem fazia tempo. Insisti que eu não iria para clínica nenhuma.

Eu não estava doente. Não precisava de tratamento. Não era alcoólatra nem viciado. Papo de *rehab* é o caralho. Eu não queria ouvir mais aquela conversa. Só falei sobre isso porque me perguntaram. Eu estava fugindo do isolamento, caramba. Eu não queria ficar sozinho com gente que eu não conhecia.

Aquela tinha sido a minha vida na Itália nos últimos sete anos. Diz aí? Como é que eu ia aceitar uma internação àquela altura? Não. Mil vezes não. Eu fiz o que fiz para ficar perto dos meus. Minha família e minha comunidade é que me dariam o suporte de que eu precisava para me reencontrar. Quem quiser entender, beleza. Quem não quiser que morda as costas.

Os repórteres insistiram em perguntar sobre o meu futuro. Os boatos sobre o Flamengo eram grandes. Eu disse que não sabia o que ia acontecer, e era a verdade. Claro, se fosse para jogar futebol no Rio, não teria outra opção. Minha família inteira é rubro-negra, caramba. Eu virei jogador na Gávea. Antes de qualquer conversa, eu tinha que resolver a minha situação com a Inter, e essa eu sabia que seria enrolada. A Itália estava sofrendo muito também. Eu tinha noção.

Bem naquela semana aconteceu a tragédia do terremoto em Abruzzo, foi horrível, mano. Muita gente morreu. Eles estavam em luto. Fora que também teve a crise financeira que pegou o país pra valer. Foi duro na Europa toda, mas os italianos sentiram feio o que aconteceu. E no meio da confusão estava o brasileiro milionário querendo deixar a Itália para trás, mesmo com a grana preta que recebia. Claro que os comentários sobre a minha decisão foram bastante pesados.

Começou a rolar um papo de que eu teria que indenizar a Inter. Imagina uma coisa dessas? Meu empresário foi para Milão para confirmar que eu não ia mais jogar pelo clube. Porra, isso também não é comum. E eu já falei como é o ego do italiano em geral. Claro, nem todo mundo é igual, mas na média os caras são foda. O negão aqui dizendo que não ia mais voltar para o país deles, nem jogar pelo clube que estava ganhando tudo na época... Imagina a alegria dos caras ao ouvir isso?

"Adriano, encontrei o Branca hoje, e ele está possesso. Disse que é um absurdo o que você fez", meu procurador me contou. Bom, esse daí já não ia com a minha cara fazia tempo. Eu sabia disso. "O nosso contrato tem uma cláusula de rescisão astronômica, Adriano", meu procurador explicou. "Porra, Gilmar. Quanto eu ainda tenho pra receber? Uns 10 milhões? Fala pra eles que não quero mais nada. Acabou. Corta o meu salário a partir do dia que eu vim para o Brasil e um abraço", eu pedi.

Não era tão simples assim. "Eu já falei isso. Mas eles vieram com o papo de multa contratual no valor de 200 milhões de euros", ele disse. "O quê? Em teoria eu tenho que pagar 200 milhões para a Inter?", respondi. "Em teoria, não. É isso", meu procurador falou. Puta que pariu. Tu imagina? Claro que eu não tinha esse dinheiro. Ganhava bem, mas, porra, eu não era o Bill Gates. "Tá, eu não vou pagar nada, Gilmar. Pode esquecer. Dá seu jeito aí", eu falei.

Porra, aquele assunto estava me deixando cabreiro. Eu queria ter um descanso para me encontrar e colocar a cabeça no lugar, e isso seria impossível com os caras falando em me processar num valor que dava pra comprar metade do Rio de Janeiro, diz aí. Estavam de brincadeira com a minha cara. Toquei minha vida do jeito que eu quis. Mas sempre com aquela preocupação. Chamei meus cumpades pra jogar dominó em casa. Bebi algumas geladas nos bares da Barra. Fiz churrasco com as queridas e os mais chegados. Fui no baile da Penha. Sempre lotado. Não tinha novidade nenhuma no que eu estava fazendo. Era a minha rotina de sempre. Mas agora eu podia aproveitar sem culpa. Não tinha compromisso com ninguém a não ser comigo mesmo. Era uma sensação de alívio que eu ainda não conhecia. Bom demais. Eu só precisava resolver a situação com a Inter.

Meu procurador me ligava para dizer como as negociações estavam se encaminhando. Na verdade, eu fiquei até surpreso com tanta enrolação. Para mim, era só questão de chegar lá e assinar o distrato.

Beijo do gordo. "Quem me dera, Adriano. Tá enrolado aqui. E se eles não assinarem o acordo, você não vai poder jogar em outro lugar", meu procurador me disse. Jogar em outro lugar não era a minha preocupação. Eu só não queria entrar em briga com a Inter, nem arriscar o patrimônio que eu tinha construído enquanto trabalhei na Itália.

Bem ou mal, na época eu tinha dois filhos para cuidar. Hoje tenho três, caramba! Sem contar o resto todo da minha família. Muita gente depende de mim. Entendi que só tinha um jeito de resolver aquela parada de forma definitiva. Claro, tu já sabe, né? Liguei para o Moratti. "Presidente, como o senhor está?", perguntei. Ele respondeu dizendo que o mais importante era saber como eu estava. "Eu estou melhor, presidente. Agradeço a preocupação do senhor. A questão é que eu não tenho como sair do Brasil agora. Preciso ficar tranquilo aqui para me cuidar", eu falei.

O Moratti nunca foi deselegante comigo, e não seria naquele momento que ele ia mudar de postura. O presidente comentou sobre a decepção toda no grupo. Disse que a diretoria estava furiosa. Pediu minha compreensão, porque, no final, as questões econômicas também eram importantes. Lembrou que eu tinha recebido todo o apoio possível por parte da Inter, que aquilo também custava caro para eles. Eu entendi e concordei. "Presidente, o senhor sabe melhor do que eu: dinheiro não traz felicidade. É por isso que estou rompendo meu contrato. O tema financeiro é importante, claro. Mas o que eu faço com isso tudo?", ponderei. Ele me ouviu. Respirou fundo. "Tá bem, Adri. É isso mesmo que você quer?", o Moratti me perguntou.

Senti que, se eu quisesse voltar para a Itália, era muito provável que ele desse um jeito para eu ser aceito de novo. Meus companheiros da Inter já tinham até falado sobre isso nos jornais. As notícias chegavam para mim, não tinha jeito, mas a minha cabeça estava feita. Eu precisava ser sincero com todos, incluindo comigo mesmo. Levei muito tempo para tomar uma atitude definitiva. Não dava para voltar atrás. "É o que eu quero, sim, presidente. Peço desculpas por ter falhado com o senhor. Nunca quis desrespeitar a Inter. Eu também preciso parar com essa irresponsabilidade. Espero que o senhor me entenda", eu falei.

Porra, eu precisava abrir meu coração com o Moratti, para ele ver que eu não estava de sacanagem. Ele sabia muito bem que não era palhaçada minha. No final, eu só reforcei o que ele havia sacado fazia muito tempo. "Está bem, Adri. Se é o que você quer, eu vou mandar assinar a rescisão", ele me falou. "Mas quero te pedir uma coisa. Você ainda é jovem. Com certeza vai voltar a jogar. Quando isso acontecer, não assine nunca com o Milan nem com a Juve", o Moratti disse. "Claro que não, presidente. Na Itália, o meu time é a Inter. Não cometeria uma traição dessas", respondi. "Exatamente. Seria uma traição, e eu não espero isso de você", ele insistiu.

Eu não faria isso. Não foi essa a criação que eu recebi. "*In bocca al lupo, Adri... In bocca al lupo*", me disse o Moratti antes de desligar. Umas horas mais tarde, meu procurador me ligou. "O que você falou para o Moratti, Adriano?", ele perguntou. "Ué, o que você já sabe. Que eu não estou bem da cabeça e não quero voltar para a Itália", expliquei. "Bom... deu certo. O Branca está espumando. Eles assinaram a sua rescisão. Não vamos ter que pagar nada. Os diretores insistiram que isso não era justo, que o clube estava sendo prejudicado, que alguma coisa você teria que pagar, uma ladainha sem fim. Mas a ordem veio de cima, não teve jeito", ele falou. Eu respondi: "Manda o Branca se foder pra lá, pô". Tu acredita?

Ainda bem que o presidente me salvou. Se não fosse ele, eu perderia um dinheiro maneiro. Foi assim que a relação com o clube que me projetou para o mundo acabou. Eu tinha contrato até junho de 2010. Meses antes, meu procurador chegou até a negociar uma renovação, mas esse papo não foi pra frente. Não sei o que teria acontecido se eu seguisse na Europa. Não consigo acreditar que a minha vida teria sido melhor em outro lugar, como na Inglaterra, ou na Espanha, por exemplo. O meu problema nunca foi o clube. A questão para mim era o país. E o país que eu falo é o Brasil mesmo.

Fiquei naquele marasmo frenético das minhas festas e encontros com amigos por algumas semanas. Não foram muitas, pra ser honesto. Até que o pessoal do Flamengo me procurou. "Adriano, tu não quer voltar pro maior do mundo, não?" O convite me balançou, não vou negar. O Campeonato Brasileiro estava começando. O Flamengo não era campeão há quase vinte anos. *Porra, se os meus primos souberem dessa ligação eu tô fodido*, pensei. Eu vou ter que assinar. Imagina a alegria da vovó me vendo jogar no Maracanã?

Dizem que o bom filho à casa torna. Eu estava de regresso. Não dava para desperdiçar uma oportunidade dessas. "Deixa eu ver com o meu procurador e a gente te retorna", eu falei. Todos já sabiam no que aquele papo ia dar. Nem cavalo aguenta. Caraca, Chula. Olha a Renata me ligando aqui. Já são nove da manhã, cara. Bora? Melhor dar uma descansada antes de começar a transmissão. Me deixa ali na minha mãe direto, beleza? Amigão, anota aí o que a gente consumiu que eu acerto na próxima. Tamo junto, querido. Bora, Chula. A gente vai se atrasar, cara. Beijo. Até daqui a pouco.

29. O Imperador voltou

Naná! Tem dominó, aí? Traz pra gente, por favor. O meu amigo VT tá pedindo pra tomar uma surra. Pois é, cansou de perder pra mim no Cruzeiro. Agora quer aprender comigo na Barra também. Como é que é? Não. Só traz o que o Hermes pedir. Qualquer coisa que vier pra nossa mesa você já mostra a conta pro Hermes na hora. Não é, meu cumpade? Isso. Ele tá na responsa. Vai conferir tudo. Se vier com parada a mais, eu volto lá pro quiosque do Joilton, hein? Se liga, Naná.

    A tua sorte é que aqui tem esse toldo que protege a gente. O Joilton teve que mudar de lugar por causa do incêndio no quiosque dele. Eu estava gostando de ir lá, mas tá muito frio, cara. Esse vento que vem do mar é foda. Tá bom, querido. Isso, maneiro esse dominó. Pedrona grande. Azul ainda por cima. Chique. Bora, VT! Senta aqui. Gabão de Sena sai. Perae que eu vou colocar uma música. Traz as caixas de som pra cá, irmão. Pendura umas três em volta da gente. Elas se conectam umas com as outras, né? Vou colocar um som maneiro. Dessa daqui vocês gostam, quer ver?

Levei tanto tempo pra encontrar
Alguém que chegasse pra me libertar
Me entreguei de novo, ah, mas quem diria
*Meu amor**

* "Perfume". Intérpretes: Belo e Ludmilla. *In*: *Numanice 2: ao vivo*. Rio de Janeiro: Warner Music, 2022.

Cadê as muchachas, poxa vida? Didico *sex lover* tá devagar... É mesmo. Eu estava lá em Búzios esses dias todos. Nada, não tinha nega nenhuma, não. Eu sentei com os parceiros de São Paulo pra tomar uma no Joilton. Era dia de música ao vivo até. Do nada, me bateu cinco minutos, e eu chamei os caras: "Bora, pra Búzios?". Os chegados toparam na hora. Passamos na minha mãe para pegar a chave e subimos direto. Eu tava com a carreta nova. Eu não sei o nome daquela porra, não. Como é que é? Range Rover. Acho que é isso. Chegamos rapidinho.

O Zidane armou tudo pra gente. Ele manda na porra toda por lá. Armou umas geladas, uísque, gelo, até a caixa de som, que eu esqueci de levar. Quando a gente chegou, os caras já estavam na porta da casa esperando. E ficamos por lá, pernoitados. Tomamos um monte. No dia seguinte, chamei o meu irmãozão, o Leonam. Ele veio com a esposa e o filhinho. Porra, eu queria armar um passeio de barco pra família. Fiquei lembrando do tempo que eu tinha meu iate na Sardenha. Aquilo me animou. Mas me apareceram com um barco todo esculachado. Não tinha nem uma mesinha, nada. Só umas caixas de som lá que parecia paredão de baile funk, caralho. Fiz o maluco devolver o meu kicks na hora.

Kicks, porra. Agora eu tenho também. Como que tu não sabe, cara. Kicks, do banco. Pra transferir dinheiro. É Pix que chama essa merda? Eu falo kicks, mermão. O malandro me devolveu o dinheiro. Foi mesmo. Desci do barco xingando todo mundo. Os caras pensam que porque a gente veio da favela que vai aceitar qualquer coisa. Como diz a música, eu nasci pobre, mas não nasci otário.* Deixa. Vou mostrar as fotos do meu iate passeando pela Costa Esmeralda pra ele se ligar. Foda. Mas fora isso foi de boa.

Tava com os amigos, fizemos uma bagunça maneira. Chamei meus filhos também. Mandei eles virem de helicóptero do Rio. Ficaram todos

---

* "Tâmo aí na atividade". Intérprete: Charlie Brown Jr. *In*: *Tâmo aí na atividade*. São Paulo: EMI Music Brasil, 2004.

bobos com o passeio. Gostaram pra caramba. Foi mesmo. Vieram os três, sim. As mães que não gostaram muito, mas liberaram. É porque foi tudo em cima da hora, né? Tu tá ligado que eu não tenho planos. Bate a vontade, eu vou lá e faço. Foi muito bom estar com eles esse final de semana. Estão bem, sim. Graças a Deus.

Eu tive que dar uma chamada no Adrianinho outro dia. Coisa de moleque, normal. Fiquei chateado com a maneira que ele falou comigo. Disse que seria melhor jogador do que eu fui, acredita? Foi mesmo. Porra, bem que eu quero que ele seja. Meu sonho é que ele conquiste muito mais do que eu, mas tem jeito de falar as coisas. Foi isso que eu tentei explicar para ele. Tem que respeitar o pai e a mãe, sempre. Fazia um tempinho que eu não passava o fim de semana assim com os três.

A gente saiu pra jantar, fomos pra praia, entramos na piscina e fizemos um churrasco. Pô, eu conheci uma cantora num restaurante lá de Búzios. Boa pra caramba. Chamei a garota pra ir em casa também. Ela fez um show maneiro com a banda pra gente. E daí foi isso. Mas muchacha mesmo não teve. Com a família assim não é bom misturar. Tudo tem a sua hora, tô mentindo?

Vai, cadê o próximo? Vem pra cá, Hermes. O vt não deu nem pro cheiro. Puta merda. Qual foi, titia? Claro. Eu tiro foto com você. Não fica chateada, titia é modo de falar. Tu deve ser mais nova do que eu. Brincadeira, querida. É só pra mostrar respeito. Anda, vem tirar foto você também. Eu não jogo mais, irmão! Não sei o que está acontecendo com o Flamengo, mas não dá pra ganhar tudo o tempo inteiro, também. Tem que entender isso. Tá certo. É, aquele time de 2009 foi especial mesmo. Beijo, querido. Obrigadão, viu. De coração. Adoro ouvir isso. Vocês também transformaram a minha vida. Vem cá que eu tiro foto com a pequena. Sorri pra câmera, linda. Tchau, gente. Beijão.

Poxa vida, eu me emociono com esse carinho. Papo reto mesmo. As pessoas começam a descrever como o futebol é importante pra elas, e aí ficam lembrando do que eu fiz em campo. É duro, cara. Olha, só de falar eu já começo a me emocionar. Aquele título de campeão brasileiro foi inesperado. Puta merda. Ei, Hermes, tu lembra da festa de melhores do campeonato? Caralho, foi mesmo. Conta pra eles. Porra, A gente tava tudo junto: eu, Geo, Hermes, Jorginho, Sapato, o falecido Mica. Tu tava, VT? É, uns outros parceiros nossos também formaram naquela noite.

A gente tomando uma gelada na maior alegria. Mengão campeão, porra. Tinha uma televisão na laje transmitindo a festa de premiação do Brasileirão. Tu acha que eu ia na cerimônia? Ia nada. O Ronaldo também não foi, mas tudo bem pra ele. O mais importante daquela noite era eu. Pediram pra eu ir porque o campeão do ano era o meu time. Eu não queria nem saber. O Flamengo tinha levantado o troféu brasileiro de 2009, isso era o que importava. A festa de prêmio individual era o de menos. Se fosse a bola de ouro, diz aí... Tu ri né, safado?

Eu tô brincando, caramba. Eu não gosto muito dessas cerimônias, pra falar a verdade. Nenhuma delas. Chato pra caramba. Eu queria estar com a minha rapaziada. A reta final do campeonato também foi tumultuada pra caramba. Meteram o pau em mim por causa daquela história da queimadura no pé. Ficou feio mesmo. Não deu pra jogar... Porra, a minha casa no Mansões tinha umas lâmpadas no jardim que ficavam quente a pampa. Ninguém acreditou nessa história? Morde as costas. O que importa é que a gente ganhou um título que o Flamengo não vencia desde 1992, negão. Tá sabendo? Pois é.

Aquele grupo se uniu de verdade. Fomos pra cima e conseguimos uma arrancada maluca. Passamos o carro nos favoritos. Tô mentindo? Ninguém botava fé na gente não, neguinho. O time não era forte, temos que ser sinceros. Nós mesmos sabíamos disso. Ninguém é bobo. Mas deu liga. Eu ainda fui o artilheiro do campeonato. Tá vendo? Por isso que as pessoas não esquecem desse título.

Todo dia me param na rua para falar do Brasileirão de 2009. Dez anos depois, o Flamengo ganhou tudo, com um grupo muito mais badalado. Eu torci pra caramba também. Mas pode perguntar pra qualquer flamenguista, o Brasileirão que a gente conquistou ficou marcado na história. A torcida tem muito carinho. Pior que na hora que foram anunciar o prêmio de melhor atacante do campeonato, os atores da Globo que comandavam a cerimônia tiraram a maior onda. Coloca no YouTube pra tu ver.* Hein, Moisés? Pega o celular aí. Coloca pra gente. Engraçado pra caralho.

O ator vira e fala: "E o troféu de ouro vai para... Adriano, do Flamengo!". Porra, maior festa na favela. Todo mundo aplaudindo. Os cumpades jogaram cerveja pra cima. Soltaram rojão e tudo. Aí o outro ator lá vira e fala: "Que certamente deve estar comemorando em *algum* lugar da cidade. Tem direito, né, gente?". Porra, o cara acertou na mosca. A laje inteira lá na Grota caiu na gargalhada. O frente virou pra mim e falou: "Tu é mó doidão mermo". Vou negar? Eu tinha voltado para o Brasil por causa disso. Se fosse pra ir em festa de bacana, eu teria ficado na Itália, fala aí, Geo? Tô mentindo?

Cadê o meu cigarro? Passa ali pra mim. Isqueiro, merda. Mas foi isso. Tempo bom. Eu chegava na favela, e o Geo ficava na entrada me esperando de moto. Eu subia na garupa e já era. Tá lembrado, Geo? Conta pra eles. Porra, eu nunca gostei de treinar segunda-feira. Sabe por quê? Chato pra caramba. Tu vai lá só pra fazer regenerativo. Entra na banheira, faz uma meia horinha na academia, de repente uma massagem e vai embora. Pô, peraê, né? Maior perda de tempo. Deixa que eu me regenero do meu jeito. Com os parceiros do lado, caramba.

Da-nooooo-neeee! Nego diz que eu faltava muito. Que eu não aparecia nos treinos de segunda. Não é verdade. Eu nunca faltava. Pode perguntar. Eu sempre ligava avisando que não iria. Isso não é falta. Outra coisa, eu pedia para não ir. Logo no começo das conversas com o Flamengo, a gente entrou nesse ponto. Eles sabiam muito

---

* Prêmios de Melhores Atacantes do Brasileirão 2009 – Adriano é Ouro. 2010 Vídeo (055s). Publicado pelo canal Adslmov. Disponível em: https://www.youtube.com/watch?v=hTxlh3DC7pU. Acesso em: 14 out. 2024.

bem quem estavam contratando. Eu deixei claro que não cairia naquele papo de concentração por dois dias, treino de manhã depois de jogo e outras maluquices que fazem no Brasil. Não é querer ser especial, mas eu estava vindo da Europa, né? E lá o pessoal trabalha de outra forma. Fora que até na Itália eu dava os meus perdidos, não ia ser diferente no Rio, diz aí?

Eu sei que fiquei muito feliz com a minha volta ao Flamengo. Agora, a minha família, puta merda. Esses aí não se aguentavam. Meus primos, que são roxos pelo Mengão, ficaram alucinados. Minha avó até chorou. Foi bonito pra caramba. E quanta diferença. Porque eu fui recebido como ídolo. O dia da minha apresentação foi aquela confusão toda. Assinei contrato de um ano que poderia ser rompido em dezembro. Ainda era o começo de maio. O Brasileirão estava nas primeiras rodadas. O Flamengo tinha passado por um apuro porque todo mundo achava que o Ronaldo ia ficar na Gávea. Isso mesmo, ele passou uns meses se recuperando por lá e depois assinou com o Corinthians. Cada um sabe do seu, xará. Eu não critico ninguém. Mas a torcida ficou chateada.

A diretoria deixou claro pra mim que eu cumpriria esse papel também. Um ídolo chegando para virar a página dessa história e ajudar o Flamengo a fazer um bom campeonato. Porra, eu gosto disso. Desafio grande. Lembra que quando eu saí do Flamengo, moleque de tudo, a torcida me vaiava? Tomei uma pressão do caramba. Por sorte, a Inter me contratou, e eu tive a oportunidade de me desenvolver na Itália. E aí eu voltava como ídolo.

Muitos colocavam a pecha de "salvador da pátria" nas minhas costas. O que é complicado, porque no futebol ninguém faz nada sozinho, negão. Tô mentindo? Enfim, aceitei a situação e fui pra cima. Conversei com o treinador. Na época, era o Cuca que estava no comando. Porra, já falei pra vocês, fora o Mancini, com quem eu não tive uma relação boa, nunca fui de ter problemas com técnico. Papo reto mesmo. Óbvio, sempre rola uma desavença aqui, ou ali, mas tudo dentro do normal e resolvido no vestiário.

Eu não sabia ainda, mas, no fim, o Cuca ia sair do time achando que eu tinha sacaneado ele. Ou pelo menos foi isso que deu a entender no dia que ele se despediu da gente. Foi mesmo. Futebol é foda. Acontece tudo muito rápido. Pra tu ver como são as coisas, a minha estreia parecia uma virada de página na temporada do Flamengo. Quando eu assinei o contrato, ainda estava fora de forma, óbvio, mas eu fui treinando, e menos de um mês depois a gente acertou a data do meu primeiro jogo em casa.

Porra, domingo de sol no Rio com partida do Mengão à tarde no Maracanã. Vai vendo... Mermão, só eu comprei uns quarenta ingressos. Pode perguntar pra minha mãe se eu tô mentindo. Levei a família toda. Alugamos até um ônibus. O médico falou pra minha avó que ela não poderia ir. Tu acredita? Ela tinha acabado de fazer uma cirurgia no olho. Isso, era problema de catarata. Precisava ficar em repouso e sem muita claridade. Tá bom... No dia da reestreia do neto que ela levou pra treinar durante anos? Esqueça tudo. Ela foi dirigindo o ônibus da família, cara. Não, brincadeira. Tô de sacanagem, óbvio. Tinha motorista! Mas a Dona Vanda comandou a excursão.

A Danielle também levou os nossos filhos. A Sophia não tinha nem um ano ainda, cara. Cheguei no estádio sentindo aquela energia toda. O Maracanã lotado é especial, neguinho. Tava lotado, claro. Mais de 70 mil pessoas. Uma festa do caramba. E ainda era o Maracanã antes da reforma pra Copa. Já tinham mudado muita coisa, é verdade. Foi mesmo. Mas o eco da nação ainda era alto.

Eu sei que aquilo foi mexendo comigo, mermão. Nem precisei colocar Racionais antes de entrar em campo pra ficar na pilha. A adrenalina chegou no talo só de ouvir a torcida. Na Europa, os jogos são bonitos, mas o som da massa rubro-negra é especial. Começa a subir um formigamento, tá ligado? O sangue corre mais rápido no corpo, papo reto mesmo. Tu sente a veia se abrindo. O pulmão fica grande. O corpo infla de verdade. Eu queria pisar no gramado logo. E o eco invadia o túnel...

Vamos, Flamengo
Vamos ser campeões
Vamos, Flamengo
Minha maior paixão
Vamos, Flamengo
E essa taça vamos conquistar*

Não tem como. Quando a torcida começa a cantar, já era! Mexe. Mexe com qualquer um. Olha aqui, fiquei até arrepiado, puta merda. A gente subiu pro gramado desse jeito. Todos os fios de cabelo que eu tinha no meu corpo estavam em pé. Te juro, mermão. Aquela confusão do cacete, gente pra caramba no gramado. Cumprimentamos o adversário. Tiramos a foto oficial. Eu olhei aquele mar de torcedores cantando como se fosse o momento mais importante da vida de todos.

Porra... tive que me controlar pra não perder o foco. Procurei minha família na arquibancada. Vi a torcida fazendo uns mosaicos bonitos pra caramba. Eu era um homem feliz naquele momento. Muito feliz. Não existe dinheiro que compre uma coisa dessas. Eu saí da Itália pra me reencontrar. O primeiro passo estava sendo dado naquele domingo. O carinho da arquibancada, dos colegas, até da imprensa, tenho que confessar, me tocou pra caramba.

A gente já estava se preparando para começar o jogo. Alguém me chamou, não lembro qual colega. Acho que foi o Sheik. Me cutucou berrando ao mesmo tempo: "Olha ali, Adriano. Puta que pariu!". Mermão, era um bandeirão vermelho e preto estampado com o meu rosto. Sorrindo pra caramba.** Didico feliz da vida. O bandeirão subiu com uma leveza absurda, apesar do tamanho gigantesco. Estava

---

* "Vamos Flamengo". Intérprete: Football Chants. In: *Músicas do Flamengo*. 2019.

** Mota, C. O Imperador voltou! A reestreia de Adriano pelo Flamengo em fatos, fotos e vídeos 11 anos depois. ge, 31 maio 2020. Disponível em: https://ge.globo.com/futebol/times/flamengo/noticia/o-imperador-voltou-a-reestreia-de-adriano-pelo-flamengo-em-fatos-fotos-e-videos-11-anos-depois.ghtml. Acesso em: 27 jun. 2024.

pendurado em um monte de balão branco. Voou tão alto que saiu do estádio. Deixou o Maracanã no chão e foi pro céu.

A torcida inteira berrava: "Ôôôôôô, o Imperador voltou, o Imperador voltou, o Imperador voltouuuu ôôôôôô...". Porra. Como é que não chora vendo um negócio desses? Parecia cena de filme. Aquele bandeirão era eu, mano. Não só o meu rosto, tá ligado? Eu estava daquele jeito, neguinho. Nas nuvens. Literalmente. Agora faltava a minha parte, ou seja, fazer gol.

Bom, à essa altura vocês já imaginam muito bem o que aconteceu. Diz aí, Geo. Porra... Quem conhece a minha história sabe que eu não pipoco em ocasião como essa. Beijo do gordo. Eu estava pesado e fora de ritmo ainda. Combinei com o Cuca que jogaria o quanto desse, mas a gente imaginava que esse tanto não seria nem um tempo inteiro. Exagerando, se tudo corresse bem, talvez sessenta minutos, no máximo.

Quando o juiz apitou o começo de jogo, porém, esse plano ficou pra trás. Ninguém ia me tirar do gramado. Ninguém. A festa estava bonita demais para eu ir embora. Puta merda. Eu estava vestindo a camisa 29. Porra, por quê? Tu não lembra, não, Hermes. Era o meu número quando eu estreei no profissional. E foi com a 29 que eu fiz meu primeiro gol também, cara. Tá vendo como tudo conspira pro dia ser especial? Mas a real é que o Flamengo estava trocando de fornecedor de camisa, e a empresa nova queria lucrar com o Didico, óbvio.

Eu só comecei a jogar com a 10 mesmo umas semanas depois, quando já estávamos com o uniforme novo. Enfim, a 29 me caiu muito bem. Logo no começo da partida, acho que tinha uns cinco minutos de jogo, se tanto, eu tive a primeira chance. Veio um cruzamento pra área. A bola passou pelo Sheik. Eu tava na cara do gol, mas bem marcado pelo zagueiro. O cara chegou um pouco antes e desviou. A bola foi pra fora... Passou perto demais, neguinho.

Dois minutos depois, outro cruzamento, bola no meio da área. Eu tava sozinho, xará. Testada pra baixo. Tuuuuffff. O goleiro dos caras salvou. Puta merda. Cruzei as mãos na nuca e olhei pro céu. Porra, não pode perder tanta chance. Tudo bem. Nem dez minutos de jogo. Mesmo assim... Não se brinca com a sorte! A torcida ficou alucinada. Parecia que tinham 200 mil pessoas no Maracanã. O solzão fritando todo mundo. *Que delícia que tá. Eu tenho que fazer o meu gol logo*, pensei.

Mermão, a gente seguiu na blitz. A bola caiu no Juan pela esquerda. Não, pô. O Juan lateral. Não o zagueiro. Isso. Jogava bola também, o danado. Eu corri pra marca do pênalti, e ele cruzou. O zagueiro entrou no carrinho, desesperado pra não deixar a bola chegar em mim. Coitado. Empurrou pra dentro do próprio gol. Um a zero Mengão. Gol contra. Justo. O que importa é o resultado.

Agora que a gente estava ganhando antes dos quinze minutos de jogo, a situação ficaria mais tranquila. Meu gol na reestreia era questão de tempo, foi o que eu calculei. A merda é que no futebol a gente não controla o que vai acontecer. Essa que é a verdade. Briguei muito, fui pra cima, mas o primeiro tempo acabou, e eu ainda não tinha conseguido deixar o meu golzinho, puta merda.

Quando a gente chegou no vestiário, durante o intervalo, o pessoal da comissão veio me perguntar: "Como é que está, Adriano? Rendeu bem. Se quiser, a gente troca". "Negativo", respondi. Eu estava me sentindo com fôlego. Dava pra correr mais um cadinho. Eu já tinha me poupado no primeiro tempo pensando nisso. Não corri atrás de qualquer bola. Calculei os movimentos, tá ligado? Pedi para seguir em campo, e o treinador concordou. Voltamos pro jogo. Papai do céu abençoou a decisão.

Na primeira bola do segundo tempo, o Léo Moura recebeu pela direita, e eu já corri pra dentro. Reto na frente do goleiro, como sempre. O Léo, de cabeça erguida, me viu e levantou pra área. Quando eu passei da marca do pênalti, a redonda chegou na minha frente. Perfeita. Linda. Do jeito que eu sei fazer. Abri o braço pra afastar a marcação. Subi sozinho. Testada pra baixo. Beijo do gordo. Gol do Flamengo. Dois a zero pra nós. O Maracanã explodiu, negão.

Aaaaaaaaahhhhhhhhhhh. Gooooooolllllll. Saí correndo sozinho. Beijei o escudo na frente da arquibancada. Meus colegas chegaram depois. Subiram em mim. Foi aquela festa. Dei um abraço apertado pra agradecer o Léo Moura. Baita assistência. Eu estava de volta. "Ôôôôôô, o Imperador voltou, o Imperador voltou, o Imperador voltouuuu ôôôôôô..." A torcida não parava de cantar, neguinho. Puta merda. Que porra de depressão é o caralho. Deixa a Itália pra lá. Foi bom enquanto durou. Pena que acabou. Agora eu precisava de uma vida nova, e ela estava começando.

Fiquei em campo até o jogo terminar. Papo reto mesmo. Mais de noventa minutos no gramado depois de várias semanas parado. Eu não queria sair do jogo. Não tem dinheiro que troque a felicidade de uma pessoa. Quando eu estou bem, estou alegre, o lado físico não importa. A cabeça ajuda. E com a cabeça boa, ninguém me segura. Foi isso que eu falei pros repórteres na beira do campo. Foi um jogo de superação para mim também. Era pra jogar um tempo. Fiquei a partida inteira. Claro, era só a estreia. Ainda viria muita coisa pela frente, mas era importante começar bem para mostrar que eu tinha lenha para queimar. Eu não voltei ao Flamengo pra passear nem pra me esconder. Eu voltei para me tratar e ajudar o meu time de coração. Fiz gol e vencemos. O recado estava dado.

Só que eu estava no Flamengo, neguinho. A repercussão de qualquer coisa que acontece ali é dez vezes maior que o normal. No meu segundo jogo, a gente já levou um sacode. No terceiro, foi uma goleada histórica, pro adversário. Puta merda. Voltou todo aquele falatório na imprensa. O treinador deu entrevista dizendo que eu estava acima do peso. Mas já? A diretoria tentou acalmar os ânimos. Eu não fui aos treinos de segunda-feira, mas avisei antes. Baixou um clima pesado pra caramba, e eu nem tinha entrado no fuso brasileiro ainda. Vai vendo. Futebol, mano. Tudo é incerto. O tempo é escasso. E camarão que dorme a onda leva.

Marquei um *hat-trick* no Maracanã pra dar uma acalmada. Foi mesmo. Acho que era contra a Inter. Eu fiz um gol de falta. Bati bem colocado. Se lembra, Geo? Tu é Vasco, né, filho da mãe? Lembra nada. Tá bom, tu tá falando isso só porque eu sou teu amigo. Jogamos pra caramba numa tentativa de reagir, tá ligado? Mas não tava encaixando. O treinador tomou umas decisões que a gente não concordou, tentamos falar com ele numa boa. Não rolou. Entramos numa sequência sem vitórias que foi foda.

O time despencou na tabela. A pressão na imprensa só aumentou. O treinador avisou que a gente ia passar uns dias em Teresópolis para sair daquela confusão. Ele queria a gente concentrado. Fazer o quê? Eu nunca gostei dessas viagens, mas também não podia bater de frente. Todo mundo teve que aceitar. Pra tu ver como são as coisas, essa viagem acabou sendo decisiva para a troca de treinador. A imprensa publica muita coisa errada, ainda mais com o meu nome, mas nessa eles acertaram.

Os jornais já sabiam que a relação do Cuca com o grupo não era das melhores, e aquilo foi cozinhando. A gente estava perdendo muito. O esquema de jogo não era o ideal. Todo mundo estava vendo, poxa vida. A gente discutia isso no vestiário o tempo inteiro. Não tava batendo. O Flamengo não tinha jogador pra ser campeão, essa é a verdade, mas se a gente soubesse montar um esquema tático pra jogar, não perderia tanto. E assim o grupo inteiro poderia tomar o seu danone em paz.

Enfim, daí que o Cuca botou a gente preso uma semana na Granja Comary pra treinar, como eu ia dizendo. Beleza. Em um dos coletivos, os reservas meteram dois a zero na gente. Vai vendo. Eu falei: "Pô, essa porra tá errada. Se os titulares tão perdendo dos reservas, imagina jogando contra os caras?". Não dava pra ficar quieto mais. Alguém precisava fazer alguma coisa.

Chamei os mais cascudos daquele grupo, Bruno, Juan, Zé Roberto, Pet, Léo... A gente reuniu os caras e falou: "Essa porra tá errada, cara". Todos concordaram. Pedi a palavra. "Rapaziada, é o seguinte. Ou a gente fala de uma vez com o treinador, chega no papo reto e desenrola com ele, ou a gente fica nessa merda de empata e perde, empata e perde", eu disse. A rapaziada concordou.

"Temos que dizer o que a gente está vendo. O time que ele está botando pra jogar não tá fluindo. Vamos deixar bem claro pra ele que a bola não chega em mim, e se ela não chega em mim, não tem como eu fazer gol, caralho." Eu olhava em volta e via a rapaziada concordando comigo. Os mais cascudos também botaram uma pilha. A gente estava se entendendo.

"Eu não quero passar a semana inteira trancado aqui na Granja outra vez. Alguém aqui quer?", completei. Bom, já que todo mundo estava de acordo, formamos uma comissão e chamamos o treinador. A gente estava na beira do campo. Eu fui na frente. "Cuca, pô, tem como o senhor botar mais vinte minutos de coletivo pra gente?", pedi. Ele olhou de rabo de olho. Já sabia que vinha bomba pela frente. Quem pede pra treinar mais, fala a verdade? "Mas deixa a gente fazer de uma maneira que a gente acha que pode dar certo?", eu falei.

Porra, ele não gostou nem um pouco daquela conversa. Fechou a cara na hora. Ficou puto pra caramba. "Você não é treinador, Adriano. Quem escala o time aqui sou eu", ele respondeu. Eu vi que ele tinha se ofendido. A minha intenção não tinha sido essa. Falei: "Não, cara, não é isso, é que a gente tá vendo que dessa forma que o senhor tá botando a gente pra jogar, não tá batendo, não tá dando certo", respondi tão de boa que ele até baixou um pouco a retaguarda.

Todo mundo ficou em silêncio esperando a reação do Cuca. Ele olhou pra gente e disse: "É isso que vocês querem? Então vê lá, mas eu não vou ficar aqui, não". Ou seja, o treinador "deixou" a gente jogar mais meia horinha no treino coletivo. Formamos a equipe do jeito que considerávamos melhor, mudamos a tática de jogo. O auxiliar do treinador nos ajudou e botamos da maneira que a gente queria. O que aconteceu? Viramos o jogo. O coletivo terminou três a dois para os titulares. Mas o Cuca não viu.

Quando a gente começou a organizar o time do nosso jeito, ele subiu para o alojamento. E logo depois dessa situação, o clima azedou de vez. Porque ele não estava aceitando, entendeu? Ele não queria ouvir. Por isso que a gente decidiu mandar... não é que a gente decidiu, né, porque quem manda embora é a diretoria, óbvio. Mas vocês entenderam o que eu quis dizer. Não estava valendo a pena ficar assim.

O pessoal também não batia muito com ele, essa é a verdade. Logo que eu cheguei, já deu pra ver. O treinador teve algumas brigas lá. Ele deixava o Zé Roberto, moleque que jogava pra caralho, no banco. Não sei o porquê, mas o treinador não gostava do moleque, não botava pra jogar. Aí foi isso. Mas nunca foi nada de pessoal entre ninguém. Nem dele com os jogadores, nem dos jogadores com ele. Não deu liga, normal.

A merda é que a gente empatou um jogo quando o treinador já estava na corda bamba há muito tempo. No treino seguinte, a diretoria veio chamar os jogadores para conversar. Mandaram todo mundo chegar uma hora mais cedo. O presidente reuniu o grupo, e a gente já sabia para onde o papo estava indo. Porque eles viram que a gente não estava satisfeito com o Cuca e certas coisas que ele estava fazendo. Os caras também não estavam felizes.

A reunião começou, e o presidente mandou logo a mensagem: "Eu quero ouvir vocês. Os resultados não são os que esperamos. A gente entende que esse time pode mais. Quero saber do grupo se o problema é o treinador". Aí deu ruim. Todo mundo começou a falar, falar, falar. O cara ficou de orelha quente, puta merda. Depois que ele já tinha ouvido mais que o suficiente, ele virou e disse: "Bom, eu vou deixar vocês conversarem. Tomem uma decisão e me avisem. No fim das contas, eu preciso saber o que vocês querem".

Ele saiu do vestiário. "Como é que a gente faz?", um disse. "Poxa, não dá não, não dá não", outro respondeu. Não demorou pra chegarmos a um acordo. A missão de ir lá comunicar ao presidente coube a mim. Óbvio, não ia todo mundo lá pra falar, né? "Presidente, o grupo decidiu que é melhor a gente procurar uma alternativa mesmo", eu disse. Ele concordou.

Subimos para o campo com o Andrade, que era auxiliar do clube. "Pessoal, vamos armar o time aqui como vocês tinham sugerido lá na Granja?", ele disse. Porra. O Andrade é ídolo do Flamengo, né, neguinho? Não preciso falar mais nada. Quando acabou tudo, o Cuca veio no vestiário para se despedir da gente. Deu pra ver no rosto dele. O cara estava muito puto comigo. A gente sente de ver, né? Não sei o que contaram. Talvez tenham dito pra ele que eu fui falar com o presidente. Que o pedido tinha sido só meu. Pode ter sido isso, mas eu senti que o sujeito estava puto da vida comigo.

O ex-treinador começou a cumprimentar um por um. Veio apertando a mão dos meus colegas dando tchau. Quando chegou na minha vez, ele fez assim na minha cara. Foi mesmo. Bateu no meu rosto. Tapinha de leve, tá ligado? "Você vai muito mais longe", ele disse. Eu achei que foi um deboche. Vocês não acham? Como é que ele foi fazer isso? Ele ficou com raiva, com certeza ele ficou. Morde as costas. Foi embora, graças a Deus.

A foda é que o jogo seguinte era contra o Santos na Vila Belmiro. Neguinho, tinham vários problemas pra gente. Time em crise com treinador demitido. A gente não ganhava no Brasileirão há quatro jogos. O Santos tinha dois moleques que estavam surgindo ainda, mas todo mundo já sabia que eram craques. Eles mesmos: Ganso e Neymar. Os filhos da mãe não respeitavam ninguém, passavam o carro. Pra ajudar, o Andrade começou a preleção com a seguinte frase: "Então, pessoal. Como vocês sabem, o Flamengo nunca ganhou do Santos na Vila Belmiro". Puta merda. Que roubada do caralho, mermão. "É comigo mesmo", eu pensei.

Chamei os caras no túnel e soltei a letra. "Rapaziada, a gente queria jogar de outra forma. Agora é a hora de mostrar que estávamos certos", meus companheiros concordaram. "Vamos fazer o que a gente sabe. Sem afobação. Tranquilidade. E joga a bola em mim, caralho." Todo mundo berrou. "Boraaaaaa." Entramos em campo na pegada. Não perdemos tempo. O time foi pra cima mesmo.

É difícil jogar na Vila. O estádio é pequeno, a torcida fica na tua orelha o tempo todo, mas a gente não se intimidou. O primeiro tempo foi pegado. Tínhamos combinado que não teria retranca e foi o que fizemos. Mas o gol não saiu. Foda. O primeiro tempo terminou naquela dureza. Zero a zero. Na volta, eu fiz de tudo cara. Tentei uma bicicleta. Perdi um gol feito depois. Perdi, não. O goleiro dos caras fez um milagre. Salvou com o pé em cima da linha. E como diz a minha vovó: quem não faz toma.

Porra, chute longo dos caras. Tava distante da área, mas a bola saiu com força, ainda quicou dentro da área, e o nosso goleiro não conseguiu alcançar. Um a zero pros caras. Olhei pro Emerson. Ele deu aquela balançada de cabeça como quem diz "tamo na merda". O Léo berrou de fundo: "Dá nada, não. Vamos nessa. Não baixa a cabeça". O Emerson reagiu. Eu também chamei os caras. "Vamos que tem jogo pra caralho." O Andrade pediu calma.

É nessas horas que a gente vê se o grupo está bem ou não. Depois de tudo que tínhamos passado nas últimas semanas, o natural seria dar aquela baixada. Perder pro Santos na Vila não é o fim do mundo, a gente recupera em casa. Tem muito time que reage assim. Tem vestiário que o clima entra numa inércia, tá ligado? Pode descer Jesus Cristo na Terra que a galera não consegue sentir aquela vontade de ganhar, tá entendendo? Não tem como explicar essas coisas. Felizmente, esse não era o nosso caso.

Porra, estávamos fazendo tudo certo naquela partida. O adversário não tinha criado tantas chances. Eles tiveram a sorte que a gente bobeou. Saímos jogando errado, tomaram a bola e acertaram um chute de longe. Mas se a gente seguisse fazendo as mesmas coisas, uma hora a bola ia entrar. O lance era não abaixar a cabeça mesmo. E todo mundo ficou atento. "Toca a bola pra mim, caralho", eu berrei na orelha do Léo antes da saída.

Ele ficou ligeiro. O time todo manteve a calma. Não demorou muito. Uns dez minutos, eu acho. A gente tava na intermediária.

Lance besta, cara. A gente ainda estava bem distante do gol, mas eu entrei pelo meio e vi o espaço. Não precisei pedir. O Léo passou pra mim, dei um toque curto pra ganhar impulso. Disparei a canhota abençoada. A bola fez uma curva, neguinho... Só vendo o lance mesmo. Quicou bem pertinho do goleiro deles. Tiro seco. Minha especialidade. Não teve como agarrar. Gol do Flamengo!

Virei pro banco. Comecei a xingar a porra toda. Corri. Abracei o Andrade. Meus companheiros vieram atrás. Era esse o recado. Estávamos unidos. Tínhamos o treinador que queríamos e que trabalhava com a gente. Agora era só ter calma que a situação ia melhorar. Empatamos o jogo, mas sentíamos que dava pra conseguir mais. Continuamos em cima, macetando mesmo.

Quando o juiz já tava apontando os acréscimos, veio uma bola cruzada pela direita. Eu corri pro segundo pau rezando pra ela chegar em mim, porque tinha muita gente na área. Ela passou por todo mundo. Faltava o último defensor do Santos. Eu vi o gol crescendo na minha frente. *Porra, vamo ganhar essa merda*, eu pensei. Abri o corpo. Eu estava pronto pra finalizar, mas o jogador do Santos foi mais rápido do que eu. Cortou a bola. Para infelicidade dele, naquela afobação toda de não me deixar fazer o gol, o cara acabou empurrando pra dentro da rede. Gol contra. Dois a um Flamengo. Tu acredita? Puta merda. Viramos o jogo no finalzinho.

Cara, o Andrade chorou feito criança. Papo reto mesmo. Todo mundo ficou emocionado. Uma coisa é tu pedir pra deixar um treinador, a outra é responder em campo e mostrar que a gente tinha o sujeito certo no comando. No jogo seguinte, também fomos bem. Aos poucos, ficou claro pra diretoria, pra imprensa e pra torcida que o Andrade ia segurar o rojão. Aquele jogo contra o Santos foi a nossa virada de chave.

30. Deixou o Mengão chegar, já era

"Com o Adriano ninguém mexe", essa era a brincadeira do Andrade. Ele falava isso pro grupo, mas a diretoria já tinha tornado público. Disseram que eu tinha "mordomias". Eu acho que não era bem assim. A gente tinha combinado antes. Todos sabiam que eu não gostava de treinar às segundas. Treino físico pela manhã também não me agradava. Eu tava quieto no meu canto depois que deixei a Inter. Queria descansar. Os caras é que vieram atrás de mim. Todo mundo sabia das minhas questões. Aceitaram. Disseram que não teria problema. Minha única preocupação seria fazer gols. Então tá bom. Bora nessa.

Não vou mentir pra vocês, porque eu não sou disso. Continuei tomando meu danone. Evitei os regenerativos, mas treinei como um cavalo. Eu não fazia corpo mole, ao contrário do que dizem por aí. Quando eu estava lá, era de verdade. Também criamos o nosso ritual de grupo. Toda quinta-feira, a gente se reunia no Mercado Produtor lá na Barra. Porra, ia todo mundo. Ficávamos tomando a nossa cervejinha e resenhando. As esposas sabiam que não tinha bagunça, eram só os guerras mesmo.

A gente ficava até mais ou menos meia-noite, e ia embora pra treinar no dia seguinte. Acho que foi numa dessas noites por lá que o Emerson veio falar comigo. "Irmão, tenho que te contar uma parada", ele disse. "Qual foi, cara?", eu respondi. "Então, eu não queria abandonar o barco assim no meio da temporada. Ainda mais agora que a gente tá construindo algo novo aqui", ele falou. Eu vi os olhos do meu parceiro ficando vermelhos. Entendi na hora o que estava rolando.

O Emerson tinha ido para o Flamengo para se mostrar para o torcedor brasileiro. Assim como eu, ele fez carreira fora do país e não teve a oportunidade de jogar no nosso futebol. Porra, chamam o cara de Sheik porque ele tem passaporte do Catar, vai vendo. Tu tá ligado, né? Mas pra poder jogar no Flamengo naquela época, quem vinha de fora tinha que abrir mão de muita coisa. No meu caso, aceitei uma redução de salário absurda. Foda-se, eu não tava preocupado com dinheiro. Com o Emerson foi pior.

Ele não só veio para ganhar menos, como teve que pagar uma bala pra poder se liberar do time em que estava antes de chegar no Rio. Se vale a pena? Com certeza. Jogar pelo Mengão é foda, parceiro. Experiência única. "Recebi uma oferta do mundo árabe, irmão. Vou ter que ir lá recuperar a minha grana", ele me explicou. Óbvio que aquela era uma notícia ruim para o grupo. A gente ainda não tinha embalado pra valer no campeonato. Perder meu companheiro de ataque naquela situação era delicado. Mas o que a gente podia fazer? No fim, o cara também tem que pensar na família dele. "Não se preocupa, tu tá certo, cara. Vai viver tua vida", eu disse.

O Emerson chorou pra caramba. Ele tava conseguindo se destacar num time grande, né? Voltar pro mundo árabe não era uma decisão fácil. "Tu acha mesmo, irmão?", ele me perguntou. "Porra, o que eu posso te dizer? É a tua decisão, neguinho. Tem que proteger a tua vida também. Eu entendo. Fica tranquilo que aqui a gente se vira", respondi. E foi isso. O Sheik é peladeiro. Joga pra caralho. Foi lá pro mundo árabe, ganhou a grana dele e depois voltou pro Brasil.

A gente se encontrou de novo no Corinthians, uns anos mais tarde. Ih, tu pensa que só o Didico é maluco? Esse aí também é perturbadinho, tá? Pô, tenho cada história com ele que é foda. Teve um dia no Corinthians que a gente estava treinando e ele não aparecia. Vieram perguntar pra mim: "Adriano, cadê o Sheik?". Os caras sabiam que éramos parceiros e sempre armávamos uma resenha juntos. "Sei lá, merda. Eu tô aqui", respondi. Já estava todo mundo no campo quando começa aquele barulhão do caralho. Tu-tu-tu-tu--tu-tu-tu. Uma ventania desgraçada.

Quando eu olho pra cima, tem um helicóptero descendo no meio do CT. Eu já podia imaginar quem era o ator de Hollywood baixando de pássaro na zona leste. "Esse é doido", falei. Quando a porta abriu, sai o peladeiro correndo de dentro. Descalço, carregando seu chinelinho. Óbvio, era o Sheik. Tava em alguma resenha e não me convidou, o safado. Pra não perder a hora, veio por cima. Tinha que ser ele.

O time inteiro caiu na gargalhada, mas o Tite ficou pistola. Depois do treino, eu fui falar com o meu parceiro. "Tu tava onde, merda?", perguntei. "Tava em Angra com os meus filhos, porra." Brincadeira? Mas no Flamengo ele não fazia essas coisas, não. Tava com o caixa baixo ainda. Por isso voltou lá pra Dubai, sei lá pra onde ele foi. Tenho que ligar pra esse safado. Faz tempo que a gente não se tromba.

O Emerson saiu num momento delicado pra gente. O time voltou a perder mais do que deveria. Despencamos na tabela. Ninguém falava que o Flamengo poderia ser campeão brasileiro. Pelo contrário. A conversa era que a gente ia brigar para não cair. Porra, papo de rebaixamento é pesado. O Mengão nunca jogou a Série B. Eu não queria entrar pra história desse jeito. Nem eu, nem ninguém, claro. Muitos jogadores importantes se machucaram também. O elenco era curto. O clube estava sem grana, e eu sabia que aquela responsabilidade estava comigo. Não só comigo, claro. Tinha muito nego cascudo.

O Petkovic também tinha sido contratado outra vez e era cobrado o tempo todo pela imprensa. Porra, a gente se esforçava pra caramba nos treinos. Queríamos colocar as coisas nos eixos. Eu dizia pros meus colegas: "Rapaziada, não adianta entrar em desespero. Estamos jogando com a molecada. Quem vai segurar esse rojão é a gente que tem mais experiência". Por causa dos desfalques, o Andrade tinha que chamar os moleques dos juniores.

Eu já tinha passado por isso. Não dá pra achar que garoto da base vai resolver num clube como o Flamengo. Um dia vai jogar bem, no outro não vai aparecer. É normal. Foi assim comigo também no começo da carreira. A gente, os mais experientes, tinha que trabalhar dobrado enquanto os lesionados se recuperavam. E, mais importante, ignorar o que era publicado nos jornais. Foda-se. Se for ouvir comentário, tu não sai nem de casa. É complicado, meu parceiro.

Ae, neguinho. Vamo tomar uma lá no Cruzeiro? Chama o Hermes aqui. Ele que manda em tudo lá. Não é, Hermes? Tô brincando, cara. Não fica assim, não. Eles querem ir na favela. Daqui a pouco a gente vai, então. Ainda tá escuro, caramba. Espera clarear o dia. Não me atrapalha na conversa, não. Eu, hein? Tô contando aqui do título que a gente ganhou com o Flamengo. Sai fora, Orion. Tu é vascaíno, caramba. Por isso que está atrapalhando a conversa. Chegou do nada aqui e vem com esse papo errado.

Vendeu muito hambúrguer hoje, ou não? Porra, é o melhor que tem em Olaria e região. Papo reto. Tu quer que eu faça outro vídeo? Todo dia agora é isso, merda! Tá bom, liga a câmera que eu gravo um vídeo aí pra tu postar no Instagram. Agora, merda. Vamos. Tá filmando? Bora. Aí, com todo respeito, rapaziada. Burguerin... não faça isso. Sabe o que botaram pra eu beber? Um negócio de dose. De banana! BA-NA-NA! E não fazem nem hamburguer com banana. Banana é o caralho. Aí, me esculacharam, neguinho. Papo reto, mas tudo bem. Olha só, não come mais o hambúrguer dele, não. Parou de filmar? Vai postar sim, neguinho.

Foi ou não foi? Tu fica servindo aquelas merda de licor, lá? Tô doidão coisa nenhuma. É mentira? Tem licor lá na pedra de gelo ou não tem. Ah, então eu não tô mentindo. Pode postar essa merda aí, senão eu não gravo mais porcaria nenhuma pra tu. Como eu ia dizendo... Não me atrapalha, caramba. Daqui a pouco a gente vai. Espera aí, cara. Naná, desce outra rodada pra esses caras. Não, o meu tá tranquilo. Eles é que estão perturbando aqui, merda. Posso continuar? Obrigado.

Não, porque hoje as pessoas lembram do título, mas esquecem o perrengue todo até o último jogo, tá me entendendo? Eu já era cascudo. Os caras não iam me tirar do sério assim com qualquer provocação. Deixa falar. O que a gente não podia fazer era mudar a nossa rotina. O time ainda estava se ajeitando, mas o treinador escutava o que a gente tinha pra dizer. Entendíamos o que ele queria, e o grupo se fechou no objetivo, que até pra nós mesmos ainda não era o título. Precisávamos, primeiro, ficar numa posição confortável na tabela antes de poder sonhar com qualquer coisa.

Aí entra aquilo que eu já falei pra vocês. Toda vez que a minha carreira deu uma patinada, a Seleção Brasileira me colocou de volta nos trilhos. Puta merda. A amarelinha me salvou em muitas ocasiões. Naquele ano, não foi diferente. Eu estava na artilharia do Brasileirão, mesmo com o Flamengo ainda longe da liderança. Isso fez o Dunga me dar outro voto de confiança. Fui convocado para a rodada das Eliminatórias de setembro. A gente podia garantir a vaga para a Copa do Mundo de 2010 naqueles jogos. O primeiro era contra a Argentina, fora de casa. Beijo do gordo. Sempre me dou bem contra eles.

Cheguei na Granja Comary para os treinos antes da viagem. Eu estava confiante de que aquele seria mais um recomeço na minha vida. O Dunga e o Jorginho me chamaram pra conversar. "Estamos gostando da sua volta, Adriano. A gente está acompanhando os jogos do Flamengo de perto", eles me disseram. Eu não tinha sido convocado para a Copa das Confederações, uns meses antes. A última vez que eu vesti a camisa da Seleção foi no jogo em que eu abandonei a Inter e deu aquela merda toda que vocês estão ligados.

Porra, o Jorginho tinha ido na minha casa pedir para eu não desistir do futebol. Eu chorei pra caramba, e as palavras dele foram um conforto importante pra mim. Era um momento em que eu estava desesperado, vamos dizer assim. "Adriano, a gente conta com você pra Copa do Mundo. Mas você tem que fazer a sua parte. Aqui ninguém tem lugar garantido. Você sabe bem como funciona", o Jorginho me disse. "Ainda mais se estiver fazendo merda lá fora. Tem que se proteger, Adriano", o Dunga completou. Ele não dava mole nunca. Ouvi aquilo com esperança. Porra, faltava menos de um ano pra Copa. Eu podia fazer a diferença. Ganhar o hexa era o sonho de todo mundo.

Fomos para Rosário enfrentar o time do Maradona. Ele era o técnico da Argentina na época. Comecei no banco. O Luís Fabiano e o Robinho foram os titulares. A partida foi tranquila, pra ser sincero. Eu lembro que a gente abriu dois a zero no primeiro tempo e aí foi só controlar mesmo. Entrei no segundo tempo, no lugar do Luís Fabiano, que já tinha feito dois gols. O Dunga me disse que eu seria titular no jogo seguinte. O Brasil estava classificado para a Copa, e ele faria uns testes, colocando uma equipe bem diferente pra pegar o Chile. Puta merda.

Eu falo que aconteceu tudo muito rápido na minha vida. Desde sempre. Nunca tive tempo para processar nada. Entende o que eu tô dizendo? Refletir sobre as situações era um privilégio que eu não tinha. Porra. Pega a visão. Em abril, eu larguei a Inter. Não tinha mais como continuar na Itália. Anunciei que daria um tempo com o futebol. Em maio, eu assinei com o Flamengo, e no fim do mês voltei a jogar.

Em junho, o time entrou em crise. Em agosto, o treinador foi demitido e saiu pisando duro, achou que eu tinha derrubado ele, sendo que ninguém estava feliz com o cara. Em setembro, eu voltei pra Seleção. Puta merda! Como é que coloca a cabeça no lugar desse jeito? Me explica! Não tem como. Mas graças a Deus, com o Brasil eu sempre me dei bem. O jogo contra o Chile foi bacana.

Logo no primeiro tempo, uma bola linda pela direita. Ela veio pra dentro da área enquanto eu me livrava do marcador. Caralhooooo. Tentei alcançar, mas não rolou. O Nilmar estava atrás de mim e matou. Gol do Brasil! Logo na sequência, eu recebi um passe perfeito pela direita. Limpei o zagueiro. Deixei o goleiro pra trás.

Bati cruzado e... Puta merda. Pra fora. Tranquilo. Não fiz o meu golzinho, mas mostrei que não estava enferrujado.

A comissão me parabenizou. A Seleção venceu o jogo bem. Todos estavam satisfeitos. Aquele grupo era muito bom, e a gente sabia que ia dar trabalho na Copa do Mundo. Óbvio, o Brasil sempre entra em campo como favorito. Os dias com a equipe me empolgaram muito. Se as coisas continuassem dando certo com o clube, eu chegaria na Copa e poderia ser titular também. A briga era pegada. Mas eu, com a cabeça boa, era difícil de segurar. Beijo do gordo.

Voltei para o Rio e logo no primeiro jogo deixei claro que, sim, eu estava numa fase diferente. Meti gol pra caramba. E só gol bonito, neguinho. Coloca aí no YouTube pra tu ver. Tá entendendo? Sai pra lá, vascaíno. Aqui é Mengão, porra. Brincadeira, meu amigo. Tu sabe que eu só estou sacaneando. Respeito todos os times. Até porque não tem torcida que não goste de mim. Não tem como eu falar mal de nenhum time, não. Porra, o que vem de argentino fazer foto comigo. É o tempo inteiro, cara. Tu nunca viu, não? Foda, né? Eu adoro esse carinho. Já contei isso pra vocês.

Enfim, a gente continuou ganhando os jogos lá. Devagarzinho, subimos na tabela. Aquilo foi dando esperança no grupo. Eu me lembro de que a gente estava no Mercado Produtor mais uma vez, era uma quinta-feira como as outras tantas daquele ano. Puxei o papo com os meus companheiros. "Aí, posso falar uma coisa?", eu disse. A rapaziada toda ficou em silêncio. O Zé Roberto tava do meu lado. Descansou o braço em volta do meu pescoço. "Fala, Impera. A gente quer te ouvir", ele brincou. Todo mundo riu. Eu já tinha tomado umas, é verdade, mas não estava doidão. Aquele sentimento cresceu em mim, e eu queria compartilhar, porque eu acreditava mesmo. Papo reto, neguinho. Eu não sou de ficar fazendo discurso, nem de querer motivar os outros. Cada um sabe do seu. A minha liderança é pela história que eu tenho. Pelo que eu fazia em campo. Não precisa mais do que isso.

Naquela noite, porém, eu senti vontade de falar. Eu via o que estava acontecendo ali. Essa é a diferença de você ter rodagem, tá entendendo? Você já viu as coisas antes. Você sabe o que dá certo e o que não dá. Eu já tinha sido campeão com a Seleção Brasileira. Deus abençoe. Também tive a oportunidade de ganhar o *Scudetto* com a Inter. Levantei a Copa Itália. Porra, eu olhava para aquele grupo e entendia o que estava rolando. Neguinho tava correndo dobrado em campo. O ambiente estava leve. A gente tomava o nosso danone juntos. Dávamos risada pra caramba. Um ajudava o outro. Tínhamos ambiente de time campeão.

"Rapaziada, é o seguinte. A gente vai ganhar esse campeonato", eu falei. Porra, os caras não acreditaram. "O que é isso, meu Imperador?", um disse. "Não me emociona assim, Didico", outro retrucou. "Papo reto memo", eu respondi. "Eu tô vendo o que está acontecendo aqui. Pet tá jogando pra caralho. Zé Roberto tá metendo gol. Léo não erra um cruzamento. Lá atrás, os caras não deixam ninguém passar. O Bruno, esse eu não preciso nem falar, é um paredão. Tá agarrando pra caralho."

Os caras começaram a se emocionar. Vi nego disfarçando pra enxugar lágrima. "Não podemos perder essa oportunidade. Ganhar o Brasileirão com o Flamengo vai ser o auge da nossa carreira. Pode anotar. Eu já ganhei na Itália. Sei como é. Me cobra depois. Aqui a emoção vai ser em dobro", eu disse. O Zé Roberto apertou o meu pescoço. "Vamo, caralhoooooo", ele berrou. Os outros parceiros gritaram juntos: "Vamooooooo". Eu puxei um "Meeeeeeeengooooo. Meeeeeeengoooo". O bar inteiro veio junto. Virou um coro, neguinho, até os garçons gritaram: "Meeeeeeeeengooooooooo". Puta merda. Olha só. Fiquei até arrepiado só de lembrar. Foda, irmão.

A gente não estava nem no G4 ainda. Precisávamos seguir ganhando para pegar vaga na Libertadores. Posso falar? Terminar entre os quatro primeiros já seria um grande feito para aquele time, mas é o que eu digo: tu tá num grupo bom, com os caras dando a vida em campo, vai deixar escapar a chance de ser campeão? Negativo.

O segundo turno foi foda pra gente. Entramos no embalo. Já não dava pra arregar. Cada jogo era uma final.

Chegou o dia do Fla-Flu, e o Rio de Janeiro parecia que ia explodir. Domingo de clássico é sempre assim. Ninguém fala de outro assunto. No começo da semana, o Andrade veio com uma proposta que eu não gostei muito. "Pessoal, estamos indo muito bem. Mas não dá pra vacilar. A gente tem que manter o foco. Queria propor da gente ampliar a concentração para dois dias antes do jogo. O que acham?"

Eu amo o Andrade. Não existe outro igual a ele no futebol. Esse cara mora no meu coração, neguinho. Mas, infelizmente, dois dias trancafiado no hotel não ia rolar. "Chefe, com todo o respeito, duas noites concentrado é muito", eu falei. Ele não gostou da minha reação. Mas o que ele poderia fazer? O treinador não queria bater de frente comigo. Nem eu com ele. Nos entendemos. O grupo conversou, e eu dormi em casa.

Entramos no Maracanã lotado com a pressão do nosso lado. Quer dizer, nossos adversários também estavam com o nabo enfiado no toba. O Fluminense era o último colocado. O rebaixamento parecia questão de tempo para eles. Os caras estavam desesperados para reagir. Pegar time assim é complicado. Os malucos vêm pro tudo ou nada, e adivinha quem era o treinador deles? Esse mesmo. O Cuca.

Porra, eu não tenho nada contra ele. Papo reto mesmo. Rolou aquele lance lá na despedida, mas vida que segue. Não sei, acho que ele também não levou a parada adiante. Então, na real mesmo, não creio que o nosso reencontro tenha sido especial para nenhum dos dois. A minha motivação era ganhar o jogo para subir na tabela. A dele era levar os três pontos para sair da zona ruim. Tudo certo.

Começa a partida, as torcidas cantando pra caramba, e eu logo senti que a minha avó teria muito o que comemorar naquela noite. O jogo estava aberto. O Flu veio pra cima, não ficou se escondendo. Ou seja, teríamos muitas oportunidades. O Pet estava impossível. Só dava tapa nojento. Eu sei que no segundo tempo o Fluminense foi sair pro ataque, os caras estavam no meio do campo quando o Zé Roberto veio em disparada. Puft, roubou a bola. Bateu a carteira do adversário sem piedade. *É agora*, eu pensei.

Recebi o passe na entrada da área. Tinham dois marcadores em cima de mim. Fintei pra esquerda, já preparando a finalização. O zagueiro se apavorou e foi pro chão. Soltei o chute cruzado de esquerda. Beijo do gordo. Um a zero pro Mengão. Aquela explosão no Maracanã. *Aaaahhhhhhhhhhh. Gooooooooooolllllll!* Saí batendo no peito. Quase arranquei o escudo da camisa. Todo mundo veio em cima de mim. Deixou o Mengão chegar, já era. Não tem como. Pode ver. Se deixar chegar, a gente não vacila.

O Léo Moura ainda me deu um lançamento perfeito nesse jogo. Entrei sozinho na área, tava tão tranquilo que eu decidi finalizar com a direita. Dois a zero pra nós. Bora comemorar, caralho! Prepara o meu danone que eu tô chegando. Esquece. Ninguém vai segurar a gente. Porra! E assim fomos subindo na tabela. Pegamos o líder do campeonato, o Palmeiras, no Palestra Itália. Era mais uma decisão. Os caras estavam jogando muito também. O Vagner Love comendo a bola. Depois foi jogar com a gente, o safado. Pode crer, formamos o Império do Amor. Mas naquele ano ele ainda estava com o Palmeiras.

O estádio dos caras estava lotado. Uma pressão fodida. O nosso goleiro fazendo milagre lá atrás pra segurar o adversário, mas não deu pra eles. A gente tinha o Pet, né? O filho da mãe era muito diferenciado. Estava com 37 anos e jogava como se tivesse 20. Fez dois golaços: um em cada tempo. O segundo foi olímpico. Toma no cu dele. Voltamos pro Rio de Janeiro com a vitória e a certeza de que incomodaríamos muito. Não dava pra perder uma chance daquelas.

O jogo seguinte foi clássico outra vez. Pegamos o Botafogo no Engenhão. Um a zero pra nós. Mais um gol meu. Papai do céu abençoe. Aí é o que eu te falo. O nosso esporte é coletivo. No tênis é o cara sozinho. Perdeu, a culpa é dele. Venceu, o mérito é dele. No basquete, se o time tiver dois caras bons a pampa, já era. Dá pra ganhar. No futebol, não funciona assim. O time precisa ter muitos diferenciados juntos para ser campeão.

O Flamengo tinha o Adriano. Mas também tinha o Pet. Tinha o Léo. Tinha o Maldonado. Nesse clássico do Engenhão, o Bruno pegou um pênalti. Se aquela bola tivesse entrado, seria o empate. Depois, a gente pegou o Santos no Maracanã. A nossa torcida, como sempre, fez a parte dela. Estádio lotado. Aquele inferno pro adversário. "Cante comigo, Mengão..." Porra, os caras empurram a gente. Nem dez minutos de jogo, um a zero pro Flamengo. Que dúvida.

O Léo Moura recebeu a bola, e, antes dela chegar nele, eu levantei o braço na entrada da área. O Léo, de cabeça erguida, já sabia onde eu estava. Meteu um cruzamento perfeito e eu soltei o torpedo com a testa. Ah, vai chegar, sim... Esquece. Nenhuma chance pro goleiro. Um a zero Mengão. Festa na favela!

Só que o Santos era um time encardido, os caras não se intimidaram. Vieram pra cima, e aí coube ao nosso goleiro fazer a diferença. Eles tiveram dois pênaltis, neguinho. Lembra disso? O Ganso cobrou os dois. O Bruno defendeu os dois. Vencemos por um a zero. Estávamos no G4, porra!

A história tá boa, neguinho? Tô vendo. Ninguém fala nada. Eu gosto quando vocês prestam atenção. Sim, vamos lá no Cruzeiro. Quer ir pegando o carro, Moisés? Se bem que não precisa. Eu parei bem aqui na frente. Cadê a minha mochila? Não perde isso aí, não. Pelo amor de Deus. Tu vai de moto, Orion? Eu vou contigo, então. Pera. Vai organizando tudo aí. Naná! Traz a conta pro Hermes, faz favor. Verifica tudo aí, meu cumpade. Se tiver alguma coisa errada, já me avisa na hora. Não, vou terminar essa dose aqui ainda. Enquanto isso, eu conto pra eles o que aconteceu no jogo seguinte.

Como assim, que jogo seguinte? Porra, tu acha que o campeonato acabou do nada? Teve jogo pra caralho ainda. Depois do Santos a gente pegou o Atlético no Mineirão, filho. Tu já foi lá? O quê? Meu irmão, o vestiário é cabuloso. A torcida dos caras canta pra caralho. O barulho entra pelo basculante com tudo. Neguinho treme, filho.

Se não tiver na pegada, esquece. Fora que tem uma rivalidade histórica do Flamengo com o Atlético Mineiro, né? Os caras dizem que a gente roubou eles em sei lá eu que ano foi. Deve ter sido antes de eu nascer, mas dizem.

Bom, eu não queria saber de nada disso. Foda-se. Eu jogava no Flamengo. Se não estivesse acostumado com pressão, podia ir fazer outra coisa. Virar contador, frentista, bancário, sei lá. Com todo o respeito, não tô dizendo que essas profissões não tenham pressão. Não me entenda errado. Só quero dizer que quem veste a camisa rubro-negra tem que estar preparado para levar lapada de todos os lados, e de uma multidão. Mesmo assim, precisa ficar em pé.

Na semana antes do confronto, o Andrade veio conversar com o grupo mais uma vez: "Pessoal, olhem aqui. Queria mostrar o que a imprensa mineira está falando". Ele abriu pra gente as manchetes. Os caras estavam mordidos. Os jornais falavam que o Mineirão estaria lotado. O Galo brigava por posição com a gente também. Era o famoso jogo dos seis pontos. Fomos para Belo Horizonte com a obrigação de vencer para ficar no G4 e manter qualquer possibilidade de título, mesmo que ainda parecesse algo difícil.

Porra, a chegada no Mineirão foi pesada. A torcida deles canta pra caramba. Cercaram nosso ônibus, chacoalharam tudo. O Zé Roberto virou pra mim com os olhos arregalados. Todo mundo ficou quieto. Não tava rolando nem música naquele dia. A gente sempre ia pro estádio tirando onda, fazendo farra, som no talo, mas naquela tarde o clima era diferente. Silêncio absoluto. A gente só ouvia as músicas da torcida. "Gaaaaaloooo" pra tudo quanto era lado.

Entramos no vestiário, e todo mundo estava de cabeça baixa. Puta merda. O Andrade fez a preleção. Decidimos como seria o esquema do dia. Quem ia cobrar o que, as possíveis substituições, o plano caso tomássemos um gol, aquela coisa toda. Veio o momento da oração. Rezamos como sempre. E tava chocho, mano. Todo mundo cozido. Aquilo me incomodou muito. Tava parecendo um velório.

Posso falar? O jogo estava perdido no vestiário. A torcida dos caras fazendo um inferno, tu acha que eles iam entrar como no campo? Porra, e a gente naquele clima de derrota. Eu fiquei muito incomodado mesmo, até porque eu sabia o que estava acontecendo. Tu já viu o Zé Roberto contando essa história?* Coloca na internet. Toda hora me mandam esse clipe pelo zap. É mesmo. Ele conta a história inteira. Mas aí eu vou ter que cometer uma inconfidência. Vou xisnovar mesmo. Até porque deu certo pra gente. Se tivesse dado merda, eu ficaria quietinho. Pode crer. Não sou bobo.

Quando a gente saiu para o túnel, a minha cabeça estava a milhão. Eu sentia um gosto azedo na boca. "Falo ou não falo?", era a pergunta que estava me azucrinando. "Foda-se, eu tenho que falar", pensei comigo mesmo. "Aí, rapaziada. Volta aqui. Volta todo mundo. Volta", eu berrei. A gente já estava perfilando para entrar em campo quando eu dei a ordem. Ninguém entendeu nada, mas todo mundo voltou. Entramos no vestiário de novo. Fizemos uma roda. Ombro com ombro. Braços entrelaçados. Puxei a conversa.

"Pessoal, isso aqui não tá legal. Que porra é essa?", eu disse. "Não teve a nossa música hoje no vestiário. Não fizemos o nosso pagode no ônibus. Cadê a resenha? Ninguém fez brincadeira. Porra, assim não dá, não. Vamos perder pra nós mesmos?", eu disse. A roda inteira olhou pra mim. Ninguém piscou. "Esses caras estão falando a semana toda que vão atropelar, que o Mineirão vai mostrar isso e aquilo", eu continuei. "A gente vai ficar quieto mesmo? Vocês acham que, se a gente perder hoje, vai dar pra recuperar depois?" O Andrade só balançava a cabeça.

Eu entrei no meio da roda e comecei a berrar. "Foda-se quantas pessoas têm aqui hoje. Eles têm 60 mil? Isso aqui é Flamengo, caralho. A gente tem 40 milhões do nosso lado", veio o primeiro grito.

---

* Charla #135 – Zé Roberto. 2023. Vídeo (2h41min46s). Publicado pelo canal Charla Podcast. Disponível em: https://www.youtube.com/watch?v=e5Rr_qA_RXg. Acesso em: 28 jun. 2024.

"Aeeeeeeeeeeeeee". Os caras finalmente estavam acordando. "Tem torcedor no mundo todo assistindo a gente. Não se esqueçam disso", eu falei. "Tem mermo. Boraaaa", responderam. Eu fui no peito de cada um. Olhando no olho.

O primeiro foi o Maldonado. Chapei nele. "Tu corre pra caralho, ninguém passa por você", eu disse. Fui no Álvaro. Dei-lhe um tapa com tudo na peita. "Tu é o nosso xerife." Virei procurando o Zé Roberto. Fui pra cima com sangue no olho. "Eu preciso de você, caralho. Nosso motorzinho, porra. Vamoooo." Ele respondeu: "Deixa comigo". Fui no Pet. "Tu é mágico. Ninguém sabe o que tu vai aprontar, mas a gente sabe que vai ser pica", eu disse. A galera começou a se incendiar. Todo mundo gritando. "Boraaaa", disse um. "Aqui é Flamengo", berrou outro. Papo reto mesmo.

Foi quando eu soltei a cereja do bolo: "Mas é o seguinte. Se nada disso der certo, se a bola estiver quadrada, a jogada estiver errada, faz o seguinte: dá em mim. Vocês têm o Imperador do seu lado, porraaaaa". Pode perguntar. Parecia cena do *Gladiador*. Era nego chorando, nego berrando, nego se abraçando, nego com veia saltando, eu sei que a gente voltou para o túnel com outra pegada. Viramos a chave completamente.

O Zé Roberto contou a história lá no podcast. O que ele não contou, e agora eu vou xisnovar mesmo, é o porquê de a gente ter entrado de pau mole no estádio. Porra, tinha nego brabo naquele time. Eu já falei mil vezes. Tu acha que a gente ia se intimidar com a torcida dos outros? A nossa é a maior, caralho. O problema é que no começo da semana tinha rolado um pequeno desentendimento. Nada grave, porque éramos muito unidos mesmo. Mas se lembra da conversa que a gente teve com o Andrade no início da semana? "Pessoal, olhem aqui. Queria mostrar o que a imprensa mineira está falando", ele disse. Mostrou as manchetes. A gente deu risada. E aí o Andrade continuou. "Acho que vocês não deveriam rir. Esse jogo vai ser muito difícil", ele falou.

Claro que seria difícil, isso a gente sabia. O Atlético tinha um time azeitado também. "O que eu gostaria de sugerir mais uma vez é que a gente fizesse concentração prolongada. A gente viaja um dia antes, treina lá em Belo Horizonte com calma e entra todo mundo bem na partida", o treinador sugeriu. *O quê?*, eu pensei. Nem fodendo. Porra, tá dando certo com a gente tomando o nosso danone na quinta-feira. Treinamos na sexta normal. Viagem no sábado e tudo certo. Quem quiser fazer a sua bagunça antes de embarcar que faça. Pra que mexer no que está funcionando, caramba?

Conversei com o Andrade. Disse que não precisava daquilo. A gente sabia da importância do jogo. "Eu sei, Adriano, mas eu preciso de vocês correndo em dobro pra gente ganhar em Minas", o treinador argumentou. Não teve jeito. Eu não queria me concentrar, e o time ficou do meu lado. Mais uma vez, o técnico não quis criar caso e acatou o que a gente pediu. Ele nunca entregaria isso na imprensa. Eu sabia que com o Andrade não tinha entrevista surpresa no jornal, o que a gente discordava era resolvido internamente e ponto final.

Só que esse tipo de relação de confiança também tem um custo. Ele fez o que a gente queria, e desistiu do plano dele. Agora era a nossa vez de correr por ele. Precisávamos entregar o resultado, porque o rojão estava no cu do Andrade. No fim, não tem como negar isso. E quando eu vi que a galera estava numa ressaca fodida, entendi que precisava fazer alguma coisa. Porque senão ia dar merda. Foi isso que o Zé Roberto, um sujeito elegante, não contou. Mas já que eu tô falando tudo pra vocês mesmo, eu vou abrir. A gente tinha abusado antes da viagem. Foi isso que aconteceu.

Não todo mundo, óbvio. Eu e os meus chegados, vamos dizer assim. E quando eu meti aquela pilha no vestiário, foi pra deixar claro isso. Fizemos a nossa festa, agora era hora de mostrar que ninguém estava com dor de cabeça. Porra, eu ia pra balada em véspera de clássico no San Siro e colocava o Milan na roda. Pode perguntar pro Seedorf se eu tô mentindo. Ele ficava puto comigo e com o Maicon. Já contei isso, né? Mas é a verdade.

Subimos pro campo com outra energia. O estádio tinha gente saindo pelo ladrão. Tomado. A torcida ensandecida. Começa o jogo e... o Pet tira um coelho da cartola. Gol olímpico. Papo reto. Golaço. Meteu outro de escanteio, o safado. Aí tu vai me dizer que isso não é coisa de time campeão? O Maldonado também fez um golaço ainda no primeiro tempo. Dois a zero pra nós no intervalo. Tudo sob controle. Ressaca é o caralho.

Os caras ainda vieram pra cima no segundo tempo, fizeram um gol, mas vou te falar que só serviu para levantar a torcida deles. A gente estava tranquilo. Eu estava até meio apagado, mas não parei de pedir a bola, e uma hora ela veio. Cruzamento perfeito. Subi mais alto que todo mundo e ampliei a conta.

Pra resumir a história, no final só dava pra ouvir a nossa torcida. O Mengão nunca tá sozinho, neguinho. Era olé pra cá, olé pra lá. Vencemos o jogo e deixamos um concorrente pra trás. Foi mesmo. Ninguém duvidava daquele time mais. Pelo contrário. Quem estava na crescente era a gente. O resto que precisava se cuidar.

31. Bom dia, Barra

Bora neguinho. O quê? Não. Deixa que eu vou dirigindo. Tu vai com o Orion. Cadê as muchachas? Vocês vêm comigo. Podem vir as duas. Traz o seu amigo também. Quer me dar uma bitoca, querido? O que é isso? Sai pra lá, merda. Tu tá aqui pra tomar conta delas, não de mim. Tô brincando. Não me leva a mal, não. Moisés, coloca eles no teu carro, beleza? Eu não vou de moto, Orion. Vou no meu carro, foda-se.

A essa hora não tem Lei Seca. Eu bebi bastante água, não se preocupe. Tô mentindo? Eu, hein. Cadê teu capacete? Ah, tá bom… Só esse capuz aí vai fazer muita diferença. Problema seu. Vambora, que tô agoniado. Mas olha esse sol que coisa linda, meu Deus. O Rio de Janeiro não tem igual no mundo. Anda, rapaziada. Olha o trânsito que já está aqui na Barra. Porra, vamos pegar a Linha Amarela toda parada. Puta merda. Acelera o passo. Vou colocar um som maneiro aqui pra gente.

All eyez on me
*All eyez on me**

Eu não sei cantar em inglês não, merda. Mas eu adoro 2Pac. Me lembra da época lá da Hollywood, em Milão. A gente ficava ouvindo essas músicas a noite toda com os parceiros americanos. Era gostoso

---

* "All eyez on me". Intérprete: 2Pac. In: *All eyez on me*. EUA: Death Row, 1996.

demais. Me passa o isqueiro aí, querida. Vamos tirar foto? Sim, pô. Olha só. Vou subir o som aqui. Tá no máximo já, merda. Abre a janela também. Isso deixa as quatro pra baixo. Vamos dar bom dia pros moradores da Barra.

My little homie G, can't you see, I'm busta free
Niggaz can't stand me – all eyes on me
I live the life of a thug nigga, until the day I die
Live the life of a boss playa (all eyez on me)
Cause even gettin' high (all eyes on me)

 Oi, titia. Claro, tira a foto rapidinho antes do sinal abrir. Beijo, querida. Para de gritar, merda. Já te ouvi, irmão. Corre aqui tu, pô. Tá querendo que eu desça do meu carro pra tirar foto contigo? Aí é demais, né? Isso. Boa. Tamo junto. Beijão. Olha a barraquinha de pastel. Quem quer comer um? Vocês tão muito devagar. Tiaaaaaa, prepara um de calabresa e um de queijo pra mim. Isso. Um caldo de cana também. Mas vai logo que tem que ser enquanto o sinal está fechado. Ninguém vai querer nada mesmo? Olha lá... Vocês vão se arrepender. Go-to-so. Obrigado, irmão. Toma cem aqui. Não se preocupa com o troco. Bom dia pra nós. Beijo, tiaaaaa. Obrigado. Amém.
 Segura aqui pra mim, linda. Pode dar uma mordida, tá bom pra caralho. Olha esse Orion fazendo merda com a moto. E tá com a minha mochila nas costas ainda por cima. Porra, ainda bem que ele lembrou de trazer, eu já tinha até esquecido. Os moleques ficaram dançando com ela nas costas a noite toda lá no quiosque, tu viu? É, eles gostaram, porque é mochila de jogador caro.
 Essa cinza da Louis Vuitton ficou bonitona, né? Claro que é original, merda. Comprei no Village Mall. Me respeita, cara. Mais importante é o que tem dentro, caramba. Ah, isso eu não vou te contar. Tu tá tomando meu caldo de cana inteiro, merda. Passa pra cá, garota. Eu, hein! Olha o outro buzinando ali. Vou fingir que não tô vendo. Para de gritar Imperador, merda. Chato pra caramba.

Tu colocou o cinto? Tá com medo? O que é isso, cara? Não! Passa o cinto por trás do banco assim, ó. Aí ele para de apitar. Porra, tem airbag pra caralho. Vem cá, irmão. Não precisa limpar o para-brisa, não. Eu tiro foto contigo, óbvio. Rápido, abriu o sinal. Deus abençoe. Tamo junto. Cuidado aí que eu vou acelerar. Se segura no banco, nega. Brincadeira. Só um pouquinho. Eu dirijo de boa. É que com esses carros é difícil a gente controlar a velocidade.

Cadê o Orion? O Moisés tá aí atrás? O Hermes tá com o vt, merda. Olha lá, o Orion sem capacete e querendo dar uma de batedor pra gente. Puta que pariu. Esse Orion é maluco mesmo. Pelo menos abriu o trânsito. Vou acelerar porque se a gente não sair da Barra logo, vamo ficar preso aqui mais de hora. Puta que o pariu. O trânsito de manhã é foda. Beijo, tia! Eu não jogo mais, mas vou torcer pro Mengão também. Tá certo, vamos pra cima. Se eu não fechar a janela, vai ser assim daqui até lá. Te juro pra tu. Bora?

Eita. Que porra é essa? Ouviu a sirene? É com a gente? Puta que pariu... Abaixa o som. É, tá de moto aqui atrás. Porra. A essa hora... A gente nem saiu da Barra ainda e já vai tomar enquadro. O que foi, parceiro? Tá bom, eu vou encostar. Porra. Vem de moto e sozinho ainda por cima. Essa é boa. Vocês ficam aí no carro que eu vou lidar com esse cara. Não se preocupem. Isso, fica aí no ar condicionado.

Bom dia. O que eu fiz de errado? Sim, meus amigos estão atrás. Eu devo ter acelerado um pouco, por isso me distanciei. Tu é Lei Seca? Como é que é? Eu quero saber se tu é Lei Seca. Traz o bafômetro aí que eu faço, sem problemas. Se tu não é Lei Seca tá me parando por que então? Fala baixo nada, cara. Quero saber por que tu tá me parando. Meus amigos tão vindo logo atrás, sim. Olha eles ali. Puta merda. Esse com o Orion é teu parceiro? Porra, policial andando na garupa do meu amigo. Essa é boa. Só no Rio de Janeiro.

Bom dia, policial. Não, eu tô querendo saber por que vocês pararam a gente. Essa mochila é minha sim, qual o problema? Ele estava carregando pra mim. O que tem aqui dentro? Pode revistar, se quiser. Esse dinheiro é meu, cara. Quer ver o meu contrato. É ilegal andar com dinheiro agora? Ah, então eu não estou entendendo o problema. Olha o contrato aqui, irmão. Eu fiz um trabalho e me pagaram em dinheiro. A papelada tá toda aí também. Não faço nada de errado, não.

Eu já perguntei se tu é Lei Seca. Não pode ficar parando os outros assim. Então tá bom. Vou guardar o dinheiro, óbvio. Olha aí todo mundo tirando foto da gente. Porra, eu não tô fora da lei. Não sei por que vocês estão com essa. Então tá bom. Volta pro carro, garota. Faz o que ele tá falando. Tá vendo o circo que vocês armaram aqui? Complicado, mano. Tá bom. Tô liberado? Ah, ok. Obrigado. Eu vou na paz, sim. Bora. Bom dia pra vocês também.

Porra, eu não falei pra você ficar no carro? Eu sei lidar com eles. Me pararam à toa. Fazem isso toda hora, mas tranquilo. Eu moro aqui. Não adianta querer bater de frente com a polícia, tem que mostrar que não está fazendo nada que eles não gostem, e aí fica tudo na paz. Eles também não vão mexer comigo. Cada um na sua. Só não pode ratear. Senão, o bicho pega. Vambora logo que eu tô com sede, merda.

Porra, esse caldo de cana tá docinho. Go-to-so. Mas agora eu quero tomar o meu danone mesmo. Olha o Orion como dirige… Cuidado aí! Tu quer que a polícia te pare de novo? Joga a minha mochila aqui. Vai na moral então, caramba. Ei, não vou mais pro Cruzeiro, porra nenhuma. Porque não, merda, bora lá pra casa. A gente pede pra entregar gelo. Tem cerveja lá. Vou chamar um guaraná também porque acho que acabou. Tá bom, vira aqui, mano. Isso. Eu vou entrando na frente.

Avisa o Moisés que é pra ir pra minha casa, mudei de ideia. Melhor a gente ficar no nosso cantinho mesmo. Eu, hein. Pode subir todo mundo, mas tira o sapato pra entrar. Claro, fica descalça, pô. Todo mundo tá de pé pra fora, não tá vendo, não? Quer sujar a minha casa? Vai dar trabalho pra minha tia depois. É, ela vem amanhã com a minha mãe para cuidar aqui. Vão dar um talento e preparar um rango pra mim. Homem solteiro é foda. Não tem jeito.

Eu até sei fazer umas coisas, mas a minha mãe mora aqui do lado. Não tem por que eu não aproveitar. A gente conversa também. Ela fica sabendo de tudo.

Pô, o maior sonho da coroa é me ver casado. Mas pra mim não tem como. Pelo menos não agora. Tu quer casar comigo, meu anjo? Ainda bem. Eu também não queria. Olha só como tu me deixou. Sacanagem falar uma coisa dessas pra mim. Não quer casar comigo por quê? Tô aqui sentado contigo no sofá da minha casa, e tu me trata desse jeito? Poderia ter dito só de brincadeira que queria ser minha noiva, caramba. Tô magoado. Eu ia pedir a sua mão em casamento. Ia mesmo. Deixa eu ver a sua mão. Tão bonita. Olha só. Vou dar um beijo nas costas da sua mão, tá bem? Com todo o respeito. Ah, sabia que tu ia gostar. Olha aí, nega. Ficou toda derretida, tô mentindo?

O problema é que eu tô passando mal. Papo reto mesmo. Sente o meu coração. Vou encostar a sua mão no meu peito, pode ser? Com licença. Sentiu? Tu me deixou ruim, neguinha. Vou ter que ir pro quarto descansar. É mesmo. Quer ir comigo, com todo respeito? Isso, vamos descansar um pouco. Tua amiga tá acompanhada, não se preocupe. Já tá tomando o danone dela também. Deixa o pessoal aí, eles sabem se virar. A rapaziada não vai sair dessa varanda. Quem quiser ficar aqui pode dormir no sofá mesmo. Tá tranquilo.

Vem comigo, princesa. Preciso deitar, papo reto. Não, a gente sai de fininho agora. Ninguém vai perceber. Então vamos. Boa, sabia que você ia cuidar de mim. Não pode fazer isso comigo, me deixar aqui doente e sair fora, não é? Vem, meu quarto é aquele ali do fundo…

Bom dia, cambada. Vocês estão aí ainda? Tu não tem que trabalhar hoje, Moisés? Tô brincando, cara. Eu não tô nem aí. Isso é problema seu. A minha paraibana tá dormindo. Também, depois de tudo que a gente fez. Deixa ela descansar um pouco. Aí, Geo, tu não dormiu, não? Tá pernoitado, cara? Bom, prepara um danone pro teu amigo, então. O pessoal entregou o nosso pedido? Ah, tô vendo o saco de gelo ali. Boa. Isso, capricha aí, nego.

O chegado chamou a gente pra dar um mergulho lá na Rocinha mais tarde. Porra, a piscina dele lá tá maneirona. Podemos jogar um dominó também. É, tá cedo ainda. Na hora do almoço a gente avisa eles. Já deixem as motos preparadas. Contigo eu não vou, Orion. Porra, quase que arrumamos confusão ontem. Nada a ver. O policial lá ficou enchendo o saco por causa da mochila. Falei que era pra ter deixado no carro. Quer ficar tirando onda de boleiro, porra. Ainda bem que o meu contrato tava lá dentro também.

Por que me pagaram em dinheiro? Porra, isso é normal. Não tem nada de errado. Se tiver nota fiscal e pagar o imposto, tá tudo certo. O que não pode é ir fazer o trabalho e não receber antes. O quê? É o que mais acontece no futebol. Os caras te enrolam, neguinho. Vacila pra tu ver. Eu já vi muito disso. Posso te falar, quando eu tava lá nos Estados Unidos, eu passei por uma situação dessas. Foi mesmo.

Quando eu assinei lá com o Miami United, os caras me prometeram uma porrada de coisa. Carro, casa, tudo. O dono era um italiano. Me ofereceu sociedade no time também pra eu ajudar os caras. Quando eu cheguei lá, vi que a história não era bem do jeito que tinham vendido pra mim. Puta merda. Não tinha estrutura nenhuma. Eu já estava há um tempão sem jogar. Pode crer, foi depois do Atlético Paranaense.

Não posso falar mal de Curitiba. A cidade me tratou bem, me diverti bastante por lá. O time também é profissional pra caramba. Tem um centro de treinamento pica. O estádio é bem maneiro. Mas, infelizmente, não deu certo. E aí eu fiquei um tempo sem fazer nada até chegar em Miami. Pra tu ver como são as coisas, o time não tinha porra nenhuma. Até aí tudo bem. Eu sabia que não era um clube de ponta, eles estavam montando o projeto. Mas eu comecei a notar que não era tão sério quanto se esperava. Pelo jeito que tratavam os jogadores, tá ligado? Porra. Bem várzea. Comigo até que não. Só que com os outros era complicado. E futebol, já falei quantas vezes pra vocês, é foda. Não adianta. Ninguém ganha nada sozinho.

Porra, aí foi ter um jogo amistoso com o time de Las Vegas. Pode crer, marcaram da gente ir pra lá. A cidade dos cassinos. Achei maneiro. O time adversário aproveitou pra contratar o Ronaldinho Gaúcho. Ele ia participar do jogo pros caras venderem ingresso e fazerem uma grana. Era um bom negócio para todo mundo. Eu topei. Fiquei meio puto com umas coisas lá e também tinha que resolver minhas paradas no Rio de Janeiro, acabei voltando antes pro Brasil. Mas garanti para o presidente que eu jogaria a partida em Las Vegas.

Enfim, viajei direto pra cidade, me colocaram num hotel pica, com aquelas suítes que a gente vê em filme, tá ligado? Lá no topo do prédio. Era enorme. Dava pra ver a cidade inteira. Chamei o Ronaldinho, e ele também já tinha chegado. Quando a gente se encontrou pra fazer a "preleção", ele me disse que estava puto. Ainda não tinham pagado a grana dele. Porra, o cara tá certo. Se deixar pra cobrar depois, não recebe mais, e ele falou que não jogaria se não aparecessem com o turu dele.

Ficamos ali na resenha quando os meus companheiros de time chegaram. Os moleques vieram me procurar. Acho que gastaram toda a verba do time para reservar o meu quarto. Os outros jogadores estavam num lugar todo esculachado. Pelo menos foi isso que eles me disseram. "Caramba, teu hotel é pica, Impera. A gente tá dividindo quarto num motel lá na puta que pariu", eles me disseram. "Como é que é? Vocês não estão aqui também?", eu perguntei. Eles explicaram que não tinham recebido nem alimentação direito e que a acomodação deles não tinha nada a ver com a minha. Claro que eu teria um quarto melhorzinho, porque afinal de contas o Ronaldinho e eu éramos a grande atração do jogo, mas também não dava pra foder os meus colegas desse jeito.

Chamei o presidente e dei um esculacho. Falei que não estava certo, e que eu também não entraria em campo se ele não resolvesse a situação dos caras. Mermão, o jogo era no dia seguinte. Eu não queria jogar se meus companheiros não fossem bem tratados.

O Ronaldinho também não queria entrar em campo se não cumprissem o prometido. Os caras ficaram desesperados. Imagina cancelar um jogo assim? Nos Estados Unidos, isso dá uma pica do caralho.

Eu sei que deram uns pulos lá. Fomos para o campo no dia seguinte. No intervalo da partida, o Ronaldinho veio se despedir de mim. "Valeu, irmão. Tô partindo", ele disse. "Como assim, cara. Não vai jogar o segundo tempo?", eu perguntei. "Não. Só me pagaram a metade. Então, eu também só vou ficar quarenta e cinco minutos." E está errado? Não, né? Por isso que eu estou falando. A gente tem que ficar esperto.

Eu voltei pro campo, e o meu time acabou ganhando o jogo. Ainda fiz um gol de pênalti. Mas já estava puto com aquela situação toda. A cada minuto que eu passava nos Estados Unidos, eu percebia que tinha dado um tiro errado. Foda. Depois do jogo, eu convidei a rapaziada toda para jantar. Fiz a presa. Acabamos no meu quarto depois da comida pra fazer uma resenha. Pensei comigo: *Foda-se, vou aloprar no serviço de quarto. Já está tudo pago mesmo.* E foi o que eu fiz. Levei o time inteiro pra minha suíte. "Podem pedir o que vocês quiserem", eu disse. Fizemos nosso pagode. Demos umas risadas. Tudo com Las Vegas de fundo no alto do meu quarto.

Eu queria chamar mais bebida pra gente, mas eu não falava inglês direito. Pedi pra um colega fazer a função com a recepcionista. O cara começou a gritar lá do fundo com o telefone na mão. "Ae, Adriano! Olha só, a mulher tá te convidando pra uma festa", ele disse. "Que festa é essa?", perguntei. "Parece que é festa na piscina. Eu também não sou muito bom no inglês. Mas eu entendi '*pool party*' e '*open bar*'. Acho que foi isso", ele respondeu. "Porra! É nóis mermo. Pergunta pra ela se eu posso levar os meus amigos." O chegado fez a demanda em inglês e abriu um sorrisão. Tava tudo ajeitado.

Organizei a galera, e a gente desceu pra piscina do hotel. Porra, quando chegamos lá, estava rolando a maior baladona, nego. Cheio de objeto não identificado. Uma mulherada linda. A piscina forrada de garota. Aqueles caras fortão andando pra lá e pra cá. A DJ tocando um blackzinho de fundo. E danone à vontade... Aproveitei para curtir a noite de Las Vegas. No final, acho que foi uma das poucas, se não for a única, lembrança maneira dessa passagem pelo futebol dos Estados Unidos.

Nada contra o país, não me entenda errado. Tô falando que o projeto lá que me pintaram não foi nada do que aconteceu. Eu fiquei incomodado com a maneira que as situações estavam sendo conduzidas, vamos dizer assim. E depois de Las Vegas, eu decidi voltar para o Rio de Janeiro. Foda-se. Não ia ficar perdendo tempo em Miami, mas por que eu estava contando isso mesmo? Ah, sim, foi isso. Por conta da mala de dinheiro. Pois é. Pra tu ver. Os caras só pagaram a metade. É foda, neguinho. Mas eu faço as minhas paradas todas certinhas. Não gosto de andar com dinheiro, não. A administradora dos meus bens é a minha mãe. Ela fica de olho.

Mas isso aí foi muito depois do Flamengo. Eu até queria voltar pro clube na época, sentia que precisava fechar a minha carreira com chave de ouro, tá ligado? Até por isso também nunca anunciei minha aposentadoria. Faltava um fechamento. Pode crer. Não, merda. O Miami United foi o último time em que eu joguei. Antes teve muita coisa. Porra, vocês não prestam atenção, não? Caralho.

Quando eu voltei pro Brasil, saindo da Inter, eu fui pro Flamengo. Isso. A gente ganhou o campeonato brasileiro daquele ano. Era 2009. Ah, merda. Por isso que você está confundindo. Eu não te contei ainda como eu saí do Flamengo depois do título. Pode crer. Foi no ano seguinte mesmo. Peraí. Eu vou te contar, porra. Esse tá prestando atenção, tá vendo. Me pegou no vacilo aqui da história. É, esse papo todo do Miami foi muito tempo mais tarde. Isso, uns cinco anos depois do título do Brasileirão. Foi mesmo.

32. Festa na favela

Por que eu deixei o Flamengo? Porra, que pergunta a essa hora da manhã, hein? Completa pra mim, faz favor. Tem guaraná aí na geladeirinha? Olha no isopor. Então vai na cozinha mesmo. Para de frescura, você já é de casa. Então, eu saí do Flamengo porque estava acontecendo muita coisa na minha vida, como de costume. Não teve um motivo só. Foram vários. Da minha parte e da parte do clube também, claro.

A gente ganhou o Brasileirão de 2009 e tirou o time de uma fila que já vinha há muito tempo. Beleza. Tu acha que isso é o suficiente para ter paz? Claro que não. Primeiro que os dias antes da final foram uma puta loucura. Final é modo de falar, claro. Me refiro ao último jogo do campeonato. Teve aquele lance da queimadura que me deixou de fora da partida contra o Corinthians. Isso, era o penúltimo jogo da temporada. Eu já falei que foi uma lâmpada, cara. Vai tomar no seu cu.

A minha casa no condomínio Mansões tinha um jardim grande com umas luzes encostadas na cerca viva. Fica quente pra caralho aquilo. Eu pisei sem querer e queimei o tornozelo. Sim, eu sempre andei de moto no Cruzeiro. O Geo era o meu piloto oficial. Às vezes eu subia em outras motos também. Os pequenos acidentes acontecem direto. Normal. Pra te dar um exemplo. Outro dia eu tava no lançamento do livro do Marcinho. Sim, lá na comunidade. Ele já escreveu dois livros, cara. Quando acabou o evento, a gente foi embora pra tomar um danone, e o moleque que ia me levar de moto fez merda.

Foi subir a ladeira, mas acelerou muito, tá ligado? A moto empinou com tudo. Eu tava atrás e percebi que ia dar cagada. Mas com esse tamanho que eu tenho, não deu tempo de me virar. Caí de costas. A moto voou pra frente levando o moleque junto. Eu me ralei inteiro, merda. Olha aqui meu ombro. Ainda está com a marca. Foi mesmo. Coitado, o piloto ficou em pânico. Achou que ia dar merda pro lado dele. Óbvio, me derrubou. Eu me machuquei de verdade. Nada grave, mas ainda estou com a ferida aqui. Secou outro dia. Eu fiquei com dó do menino. Ele não tinha feito de sacanagem. Falei pra ele ficar tranquilo. Tava de boa. Esses vacilos acontecem toda hora.

Mas, enfim, as pessoas sabem que eu ando de moto. Então começou a sair no jornal, lá naquela época do Brasileirão, que eu tinha pisado descalço em um escapamento. Não adiantou nada eu desmentir a história. Todos os jornais publicaram o papo da queimadura por conta de um rolé na favela. Independentemente de como aconteceu, eu estava machucado. "Isso é queimadura de terceiro grau, Adriano. Atingiu todas as camadas da pele. Mesmo se você cuidar direito, vai levar algumas semanas para melhorar. A cicatrização completa pode demorar vários meses", o doutor Runco me disse. Implorei ao médico do Flamengo. "Não, doutor. Faz alguma coisa. Eu preciso jogar." Faltavam só duas rodadas para acabar o campeonato. Os jogos eram Corinthians, fora, e Grêmio, em casa. "Contra o Corinthians pode esquecer. Não vai ter como", ele me disse.

Ainda me esforcei, mas realmente não tinha jeito. Meu calcanhar esquerdo ficou detonado, neguinho. Não dava nem pra colocar o meião, quanto mais calçar chuteira. Decidimos que eu ficaria de fora, quietinho, tentando me recuperar para o grande jogo decisivo. Quer dizer, o jogo contra o Grêmio só seria decisivo se o Flamengo não perdesse para o Corinthians. Por isso rolou aquele auê com o meu desfalque. A gente tinha que ganhar de qualquer maneira. Senão adeus título.

Meus colegas ficaram apreensivos. O Andrade me olhava com cara de desiludido, mas não falava nada. Puta merda. Se a gente tivesse seguido os pedidos dele de se concentrar por mais dias, provavelmente eu não teria me machucado, mas também não estaríamos brigando pelo título, porra. Uma coisa compensa a outra, não? Com o treinador anterior, a gente passou vários dias isolados na Granja Comary, e deu no que deu. Pra minha sorte, meus colegas foram bem em São Paulo.

Eu já falei, neguinho: ninguém ganha nada no futebol jogando sozinho. Os caras fizeram a parte deles, mais uma vez, e mantiveram o nosso sonho de título. Vencemos a partida. Puta merda. Não pude ajudar naquele jogo, mas o grupo estava tão fechado que se virou como pôde. Comemorei a pampa. Agora era ficar na minha até a decisão no Maracanã. O Andrade veio com a história de a gente se concentrar em Teresópolis na semana da decisão. Porra, dessa vez não tinha como falar nada, óbvio. Ele estava mais do que certo.

Ficamos isolados nos preparando para a rodada. Seria tudo ou nada. Fiz o que os médicos mandaram e o meu tornozelo foi se recuperando da queimadura. Mas ainda não estava bom. Foda-se, o que eu poderia fazer? Perder a final é que não dava. A gente precisava vencer para levantar o caneco. "Eu vou jogar, doutor. Não tem como ficar de fora", eu disse. O doutor Runco levantou as sobrancelhas. Olhou para o meu calcanhar. Colocou os óculos. Examinou de novo. Olhou pra um lado. Tava praticamente em carne viva ainda. "Tá, vamos fazer um curativo reforçado. Você vai ter que aguentar a dor", ele me disse. Tá fácil. Não existe jogador que entre em campo sem dor. Todos sabem disso.

O Rio de Janeiro virou um inferno nos dias até a final. Eu tentei me isolar do oba-oba, assim como os meus colegas, mas era foda. Não leio jornal, não vejo TV, só que os meus amigos, minha família, até o porteiro do meu prédio acompanham tudo. E vêm comentar comigo. "Seu Adriano, o senhor viu o que o fulano escreveu no jornal hoje? Tem que calar a boca desses caras", o zelador dizia. "Adilson, para de acompanhar essas bobagens. O que vale é dentro de campo", eu respondia. Até por isso era bom estar em Teresópolis, não apenas pra evitar balada ou algum exagero; era pra sair do caldeirão em todos os sentidos.

Ainda assim, mesmo com o silêncio triste e a neblina gelada que assustam na região Serrana, era impossível não perceber o que estava acontecendo. E olha que naquela época ainda não existia rede social como a gente conhece hoje. Até tinha, mas era bem mais leve. Nós, jogadores, conversamos muito durante a semana. Os diretores traziam os números da bilheteria. Não tinha mais nenhum ingresso sobrando. Puta que pariu. A nação ia tomar conta outra vez. O Maracanã lotado é lindo. Naquela época então...

A nossa arrancada na segunda metade do campeonato foi tão forte que chegamos para o último jogo dependendo só da gente. Não dava para pipocar, e eu que não ia ficar de fora. Mesmo mancando. Conversei com o Andrade e deixei isso claro pra ele. O treinador concordou que eu seria importante, e assim a gente entrou no ônibus para o Maracanã. Porra, o estádio estava lotado, óbvio. Só se falava no hexa do Mengão.

O Grêmio não lutava por mais nada, e veio pro Rio com time reserva. Fora que o nosso grande adversário pelo título era a Inter, rival maior dos caras. Não tinha como dar errado. A nossa torcida gritou: "En-tre-ga! En-tre-ga!", quando o Grêmio entrou em campo. Papo reto mesmo. Lá no Rio Grande do Sul, o bicho pega, neguinho. Os caras se odeiam, e a arquibancada do Maracanã aproveitou para tirar onda.

A gente alinhou no túnel e ficou ouvindo aquele chiado absurdo. O cheiro de pólvora tomou conta, eram os fogos de artifício. Os repórteres berravam na beira do campo. Eles espiavam pra dentro do túnel, tentando descrever a nossa ansiedade. Até a criançada que fica de mascote com a gente estava nervosa. Ninguém abria a boca. Todo mundo hipnotizado pela ocasião.

De repente, o pessoal da arbitragem deu o sinal. "Agora! Agora!", e a gente subiu para o gramado. Foi aquela explosão maluca. Rojão estourando pra caralho. Bandeira pra tudo quanto é lado. O som da torcida era ensurdecedor.

Dá-lhe, dá-lhe, dá-lhe, ô
Dá-lhe, dá-lhe, dá-lhe, ô
Dá-lhe, dá-lhe, dá-lhe, ô
Mengão do meu coração

Eu poderia falar pra vocês que passou um filme na minha cabeça naquele instante. Enfrentei muita coisa até a decisão. Eu estava ali, no centro do gramado do Maracanã, vestindo a camisa 10 que o Zico usou, com a chance de dar um título para o time da minha família. O clube que me projetou para a Europa. Onde tudo começou. Às vezes, eu paro pra pensar na minha vida: as brigas, as conquistas, as confusões, os troféus.

Se eu não tivesse passado por tudo isso, quem seria o Adriano hoje? Se eu não bebesse, se eu tivesse a companhia do meu pai, se eu cumprisse as regras, se eu tivesse me casado, se eu fosse pra igreja, se eu deixasse a favela pra trás? O que seria de mim hoje? Impossível saber. A única certeza é que seria uma história bem diferente da que eu tô contando. Talvez até uma história menos interessante? Tô mentindo?

O Adriano que pegou a bola e deu o pontapé inicial daquela tarde de domingo foi o doidão que vocês conhecem, e esse doidão não estava pensando em porra nenhuma naquele momento, essa é que é a verdade. Nada. Não tinha filme algum passando na minha cabeça. Papo reto mesmo. Não tem como. Tu fica concentrado de um jeito que o resto todo se apaga. Só a bola interessa. É uma espécie de transe.

Meu calcanhar latejava depois do aquecimento no gramado. Tava doendo pra caralho, neguinho. Eu só senti até subir pro campo. Quando o jogo começou, eu deixei tudo pra trás. A prioridade zero é sobreviver. E no Flamengo só sobrevive quem vence. Foda, mas é a realidade. Em teoria, era pra ser um jogo fácil pra gente. Os outros três candidatos ao título estavam em campo também. São Paulo, que tinha vacilado nas rodadas anteriores; Palmeiras, que deixou a liderança escapar no meio do campeonato; e Inter, que era o adversário mais bem colocado, mas dependia do arquirrival pra ser campeão. Até a torcida do Grêmio estava pedindo pra eles entregarem pra gente, mas isso é papo de torcedor.

O jogador quando entra em campo quer vencer. Foda-se o resto. Ainda mais aquele time dos caras, que tava cheio de moleque querendo se mostrar. Tu imagina calar o Maracanã? Isso daí faz o filme de qualquer um. Fora que o cara tem a oportunidade de aparecer e fechar um contrato na Europa. Se tu não acredita em mim, é só ver o que aconteceu no primeiro tempo. Os moleques vieram pra cima. A nossa torcida sentiu. Final, cara. O nervosismo pega geral. Pior que antes do jogo, na preleção, quando estávamos repassando o plano, o Andrade fez um alerta.

"Atenção no posicionamento. Vamos repassar aqui. Escanteio pros caras, vocês já sabem. Primeiro pau, fica o Adriano na cobertura. Beleza?", o treinador disse olhando pra mim. "Deixa comigo, chefe", eu respondi. Vinte minutos de jogo, escanteio pros caras. Fui pra área como tínhamos combinado. O moleque vai pra cobrança e manda no primeiro pau. Puta merda. Eu nem me mexi. Sei lá o que aconteceu. Vacilei. Fiquei paralisado. Meio atordoado ainda com tudo que estava acontecendo. A bola passou na minha frente. O adversário veio pelas minhas costas. Gol do Grêmio. Um a zero pra eles. Porra... Culpa minha. Não tem por que mentir.

Eu virei pros caras com aquela cara de cachorro pidão. Me desculpando, né? Mas ninguém se abalou. O importante é manter a calma. É nessa hora que a gente separa os homens dos meninos, não é assim que se fala? Pois então. Um minuto depois, a gente já foi pra cima de novo. Tentei até uma bicicleta de fora da área, mas saiu fraquinha. E tome bola no ataque. Uma atrás da outra. A defesa dos caras estava esperta. O jogo entrou num momento delicado. Beleza, o Grêmio encolheu e a gente foi pra cima, mas se não marcássemos logo, a coisa ia ficar complicada.

Dá pra sentir o caldo azedando de fora pra dentro do gramado. O chiado da arquibancada muda. Os jogadores vão ficando mais nervosos também. Uma bola errada pode acabar num contra-ataque fulminante. Porra, quantas vezes a gente já viu acontecer? Descer para o intervalo atrás do placar não era uma opção. Eu chamava o Leo. Conversava com o Pet. Tentava de tudo, mas a bola não estava chegando em mim. Até que rolou um escanteio pra gente. Ela veio para o Aírton, que estava bem perto da marca do pênalti. Meu colega disputou por cima com o zagueiro, bateu e rebateu, até que a bola sobrou na minha direção. Eu estava de costas para o gol. Abri os braços. Fiz a parede, como de costume. Esquece.

O zagueiro não chegou nem perto. Bateu em mim e foi pro chão, beijo do gordo. Mas eu não dominei. A bola rebateu de novo. Na hora ali, eu achei que tinha sido no braço do adversário. Levantei a mão pedindo pênalti. Olhei para o juiz. Ele estava vidrado. Me ignorou. O lance ainda estava rolando. O que aconteceu? A bola sobrou para o David, que tinha subido pro escanteio. Foda. Quando papai do céu abençoa, não tem jeito. Ela foi redondinha no pé do zagueiro do meu time.

Ele era moleque ainda, mas não se apavorou, tava com o lance limpo depois que eu bloqueei o zagueiro. Sem ninguém na frente dele, meu companheiro não vacilou. Bateu com o peito do pé pra dentro. Gol do Flamengo. Um a um. Puta que pariu. Imagina o Maraca como ficou? Esquece. Me deu um puta alívio, cara. Eu estava remoendo a minha cagada no lance do gol deles, mas ainda não era o suficiente. A gente precisava vencer o jogo. Eu tava ansioso mesmo, não tenho por que mentir. Não só eu, como o time todo.

Quando acabou o primeiro tempo, ficamos sabendo que a Inter já tinha metido dois a zero no jogo deles. Ou seja, naquele momento, o Flamengo estava deixando o título escapar. O clima entre a gente estava tenso. Não estávamos jogando bem e não precisávamos ouvir isso de ninguém. Na volta pro segundo tempo, eu pedi a palavra. Formamos a roda no gramado. Todos abraçados ouvindo o empurrão da torcida. O Bruno também falou. O que foi dito é o de menos. O que importa é que a gente estava concentrado em não deixar escapar a oportunidade de sermos campeões na frente da nossa torcida. Porra, isso acontece quantas vezes na vida de um jogador? "Toca em mim essa porra", eu gritei antes de o juiz apitar o recomeço do jogo.

Logo nos primeiros lances, a gente teve um escanteio. O Pet foi pra cobrança. Levantou perfeito na pequena área. Novidade... Subi mais alto que todo mundo. A bola veio na minha direção. Eu estava sozinho. Instinto puro. Cabeceei pra baixo. Vi o desespero no rosto do goleiro. O tempo ficou suspenso. Papo reto. *É agora*, eu pensei. Porra nenhuma.

Demorou umas duas horas pra bola terminar o caminho dela. A filha da mãe quicou na grama e foi pra fora. O berro da torcida quebrou a hipnose. *Uhhhhhhhhh*. Não acreditei. Cerrei o punho e dei três murros na minha própria cabeça. Não se perde uma oportunidade dessas em dia de decisão, puta merda. Eu estava cada vez mais nervoso. Tive outras oportunidades. O goleiro dos caras fez uma baita defesa atrás da outra. A gente ficou no ataque o tempo todo. Tentamos de fora da área, de cabeça, de jogada ensaiada. Nada dava certo. Até que rolou outro escanteio.

O Pet pegou a bola, levantou perfeito mais uma vez. O Angelim apareceu do nada como um raio. Testou pra dentro. Gol do Mengão. Puta merda. Viramos essa porra. Foda-se o placar dos outros jogos. Ninguém pegava mais. O título era nosso. O Maracanã virou um vulcão em erupção, neguinho. Eu nunca vou esquecer aquele cheiro da fumaça. Era rojão e sinalizador vermelho que não acabava mais. O grito da favela tomou conta do Rio. Agora era a nossa vez. Esqueça tudo. Mengão do meu coração.

Comecei a me sentir meio estranho depois do segundo gol. Quer dizer, eu não sentia nada. Nada mesmo. Nem o barulho da arquibancada me levantou. Eu via os meus companheiros no banco de reservas pulando. Olhava em volta e percebia que algo estava acontecendo, mas eu não processava. Era como se tivesse entrado num sono profundo. Meu cérebro desacelerou, neguinho. Te juro. Ficou tudo meloso, tá ligado? Meus músculos relaxaram. Por Deus. Não era vontade de desmaiar, não. Era como se eu não estivesse ali. Difícil de explicar. Eu sei que a torcida fica maluca momentos antes do título. Já vi meu time ganhando comigo do lado de fora, mas o sentimento foi diferente naquela tarde.

Alguém passou por mim gritando: "É campeão, porraaaa!". Eu olhei sem entender direito. Procurei o careca de camisa amarela. Ele estava de braço erguido. Não ouvi o apito. *Acabou?*, pensei. Vieram pra cima de mim. Me agarraram. Arranquei a camisa. Corri em volta do campo. Bati palma. Tirei foto. Dei entrevista. Levantei o troféu. Tudo no automático, cara. Sério mesmo. Eu não estava ali. Sei lá o porquê. Eu vivi tanta coisa naquele ano. Mais uma vez. Eu tinha até parado de jogar futebol.

Fugi da Itália. Larguei mão de muito pra tentar encontrar o meu conforto comigo mesmo. Eu queria parar de mentir. E naquele momento eu estava vivendo um momento surreal no Maracanã. Não. Eu não tinha como entender nada. Comemorei no embalo. Reagi da maneira que as pessoas esperavam, mas eu não estava dimensionando a ocasião. Não entendo muito dessas coisas, não vou ficar falando difícil pra vocês. O que eu acredito é que tenha a ver com adrenalina, sabe? Quando tu tá muito na pilha de alguma coisa? Então...

Não é porque o juiz apitou o fim do jogo que a adrenalina vai abaixar do nada, me entende? Eu acho que é isso. A gente fez aquela festa no campo. Depois descemos pro vestiário e a bagunça continuou. O jogo já tinha acabado há um bom tempo quando eu fui para o meu carro. O Zé Roberto estava comigo. Na época, eu tinha um segurança. Ele deixou um isoporzinho preparado dentro do carro. Nosso danone estava no gelo. Minha cervejinha e o meu cigarrinho prontos para a comemoração. Abri uma latinha. Pedi um isqueiro. E comecei a desligar. Fiquei tranquilão.

Eu estava na minha, quieto, sem falar nada, e eles gritando lá. O Zé Roberto me sacudiu pelos ombros. "Porra, caralho, tu tá ficando maluco? Nós fomos campeão, porra, caralho! Comemora, cara!" E eu normal. Porque eu estava tão na adrenalina que a minha ficha não tinha caído. Só foi cair à noite mesmo. Antes do jogo, eu já tinha deixado tudo pronto. Organizei a nossa festa num lugar lá na Barra. Onde foi? Naquele lugar ali na avenida das Américas, porra. Tipo um centro de festas? Isso, um clube. Ah, sei lá como chama. Mas era ali perto de onde todos moravam.

Óbvio que era a minha responsabilidade organizar a bagunça do título. Essa eu não deixaria escapar. Tu acredita que a minha ficha só começou a cair mesmo na festa? Sei lá quantas horas depois, mas foram muitas. Doideira, cara. Quando eu entendi o que tinha acontecido, eu já devia estar na minha segunda caixa de cerveja. Não lembro como a festa terminou. Só lembro que lá pelas tantas eu estava no complexo com a minha rapaziada. Meu telefone não parava de tocar. Larguei ele. Me perguntaram se eu iria à festa de premiação dos melhores do campeonato. Nem fodendo, respondi. Eu estava onde queria. A festa seria na favela.

33. Que Deus perdoe essas pessoas ruins

"Adriano, me dá um dinheiro." Tu lembra do cara falando isso, meu cumpade? Foi mesmo. Era de madrugada. A gente tinha saído do teu bar, não foi? Bar é modo de falar. O Hermes tem tipo uma birosca atrás da quadra do Cruzeiro. Não é isso, meu cumpade? Pode crer. Mais tarde vamos lá pra eles conhecerem. A gente estava no campo quando o tiozinho se aproximou, ele estava doidão. Veio pra cima de mim, meio que dando ordem, tá ligado? Não foi nem na humildade, tipo: "Me dá uma ajuda por favor. Tô sem nada pra comer em casa". Foi na intimação mesmo.

Eu fiquei puto. "Como é que é?", respondi atravessado para o coroa. "Anda, me dá um dinheiro, Adriano", ele repetiu. Eu não acreditei no abuso. Folgado pra caralho. Olhei pro Hermes e continuamos andando. O cara seguiu a gente. Veio por trás e me puxou pelo braço. "Vai fingir que não me viu, porra? Me dá um dinheiro logo", ele disse de novo. Eu tinha tomado um monte. Aí já viu... A atitude do sujeito me subiu na cabeça, cara. Não vou mentir pra vocês. Eu não sou de me segurar. Explodi com tudo.

Puxei o meu braço pra me livrar do cara. Fechei a mão direita e disparei o soco. *Vlupt*! Passou vazado, graças a Deus. Não sou de briga, irmão. Mas já tinha tomado umas, e o sujeito extrapolou os limites. O coroa, mesmo chumbado, conseguiu desviar, sabe-se lá como, mas preparou o revide, e ele veio em cheio. *Plaaaau*! O fulano acertou a minha boca, tu acredita? Tô mentindo, Hermes? Me deu um soco certeiro. Minha cabeça foi jogada pra trás. Fechei os olhos e senti o baque.

Que porra era aquela? Eu estava andando na favela, de onde sou cria, com o meu parceiro, e do nada levo um soco na boca? Porra. Como é que explica isso? Quando eu me recuperei do susto, vi o velho e o Hermes paralisados na minha frente. Os dois esperando a minha reação. Coloquei a mão na boca pra ver se tinha sangue. "Que porra é essa?", eu perguntei ainda meio em choque. O Hermes não se aguentou. Esticou o braço e apontou o indicador pra minha cara. Soltou a maior gargalhada, o filho da mãe. Conta pra eles, Hermes. Foi mesmo.

Aquilo me deixou ainda mais puto. O coroa se ligou que ia dar ruim pro lado dele. O tiozinho saiu correndo, mermão. Decidi ir atrás. Caralho, pra tu ver como o desespero muda as pessoas. Eu ainda era jogador do Flamengo, devia ter uns dez ou até vinte anos a menos que o cara, e mesmo assim não consegui alcançá-lo. O maluco se embrenhou nas vielas do Cruzeiro. Saiu em disparada, o cuzão. Já era. Meteu o pé.

Quando eu desisti de caçar o coroa, voltei para o campo, e o Hermes ainda estava rindo. "Toma aqui, Adriano. Coloca no beiço. Tá inchadão, porra", ele me disse. Meu cumpade tinha comprado um picolé de limão no boteco. Na falta de uma bolsa de gelo, mandou eu colocar no lábio que o cara acertou. Puta merda. Descansei aquele celofane gelado na boca. O Hermes se contorcia de tanto rir.

"O que foi isso, meu cumpade?", eu perguntei. "Porra, esse tiozinho é maluco. Mora aqui no Cruzeiro também. Vive arrumando confusão", ele disse. "Deixa essa merda pra lá, Adriano. Vamos tomar uma." Olhei para o Hermes sem saber o que fazer. É cada uma que me aparece pela frente. "Vamos tomar a saideira que daqui a pouco tem treino. A presidente tá no meu pé, cara. Já mandou um monte de indireta na imprensa", eu respondi.

Depois do título brasileiro, tirei umas semanas de férias para descansar. Meu contrato com o Flamengo permitia que a gente rompesse na virada do ano. Ou seja, eu poderia voltar para a Europa, aproveitando a janela de inverno. Alguns contatos já tinham sido feitos. Meu procurador apresentou as possibilidades. "Se você quiser voltar pra Itália, a gente faz reunião com os caras agora mesmo", ele me disse. "Tem outros países pra gente considerar também, Adriano. O mundo árabe tá pagando muito..."

Eu já estava cansado daquela confusão toda no Rio, essa é a verdade. Voltei para o Brasil para ter paz. Vai vendo... Além disso, uma nova diretoria estava assumindo o Flamengo, eu sabia que as coisas iam mudar. Normal. Quem entra no comando sempre vem com ideias diferentes. O problema é que aquilo afetaria a minha vida dentro do clube. "Me deixa curtir as férias. Eu vou pensar, e a gente resolve pra onde vai antes da virada do ano", respondi para o meu procurador.

Eu queria voltar para a Itália por um motivo em especial, a maneira como eu saí de lá não tinha sido legal. Eu praticamente fugi do país, se tu for ver. Sendo que os caras me trataram bem. Eu me tornei o Imperador jogando na Inter. O presidente era o meu segundo pai, caramba. Para Milão eu sabia que não daria mais. Mas de repente algum outro clube de destaque poderia me ajudar a fazer as pazes com o país, acima de tudo.

Quando decidi dar um tempo com o futebol, prometi para o Moratti que não jogaria pelo Milan nem pela Juventus, os grandes rivais do time dele. Então, não sobravam tantas opções assim na Série A. "Quer saber, eu vou ficar onde eu estou. Até porque é melhor ser Imperador no Brasil do que na Itália", eu disse para o meu procurador. "Se é isso que você quer, a gente não precisa se mexer. O contrato continua valendo", ele respondeu.

Às vezes, não fazer nada é a melhor atitude que a gente pode ter. Essa era a minha esperança. Mesmo perto da família, dos meus amigos e no clube do meu coração, a vida não andava muito fácil para mim no Rio, essa que é a verdade. Minha cara estava nas capas dos sites de fofoca e dos jornais todos os dias. Os filhos da mãe não tinham nem vergonha. Aumentavam as histórias, inventavam "informação", colocavam a minha foto para estampar confusão dos outros. Tô mentindo? Procura na internet pra tu ver.

Porra, até no Cruzeiro estavam me enchendo o saco, tu acredita? Fala aí, Hermes. Como é que eu encontrei um tiozinho daquele, meu parceiro? Para de rir, safado. Olha aí, ele acha graça dessa história até hoje. Fora que também rolou uma troca no comando lá da região. O cara que assumiu não era cria, e eu desconfio que tinha um pouco de ciúme do tratamento que eu recebia. Complicado, cara. Óbvio que eu não vou bater de frente, nem vão fazer isso comigo. Cada um no seu quadrado. De boa. Tem que saber respeitar sempre. Mas... não é bom vacilar.

Isso não quer dizer que eu esperava sombra e água fresca na Itália. Eu conheço as coisas. Também teria as mesmas confusões de sempre. Paparazzi me seguindo para todos os lados, o frio do inverno, a solidão de morar longe de todo mundo, os jornais inventando história sobre mim. Eu tinha noção dos desafios, mas quando a nossa cabeça está bagunçada, a gente procura uma saída.

Eu pensava que me mudar outra vez poderia ser um conforto para a dor que eu sentia. Ser campeão e comemorar com meus amigos foi inesquecível, mas não me curou dos problemas que eu comecei a enfrentar depois da morte do meu pai. Não tenho por que mentir.

O Flamengo assinou com o Vágner Love no começo do ano, e os jornais começaram a falar sobre o "Império do Amor". Baita contratação. Um metendo mais gol que o outro. Tava bonito de ver. Essa parte eu nunca tive do que reclamar. O nosso grupo continuava muito bom. A gente fazia a nossa resenha, treinava forte e ganhava os jogos também. Óbvio que não dá pra ser campeão de tudo, mas se tu for ver os números, o time estava andando legal, sim. A merda é que as confusões continuaram.

Sempre tinha alguém querendo aparecer com o meu nome. Porra. Acontece até hoje. Bem menos do que quando eu era jogador, é verdade, mas continua. No Flamengo era foda. Os fofoqueiros não me davam descanso. A maioria do que publicavam era mentira. Sim, foi nesse ano, pouco antes de eu sair do Rio e voltar pra Itália, que deu aquela merda toda com a Joana Machado. Nada a ver. A gente é amigo até hoje.

Inventaram uma mentirada toda que eu amarrei ela numa árvore, que eu bati nela. Tu imagina que eu faria uma coisa dessas? Não fode. O nosso relacionamento sempre foi conturbado. Ela era ciumenta pra caralho, eu também. Já falei. Porra, desde o totó que eu tomei quando era moleque. Aquilo me traumatizou. A Joana não é de ficar guardando as coisas. Eu sou estourado pra caralho também. Então era óbvio que a gente ia ter as nossas tretas. Elas eram bem feias, mas a gente acabava se entendendo depois.

O problema é que os jornais ficavam em cima. Vira e mexe publicavam notícia sobre o que a gente estava vivendo, e na maioria das vezes inventavam história pra manter a audiência. Porra, briga de casal é o que mais tem por aí. Se tu for ver, não é notícia, né? Vai publicar o quê? Fulano brigou com fulana? E daí? Tá acontecendo igual na casa da vizinha. Então tem que colocar umas coisas a mais... Tô te falando, porque eu vivi isso.

Ela também falou o que não devia pros repórteres. Se for perguntar, ela vai assumir. Eu não soube ficar quieto no meu canto. Os dois erraram. E assim, fizemos a alegria dos fofoqueiros. Mas tudo isso é o de menos. Papo reto, neguinho. O importante é que a gente sempre gostou muito um do outro, por isso também que as confusões aconteciam. Espera um minuto. Vamos ligar pra ela. Sim, agora. Faz um tempinho já que eu não falo com a Joana. Acho que ela estava namorando, sei lá. Aí também eu não vou incomodar por respeito, né? Mas só pra dar um alô de boa mesmo. Tá chamando aqui.

Oi, nega. Tudo bem? *Hello.* Como é que você tá? Que bom, fico feliz. Não tô te atrapalhando não, né? Tá bom. Tá indo treinar? Beleza. Só liguei pra dar um oi. Tu tá no viva-voz. Sim, tô aqui em casa com uns amigos relembrando umas histórias. Falamos de você, claro. Eu só falo bem de você, nega. Isso. Pô, vamos marcar um almoço, sim. Quando tu quiser. Me liga então, querida. Vai lá. Bom treino e bom dia por aí. Fica com Deus. Beijão. Tchau.

Tá vendo? De boa, cara. A gente é parceiro mesmo. A nossa relação foi tumultuada, mas qual namoro meu não foi, diz aí? Nada de novo. A Joana é especial pra mim. Eu dizia pros meus amigos que ela era a minha "mina de fé". Não, eu conheci a Joana muito antes de jogar pelo Flamengo pela segunda vez. Eu estava na Itália ainda. Na verdade, eu vim para o Brasil de férias. Um conhecido nosso convidou para um churrasco. Quando eu cheguei lá, vi aquele mulherão. Porra, fiquei vidrado na hora. Ela é do meu estilo, né? Loirona, com o corpão todo sarado. Isso, a Joana é personal trainer. Ou era. Sei lá. Depois também ela ficou tão famosa. Enfim, já era conhecida.

Eu sei que a gata começou a dar umas olhadas, e eu não sou de se jogar fora, diz aí. Um negão desse. Nosso amigo que organizou o churrasco fez as apresentações. "Essa aqui é a minha amiga Joana, Adriano. Quando quiser treinar no Rio, é com ela que você tem que falar", ele disse. "Tu tá de férias, né? Mas se quiser voltar pra Milão em forma, me avisa", ela brincou. Nós rimos. "Esse é o Adriano. Também conhecido como 'inimigo do fim' no Rio de Janeiro. Ou, como dizem os italianos, o Imperador", ele completou. "Para com isso, cara. Vai assustar a tua amiga", eu respondi enquanto dava um abraço na princesa. Não precisei de mais nada. Eu não deixaria uma gata daquelas escapar.

Ficamos na resenha, eu senti que ia dar bom. Sabe quando a mina começa a jogar o cabelo de um lado pro outro na tua frente? Aí tu faz uma piada meio sem graça e ela ri pra caramba. Ela pega no teu braço com a mãozinha toda delicada, sentindo o teu bíceps, e diz: "Ai, cara... você tem cada uma". Tu vai ficando grandão. As piadas melhoram, tu começa a se soltar. Do nada, encontra uma desculpa para pegar na cintura dela. A mina ri mais ainda. Tu chega mais perto. Quando percebe, já tá falando no ouvido dela. Sentindo o perfume doce. Tu se abaixa um pouco mais pra ela também perceber que você caprichou na fragrância. Foi assim que tudo começou entre a gente.

Passamos um tempão conversando, sem sacanagem. Rolou uma química boa logo que nos conhecemos. O churrasco esvaziou, e eu não queria que ela fosse embora. "Pô, tu não quer tomar uma lá na Olegário?", eu perguntei pra gata. "Claro, vamos nessa, Imperador", ela disse. "Tu não vai me chamar assim, né?", respondi. "Desculpa, eu tô de sacanagem." Rimos da brincadeira e fomos para a boate na Barra. Eu já estava apaixonado.

Começamos a nos pegar, ela também tava afinzona de mim. A gente não se desgrudou nem um minuto. O nosso lance parecia de filme, mano. Eu só queria beijar aquela gata. Não estava preocupado com mais nada. O jeito que ela me olhava era muito diferente. Me quebrava inteiro. Eu não queria sair do lado dela. Papo reto. "Vamos pra casa do meu amigo?", perguntei. "Vamos. Essa música já me cansou", a Joana respondeu. Acabamos na casa do Eri Johnson.

Ele estava recebendo um pessoal e tinha me convidado também. Chegamos lá tarde da noite, mas ainda tinha bastante gente na festa. Uma galera da TV, uns outros nomes do futebol também. Sentei num sofá com a Joana, a gente continuou conversando. Nos pegamos sem parar. O dia começou a amanhecer. Nem percebi, mas acabamos dormindo ali mesmo. Os dois abraçados no sofá.

Acordamos com o sol queimando a nossa cara. "Caraca, apaguei aqui", eu disse. A Joana me olhou com cara de apaixonada. "Eu também, gato. Na verdade, vi você roncando e não quis te acordar. Caí no sono junto." A gente se levantou sem fazer barulho. Ainda tinha uma galera lá na casa do Eri, cada um jogado num canto. "Tu me deixa em casa?", a Joana me pediu. "Não. Tu não vai embora. Fica comigo, pô. Eu tenho que voltar pra Itália, mas quero aproveitar contigo antes de viajar." Ela me deu um beijo tão gostoso, mano.

Porra, quando a gente tá apaixonado é bom demais, diz aí. Fomos para a minha casa. "Cara, eu tenho que trocar de roupa. Não dá pra ficar assim mais um dia inteiro", ela me disse. "Nega, faz o seguinte. Vai pra tua casa. Toma teu banho, fala com a tua família e volta pra cá", eu respondi. "Pega a Cayenne, não tem caô." Emprestei meu carro pra ela resolver as paradas. Não dava pra eu chegar na casa da gata um dia depois de ter conhecido ela, e assim começou o nosso relacionamento.

Eu voltei para a Itália uns dias depois. A Joana foi me visitar, e a gente ficou junto. Infelizmente, ela lia os jornais também. E toda hora publicavam foto minha na balada, geralmente com outras mulheres em volta lá em Milão. O que eu posso dizer? A confusão estourava mesmo. A gente terminava. A gente voltava. Brigava de novo. Fazia as pazes mais uma vez. Sempre nessa. Eu pedi pra ela ficar comigo na Itália, mas a Joana tinha dois filhos. Não rolava. Ela também não podia ficar muito tempo longe de casa, nem mudar a vida inteira por minha causa. Isso criou uma situação.

A Danielle, mãe do Adrianinho, ficou grávida da Sophia mais ou menos nessa época. Eu fui pai pela segunda vez. E no fim aconteceu o que vocês já sabem. Eu sigo solteiro até hoje. Foram muitas idas e vindas com a Joana. Nosso relacionamento durou anos, com esses intervalos que eu tô falando. Quando eu voltei pro Flamengo, a gente ficou junto de novo algumas vezes. Foi numa dessas que rolou aquela história toda na Chatuba que virou folclore. Foda.

Eu fui chamado para o último amistoso da Seleção Brasileira antes da convocação para a Copa do Mundo na África do Sul. Porra, meu time ganhou o Brasileiro. Eu fui eleito craque da competição e ainda acabei artilheiro. O Dunga e o Jorginho sempre gostaram de mim, eles já tinham deixado claro que contavam comigo. Desde que eu me comportasse como eles queriam, óbvio. Me disseram que o mais importante era o meu histórico com eles na Seleção.

Fui para a partida em Londres, joguei de titular até, lá naquele estádio bonitão. Do Arsenal, né? Acho que sim. Enfim, fui substituído no segundo tempo. Entrou o Grafite no meu lugar. Não fiz gol, mas vencemos o jogo. Na minha cabeça, estava tudo certo. Digo, eu achava que iria, sim, para a Copa. E este, normalmente, é o problema: quando eu acho que está tudo sob controle.

Voltei para o Rio no dia seguinte do amistoso, uma quinta-feira. Porra, nosso dia da resenha no Flamengo. Todos os jogadores iam ao jantar semanal. A gente comia nosso pescado, beliscava uns frutos do mar, tomava uma cervejinha... era legal pra caramba. Fazia parte do ritual que ajudou a gente a ser campeão no ano anterior. Eu não podia faltar. Fui direto encontrar os meus parceiros. Claro, não pegou nada bem com a Joana. Pensei que ela fosse entender.

A gente estava no Mercado Produtor, na Barra, como sempre. Depois da comida, eu convidei o pessoal para ir na comunidade tomar uma com os meus amigos de infância. A comunidade praticamente toda é Flamengo, né, neguinho. Tô mentindo, Hermes? Eu já tinha levado o time antes na Vila Cruzeiro. Naquela noite, eu chamei os caras para irem na Chatuba. Quem diria não para um convite desses? Ninguém. Até porque os meus colegas sempre pediam para ir na favela.

A gente saiu em comboio, mano. Eu puxei a fila de carretas na Linha Amarela. Tu tinha que ver. Os carros que passavam do lado não entendiam nada. Baixou quase o time inteiro na comunidade. Estacionamos na pracinha lá embaixo e subimos de moto para tomar uma gelada. Porra, eu não fico levando mulher pra favela, nem mexo com as minas de lá. Quando estou na comunidade, é pra tomar uma com os meus chegados e ponto. Naquela noite não foi diferente. O problema é que eu não avisei em casa. Porque a gente comia e tomava uma gelada na Barra até umas onze, meia-noite no máximo. As esposas sabiam disso.

Naquela noite, resolvemos estender. A Joana começou a me ligar, e eu não atendi. Eu estava com os meus parceiros. Sem bagunça nenhuma. Só curtindo mesmo. Não vi o telefone tocar. O radinho também não pegava direito. Eu sei que lá pelas tantas o Love veio falar comigo. "Irmão, o David acabou de me chamar aqui. Parece que a Imperatriz está lá embaixo", ele disse. Puta merda. "Caralho, o que ela veio fazer aqui?", eu respondi. "Como é que eu vou saber, irmão? Melhor a gente descer", ele falou. "Deixa ela. Não vou descer", eu disse.

Nisso, o frente chegou na nossa roda. "Aí, Adriano. Tua mulher tá lá embaixo. Os meninos acabaram de me avisar. Melhor tu descer. Ela tá quebrando os carros dos teus parceiros." Puta merda. Foi aí que eu entendi o tamanho da encrenca. "Eu te falei, cara. Vamos logo. Eu tô com o carro da minha mulher, pelo amor de Deus", o Love disse. Desci feito um louco. Quando eu cheguei na pracinha, encontrei a Joana surtando. Ela estava possuída. A mulher berrava. Queria saber onde estavam as garotas, por que eu não tinha atendido, disse que eu era isso e aquilo. Não deu tempo nem de eu falar nada.

Ela arremessou um retrovisor na minha direção. Sei lá de que carro era. Parecia espelho de BMW, tá ligado? Todo mundo em volta assistindo ao espetáculo. Para de rir, safado. Agora é engraçado, mas na hora foi foda. Eu tentei acalmar a Joana, mas ela não queria me ouvir. Quando eu olho pro lado, vejo os carros começando a se mover. Meus amigos estavam metendo o pé de fininho, óbvio. Nessa hora, eu vejo o Bruno em cima de um cavalo, passando pra lá e pra cá. Ele gritava: "Cuidado com o meu carro, hein? Não encosta nele!". Achei melhor nem responder nada.

Enfiei a Joana dentro do carro, implorei pra ela se acalmar. Os meus amigos da Chatuba vieram falar comigo. "Adriano, mete o pé. Essa briga aí tá feia demais", me disseram. "Já tô indo, irmão. Desculpa a confusão toda", respondi. "Nada. Tá em casa." Antes de partir, eu perguntei pro meu amigo, o falecido Mica, sobre uma cena que eu ainda não tinha entendido. "Irmão, o que o Bruno está fazendo naquele cavalo?", eu disse. "Porra, sei lá. Ele falou que era da roça, que gostava de animal. Achou o cavalo bonito e pediu pra montar. Eu falei pra ele ficar à vontade." No meio daquela confusão toda. Diz aí, Hermes. Cada uma, cara. Enfim, entrei no carro com a Joana e fomos embora.

Demorou muito, mas ela se acalmou. Passamos o dia inteiro discutindo. Expliquei que não tinha mulher nenhuma com a gente. Estavam só os jogadores. Eu levei os caras para fazer uma moral com o pessoal da comunidade. Meus colegas de clube também gostavam de visitar um pedaço do Rio que não é tão conhecido. No final, aquela resenha era parte da nossa história no Flamengo, caramba. Fizemos as pazes. Voltamos a dormir juntos, graças a Deus.

Na manhã seguinte, eu acordo com a Joana me chacoalhando. "Levanta, Adriano. Levanta. Olha o que publicaram no jornal." E lá estava a notícia. Na capa. O texto contava que tinha rolado barraco na comunidade e que a Joana tinha sido agredida, amarrada no poste e sei lá mais o quê. "Puta merda. Tá vendo a confusão que tu me arrumou. E por nada", eu falei. "Ah, então agora a culpa é minha? Tu que dá os teus perdidos e eu que levo a fama?", ela disse. "Por acaso aconteceu alguma coisa do que está escrito aí? Caralho, imagina a merda que isso vai dar no clube. Porra, a diretoria já está no meu pé pra cacete. Agora sai uma merda dessa. Vão me atazanar ainda mais", eu falei. "Não. Vamos dar um jeito. Eu vou ligar pro meu amigo repórter e explicar tudo", ela sugeriu.

Achei que era uma péssima ideia. Não adianta querer se explicar coisa nenhuma. No fim, os jornais publicam o que eles querem. Quanto mais der moral, pior vai ser. Foi o que eu respondi. "Já sei. Eu vou contigo no treino, então. A gente chega junto, de mãos dadas. Todo mundo vai ver que não teve briga nenhuma. Pelo menos não de porrada, como estão falando", ela sugeriu. O que eu poderia fazer? A cagada já estava armada. Agora era tentar conter os danos.

Uns dias depois, fui para a Gávea com a Joana. Chegamos de mãos dadas. Ninguém acreditou. Todo mundo olhou espantado. Puta constrangimento. Fingimos naturalidade. Peguei um copo com água, me babei todo com aquela merda. Estava nervoso, óbvio. Mas precisava contornar a situação de alguma maneira. Fiz meu trabalho do dia. O time tinha viajado para jogar a Libertadores, eu fui dispensado. Não treinava desde a viagem com a seleção brasileira. Tinha que recuperar o tempo perdido para voltar no final de semana.

A Joana ficou me esperando no clube. Quando terminei o trabalho, saímos juntos de novo. Os dois de mãos dadas. Os fotógrafos gritaram o nosso nome, os repórteres pediram pra falar comigo. Entramos mudos e saímos calados. Porra, a gente era um casal apaixonado, sim. Tem que ter muita paixão pra enfrentar essas situações, diz aí? Se eu não fosse louco pela mina, teria dado um pé na bunda dela muito rápido. Ela também teria feito a mesma coisa. Até porque aquela confusão toda estava saindo cara demais pra gente. Ninguém quer ser esculhambado nos jornais todos os dias. Ou tu acha que a imprensa pegava leve com ela? Negativo.

Para mim também era uma queimação do caralho. Os jornais falavam que o meu lugar na Copa estava ameaçado. Sendo que menos de uma semana antes eu estava com os caras em Londres. Espera um minuto. Estava ameaçado mesmo? Ou criaram uma situação enorme para me prejudicar? Beleza, eu tinha brigado com a minha mina, todo mundo ficou sabendo, mas os jornais aumentaram demais. Fizeram um auê gigantesco em torno da situação.

Questionaram os meus colegas sobre o que eles achavam da briga. Ligaram até para o Dunga para perguntar a opinião dele sobre o caso. Enfim. Eu acho que isso não é o correto. Voltei a treinar. Encontrei o Jorginho, trocamos uma ideia rápida na praia. Eu disse que entendia a situação dele, a confusão não estava me ajudando. Novidade. O problema é que eu não tinha controle sobre as coisas. "Eu confio em você, Adriano. Quando você quer, você consegue", ele me disse. Eu não sabia o que fazer. É muito difícil sair da espiral de notícias ruins, irmão.

Conversei com uma psicóloga do time. Dormi cedo. Eu estava cada vez mais triste com aquilo tudo. As notícias diziam que eu estava quase dez quilos acima do peso. Mentira. Insinuavam que eu tinha consumido drogas e por isso o Flamengo tinha me deixado de fora de uns jogos. É brincadeira? Outra vez esse papo para cima de mim. Até hoje, se for perguntar por aí, vai ter muita gente achando que eu sou viciado. Por que será? Talvez por preconceito também. Porque eu sou favelado mesmo e nunca quis esconder isso.

Na verdade, tenho muito orgulho da minha origem. Acreditam que na comunidade só tem viciado ou traficante. Enfim. Tentei amenizar a crise fazendo algo que eu detestava: conversar com a imprensa. Falei com os repórteres antes da rodada do fim de semana. Respondi às mesmas perguntas de sempre. Falei do preconceito contra a favela. Insisti que não precisava de tratamento e que não usava drogas. Nunca usei porra nenhuma a não ser álcool. Quantas vezes vou ter que repetir isso? Enfim.

No final, ainda me perguntaram por que eu não costumava dar entrevistas. Por que será, meu anjo? Os caras já "sabem" de tudo, escrevem o que querem, ignoram as minhas declarações, e ainda pedem para eu ir lá falar com eles? Vai entender. Enfim, prometi que mudaria de postura, mas sabia que não ia adiantar muita coisa.

O jogo seguinte à confusão foi contra o Vasco no Maracanã. Clássico sempre ajuda. Vencemos a partida. O nosso goleiro pegou dois pênaltis, e eu fiz o gol da vitória, também de pênalti. Na comemoração, levantei a camisa para mostrar uma mensagem que acabou virando a minha marca. "Que Deus perdoe essas pessoas ruins." Não precisei dizer para quem a mensagem era direcionada. Não faltou nego vestindo a carapuça. Que bom que entenderam. E se não gostou, morde as costas.

A real é que a minha felicidade tinha acabado. O ano que eu passei no Flamengo foi incrível. Não me arrependo de nada. Paguei caro pelas minhas atitudes. Mas se vocês não perceberam até agora, é melhor procurar um médico, com todo o respeito. Talvez um psiquiatra, como sempre sugeriram para mim. O que acham? Tô brincando, amor. O que eu quero dizer é que eu sou o tipo de cara que não vai fazer nada que não esteja a fim de fazer. Ponto final.

Tive que seguir ordens durante muito tempo da minha vida. Em certo momento, me libertei disso. Não fazia mais sentido, tá entendendo? Aqui não tem personagem. Eu só vou fazer o que me der na telha. As pessoas queriam ver mais na minha carreira. Esse mais seria pra agradar a quem? Não era a mim. Eu não estava feliz no Rio. A perseguição toda me tirou do sério. Até a polícia estava no meu encalço, cara. Porra, tive que prestar depoimento na delegacia por causa daquela história da moto no nome da mãe do Mica. A culpa não foi dele. Nem foi minha. O errado foi outro. Mas não vou nem falar o nome porque não vale a pena. Não é, Hermes? Deixa quieto essa merda. Ficou tudo esclarecido na justiça e não deu ruim pra mim.

Mas, porra, foi mais uma confusão envolvendo meu nome às vésperas da Copa. Sim, mano. Foi tudo na mesma época. Teve o rolo da Joana, depois essa história. Uma foda. A Joana e eu nos separamos definitivamente logo depois. Não tinha mais jeito. Chega uma hora que essas tretas se tornam insuportáveis. Eu continuei jogando futebol, mas não tinha prazer em mais nada. Eu sou um cara de coração, neguinho. Se eu não estou feliz, esquece. Minha motivação pra fazer qualquer coisa é estar bem, e eu não estava. Era muita merda junta acontecendo. Até marquei uns gols, mas não tinha ânimo nem pra comemorar. E eu já disse. Aqui não tem personagem. Eu não vou fingir que está tudo bem. Até tento, mas logo fica claro pra todo mundo.

A torcida passou a reclamar da minha postura, e eu comecei a ver aquele filme todo de novo acontecendo. Meu contrato já estava no fim. Cada dia aparecia uma possibilidade nova. Até que chegou o momento da convocação para a Copa de 2010. Se eu disser para vocês que eu esperava ficar de fora, vou estar mentindo. As mensagens que eu recebia da comissão indicavam uma coisa, mas se eu falar que fiquei surpreso ao ser comunicado que não iria para a África do Sul, eu também vou estar mentindo.

Porra, quantas vezes o Dunga falou que não queria repetir o que tinha acontecido em 2006? Minha vida estava uma confusão mesmo. Meu lado físico era uma questão mais uma vez. Eu estava fazendo gols. O Flamengo tinha avançado na Libertadores. Eliminamos o Corinthians, apesar do caos que estava rolando no departamento de futebol. E o que isso tudo importa? Talvez não muito. A gente paga um preço por fazer as coisas à nossa maneira. Tem que ter a consciência disso também. Porque senão o sofrimento fica ainda maior. Eu chorei a pampa quando soube que não iria para a África.

Eu tinha 28 anos, e aquela era a minha última oportunidade. Isso estava claro. Mas não consegui fazer a minha parte. Jamais vou culpar a comissão técnica. Eles tomaram a decisão que consideraram a melhor. Azar o meu. Minha história com a Seleção estava encerrada. Fiz o que pude. Talvez até mais. No final, ganhei títulos com que jamais poderia sonhar. Fui decisivo contra o nosso maior rival. Está marcado pra sempre. Claro que ganhar a Copa seria o ápice, mas quantos ídolos também tentaram e não tiveram essa chance? Não falo nem só do Brasil.

Enfim, eu não fiquei remoendo essa história, já estava preparado. Tanto que no dia mesmo da convocação eu treinei com o Flamengo. A gente tinha um jogo importante da Libertadores pela frente. Dei risada com os meus colegas e tentei seguir adiante. Estava machucado, óbvio. Mas, como diz a minha avó, não adianta chorar pelo leite derramado.

Poucos dias depois, decidi que iria para Roma. Minha família gostava da Itália, eu já falava a língua, e adorava curtir a capital desde a época que morei em Milão. E, de certa forma, já sabia o que esperar. Era uma chance de mudar a minha imagem por lá. Fui para a Roma com as melhores intenções possíveis. Papo reto mesmo, neguinho. Não teve nada a ver com dinheiro. Óbvio que eles me ofereceram um bom salário, muito mais do que eu ganhava no Flamengo, mas se a motivação fosse grana, eu teria ido para outro lugar. A proposta que veio deles não era a melhor que eu tinha no lado financeiro.

Convoquei uma coletiva no Rio para me despedir, expliquei meus motivos, sorri para as câmeras e tentei deixar o clube pela porta da frente. Tudo bem que teve muita confusão naquele um ano que eu passei na Gávea. Teve também vitória e título, não se esqueçam disso. Então, nada mais justo do que sair de cabeça erguida. Agradeci a todos, me abraçaram também. Prometi voltar um dia porque, afinal, eu não tinha nem 30 anos ainda. Se tu for ver, em tese, eu ainda teria muita lenha para queimar pela frente. Bastava eu me reencontrar novamente. E Roma me parecia o melhor cenário disponível no momento.

34. Não me perturba, não

Deixei o centro de treinamento do clube às pressas. Não aguentava mais ficar ali. Os deveres do dia estavam pagos, e eu precisava relaxar um pouquinho. Tinha gente me esperando em casa. Minha cabeça girava a milhão, outra vez. De onde eu havia tirado essa ideia? Era a pergunta que eu repetia pra mim mesmo sem parar. Engoli o choro. Aumentei o volume do som no carro. Acelerei um pouco mais.

Nascido no subúrbio nos melhores dias
Com votos da família de vida feliz
Andar e pilotar um pássaro de aço
Sonhava ao fim do dia ao me descer cansaço
*Com as fardas mais bonitas desse meu país**

Conhecem essa música? Pois é. O Hermes conhece. Fala aí, meu cumpade? Não vou chorar, não. Eu fico emocionado toda vez que toca, é verdade. Mas agora tô contando a história. Eu sempre coloco essa música. Há muitos anos. Coisa de família. Me identifico com a letra. Quer dizer, quando ouvi pela primeira vez, na vitrola do Mirim, lá na nossa casinha da rua 9, eu não sabia o que vinha pela frente. Essa parte é bonita. Presta atenção.

---

* "Espelho". Intérpretes: João Nogueira e Paulo César Pinheiro. *In*: *Parceria*. São Paulo: Velas, 1994.

Num dia de tristeza me faltou o velho
E falta lhe confesso que ainda hoje faz
E me abracei na bola e pensei ser um dia
Um craque da pelota ao me tornar rapaz
Um dia chutei mal e machuquei o dedo
E sem ter mais o velho pra tirar o medo
Foi mais uma vontade que ficou pra trás

Desculpa, gente, eu me emociono mesmo. Como que não vou chorar, caramba? Perdoa. Me passa o meu cigarro, faz favor. Cadê o isqueiro, merda. Ah, meu Deus. Quanta coisa, cara. Enfim. Eu assinei com a Roma, pensando que iria me livrar dos problemas que enfrentava no Rio. Precisava de uma mudança de ares. Tinha proposta de tanto lugar, até da Inglaterra. Eu poderia ter ficado no Flamengo, me ofereceram um monte de coisa, mas escolhi a minha segunda casa, a Itália, por conveniência também. Deu tudo errado, cara.

Se a ideia era pedir desculpas e recuperar a minha imagem, acabou rolando o contrário. Os sinais de que não daria certo começaram antes mesmo de assinar o contrato. A Roma mandou um diretor pro Rio, ele e o meu procurador acertaram os últimos detalhes. Me chamaram na hora de colocar a tinta no papel. Vou te falar que eu estava com um gosto amargo na boca até aquele momento. Eu não *queria* sair do Brasil; eu *precisava* sair do Brasil. Não havia alternativa pra mim. Mesmo que eu tentasse tomar as rédeas da minha vida, parecia que eu era empurrado para as situações, não importava a minha vontade.

Vocês já sentiram isso? Sei lá. Fala a verdade, neguinho. Se eu estiver ficando louco, diga na minha cara. Papo reto mesmo. Cheguei cabisbaixo na reunião com o diretor da Roma. O salário era muito bom; a cidade, melhor ainda; o clube, também. Mas eu sabia que deixar o Brasil não seria mole, por mais que eu tentasse me convencer do contrário. E também não era só eu. Muita gente queria me ver pelas costas, assim os problemas ficariam longe dos olhos. É aquele papo. Quem não é visto, não é lembrado. Tô mentindo?

O diretor da Roma, no entanto, era só felicidade. "Que alegria, Adri. Você não sabe o quanto a gente pressionou o seu procurador por esse acerto", ele disse. Eu sabia muito bem. Eles já estavam atrás de mim fazia tempo. Dei um sorriso amarelo para o cara. "Então, cadê a papelada? Vamos assinar isso logo que eu tenho compromisso", eu disse. "Está com pressa, Adri? Que compromisso pode ser mais importante que esse?", o sujeito respondeu em tom de piadinha. Eu não ri. "Bom, aqui estão os termos. Três milhões de euros por ano. Contrato de três anos. Nada mal", o sujeito continuou.

Olhei para a cara dele. Pedi uma caneta para o meu procurador. "Posso assinar?", perguntei. "Sim, Adriano. Já está tudo certo", ele respondeu. Quando fui colocar a caneta em cima da linha com o meu nome, o tal diretor fez outro comentário. "Assina que eu vou ligar para a Rosella agora mesmo. Ela está muito ansiosa com esse negócio", o diretor falou. Eu não entendi nada. "Vai ligar pra quem, cara? Quem é Rosella?", eu disse sem paciência.

"*Mamma mia*. Você não sabe quem é a nossa presidente?", ele rebateu. "Rosella Sensi, dona do clube. Presidente da Roma", o italiano continuou. "Eu vou saber como, cara?", devolvi sem paciência nenhuma para aquela conversa. O fulano também começou a se irritar. "Você não está nem aí para nada mesmo. Ela vai te pagar uma bolada, hein", o cara rebateu. Bom. Nesse momento, eu joguei a caneta em cima da mesa. Empurrei o contrato longe. Minha sobrancelha arqueou na hora. Me levantei.

Aquele maluco pensava que estava falando com quem? "Escuta aqui, cara. Eu moro no Brasil. Estou voltando para a Itália para pedir desculpas. Não é por dinheiro, não. Vocês que foram atrás de mim. Ninguém mandou você ir me procurar. Chega dessa merda", falei grosso. Papo reto mesmo, neguinho. O sujeito ficou em choque. Meu procurador tentou contornar. "Calma, Adriano. Ele não falou por mal", ele disse. "Calma nada, Gilmar. Tá cheio de gracinha. Eu estou indo para a minha casa. Um abraço."

Quando eu virei para ir embora, o italiano veio atrás. "Adri, desculpa. Não me leve a mal. Por favor. Eu só queria dizer que estamos todos muito felizes com a sua contratação. A presidente fez questão. Ela está te esperando. Por favor, se acalme", ele falou. Eu sou muito verdadeiro. Pode perguntar para qualquer um que já dividiu vestiário comigo. Não fico de palhaçada. Eu disse que estava puto na cara do diretor, ele se assustou. Tentou me convencer de que tinha sido apenas um mal-entendido.

"É verdade, Adriano. A senhora Sensi realmente quer você por lá", meu procurador falou. "Venha para a Roma, todo mundo te ama", o italiano completou. "Eu sei disso. Agora não me venha querer falar quem é a presidenta, ou presidente, ou o caralho. Pô, eu tô aqui no Brasil. Focado aqui. Como é que vou saber quem é a presidente do clube lá na Itália?", respondi. "Não me perturba, não." Assim foi o meu primeiro dia de contrato com a Roma. Fora que eu só entendi depois.

O clube também estava em uma baita crise, a família da presidente precisou entregar a Roma para um banco. Pois é. Pagamento de dívidas da empresa deles, acho que era isso. Vai vendo. Tava fácil, né? Imagina o clima nos bastidores. Enfim, a torcida não tem nada a ver com essa história. Minha apresentação foi pica, tá? Procura na internet pra tu ver. Foi lá no Stadio Flaminio. Tinha gente pra caramba. Imprensa que não acabava também.

Eu fiquei até surpreso, pra ser sincero. Tava um calor pior que o do Rio, cara. Mesmo assim, juntou uma multidão para cantar o meu nome. Na entrevista coletiva eu pedi perdão pela maneira como eu tinha deixado o país. Falei em reconciliação. Não fiz promessa, porque no futebol não dá pra garantir nada. A presidente, de fato, gostava de mim. Falou para os jornalistas que eu não era uma aposta, era uma certeza. Porra. Parecia que tava tudo no jeito. Parecia.

Eh, vida boa
Quanto tempo faz
Que felicidade!
E que vontade de tocar viola de verdade
E de fazer canções como as que fez meu pai*

Esse refrão é lindo, meu Deus... Enfim, quando eu cheguei em casa depois de ter saído do CT da Roma, já estava começando a escurecer. Eu tinha feito mais uma sessão de fisioterapia. Dei um azar danado, cara. Me machuquei pra caramba na Roma. Foi mesmo. Nada dava certo por lá. Senti uma lesão logo no início da temporada. Quando voltei da recuperação, fui para o banco. Depois me machuquei de novo. A imprensa italiana também não me deu sossego. Começaram a inventar uma porrada de mentiras.

Teve jornal falando que eu estava quinze quilos acima do peso. Papo furado. Outro dizendo que eu tinha brigado com o treinador, o que não é verdade. Mais um contando que eu estava infeliz em Roma. De onde tiraram isso? Eu sei lá. Eu estava ansioso. Fiquei em dúvida pela decisão que tomei de voltar para a Itália. Isso, sim. Fora que nenhum jogador fica bem quando se machuca, mas meus amigos do Cruzeiro estavam em casa. Chamei os caras para me visitarem. Isso para mim também era um apoio.

Estacionei o carro em casa e quando entrei vi o meu cumpade chutando bola na parede. Estava sozinho no quintal, dando um chute atrás do outro. Como se fosse uma criança sem ninguém para brincar. Hein, Hermes? Tu lembra disso? Era tu mesmo, safado. Conta pra eles aqui. "O que tu tá fazendo, cara?", perguntei. "Porra, tô aqui passando o tempo. Não tem nada para fazer", o Hermes respondeu. "Cadê os caras?", perguntei. "Fael já está dormindo. Rodrigo também foi pra cama. Pedi pra ele conversar comigo e nada", ele explicou.

* "Espelho", *op. cit.*

Caralho. Não eram nem oito da noite, mano. Os caras tudo no berço já. Papo reto mesmo. "Porra, vamos lá acordar esses malucos", eu disse. Chamei os parceiros para descer. "Bora acender a churrasqueira, caralho. Vocês vieram aqui pra dormir?", saí berrando pela casa. Mas eu entendo os caras, estamos acostumados com a favela. Lá é vinte quatro horas, neguinho. O movimento não para, e é o tempo todo na porta do bar também. A gente cresceu assim. Difícil mudar.

Eu sempre conto essa história do Hermes chutando bola na parede. Não é, meu cumpade? É mesmo. Porque ela representa o que foi o meu período na Roma. Triste. Não estou reclamando do clube. Não briguei com ninguém. Mas é que não deu certo. Quando eu finalmente fui escalado como titular, e demorou para caralho, aconteceu uma cagada enorme. Era um clássico contra a Lazio. Jogo grande. Porra, o treinador tinha me colocado para sair jogando. Rolou uma disputa de bola besta no meio campo. Pode olhar a imagem. Nem parece nada sério.

O adversário veio pra cima de mim e me deu uma puxada com o braço. Eu tentei me livrar dele. Jogada normal, mas acabei dando de mal jeito com o ombro direito. Aconteceu logo no começo da partida. Saí de campo. Fui atendido. Voltei com uma proteção, mas a dor não passava. Fui substituído no segundo tempo. No dia seguinte, depois dos exames, veio a notícia: não tinha sido apenas um mal jeito, ou uma luxação. Eu estava com o ombro deslocado e fraturado. "Vamos ter que operar, Adri", o médico da equipe me disse. Meu mundo desabou. Uma lesão séria. Mais um período sem jogar.

O time numa situação delicada, eu levando fumo dos jornais o tempo todo, e me vem aquela. Foram tantas lesões na Roma, incluindo essa cirurgia, que eu comecei a me convencer de que era hora de ir embora. Eu tinha acabado de voltar do Brasil, atrasado mais uma vez, onde passei as festas de fim de ano. O Claudio Ranieri, que era o treinador na época, estava meio bravo, mas a gente se entendeu.

A questão é que o Ronaldo tentou de tudo para me levar para o Corinthians. "Irmão, é a sua chance de se reabilitar. O clube é muito grande, a torcida é maluca, você sabe disso. Olha como as coisas aconteceram pra mim lá. Fora que não é time de pouco caraminguá, não", o Fenômeno disse. O Ronaldo estava com a agência dele na época, nem sei se ele ainda tem a empresa. "O presidente tá comigo. Você tem que ir. Eu arrumo tudo pra você. Até o apartamento onde você vai morar."

Eu senti que o meu amigo queria muito que eu fosse para São Paulo, mas eu tinha um contrato bom com a Roma e ainda não tinha conseguido nada por lá. A bem da verdade, nem gol eu tinha marcado até aquele momento. Ficar seis meses e sair assim seria complicado. "Pô, irmão. Eu gosto da ideia. Tem que ver com a Roma também. Não quero sair brigado da Itália outra vez", eu expliquei. Ele entendeu e disse que veria o que seria possível. No fim das contas, não rolou.

Eu voltei para a Itália depois do Réveillon. Encontrei o Ranieri bicudo com o meu atraso, mas, enfim, isso daí já era parte do meu protocolo. Não gostou, já sabe, né? Treinei forte, e quando ele finalmente me colocou para jogar deu essa merda no ombro. Depois da cirurgia, eu pedi para me recuperar no Rio. Se com rotina de treinos e jogos já era difícil para mim, imagina com o braço imobilizado?

Eu usava tipoia o tempo inteiro, não podia fazer praticamente nada nas primeiras semanas depois da cirurgia. A verdade é que eu ia surtar se tivesse que ficar sozinho em casa aquele tempo todo. Sem muita alternativa, o time me liberou. Ainda ironizaram que eu estava pedindo para ir ao Rio por causa do Carnaval. Porra. Parece até que eu escolhi a data da minha lesão. Fora que eu nem sou muito de Carnaval. Papo reto mesmo. Na Sapucaí, acho que só fui uma vez. Tô mentindo, Geo? Geo? Ei. Ihhhhh, olha lá. O cavalinho arreou. Tamo fodido mesmo, hein? Tá dormindo, cara? Para com isso. Nunca pernoitou com a gente, não? Pega outra aí então.

Que foi, Moisés? Vai nessa? Tem que trabalhar o quê, cara. Mentira. Tu tá mentindo. Vai trabalhar meio período só? Olha que horas são. Então tá. Se tem que ir, vai. Manda um beijo pra patroa. Tchau, querido. Valeu. Pega um guaraná pra mim ali, querida, com todo respeito. Obrigado. O que eu estava falando mesmo? Ah, sim. Carnaval. É mesmo. Eu não sou muito de folia, não. As pessoas acham que todo jogador de futebol ama Carnaval e desfile, né? Estereótipo. Assim que fala? Acho que é.

Eu gosto de ficar quietinho no meu canto. Desfile mesmo, o último foi quando eu estava namorando a mãe da Lara, minha terceira filha. Nunca falei dela pra vocês, não? Caramba. Vacilo. Hein, Geo. Acorda, mano. O Hermes lembra também. Foi um romance importante porque me deu a minha pequena, que é muito linda e eu amo demais. Tu segue ela no Instagram? Procura aí, merda. Minha pequena. Caçulinha.

Ela estava em Búzios com a gente outro dia. Ficou toda lindona na piscina, andou de helicóptero, foi pra praia. Não, merda. Não a Renata minha assessora, não confunda. Essa é a Renata mãe da Lara, eu to falando. A gente se conheceu quando eu voltei para o Brasil. Depois da Roma. Vou contar a história. Foi assim. Na verdade, eu conhecia o pai dela há bastante tempo, ele se chama Edu e tem um irmão gêmeo, o Felipe. Eles eram envolvidos com o Flamengo, tipo conselheiros. A gente fazia churrasco no sítio deles direto. Todo mundo baixava lá. Íamos eu, o Pet, vários jogadores.

Enfim, nessa época, eu frequentava muito o Barra Music também. Tava toda mão na boate, mas nunca tinha visto a Renata. Por Deus. Até que acabou acontecendo. Não me lembro bem quem apresentou a gente. Nos conhecemos e tal. Ela falou que o pai dela me conhecia, começamos a ficar. Nesses tempos, eu morava no Mansões, e ela ia na minha casa sempre. Ficamos apaixonados.

Quando chegou o Carnaval, a Renata me chamou para ir na Sapucaí. A família dela estava num camarote. "Vamos, Adriano? Tá todo mundo lá", ela disse. Eu fiquei meio assim, não achei uma boa ideia. "Poxa, cara. Se teu pai souber da gente, ele vai me matar", eu falei. "Vamos lá, não tem problema. A gente já está junto mesmo. Precisamos assumir", ela falou. "Eu te entendo, gata. Mas chegar assim na festa de mão dada é complicado. Talvez eu devesse falar com ele antes", tentei ponderar. "Nada a ver. Tu vai pedir minha mão por acaso? Em que mundo tu vive, Adriano? Vamos lá. Vai ser bacana", ela insistiu.

Eu estava desconfiado. Pra começo de conversa, não gosto de sair assim para lugar que tem muita gente. Eu sabia que chegar na Sapucaí seria um alvoroço danado, mas ela também insistiu tanto que eu acabei topando. Beleza. Quando a gente chegou no camarote, foi aquele constrangimento. O pai dela fechou a cara na hora. A irmã nem escondeu que estava puta. Todo mundo em choque com a Renata e eu andando de mãos dadas na festa. O Edu me chamou de canto. "Não! A minha filha, não, rapaz."

É verdade, não tô mentindo, não. A irmã dela também falou não. Porra, a gente estava no Carnaval, e a família de cara amarrada por minha culpa. Constrangedor pra caralho. "Renata, eu vou meter o pé", eu disse. "Por quê, Adriano? A gente acabou de chegar. Espera que eu vou pegar algo pra gente tomar", ela respondeu. "Tu não tá percebendo, não? Ninguém gostou de me ver aqui contigo, e eu não fico onde não me querem. Tu vai ficar aí?", eu falei antes de ir embora. A Renata foi comigo. Continuamos juntos, e ela meio que se mudou para o Mansões, aí a família acabou me aceitando depois. Porque também não tinham pra onde correr. Mas ficou tranquilo mesmo. Eu falo com o Edu até hoje.

Pra tu ver como são as coisas, convidei ele pra ir no Carnaval de São Paulo comigo. É, no próximo agora. O mundo gira, né? Sim, pô. Tu não tá sabendo, não? A Camisa Verde e Branco vai me homenagear. Tô feliz a pampa. Aí chamei o Edu para ir lá no Anhembi. Ele gosta de Carnaval, né? Falei que se ele não for, eu vou ficar chateado, só pra meter uma pilha.

Enfim, acabou que a Renata engravidou e foi uma surpresa muito grande pra todo mundo. Ela teve um problema sério de saúde quando era criança. Câncer no ovário. Teve que fazer quimio e tudo. Ficou carequinha, coitada, mas lidou bem com a situação e no fim se curou, graças a Deus. Mas ela tinha certeza de que não poderia engravidar. Por isso, quando fez o exame e veio me contar, foi meio que um choque mesmo. E aí fomos presenteados com a minha boneca.

 Não, a gente acabou não ficando junto. A Renata e eu nos separamos. Muita confusão, né, cara? Deixa pra lá essa parte. Vocês também são fofoqueiros demais. Querem saber tudo da minha vida, porra. Eu, hein. Bom, vou sair pra comer. Tô com fome, merda. Vamos ali na churrascaria do meu amigo. Moleque picanha. Vocês não querem comer, não? Ah, quer vir, vem. Bora.

35. Ruptura total

Quem tá me ligando a essa hora da madrugada, meu Deus do céu? Alô. Que foi, Diogo? Porra, não vi mensagem nenhuma, não. Tu sabe que segunda eu não trabalho, cara. Hoje também vou ficar quieto. Tô descansando em casa. De jeito nenhum. Não tem como. Pode cancelar. Quando foi que eu falei que iria em reunião numa terça-feira? Almoço? Eu vou almoçar em casa, cara. Daqui a pouco minha tia chega com a minha mãe. Negativo. Marca pra outro dia. Semana que vem. Amanhã? Porra, tu que é o meu advogado, cara. Essa responsabilidade de discutir contrato é contigo. Tá bom. Beleza, irmão. Amanhã a gente se fala. Pode ligar cedo. Esse horário mesmo tá bom. Não tem problema. Eu tô tranquilo. Beijo.

O Diogo tem cada uma, Deus o livre. Eu confio nele, claro. Conhece minha família há séculos. A gente começou a trabalhar junto quando eu voltei pro Flamengo, se não me engano. Mas já éramos amigos muito antes disso. É, o Gilmar chamou ele pra preparar os nossos contratos. Gilmar meu procurador, caramba. Ou melhor, ex-procurador. Não, a gente não se fala mais. Ele foi muito importante na minha vida, mas tivemos umas divergências. Não quero falar disso.

Porque me deixa triste, poxa vida. Eu confiei no meu procurador desde o primeiro dia, ele administrava o meu dinheiro, a equipe dele escolhia os imóveis que a minha mãe comprava, ele negociava meus contratos. Eu nunca soube exatamente quanto de dinheiro ele ganhou comigo, mas não foi pouco. Dizem que o cara tem ilha com aqueles negócios de chalezinho, sabe? Isso, bangalô que chama? Então, bangalô e tudo. Não sei se é verdade. Deixa pra lá essa merda. Que papai do céu o abençoe. Nossa relação esfriou ao longo dos anos.

Quando tive problema com impostos na Itália, a situação ficou estranha. Minha mãe ligava para ele e dizia: "Gilmar, estão cobrando uma multa muito grande da gente. É coisa de milhões. Em euros". E cadê a resposta? Bloquearam minhas contas e propriedades. Tu acha que eu tinha ideia do que estava acontecendo? Minha família nunca teve instrução. A gente não sabia mexer com essas coisas. Tive que confiar em alguém.

Infelizmente, quando a coisa apertou, a gente não teve a ajuda que esperava. "Vamos resolver, Dona Rosilda. Pode deixar" foi o que ouvimos. Paciência. Sou grato por muitas coisas boas que ele fez na minha vida, não guardo rancor de ninguém, mas me decepcionei. Não tenho como negar. Minha mãe tem carinho por ele até hoje. Não fale mal do Gilmar na frente dela. A gente rompeu quando eu fui pro Corinthians. Isso, saindo da Roma.

Eu vim me tratar no Rio depois da cirurgia no ombro. A imprensa ficou em cima de mim, publicaram foto minha andando de moto, tomando cerveja, aquela porra toda de novo. Eu rodei na Lei Seca também. Uma bagunça do cacete. A Roma estava quase falindo, e a situação do meu contrato virou um problema enorme. No fim, eles estavam pagando uma bala, e eu não tinha como entrar em campo. Tome crítica de novo.

Pra mim, já era. Não queria mais voltar para a Itália. Puta merda. Eu estava encurralado. Larguei mais alguns milhões de euros para trás e decidi ficar no Brasil. Outra vez. O Ronaldo fez campanha pra eu assinar com o Corinthians. Achei que era hora de aceitar a sugestão dele. O Andrés Sanchez foi ao escritório do meu procurador, falaram sobre o contrato, conversaram sobre o Ronaldo também. Estava tudo certo. Até que o Gilmar me ligou.

"Adriano, eu tô vendo esse contrato que o Corinthians mandou. O pessoal do Ronaldo está no meio. Eu tô puto da vida, não foi isso que a gente tinha conversado." Ele disse que eram vários os problemas. Entre eles, a questão de ter um psiquiatra me acompanhando. "Eu falei pro Andrés que era pra ter o seu acompanhamento médico no contrato federativo. Você está doente, Adriano. O Ronaldo sabe disso também", ele falou.

Eu expliquei que tinha dito para os caras que poderiam seguir com os papéis, até porque eu nunca quis conversar com psiquiatra. Eu não sou maluco, caralho. Psicólogo ainda vai, mas também nunca conseguiram me ajudar. Não adiantou nada. O Gilmar estava espumando, eu também já não vinha muito satisfeito com a nossa relação. "Eu vou dar uma coletiva pra explicar o que está acontecendo. O Ronaldo está sendo irresponsável e inconsequente com você. Ele sabe que você está doente. Eu estou muito puto com ele, Adriano." E foi isso. Paramos de trabalhar juntos naquele dia.

Oficialmente, pelo menos. Porque eu já não estava conversando com ele desde a rescisão com a Roma. Toda relação tem um fim. Eu não tenho como contar a minha história sem falar do Gilmar. Por muitas vezes, evitei até citar o nome dele. Até hoje eu prefiro não falar, pra ser sincero, porque é o meu jeito. Quando eu fico magoado, esquece. O futebol deixa a gente desconfiado de tudo e de todos, essa é a verdade.

Muitos se aproximam para levar vantagem, é raro ter alguém do teu lado porque gosta de você de verdade. Quando a gente passa a vida sendo tratado dessa forma, fica difícil não questionar as intenções das pessoas o tempo todo. Tá entendendo por que eu não me abro pra ninguém? Ah, agora faz sentido, né? Já me decepcionei com parente, amigo de infância, companheiro da bola, empresário, treinador, namorada, a porra toda. Pensa.

Eu cheguei no futebol profissional sem entender o que estava acontecendo, não tinha ideia do que era um contrato, muito menos de como negociar algo que fosse vantajoso para mim e para a minha família. Na maior parte do tempo, fui agindo por intuição, ou decidiram por mim. Naquele momento, em 2011, a minha cabeça estava mais confusa do que nunca. Eu ainda não queria parar de jogar futebol, eu não tinha nem 30 anos, cara. O Corinthians é um clube gigante. Como é que vai falar não para uma oportunidade dessas?

O meu amigo estava me apresentando todos os argumentos que eu queria ouvir. E, assim, me convenci de que daria a volta por cima jogando pelo Timão. Sim, óbvio que eu ainda acreditava numa volta por cima. Eu estava vivendo o meu pior momento, mas queria ter aquela esperança também de voltar a fazer gols e ouvir as pessoas falando o meu nome com admiração. Quem não gostaria disso? Assinei com o Corinthians.

O Ronaldo tinha acabado de se aposentar, o time precisava de mais uma estrela para superar aquele momento. Eu seria esse cara. A torcida estava desconfiada. Parte dela, pelo menos. Fizeram até protesto. Porra, aquilo me deixou chateado, mas é do jogo. Eu provaria que estava ali para fazer gol. Fui apresentado sem muita pompa nem circunstância. Só os jornalistas apareceram, e não foram poucos. Tinha gente saindo pra tudo quanto era canto. Uma porrada de repórteres. Mas o clube decidiu não abrir as portas para os torcedores. Não teve festa. Não teve coro. Bandeirão com o meu rosto? Esquece. Era essa a realidade do momento, fazer o quê?

Eu estava me recuperando ainda e precisava entrar em forma. Não jogava desde a cirurgia no ombro, quando ainda estava na Itália. Fui para a academia. Comecei o processo de perder peso e tentar ganhar fôlego para voltar ao gramado. Levaria algum tempo, todos sabiam disso. Foi mais ou menos nessa época que fui apresentado à minha assessora, a Renata. Trabalhamos juntos até hoje.

Ela é maluquinha da cabeça também. Vira e mexe, sai algum arranca rabo entre a gente, mas a Renata é uma das poucas pessoas que me entendem. Ela sabe lidar comigo. Minha imagem estava bastante arranhada, vamos dizer assim. Eu precisava de alguém para me ajudar com a imprensa. Minha primeira conversa com a Renata foi por telefone, e ela nem acreditou que era eu ligando. Papo reto. Pode perguntar para ela pra ver se eu tô mentindo.

As cascatas nos jornais não paravam, todo dia publicavam alguma coisa sobre a minha vida. A Renata prometeu que tentaria amenizar a situação. Gostei dela. Começamos a trabalhar juntos. Mas a verdade é que a única maneira que eu tinha para reverter o jogo era marcando gol. Não tem conversa. A torcida enche o saco. A imprensa critica, mas se tu mete bola na rede, negão, já era. As opiniões mudam rapidinho.

Na Roma, eu não tive essa oportunidade. Foram muitas lesões na sequência. Fiquei menos de um ano por lá. Não consegui marcar um gol sequer, puta merda. Eu também não estava me sentindo bem da cabeça, e o resultado foi o que todo mundo viu. Não deu certo. Agora, com o Corinthians, um time de massa, porra, o papo seria diferente. Tentei acelerar a minha recuperação para poder treinar com bola de novo.

Eu ainda precisava perder peso, mas o clube também contava com a minha ajuda. "Adriano, acho que amanhã já dá pra gente voltar para o campo", me disseram umas semanas depois da minha apresentação. Eu não queria perder nem um minuto. Também estava ansioso por aquele momento. Ficar só na academia é chato pra caralho. Nenhum jogador gosta. Eu mesmo nunca fui muito fã.

Não me entenda mal. Ao contrário do que pensam, eu sempre gostei de treinar, mas no campo, com bola, disputando com os meus colegas. Tentando fazer o melhor durante a semana para arrebentar no jogo. Agora, fisio, treino de academia, essas merdas, nunca foram a minha. Sai pra lá, cara. Por isso eu também insisti para ir logo ao campo no Corinthians. Eu não sabia, mas aquele treino definiria o resto da minha carreira. Na verdade, definiu o fim da minha jornada no futebol, vamos dizer assim.

Cheguei para treinar cedo. Me troquei, ansioso. Evitei o espelho. Coloquei o uniforme e fui para o campo. Eu tenho uma parada de sentir a energia, tá ligado? Não sei explicar o que é. Naquele dia, eu estava com um pressentimento ruim. Pensei que fosse só mais uma ansiedade mesmo pra voltar a jogar. O processo todo de recuperação na Roma foi muito traumático. A cirurgia então, nem se fala. Eu tenho medo de muita coisa. Inclusive de hospital. Sou uma criança grande mesmo, não tenho por que esconder. Assumo sem nenhum problema.

Ouvi as instruções do treinador, era a minha primeira sessão no campo. A ideia era que eu fizesse a estreia dali a mais ou menos um mês, em maio, no começo do campeonato brasileiro. O exercício tinha um movimento de arranque com salto na sequência. Parada de explosão, que um atacante como eu precisa ter para deixar os zagueiros para trás. Eu não estava para brincadeira. Queria mostrar pra todo mundo que eu não estava morto.

"O Imperador voltooooou, o Imperador voltooooou, ôôôôôô...", era o que eu queria ouvir. A torcida do Corinthians é exigente, neguinho. Não tem como se esconder. O Ronaldo me avisou várias vezes. "Didico, entrega tudo em campo. Vai pra cima. Corre. Dá trombada. Derruba os zagueiros. Faz o que tu sabe", ele disse. "Se os caras perceberem que tu tá com vontade, eles vão te carregar no colo. Vai na minha." Porra. Eu gosto disso. Claro que vou pra cima. E vou começar já nos treinos, que é no que eu me destaco antes de chegar no campo, foi o que pensei.

Primeiro exercício no gramado. Era o que os treinadores chamam de circuito, com o campo reduzido e uns cones pra gente pular. Primeiro salto, sinto um puxão. Não teve dor. Não teve arrepio. Apenas um estalo. Plum! Senti o estouro dentro de mim. *O que foi isso?*, pensei. Não consegui me equilibrar quando pisei, foi como se estivesse estourando uma caixa de Toddynho com o pé, tá ligado? Lembra quando a molecada fazia isso no colégio pra ouvir o barulho? Pois é. Foi a mesma sensação. Caí no chão. "Que porra é essa?" O treinador veio na minha direção com cara de apavorado. Coloquei a mão no meu tornozelo esquerdo, ele estava mole. Meu pé caiu de um jeito que eu nunca tinha visto. Um movimento que é impossível fazer naturalmente. A cagada estava anunciada.

"Não estou conseguindo levantar meu pé, merda. Que porra é essa?", eu falei. Entrei em pânico. Eu não sentia dor. Papo reto. O que eu sentia era desespero. Ficou tudo confuso na minha frente. Começou uma gritaria do caralho. Os caras me carregaram. Chamaram o médico. Eu não sabia o que tinha acontecido, mas estava nítido que era algo muito sério. Comecei a chorar. Fui para o hospital. Fiz os exames. Só me acalmei bastante tempo depois. O médico do Corinthians veio falar comigo.

"Adriano, infelizmente é o que a gente imaginava. Você rompeu o tendão de Aquiles." Eu não sabia nem o que era Aquiles, cara. Tu acredita? Não fazia ideia que a gente dependia desse tendão para ficar em pé. Olha o tamanho da loucura. Foi uma coisa horrível. "Vamos ter que operar. Não tem outro jeito." Puta merda. Que desespero. Não gosto nem de lembrar. Eu tinha sido operado recentemente, teria que passar por aquilo de novo, e a lesão parecia ainda mais séria.

Implorei para que o médico encontrasse outra alternativa. "É impossível, Adriano. Foi uma ruptura total. O seu tendão subiu. Foi parar lá em cima, perto da sua bunda. A gente precisa esticar e costurar no lugar outra vez", o doutor me disse. Quer dizer, provavelmente ele não falou desse jeito, mas acho que a explicação foi mais ou menos assim, porque eu também não sei repetir essas coisas. Não sou médico, caramba. Bom, se não tinha jeito, era aquilo. Eu teria que enfrentar aquela merda toda de novo.

Quando eu fugi da Inter e dei o meu perdido na favela, disse para a minha mãe que eu tinha chegado ao meu limite. A Dona Rosilda estava desesperada, chorando pra caramba. "Mãe. Acabou. Eu desisto. Não tenho como mais. Pra mim já deu. Não quero mais jogar futebol", eu falei. Ela me encarou como fazia quando o assunto era sério. Eu vi a agonia nos olhos dela. "Meu filho, pense bem. Não faça isso. Vai jogar fora tudo que você conquistou?", ela me respondeu. Eu me acalmei. Mudei de ideia.

Voltei para o Flamengo e fui campeão brasileiro, artilheiro e craque do campeonato. Depois daquelas conquistas, fui na casa da minha mãe e disse: "Desculpa por tudo que eu fiz a senhora passar. Eu nunca mais vou falar em desistir de nada". Choramos juntos naquele dia. Dessa vez, as lágrimas eram de muita alegria, por ter conseguido tanta coisa com o time de coração da minha família. Essa história toda passou na minha cabeça quando o médico me explicou como seria a operação para reconstruir o tendão. Seria duro.

Eu teria que passar um tempo longo sem colocar meu pé no chão. Não sabia nem quando eu poderia voltar a jogar bola. Seis meses? Foda-se. Vou enfrentar a situação. Eu prometi para a Dona Rosilda que não falaria mais em desistir. Não tinha como voltar atrás. Puta merda. Uns dias depois, eu estava na maca, pronto para ser operado de novo. Era a segunda vez em três meses que eu enfrentava o bisturi. Puta merda. Logo eu, que sou um cagão pra essas coisas de hospital. Sou mesmo. Não tenho por que mentir.

Acontece que a pessoa que me operou em São Paulo não era especialista em tendão. Ele entendia de joelho. Bem diferente, concorda comigo? Eu não vou falar nome que é pra evitar confusão, mas o paciente era o Adriano Imperador, não é? Quem não vai querer operar? Não estou colocando culpa em ninguém, veja bem. Eu também falhei. Faltei à fisioterapia várias vezes. Não me cuidei. Vou explicar a história inteira para ficar claro.

Quando eu saí do hospital, de cadeira de rodas, os médicos me explicaram que eu teria um longo processo de fisioterapia pela frente, que seria feita no próprio clube. Eu precisava me comprometer com aquele trabalho para garantir que a cicatrização ocorresse da maneira planejada. Beleza. Só que você não sai direto da mesa de cirurgia para a fisioterapia no dia seguinte, leva um tempo. E eu pedi para ir ao Rio de Janeiro, precisava estar perto da minha família, até porque eu não poderia ficar sozinho daquele jeito. Não podia nem encostar o pé no chão, merda. Fui para casa. Fiquei de molho, e a cabeça começou a fraquejar de novo.

Porra, era a minha perna esquerda que estava fodida, cara. A perna que me consagrou. Que me abriu todas as portas no futebol. E ela estava ali, pra cima, toda enfaixada, sem poder nem pisar. Como é que seria dali pra frente? Eu não tinha ideia, mas sabia que não seria a mesma coisa. "Poderia ser pior, na verdade. O teu apoio é com a perna direita", me explicaram. Fora que eu não conseguia fazer nada sozinho. Até pra tomar banho eu tinha alguém do meu lado. Tu fica praticamente inútil.

Os médicos falavam: repouso absoluto. Puta merda. Quantos dias eu aguentaria aquilo? Ficar parado, sem fazer nada, e pedindo ajuda para ir ao banheiro? Aí liga a televisão e está lá, teu time entrando em campo, e tu se sentindo um merda sem poder fazer porra nenhuma, sem nem saber se vai voltar a correr direito. É desesperador, neguinho. Só quem já passou por isso sabe o que significa.

Tu questiona a ti mesmo. Por que eu estou passando por isso de novo? Não é justo, poxa vida. Eu só queria me esforçar no treino. *Tô bichado pra sempre? Que merda é essa?* Tenho tanto trauma que até hoje evito assistir jogo na televisão, me traz umas memórias muito ruins. Eu não sabia o que pensar naquela época. Pra superar uma situação dessas e seguir em frente, tu tem que estar com o lado mental bem arrumadinho, forte pra cacete. Infelizmente, não era o meu caso.

Ficar deitado o dia inteiro também não ajudava. Depois de uns dias, chamei os amigos pra perto outra vez. Eu precisava descontrair um cadinho. Comecei a tomar o meu danone. Na hora de voltar para São Paulo, fiquei ansioso. Liguei para o clube. Expliquei que ainda não estava bem. Pedi para ficar mais uns dias no Rio. Eles concordaram, mas não dava para empurrar a situação por muito tempo. Voltei pra lá. Comecei o tratamento.

Encontrei o pessoal do Corinthians outra vez, eles me receberam bem, perguntaram como eu estava e se precisava de alguma coisa. "Preciso de companhia para relaxar. Bora tomar uma, neguinho?", eu disse. Eles riram. Pediram o meu endereço. "Porra, lá na cobertura que era do Ronaldo, perto do Pacaembu", eu disse. Todo mundo sabia. Isso, aquele prédio em frente ao restaurante Pobre Juan. Esse mesmo.

Eu não ficava sozinho lá, baixava a rapaziada toda. Inclusive gente da diretoria, que eu não vou falar nome porque não sou X9, mas eles sabem que eu tô falando a verdade. Os caras passavam a madrugada inteira, entornavam comigo, ficavam especiais. Quando começava a clarear, eu já dizia: "Irmão, não vou ter como fazer fisio hoje. Olha que horas são, cara...". E os *amigos* respondiam: "Não se preocupe, deixa que a gente resolve. Completa o meu copo, Adriano!", e todo mundo ria.

Por isso que eu falo que não fiz a minha parte. Tenho total consciência disso. Não posso acusar ninguém de ser responsável pelos meus problemas, mas também falharam comigo, e me acompanharam nas minhas decisões erradas. Eu nunca fui filho da puta de simplesmente não aparecer. Eu avisava, e os caras que mandavam no clube aceitavam, pelo menos na minha frente.

Pois bem, eu segui nessa de aparecer de vez em quando à fisioterapia. Quando pintava uma brecha, eu pedia autorização para ir ao Rio, e o pessoal me liberava. Segui aos trancos e barrancos. Não deixei de tomar o meu danone, mas queria voltar. Eu sabia da pressão. Nunca fui de ler jornal nem de acompanhar o que era publicado na imprensa, mas tudo que era dito chegava para mim. Não tem como.

O Tite não conversava comigo, não sei o porquê. Nunca me destratou, só não tinha conversa mesmo. Acho que ele ficava chateado com o lance de eu não cumprir à risca o plano que a comissão tinha traçado. E, no fim, quem me contratou foi o Ronaldo, vamos dizer assim... Sei lá. Vai ver que também não contavam para ele que eu conversava com a diretoria e pedia para não ir, mas quando eu estava no clube as pessoas me tratavam bem. Riam comigo. Davam tapinha nas minhas costas. E apareciam à noite na minha cobertura para tomar um danone.

Eu gostava tanto daquele grupo, como sempre gostei de todos os lugares em que trabalhei, que um dia eu decidi ajudar da maneira que era possível no momento. Me lembro até hoje. O Corinthians pegou o Flamengo no Pacaembu. A gente estava no topo da tabela, mas não podia vacilar. Já tinha passado da metade do campeonato, se não me engano. Eu assisti ao jogo em casa. Estava com os meus amigos acompanhando pela televisão.

O Corinthians começou bem. Casa cheia, aquela festa do caralho que a torcida sempre faz. "Aqui tem um bando de loucoooo...", tá ligado, né? Estávamos pressionando. Tava com cara de que iria dar bom. Mas no futebol é foda. Sempre imprevisível. O Ronaldinho Gaúcho foi pra cobrança de um escanteio e... Gol do Flamengo. Deivid. No primeiro tempo. O clima mudou. A arquibancada ficou tensa. O time sentiu o golpe. Baixou o ritmo.

Quando faltavam uns cinco minutos para acabar o primeiro tempo, aquele lance de intuição, de energia que eu tenho, começou a me pegar. Era como se uma voz falasse alto na minha cabeça: "Tu precisa ir lá. Vai lá, cara". Eu falei para os meus parceiros: "Vou descer lá no vestiário". Os caras me olharam sem entender nada. "Tá maluco, irmão? Não vai dar tempo", disseram. Fiquei na dúvida. Tudo bem que eu morava do lado do estádio, mas mesmo assim... Até entrar no carro, chegar lá, coisa e tal, realmente ficaria apertado.

Vai dar tempo sim. Desce que os caras precisam de você, a voz repetiu alto na minha cabeça. "Foda-se, vou lá", eu falei. Coloquei o tênis e saí vazado. Entrei no estádio olhando para o relógio. Quando cheguei no vestiário, os caras já estavam no corredor, prontos para subir ao campo outra vez. Ninguém acreditou quando me viu ali. "Rapaziada, com licença. Chega todo mundo aqui que eu quero dar uma palavrinha rápida com vocês", eu disse.

O pessoal se reuniu. Pedi permissão ao treinador para falar. "Olha só, eu vim aqui pra dizer uma parada pra vocês", eu comecei. "Todo mundo aqui conhece a minha história. Eu sei o que é desistir. Eu larguei tudo na Itália e quase parei com o futebol. Vocês não imaginam o peso dessa decisão na minha vida. Eu tenho que conviver com as consequências disso até hoje", continuei. Ninguém abriu a boca. Os caras olhavam pra mim como se estivessem na frente de um pastor.

"Por Deus que eu mudei de ideia, minha mãe me deu forças. Meu amor pelo futebol me fez continuar. E com o meu pai me abençoando lá de cima, eu segui em frente. Fui campeão de novo. Entrei pra história mais uma vez." Nessa hora, eu subi o tom de voz. Eu tinha poucos minutos para passar o meu recado. "Vocês sabem o que significa pra um jogador ser campeão, porra? Vocês querem entrar pra história do Corinthians? Eu também quero! Infelizmente, não posso ajudar vocês dentro de campo hoje. Não tenho como mudar o placar desse jogo, mas vocês podem. Não é porque surgiu esse contratempo, não é porque levamos um gol, que vocês podem desistir, caralho!", eu berrei.

Os caras começaram a se agitar. "Vocês estão jogando muito. Eu tô assistindo à partida. Dá pra virar essa merda." A galera começou a se inflamar. "Eu quero ser campeão com o Corinthians. Eu quero entrar pra história desse clube, e vocês, também!" E daí por diante eu não precisava falar mais nada. Começou a gritaria. Eu vi o ânimo dos caras mudar. Eu sabia que eles iriam virar o placar? Óbvio que não, mas fui empurrado para falar com eles no intervalo. Era o que eu precisava fazer.

Acho que ajudou em alguma coisa. O importante é que eles estavam cumprindo a parte deles. Talvez precisassem só de um estímulo para não abaixar a cabeça. É normal. Todo mundo precisa ser lembrado de vez em quando que dá pra virar o jogo. Posso falar? A vibração naquele momento foi tão grande que até eu me emocionei. Comecei a chorar. Novidade... Virei as costas e fui embora. Voltei para casa. Assisti pela televisão a virada.

Último minuto do jogo, bola cruzada na área, e o Liedson, bem posicionado, finalizou na cara do goleiro. Deu um tapa sem pulo. Gol do Corinthians. Dois a um pra gente. O caminho para o título estava traçado, eu queria dar uma contribuição maior que apenas um discurso no túnel.

Atacante sente falta de fazer gols, neguinho. É viciante. Eu não entrava em campo desde o começo do ano, quando ainda estava lá na Itália. Agora faltava pouco. Depois de meses me arrastando na fisioterapia, meu calcanhar estava quase bom. Em algumas semanas, eu poderia voltar ao gramado. Quem sabe eu não ajudaria o Corinthians a se manter no topo da tabela para ganhar mais um campeonato brasileiro?

36. Quanto vale entrar pra história?

Eu estava mancando muito. Não me importava. Pulei a placa. Corri em direção ao portão principal. Tentei arrancar a camisa. Tive dificuldade. Coloquei a barriga pra fora. Foda-se. Berrei até perder a voz. Podem me esculhambar. Falem o que vocês quiserem. Me chamem de bêbado mesmo. Fica à vontade pra dizer que eu sou vagabundo. Favelado. Xinga mais, cambada. Não tô nem aí para o que vocês pensam. Eu conheço a minha história. Lembro de cada lágrima que derramei, e não foram poucas. Enfiem as opiniões no rabo. Quando eu quero, ninguém me segura.

Quem foi ao Pacaembu naquela tarde de domingo entendeu isso. Garanto que os corintianos que estavam lá não esqueceram o momento até hoje. Meu primeiro gol com a camisa do Corinthians custou para sair. Não segui o plano da comissão técnica. Meu retorno demorou mais que o planejado. Foram seis meses de molho. Só entrei em campo quase no final do campeonato. E aos poucos: uns minutos aqui, outros ali.

Eu continuava acima do peso, não vou mentir, porque eu não sou disso. A comissão falava que eu poderia atuar no máximo por trinta minutos. Até que chegamos em um jogo decisivo. Era contra o Atlético Mineiro em casa. O Vasco estava na nossa cola. Se a gente não vencesse a partida, a liderança do campeonato escaparia. Por pura falta de alternativa, o Tite me colocou no banco.

Eu era o centroavante reserva que poderia ajudar em alguma coisa naquele dia. Claro que eu estava longe da forma ideal, foram meses sem poder jogar. Mas essa não era a pior parte. Eu não corria do mesmo jeito. Esquece. O equilíbrio era outro. O movimento do meu pé esquerdo estava totalmente limitado. Ele não dobrava como antes. Ficou um pé chato. A pisada virou plana, tá ligado? Como é que eu dou um arranque? Não tem mais, cara. Não é a mesma coisa. Você não consegue sustentar o corpo direito. Não consegue. Você tem que se adaptar. Papo reto, neguinho.

Tem que encontrar uma outra forma de jogar. É como se você tivesse que mudar o chip na sua cabeça. Tirar a memória do que você está acostumado a fazer e colocar uma programação atualizada. As ideias, os movimentos, os planos, os atalhos, tudo que você sempre fez não funciona mais. Até o seu instinto precisa ser moldado outra vez. Tu imagina uma coisa dessa? Recomeçar com quase 30 anos? Sem o físico de menino. E já marcado por uma porrada de coisas que tinham acontecido antes. Com o lado emocional todo cagado. Como é que faz? É complicado.

Pra conseguir entender essa nova realidade leva tempo. Precisa de muita força e paciência. Mas tu acha que a imprensa quer saber disso? Não quer. Os jornalistas querem ver o Imperador, e o Adriano sabia que tinha alguma coisa muito errada. Por isso que eu sempre digo que se o Adriano não estiver bem, o Imperador não presta. Foi com tudo isso girando na minha cabeça que eu subi o túnel do Pacaembu.

Fui para o banco de reservas naquela tarde. O jogo estava bem complicado. O primeiro tempo terminou sem gols. O nervosismo aumentou. A gente precisava vencer. Não tinha outro jeito para ser campeão. Mas quem abriu a conta foi o Galo. Uma a zero pros caras. Puta merda. O Tite me chamou: "Bora, Adriano!". Eu já estava com o meião lá em cima. Pronto pra entrar desde o primeiro minuto.

Porra, vontade nunca me faltou. Isso não tem como. Nem sempre as coisas dão certo, mas pode ter certeza de que eu não entro em campo meia bomba. A torcida aumentou o volume. O time foi empurrando. Amassamos o Galo. Era uma bomba atrás da outra.

O goleiro deles começou a fazer uns milagres. Olhei para o lado e vi o Emerson Sheik tranquilo.

O maluco tava confiante que só a porra. Eu já disse, ele é peladeiro. Joga pra caralho. Focado. Quando você menos espera, ele vai e faz a diferença. Inclusive, foram essas as palavras que eu usei uns meses antes para descrever o meu amigo. O Duílio e o Andrés vieram falar comigo sobre uma contratação que estavam preparando. "Adriano, a gente quer trazer o Emerson. Tu jogou com ele no Flamengo, né?", eles me perguntaram. Os caras queriam saber como ele seria no vestiário.

Tinha rolado aquela confusão do Emerson com o Fluminense. Ele cantou o hino do Mengão no ônibus dos caras, porra. Doidinho mesmo. Foi mandado embora. "Você acha uma boa ideia, Adriano?", eles insistiram. "Olha só, eu acho uma excelente ideia. Mas vocês têm que saber quem estão trazendo", eu disse. "O Sheik joga muito. Sou fã. Mas é maluco da cabeça. Ele tá descaralhado. Se vocês acham que é difícil me controlar, o Emerson é pior ainda", eu falei.

Não é que eu estava explanando o meu parceiro, veja bem. Eu só joguei a real logo para os caras não encherem o saco dele depois. O Emerson também curtia um danone, fazia as farras dele, mas entregava em campo. O resumo da história era esse. "Não, beleza. Obrigado por avisar. A gente vai tentar controlar o cara." Negativo. Ninguém controla jogador, amigão. Pelo menos não os malucos como eu e o Sheik. Os que fazem a diferença são diferentes em tudo, porra.

Os cartolas decidiram trazer o Sheik pra jogar com a gente. Pois é. O Liedson empatou o jogo contra o Galo. Estava um a um faltando um minuto pra acabar. O resultado era uma tragédia. A gente deixaria a liderança na reta final, dificilmente reverteríamos a situação. Todos sabiam disso. Mesmo com essa pressão, mantivemos a calma.

O Atlético veio pra cima, recuperamos a bola. O Emerson recebeu na nossa defesa e disparou pela esquerda. Sozinho. O filho da mãe fumava no intervalo, tá? Ele mesmo já contou isso em um monte de entrevista. Só procurar. Ele achava que tava na várzea, tá ligado? Lá os caras vão pro alambrado dar umas pitadas no intervalo. O meu chapa fazia igual, só que no banheiro do Pacaembu. E, mesmo assim, parecia o Usain Bolt.

O Emerson correu sozinho, de cabeça alta, olhando pra mim. Eu me movimentei por trás do zagueiro. Estiquei o braço direito. Mirei o Emerson e disse com os olhos, enquanto apontava com a mão: "É ali. Agora". Ele deu um tapa nojento, neguinho. Esquece. Quando eu cheguei na bola, o zagueiro já tinha ficado uns dois metros pra trás. E olha que eu não corri; eu manquei em alta velocidade, vamos dizer assim.

Recebi a bola e olhei pra área. O Liedson estava pra trás e muito marcado, não dava pra eu cruzar. Senti que a linha de fundo já estava muito próxima. Era o último instante que eu tinha para finalizar, antes de ficar sem ângulo. Movimento contínuo, beijei a bola com a canhota abençoada e só esperei o rugir da galera. Foi mesmo. A Fiel vibrou enlouquecida quando ela bateu na trave direita e foi parar no fundo da rede. Gol do Corinthians. Dois a um pra nós. Viramos o jogo. Conquistamos três pontos. Ficamos na liderança, e o resto é história.

Fui campeão brasileiro mais uma vez, e com um gol decisivo na minha conta. Beleza, joguei pouco. Fui criticado. Ouvi um monte de merda ao meu respeito. De gente próxima, inclusive, que se disse constrangida com o tamanho da minha barriga. Eu não guardo mágoa de ninguém. Tá de boa. Mas eu te faço uma pergunta: Quanto vale entrar para a história? Qual é o preço de um gol de campeonato? Eu acho que a torcida corintiana tem uma memória impagável daquele dia. Estou errado?

"Ah, mas tu poderia ter feito muito mais", é o que escuto toda hora. Obrigado pelas suas expectativas, pode ser verdade. Com certeza, eu adoraria ter sido campeão de tudo, marcando gol em todas as partidas, mas a vida não funciona dessa maneira. E apesar da confusão que aconteceu no Corinthians, eu ainda saí do clube depois de dar uma contribuição importante, sim. Isso nunca vão tirar de mim. Se ficou com raiva, morde as costas.

Depois do título, voltei para o Rio de Janeiro para passar as festas de fim de ano com a família. Foda-se, eu estava de férias e não queria saber de ninguém me enchendo o saco. Ainda não estava claro se eu continuaria no Corinthians. Antes do gol, rolou um papo que meu contrato poderia ser encerrado. Eu fiquei na minha, achei que não precisava provar nada para ninguém. Quando a temporada começasse de novo, eu seguiria meu trabalho.

Numa dessas noites de folga no Rio, fui na boate aqui perto de casa. Isso, a Barra Music. Eu sempre colava lá. Estava com o meu segurança, que era policial aposentado. Quando a gente chegou no lugar, ele disse que estava armado, mas em boate não dá pra entrar maquinado, muito menos deixar a pistola na chapelaria. Ele decidiu guardar a arma no meu carro, embaixo do banco. Tudo certo. Não era a primeira vez que ele fazia isso.

Curti a noite com os parceiros. Encontrei umas garotas que eu já conhecia, elas estavam com outras amigas. Fomos apresentados e ficou todo mundo junto, curtindo no camarote, como sempre acontecia. Lá pelas tantas, convidei geral para fazer o *after* na minha casa. Nenhuma novidade. As meninas entraram no carro comigo, meu segurança foi dirigindo. Eu sentei na frente, ao lado dele, e a mulherada foi no banco de trás.

Estávamos curtindo, som alto, aquela coisa toda, quando a gente ouviu um estampido. Páááááá! Porra, neguinho. Eu sou cria de favela. Reconheço barulho de tiro de longe. Quando ele acontece bem na minha orelha, então... O carro parou. Desligamos o som. Nós estávamos em choque. Eu, que já tinha bebido pra caramba, fiquei sóbrio na hora. O meu segurança começou a se apalpar, tá ligado? Ele tava passando a mão nele mesmo. "Tá todo mundo bem? Alguém foi atingido? Procura ferimento. Procura, cara", ele berrou com a gente.

Eu olhei em mim, não tinha nada. As meninas no banco de trás começaram a berrar: "Ela tá sangrando, ela tá sangrando". A garota sentada atrás do banco do motorista estava com a mão toda fodida, neguinho. O disparo tinha atingido a menina. Puta merda. Que desespero. "Desce todo mundo, desce todo mundo", alguém berrou. Tirei a camiseta e dei para a garota. "Enrola na sua mão para estancar o sangue", eu disse. "Precisa ir pro hospital!"

Uns amigos meus vinham no carro atrás e pararam pra ajudar a gente. "Ela tem que ser atendida agora", meu segurança falou. Decidimos que ele a levaria para o pronto-socorro. Eu até pensei em ir junto, mas tu imagina a confusão que a imprensa ia fazer se eu chegasse com uma menina baleada em um hospital? Até explicar que focinho de porco não era tomada...

Entrei no carro dos meus amigos e fui pra casa. "Leva pro Barra d'Or. Pode deixar que eu resolvo o que ela precisar", eu disse. O meu carro, que era branco, ficou todo sujo de sangue. O banco traseiro, lataria, a porra toda. Pensamos em limpar, claro que era uma ideia de merda. "Não mexe em nada. Deixa a perícia encontrar o carro como está", meu segurança avisou. Ele era policial, né? Sabia bem como a coisa funcionava.

Fui para casa já esperando a cagada virar notícia. Liguei para o meu segurança para saber como a garota estava. "Vai ficar bem, Adriano. Não se preocupe. Ela está sendo bem atendida. Vai passar por cirurgia", ele me disse. Dos males o menor. Agora viria a parte mais pesada: lidar com o escândalo. Não que fosse novidade pra mim, mas puta merda... Eu só queria passar um fim de ano tranquilo no Rio.

Falei com o meu advogado. Contei para ele como tudo tinha acontecido. "Fizeram bem em não mexer no carro", ele disse. "Mas tu sabe como são as coisas, Adriano. Temos que estar preparados." Tudo com o meu nome ganha outra dimensão. O tamanho da confusão ficou claro nos dias seguintes. A menina saiu da cirurgia e conversou com a polícia. Não sei de onde ela tirou a ideia. Se foi influenciada, ou se achou que poderia se dar bem naquela situação. Talvez os dois. O fato é que a garota disse pro delegado que eu tinha disparado a arma. Tu acredita?

Eu que tava doidão cantando e dançando no banco da frente. Que não tinha nada a ver com aquilo. Porra, imagina lá se eu ia pegar uma arma no carro com quatro garotas... Pra quê? Fiquei puto. Não vou mentir. Me desesperei. "De onde ela tirou essa história? Tá querendo me foder?", perguntei pro meu advogado. "Ela quer dinheiro, só pode ser", insisti. Meu advogado disse pra eu me acalmar. A versão dela não batia com nada. "O problema é que a amiga dela também te acusou. As outras duas garotas narraram o episódio da mesma forma que você e o seu segurança. Ou seja, não vai ser difícil achar as contradições", ele me explicou.

Fiquei de cara, neguinho. As pessoas são muito oportunistas, tá maluco. Na segunda-feira, fui prestar depoimento. Imprensa pra tudo quanto era lado na porta da delegacia. Eu já imaginava como a notícia estava repercutindo em São Paulo. Além de tudo, eu ainda tinha que me explicar com o clube, puta merda. Contei a história como tinha acontecido pra todo mundo: delegado, escrivão, advogado, cartola...

No final, a polícia decidiu fazer aquela parada quando fica todo mundo junto, falando um na frente do outro. Como chama mesmo? Minha memória é uma merda. Isso. Acareação. Era uma forma de descobrir quem estava mentindo. Achei ótimo. Eu não tinha nada pra esconder. O melhor era esclarecer aquela porra logo pra eu seguir minha vida. O estrago já estava feito. Os jornais e os canais de televisão não falavam de outro assunto. Todo mundo querendo faturar em cima do mais novo escândalo do Adriano. Puta merda.

Mandei avisar que eu não ia pagar mais conta nenhuma de hospital. Eu tinha planejado visitar a garota, parei com tudo. Ela estava me acusando, puta merda. Na minha cabeça, estava muito claro que tinha sido um acidente. A arma, que estava embaixo do banco, devia ter escorregado no pé dela. A garota foi pegar pra tirar uma onda e acabou disparando contra a própria mão. Um vacilo, mas não um crime. Muito menos um crime cometido por mim. Agora ela estava me acusando de ser o responsável. E mentindo ainda por cima. Porque eu não encostei em revólver nenhum.

No dia da acareação, a verdade começou a aparecer. A primeira a mudar de versão foi a amiga dela. A garota confessou que eu estava sentado no banco da frente, a menina que levou o tiro ficou sozinha na versão dela. E mesmo assim insistiu no papo de que eu era o responsável. A perícia entendeu que o caminho da bala mostrava que o tiro tinha sido disparado do banco de trás. Portanto, se eu estava no banco da frente, não dava para ter atirado.

A garota mudou a história e falou que eu também estava sentado atrás. No meu carro, com mais três mulheres no banco de trás. Eu que tenho esse tamanho todo. Tu acha? Óbvio que não dá, né? Fizemos a reconstituição na delegacia e ficou provado que aquela versão não batia. A história ficou tão confusa que até a amiga dela começou a pressionar. "Anda, garota, fala a verdade. Tu tá mentindo." A polícia também já tinha sacado a arapuca. No final, a menina quebrou. Falou a verdade. Ela começou a chorar. Eu também. Foi uma cena ridícula, puta merda.

Eu não queria nenhum mal pra ela, só não podia ser acusado de algo que eu não tinha feito. Quando terminou o chororô, eu fui me despedir do delegado. *Muito obrigado por tudo, não quero ver o senhor na minha frente nunca mais*, eu pensei. Ele tinha outros planos. "Bom, então nós vamos seguir com o inquérito. Quando o senhor pode voltar aqui para prestar mais esclarecimentos?", ele perguntou. Eu fiquei puto. Como assim mais esclarecimentos? Todo mundo que estava no carro contou a mesma história no final das contas.

A perícia comprovou que o relato batia. Ele queria mais o quê? Não vou acusar ninguém, mas senti que era a vez do delegado tentar tirar uma casquinha do Imperador. A intenção dele não me parecia das mais corretas. Começamos a discutir. Por sorte, a delegada, que era minha amiga, a doutora Adriana, estava acompanhando o caso também. Ela sacou o que estava acontecendo e entrou no meio. Não fosse por ela, eu ainda teria mais dor de cabeça pra resolver a situação. No final, arquivaram o caso. O delegado desistiu de me trazer outros inconvenientes.

Pra tu ver como é a vida. Anos mais tarde, fiquei sabendo que esse delegado foi preso. Papo reto mesmo. Foi acusado de estar envolvido em esquema. Foda, não é? Rio de Janeiro, cidade desespero. E a delegada que me ajudou também rodou depois. Complicado, cara. Acabei até arrumando confusão com a minha assessora por causa dessa história. A doutora Adriana era muito minha amiga, nunca escondi. A gente sempre postava fotos, nos encontrávamos direto, conversávamos pra caramba. Agora, o que ela fazia quando não estava comigo, eu não sei. Do mesmo jeito que ela também não controlava o que eu estava fazendo, concorda comigo?

No dia que a doutora foi presa, a minha assessora apagou algumas fotos que eu tinha no Instagram. A Renata agiu na boa intenção. Queria evitar que a imprensa ficasse falando da nossa amizade. "Delegada amiga do Adriano é presa", eram as manchetes. Porra, a doutora conhecia muita gente famosa, tá? Não era só eu, mas por algum motivo apenas o meu nome foi usado nas reportagens. Sendo que eu não tinha nada a ver com a história.

Eu também estava negociando uns contratos na época, e a minha assessora ficou preocupada. Mas eu não concordei com aquilo de apagar as fotos. Não adiantava esconder a nossa relação. E, no mais, eu não estava envolvido no que ela tinha feito ou deixado de fazer. A doutora Adriana me ajudou em muitos momentos da minha carreira, incluindo esse do tiro que a menina disparou dentro do meu carro. Como é que eu ia deletar a nossa relação? Não tem como.

Voltei para São Paulo depois da confusão toda no final do ano. Estava pesado. Na cabeça e no corpo. Percebi que tinha cada vez mais gente me olhando de três dedos, tá ligado? Beleza. Segui minha toada. Eu tentava me esforçar nos treinos, mas acabava frustrado. Não conseguia executar os movimentos que eu sempre tinha feito na vida. Comecei a desconfiar que a minha cirurgia não tinha sido feita como deveria. Conversei com algumas pessoas dentro do clube, todo mundo mudava de assunto. Estranho. Aquilo me jogava pra baixo.

Continuei tomando meu danone. Evitei os treinos que considerava enrolação, mas nunca deixei de avisar que não iria. Os caras seguiram frequentando a minha casa também. Não vou dizer que era a diretoria inteira, mas o quórum era alto, neguinho. Até que a comissão técnica decidiu me enquadrar. Pediram pra eu ficar uma semana inteira confinado no centro de treinamento para recuperar a forma física. A Libertadores estava prestes a começar, e eles me queriam inteiro para a competição.

No ano anterior, antes de eu chegar, o time tinha sido eliminado muito cedo. Não queriam que a situação se repetisse. Beleza. Eu estava lá para ajudar. Quando acho que o plano é bom, sou o primeiro a fazer a minha parte. Fiquei confinado. Dormi no clube. Treinei. Fiz todas as minhas refeições por lá. Não tomei nenhum trago. Quase surtei, pra falar a verdade, mas era um sacrifício que valia a pena, até para mudar a minha imagem.

Fui escalado para jogar na sequência. Eu estava mais magro e mais rápido. Ainda não conseguia correr nem finalizar direito, mas beleza. O treinador me colocou de titular. Fiz gol, cara. Meu segundo com a camisa do Corinthians, mas eu não estava bem. Se achavam que eu ia virar o profissional exemplar da noite pro dia, estavam errados. Não sei se foi casa de caboclo, perseguição, ou mais alguém tentando levar vantagem em cima do meu nome. Provavelmente foi uma soma disso tudo, além dos meus erros com o time, que de fato aconteceram, e não foram poucos.

O que eu sei é que logo depois da minha *internação* no CT, quando eu já tinha sido deixado de fora de uma viagem, recebi o telefonema avisando que o meu contrato seria rompido. Um ano depois da minha chegada. O clube não queria mais a minha presença. Fiquei puto, mas o que eu poderia fazer? Se era essa a decisão, paciência. Eu também queria encontrar um novo caminho. Nunca me adaptei bem a São Paulo. Nada contra a cidade, tem muita coisa boa lá, eu é que não entrei no esquema. Sei lá, acho que por ser do Rio acabei não me acostumando com a vida de paulista.

Já estava na hora de voltar para a minha cidade mesmo. Eu ia chamar o pessoal do Flamengo, já tinha pensado em voltar pra lá depois da Roma. Infelizmente, não deu certo na época. Quem sabe naquele momento o time não toparia me ter de volta? O problema foi o que fizeram depois da minha saída do Corinthians. Começaram a divulgar que eu tinha sido demitido por justa causa. O clube falava que não ia me pagar indenização.

Vi entrevista de cartola falando que a decisão tinha sido tomada porque eu faltei sei lá quantas vezes. Os caras começaram a divulgar um número, não lembro quanto, sessenta e poucas faltas. Acho que era isso. Tu acredita? Patifaria do caralho. Primeiro, é o seguinte: que trabalhador no mundo pode faltar tantas vezes sem ser demitido? Isso não existe. Eu deixei de ir às sessões de fisioterapia, sim, principalmente no começo do tratamento, mas todo mundo sabia.

Fiz isso muitas vezes encorajado por gente do comando do clube. "Adriano, amanhã não precisa ir não. Brinda aqui, cara." Pois é. Essa parte esqueceram de contar para a imprensa. Fiquei pistola, mano. Liguei para o meu advogado. "Isso está errado, Adriano. Deixa comigo que a gente vai reverter. Eles vão ter que pagar até danos morais pra você", eu ouvi. Fora que eu ainda tinha pagamento atrasado pra receber.

Peguei o telefone e comecei a ligar pros dirigentes. Falei com o Edu e com o Duílio. "Olha só, que porra é essa de darem entrevista me criticando? Agora todo mundo quer me usar de boi de piranha?", eu disse. Neguinho, eu tava puto da cara. "O papo é o seguinte. Se é pra usar a imprensa pra me atacar, eu vou agir da mesma forma. Não sou X9, mas se eu começar a abrir a boca sobre as coisas que eu vi acontecendo aí dentro, vai dar ruim pra todo mundo", eu intimei.

Os caras recuaram. "Não, Adriano. Veja bem. Não é a gente que está fazendo isso. Tem que entender a política dentro do clube", eles falaram. "Política é o caralho. Eu não tenho nada a ver com isso.

E agora estão usando meu nome pra se promover. Vai tomar no cu. Dá seus pulos aí e segura esses caras, senão eu vou pro arrebento também", avisei. Claro que eu não ia falar merda nenhuma pra jornalista. Lei número um da favela, neguinho, já disse, mas eu precisava dar uma enquadrada nos caras também. Não podia ficar apanhando sem falar nada. O estrago já estava feito, de qualquer maneira.

Mandei meu advogado colocar o clube no pau. Queria resolver a história na justiça, esse foi o caminho para o qual os caras me empurraram. No fim, eles também tiraram um pouco o pé. Quando chegou na audiência de conciliação, eu disse que não queria receber nenhum centavo além do que eu tinha direito, que era o meu contrato de trabalho. Retiramos o pedido de indenização por danos morais, mas eu gostaria de uma retratação. Não que fosse mudar alguma coisa.

Uma vez que saiu a manchete "Adriano é mandado embora por justa causa",* fodeu. Mesmo que a gente desminta depois, ninguém vai ver. Fica marcado pra sempre. O clube aceitou. Concordaram em pagar o que me deviam em suaves parcelas, estilo Casas Bahia. Vai vendo. Foda-se, eu disse que tudo bem. Só queria me livrar daquela confusão de uma vez por todas e me concentrar na minha carreira outra vez. Ou no que restava dela.

Eu ainda estava com o pé esquerdo imobilizado quando cheguei ao fórum para essa decisão com o Corinthians, tu acredita? Sim, a audiência aconteceu três meses depois do meu desligamento. Logo depois que eu saí do time, peguei minhas coisas e voltei pro Rio. Fui direto bater na Gávea. Uma das primeiras pessoas com quem eu conversei foi o doutor Runco, médico do Flamengo.

---

* Corinthians revela que dispensa de Adriano foi por justa causa. Globo Esporte, 23 mar. 2012. Disponível em: https://ge.globo.com/futebol/times/corinthians/noticia/2012/03/corinthians-confirma-dispensa-de-adriano-por-justa-causa.html. Acesso em: 3 jul. 2024.

Expliquei para ele todas as dificuldades que eu estava enfrentando, ele me avaliou, pediu alguns exames, mas já foi logo dizendo que eu estava na merda. "Adriano, você vai ter que operar outra vez." É mole? Tu já sabe o que aconteceu né? Chorei pra caralho, me desesperei, implorei pra ele fazer outra coisa. "Como assim, doutor? Eu acabei de voltar a jogar. Não posso fazer outra cirurgia agora", eu supliquei. "Não tem jeito, Adriano. Não estou nem falando em jogar bola mais. Se continuar como está, você vai ter dificuldade até pra andar", ele falou.

E agora? O que eu poderia fazer? Terceira operação em pouco mais de um ano. Minha mãe viu meu desespero. Ela também não aguentava mais tanta confusão na nossa vida. Tu acha que é fácil ver o filho sendo esculachado nos jornais todos os dias? Claro que ela se importava. "Meu filho, pensa bem. Acho que é melhor você parar", ela me disse. Eu olhei espantado para ela. Não era o que eu queria ouvir. Falei que não tinha como.

O que eu ia fazer da minha vida? Eu só tinha 30 anos! Nunca fui preparado para nada além de jogar bola. Eu repeti a quinta série três vezes, caramba. "Eu vou estar do seu lado. A gente vai dar um jeito, meu filho. Dinheiro nunca foi nossa preocupação. Você precisa ter paz no coração", ela insistiu. As pessoas achavam que eu não me importava mais com o futebol, essa é a verdade. Não era bem assim. Eu queria voltar a jogar. Não existia outra possibilidade para a minha vida. Eu não fazia a menor ideia do que seria o Adriano sem a bola.

37. Umbigo enterrado na favela

O que vale a pena contar daqui pra frente? Aconteceu de tudo. Nada saiu do lugar. Eu não sei dizer. "Adriano, quando você vai voltar a jogar?", era o que eu mais ouvia. Tentei no Flamengo outra vez. Mas nem eles botaram fé que daria certo. Combinei de me recuperar da cirurgia por lá. Outra mentira. Eu não tinha mais condições. As pessoas não entendem o quanto uma lesão grave abala um jogador. Não adianta.

Sempre vão dizer que a gente ganha muito, levamos vida de rei, não temos do que reclamar. Posso falar por mim. Não é tão simples quanto parece. O primeiro a questionar a sua capacidade é você mesmo. O que os outros pensam e falam fica até pequeno perto das dúvidas que a nossa própria cabeça cria. Vale a pena o esforço pra voltar? Claro que sim. Eu tinha condições de fazer o que é preciso para voltar? Provavelmente não. Minha aposentadoria estava decretada. Eu *só* precisava confirmar oficialmente.

Pra quê? Convocar outra coletiva? Me diz qual seria o sentido disso. Eu não precisava passar por tudo aquilo de novo apenas para satisfazer a curiosidade alheia. Deixa quieto. Decidi tocar minha vida e finalmente ter o tempo que eu precisava para pensar. Eu não sabia o que queria fazer dali pra frente. Como é que eu poderia discutir o meu futuro com os outros?

O primeiro a se convencer do que deveria ser feito era eu. Não me preparei para deixar o futebol, mesmo que essa vontade existisse há algum tempo. Quando a vida decide te esculhambar... Eu queria tanto um tempo para mim, larguei a Inter por causa disso. Talvez tenha sido a primeira vez em que eu realmente tenha decidido o que ia fazer, sem a influência de ninguém. Não teve mãe, pai, vovó, procurador, assessora, técnico, nem colega pra me influenciar. Fui lá e fiz. Sozinho. Puta merda. Deu no que deu. Não me arrependo. Ou me arrependo?

Sei que foi um momento definitivo. Eu poderia ter feito muita coisa diferente, óbvio. A história certamente seria outra. "É tempo que tu quer, neguinho? Toma!", a vida me cuspiu essa. E agora? Com todo o tempo do mundo na minha frente o que eu faço com ele? Enfio na rabo. Puta merda. Vou pensar no quê, cara? Claro, não demorou muito para me dar comichão de futebol de novo. Quem bate bola sabe como é. Ela vai estar contigo pro resto da vida. As propostas nunca deixaram de aparecer. Quase todos os dias.

Desviei o quanto pude. Algumas eu aceitei. Fui pra Curitiba. Fiquei impressionado com a qualidade do clube, o Athletico. Na época, a gente chamava de Atlético Paranaense. A conversa do dono era cativante, o cara sabe levar um papo reto. Ele me convenceu de que eu poderia voltar a jogar, mesmo estando largado há mais de um ano, praticamente. Montaram um plano de contenção. O dinheiro ficou em segundo lugar. Se desse certo, se eu de fato conseguisse voltar, eles me pagariam. Justo.

Minha situação era delicada, não sou idiota. Eu entendia a real. O começo foi bom. Voltei a treinar à vera. Nunca me escondi, cara. Eu tenho prazer em estar no campo. Quer dizer, tinha. Mesmo quando não era jogo. Mas ficar sozinho sempre foi complicado pra mim. Eu sou cria de comunidade. Curitiba é bacana, mas não é o Rio. Tive meus altos e baixos outra vez. Novidade. Chamei meus amigos para me visitar. Faltei aos treinos. Voltei arrependido. Pedi perdão. Aceitei o confinamento, mas não entendi de verdade que o meu caso era diferente.

Eu nunca fui igual aos outros. Para mim, o esforço teria que ser triplicado. Topei ficar concentrado por bastante tempo. Funcionou até eu achar que estava recuperado. Recuperado de quê, cara? Hoje eu consigo ver que isso não existe, acho que nunca vai existir. Não tem como eu me recuperar de nada. Eu sou esse cara aí: ou aprende a lidar, ou cai fora. Nem eu me entendo direito, porra.

Acabei deixando o Athletico por bobagem. Eles queriam que eu continuasse concentrado, mesmo quando os outros jogadores estavam liberados para ir embora pra casa. Porra, isso, não. Eu detesto concentração, caramba. Deixa eu tomar o meu danone. Preciso dar um pouco de risada. Quero contar piada, fazer as pessoas rirem comigo. Não tem como conseguir isso tomando água sozinho dentro do quarto do hotel. Eu sou o Imperador, caralho. Não é assim que vocês me chamam?

"Negativo. Não vou aceitar uma coisa dessas", foi o que eu falei. Uma hora as pessoas jogam a toalha também. Não tem como, neguinho. Cheguei a jogar uns jogos com os caras. Participei até da reabertura do estádio, que tinha sido reformado para a Copa do Mundo. Mas foi isso. Ou não foi isso. Eu tenho o umbigo enterrado na favela. E, no fim, o único lugar que não se cansa de mim é a Vila Cruzeiro. Lá eu sei que não vão me mandar embora.

"Adriano, quando você vai voltar a jogar futebol?" Para de me perguntar isso, cara. Vocês não estão vendo a realidade. Tá bom. Eu falo o que vocês querem ouvir. "Em breve. Tô voltando a treinar. Tenho algumas propostas. Já, já vocês vão me ver de novo." Satisfeitos? Que bom. Estou aqui para isso. Pra ser sincero, com o tempo, os convites foram caindo de qualidade, vamos dizer assim.

Chega uma hora que o bonde para de passar. Até para os diferenciados. Quando tu olha em volta, só ficaram as hienas. Perigoso demais. Por sorte, minha família nunca me abandonou. Também criei uma relação forte com a minha assessora. Os amigos da época de sucesso sumiram aos poucos. Os cumpades de verdade estão aí até hoje.

"Meu filho, você precisa se casar. Levar uma vida tranquila. Colocar a cabeça no lugar", minha mãe repete até hoje. Caramba, quantas vezes eu tentei, mas não é fácil. Eu não consigo, cara. Até criei alguns caminhos para diminuir a quantidade de confusão na minha vida. Por exemplo, eu evito balada ao máximo. Pra quem era sócio remido da Hollywood em Milão, hoje eu atravesso a rua antes de pisar em um camarote. Papo reto mesmo.

Outra: já faz muito tempo que eu não moro em casa. Prefiro apartamento. Vivi em vários condomínios da Barra, arrumei confusão em todos por causa das festas, da música alta, do entra e sai de gente. No Mansões, eu tive uma vizinha que me perturbava. Eu abusava, não vou negar. Mas a senhora também não queria conversa. Em uma das minhas festas, e não foram poucas, ela ligou para a polícia reclamando. Baixou viatura e tudo na minha porta, imagina.

Tava bagunça mesmo, não vou mentir, porque não sou disso. Mas não tinha nem burro nem anão. Isso é mentira para vender jornalzinho. No dia seguinte, acordei com uma baita ressaca, moral e física. Minha mãe me chamou logo cedo, a vizinha tinha ligado para ela também. "Adriano, a mulher está com depressão. O marido dela faleceu recentemente. Ela não consegue dormir por causa da tristeza. E você ainda fica fazendo barulho a madrugada toda. Para com isso, pelo amor de Deus."

Eu sei bem como é perder um parente muito próximo. Decidi ir até a casa dela para pedir desculpas. Eu prometi que ia maneirar. Levei um quadro que eu tinha trazido da Itália para dar de presente para ela, era uma forma de tentar me redimir só um pouquinho. A vizinha ficou emocionada. Esse sorrisão largo conquista qualquer um, cara. Qualquer *uma* ainda mais. A verdade é que a senhora realmente era muito simpática. Adorou o quadro. Ficamos amigos. Ela me convidou pra jantar na casa dela.

A família era de origem italiana. Aí já viu... Faziam massa como a que eu comia lá em Milão. Daquele dia em diante, nossa relação mudou. Ficamos próximos, ela sempre me convidava para ir na casa dela. As festas, tenho que assumir, continuaram como antes, mas a coroa também começou a participar. Ela ouvia o som e vinha bater na minha porta. "Oi, tia. Pode entrar. Eu estava esperando a senhora", eu dizia sempre que ela chegava. A vizinha ligava pra minha mãe: "Rosilda, vem pra cá. O pessoal tá preparando uma comida boa", mas a minha mãe evitava.

Um tempo depois, me mudei para o condomínio Blue House. Lá foi diferente. O vizinho reclamava de tudo, até dos hinos que a minha mãe colocava para tocar. Música de igreja, cara. Não era o pancadão com os meus parceiros e as muchachas, não. O sujeito era policial ainda por cima. Aposentado. Enfim, achei melhor vender logo e me mudar de lá. Entendi que se eu continuasse comprando casa, a mesma história se repetiria eternamente. Eu não me seguro.

Às vezes, estou sozinho e algum amigo me chama: "Vem pra cá, cara. Vamos tirar as crianças da rua", eu digo. "Posso levar fulano de tal?", eles perguntam. Começa assim. Quando tu vai ver, já tem vinte, trinta, sei lá quantas pessoas na tua casa. Mansão é pra isso mesmo, não é verdade? Então eu prefiro ficar quietinho no apartamento mesmo, convido menos gente, e a confusão é menor, mas não deixa de ter confusão.

Foi por isso que o meu casamento relâmpago não durou muito, inclusive. Um dos motivos, vamos dizer assim. Puta merda. Teve isso mesmo, neguinho. Eu me casei, cara. Pode crer. É uma história confusa. A Micaela era uma garota da Rocinha que roubou meu coração. Meus amigos até brincavam: "Cadê o Adriano? Desapareceu, porra?", uns diziam. A resposta era sempre a mesma: "Deve estar entocado com a mina da Rocinha". Tem que ser, né? Mulher gosta de atenção. Aprendi isso.

Passamos um tempo juntos. Nada sério. Mas a relação foi engatando, e, quando eu percebi, a parada já estava mais firme do que eu imaginava. "Mãe, vovó, titias, eu queria anunciar pra vocês uma novidade. A gente vai se casar", eu disse para a minha família ao lado da Micaela. Silêncio na sala. Ninguém se comoveu. Elas se ligaram onde aquele papo ia dar. Puta merda. Eu nem percebi direito e já estava assinando papel na frente do sujeito do cartório.

Não teve festa. Combinamos de fazer uma celebração pequena umas poucas semanas mais pra frente. O problema é que eu não consigo ficar dando atenção só para a mulher o tempo todo. Começa a me bater um formigamento. É sério, pô. Preciso ter outras companhias em volta. Porra, vou tomar meu danone olhando pra cara da minha esposa? Não tem como, nem ela quer isso. Preciso chamar os meus amigos.

Num desses dias, convidei a rapaziada para colar no meu apartamento. Varamos a noite trocando ideia, jogando dominó e bebendo na varanda, como eu sempre faço. Até futebol os caras colocaram na televisão pra assistir. A Micaela não gostou nada daquilo. Os caras não iam embora. Nem eu deixava que ninguém saísse. Também não fui me deitar. E uma coisa levou a outra. Ela não entendeu. Eu não quis mudar o meu jeito. Assim não tem como dar certo.

Discutimos feio e, antes que a coisa descambasse, ficou decidido que o casamento estava acabado. Pelo menos eu entendi assim. Nada de festa. Cancela o papel que a gente assinou. Segue o baile. Cada um no seu canto. Paciência. Triste, mas foi assim. Não consigo namorar mais. Mulher gosta muito de falar. Segunda e terça, eu prefiro ficar quietinho pra me recuperar: deito no meu bercinho, vejo filme, coloco um documentário, bebo bastante água, ligo o ar-condicionado no talo e me enrolo no edredom. Minha mãe vai lá preparar uma comidinha.

De quarta pra frente, já começa a me dar coceira. Tiro as crianças da rua. E quem quiser me achar que procure nos lugares certos. Estarei na missão até o amanhecer da próxima segunda. Não tem jeito. Até da putaria eu me aposentei, mano. Essa que é a realidade. Já fiz de tudo, não tenho por que esconder. Uma das últimas saiu até no jornal. Óbvio. Com algumas invenções no meio, como de costume. Esses caras não me deixam em paz.

Eu estava com os meus chegados tomando um danone, e decidimos fazer uma visita a uma boate muito conhecida de Copacabana. Boate não. Vamos falar as coisas como elas são, correto? É um puteiro mesmo. Se chama Centauro. Todo mundo do Rio conhece, porra, não tem por que mentir. Enfim. Coloquei o roupão, pedi o meu uísque e comecei a relaxar.

Quando eu já estava ficando especial, virei para a rapaziada e decretei: "Hoje eu vou levar todo mundo". As garotas e os meus chegados não entenderam nada. "Como assim, cara? Explica melhor", eu ouvi. "Hoje vai ter festival do Adriano no Vip's. Tu não tá sabendo, não?", eu brinquei. Mandei mensagem para uns conhecidos e organizei a zona. Não tô exagerando. Chamei dezoito garotas. "Pode vir que eu tô pagando. A festa vai ser boa." Alguns dos chegados se assustaram. Meteram o pé. Tu acredita?

Nego é bobo mesmo. Só dois guerreiros ficaram comigo. "Bora pro Vip's. Chama as motos", eu falei. Claro, tu acha que a gente ia sair de Copacabana pra São Conrado como? Tinha que ser no nosso estilo, caramba. Fizemos um comboio de quinze motos, neguinho. Me lembro que estava chovendo pra caralho. Tava um puta trânsito na zona sul. Parava no sinal, todo mundo ficava assustado com o comboio achando que era assalto.

"Pode ficar tranquilo, tio. A gente só tá indo fazer amor", eu gritava. Caralho, mermão. Papo reto mesmo. Chegamos no motel lá da Niemeyer com dezoito minas e três caras. Olhei para eles e brinquei: "Vocês vão dar conta, neguinho?". Os doidos estavam assustados. O pior nem foi isso. Um dos guerreiros se apaixonou. Te juro. Casou com uma mina a noite toda. "Ela parece panicat, Adriano. Não vou largar ela, não, meu parceiro." Vai entender, né? Cada um tem as suas maluquices.

Sobraram dezessete pra dois, mas eu sempre gostei de jogo grande. Nunca me intimidei com os desafios da vida. Essa história aconteceu um tempão atrás. Faz muitos anos já. Hoje, eu tô sossegado mesmo. Só gosto de lembrar pra dar risada e tirar onda com os guerreiros.

38. Espelho

"Hermes. Tá me ouvindo? Avisa o Tota pra preparar a laje. Daqui a pouco eu vou brotar aí. Não. Eu tô em casa. Faz dois dias. Tô até falando sozinho já. Tá bom, meu cumpade. Tamo junto. Beijo."

Caralho. Que merda é essa? Esse espelho deve estar com problema. Minha barba tá toda branca. E esse cabelo? Não vou nem olhar pra barriga. Tem uma melancia entalada na minha cintura. Fodeu. Tô nem aí. Quer dizer, assim não dá pra sair de casa também. Todo esculachado. Vou dar um jeito nisso. Tô velho pra caramba, puta merda. Foda-se. Tá com raiva, morde as costas. Paciência.

Não sei o que eu vou fazer hoje. Que bom. Outro dia um sujeito me perguntou se eu tinha um plano. Não tenho, foi a minha resposta. Eu vivo o que está acontecendo agora. As minhas vontades aparecem e desaparecem. Eu faço o que eu quero. Quer vir, vem. É o que eu mostro para o mundo. Esse sujeito comeu da minha comida. Bebeu da minha bebida. Fumou do meu cigarro. Dormiu no chão comigo. E, mesmo assim, não entendeu nada. Se tivesse entendido, não teria feito essa pergunta.

Eu sempre tenho um plano. Penso lá na frente. Faço se quiser. Mas se eu contar o que eu quero, então não vai ser um plano. O que eu posso dividir é que o preto favelado continua aqui. Permaneço vivo. Sorrio para esconder a dor. Minha função sempre foi fazer as pessoas ficarem alegres. Se hoje não consigo mais com gols, que seja com as piadas. É a forma que encontrei para seguir adiante.

Troquei de mal com Deus por me levar meu pai,* como diz a música. Já passou. Ele tem um plano maior pra todos nós, tenho que aceitar. Pensei que minha vida tinha mudado, e, no final, a consequência foi estar longe de quem eu amava. Por isso volto para o Cruzeiro sempre. Meu medo maior é perder o pouco que me resta... a memória de uma época em que fui feliz de verdade.

* "Espelho", *op cit*.

Agradecimentos

Adriano

Agradeço a Deus, a meu pai, que é parte forte desta minha história. Saudade eterna, Mirim. À minha mãe Rosilda e à minha avó Vanda, que estão juntas até hoje na minha caminhada. À minha assessora, fiel escudeira, Renata Battaglia, que também fez com que este livro acontecesse.

Muito obrigado aos meus fãs, que me alimentam diariamente!

Que papai do céu abençoe.

Ulisses

Este livro nasceu de um encontro improvável. Conheci o Adriano na véspera do réveillon de 2021, ao lado do meu grande amigo e parceiro criativo, o fotógrafo Sam Robles, em uma gravação que marcou as nossas carreiras.

Escutei em meu primeiro dia de trabalho como produtor e diretor audiovisual no escritório da plataforma americana The Players' Tribune, em Londres, a seguinte pergunta: qual é o projeto dos seus sonhos que você quer desenvolver com a gente? A resposta veio na lata: um documentário do personagem mais interessante do futebol brasileiro, Adriano Imperador.

O ano era 2018. Eu acabara de retornar da Copa na Rússia. A ideia agradou a chefe da sucursal europeia. Escrevi o argumento. Desenvolvi o roteiro. Procurei contatos que me fizessem chegar até o protagonista da história. Moisés Pozzi, colega de muitas produções, me deu a notícia semanas depois: "Conversei com a Renata, assessora do Adriano. Não vai rolar".

À época, o Adriano vivia quase em reclusão, no que diz respeito ao contato com a mídia. Não insisti. Um dos lemas de trabalho que repito sempre, e aprendi com meu companheiro de tantas, Thiago Slovinski, é que "só vale a pena retratar o jogador que quer ser retratado". Caso contrário, o resultado final fica muito parecido ao de uma entrevista pós-jogo à beira do campo: protocolar e com nenhuma intimidade.

Dois anos mais tarde, fui ao Rio de Janeiro para produzir um documentário sobre o Flamengo. Acionei o Moisés mais uma vez. "O que você precisa para estar me ligando a uma hora dessas?", foi o que ele disse. Eu precisava de um ídolo flamenguista para o documentário. "Vamos falar com o Adriano", foi a resposta que o colega produtor me deu. E, assim, no dia 30 de dezembro de 2020, contrariando todas as expectativas, entrei no apartamento que era ocupado pelo Imperador em um hotel na Barra da Tijuca.

A íntegra da entrevista ficou na gaveta até ser publicada em maio do ano seguinte. A espera imprudente acabou recompensada. A repercussão do material produzido foi avassaladora. Até hoje, cortes e trechos do que foi dito naquela véspera de réveillon repercutem nas redes sociais. A entrevista deu origem à parceria que resultou neste livro. Ainda atônitos pelos comentários positivos do artigo na The Players' Tribune, Sam e eu encontramos a Renata em um café de São Paulo. E foi dela quem partiu o convite para este projeto. "O Adriano gostou tanto do que vocês fizeram. Por que você não escreve o livro dele?"

De volta a Londres, comecei a trabalhar no projeto já na manhã seguinte. Os dez dias de quarentena em um hotel no aeroporto de Gatwick serviram para que eu não pensasse em nada mais além deste livro. Guilherme Palenzuela introduziu o projeto às pessoas certas, e assim nasceu *Adriano: meu medo maior*.

Juliana Frank me ensinou como começar. Henrique Landulfo me deu a confiança para seguir. Waldemar Bonfim soube ouvir e forneceu detalhes importantes sobre como lidar com situações que encontrei.

E nada disso teria acontecido se eu não tivesse o amor da minha vida ao meu lado, Isadora Tálamo. O apoio incondicional e a parceria em todos os momentos me permitem voar longe. Viajo porque preciso, volto porque te amo. Obrigado por sempre me acompanhar.

Por fim, agradeço a Renata Battaglia pela confiança e por ter feito o convite mais importante que já recebi. Obrigado pelas palavras, que reproduzo a seguir para retribuir a gentileza: "Esta obra é muito mais do que um livro de memórias – é a essência do Adriano. A cada capítulo que li, ri e me emocionei como acontece diariamente ao lado do Adriano. Aos que têm curiosidade de saber como é o dia a dia do Didico, aqui estão 'dentro desses dias'. Ulisses, você conseguiu falar com a alma do Adriano".

**Acreditamos
nos livros**

Este livro foi composto em Minion Pro e impresso pela Geográfica para a Editora Planeta do Brasil em outubro de 2024.